总主编 曾宪义 王利明

21世纪法学系列教材
法学研究生用书

环境法学研究

主　编　周　珂
副主编　陈泉生　孙佑海
　　　　李希昆

撰稿人（以撰写章节先后为序）

刘国涛　蔡守秋　汪　劲　翟　勇
周　珂　马绍峰　陈泉生　孙佑海
张　璐　楚道文　竺　效　别　涛
蒋小兰　吴国刚　曹　霞　谭柏平
李延荣　侯佳儒　秦天宝　李希昆
梁文婷

中国人民大学出版社
·北京·

编审委员会

总　序

曾宪义

　　在人类文明与文化的发展中，中华民族曾作出过伟大的贡献，不仅最早开启了世界东方文明的大门，而且对人类法治、法学及法学教育的生成与发展进行了积极的探索与光辉的实践。

　　在我们祖先生存繁衍的土地上，自从摆脱动物生活、开始用双手去进行创造性的劳动、用人类特有的灵性去思考以后，我们人类在不断改造客观世界、创造辉煌的物质文明的同时，也在不断地探索人类的主观世界，逐渐形成了哲学思想、伦理道德、宗教信仰、风俗习惯等一系列维系道德人心、维持一定社会秩序的精神规范，更创造了博大精深、义理精微的法律制度。应该说，在人类所创造的诸种精神文化成果中，法律制度是一种极为奇特的社会现象。因为作为一项人类的精神成果，法律制度往往集中而突出地反映了人类在认识自身、调节社会、谋求发展的各个重要进程中的思想和行动。法律是现实社会的调节器，是人民权利的保障书，是通过国家的强制力来确认人的不同社会地位的有力杠杆，它来源于现实生活，而且真实地反映现实的要求。因而透过一个国家、一个民族、一个时代的法律制度，我们可以清楚地观察到当时人们关于人、社会、人与人的关系、社会组织以及哲学、宗教等诸多方面的思想与观点。同时，法律是一种具有国家强制力、约束力的社会规范，它以一种最明确的方式，对当时社会成员的言论或行动作出规范与要求，因而也清楚地反映了人类在各个历史发展阶段中对于不同的人所作出的种种具体要求和限制。因此，从法律制度的发展变迁中，同样可以看到人类自身不断发展、不断完善的历史轨迹。人类社会几千年的国家文明发展历史已经无可争辩地证明，法律制度乃是维系社会、调整各种社会关系、保持社会稳定的重要的工具。同时，法律制度的不断完善，也是人类社会文明进步的显著体现。

由于发展路径的不同、文化背景的差异，东方社会与西方世界对于法律的意义、底蕴的理解、阐释存有很大的差异，但是，在各自的发展过程中，都曾比较注重法律的制定与完善。中国古代虽然被看成是"礼治"的社会、"人治"的世界，被认为是"只有刑，没有法"的时代，但从《法经》到《唐律疏议》、《大清律例》等数十部优秀成文法典的存在，充分说明了成文制定法在中国古代社会中的突出地位，唯这些成文法制所体现出的精神旨趣与现代法律文明有较大不同而已。时至20世纪初叶，随着西风东渐、东西文化交流加快，中国社会开始由古代的、传统的社会体制向近现代文明过渡，建立健全的、符合现代理性精神的法律文明体系方成为现代社会的共识。正因为如此，近代以来的数百年间，在西方、东方各主要国家里，伴随着社会变革的潮起潮落，法律改革运动也一直呈方兴未艾之势。

从历史上看，法律的文明、进步，取决于诸多的社会因素。东西方法律发展的历史均充分证明，推动法律文明进步的动力，是现实的社会生活，是政治、经济和社会文化的变迁；同时，法律内容、法律技术的发展，往往依赖于一大批法律专家以及更多的受过法律教育的社会成员的研究和推动。从这个角度看，法学教育、法学研究的发展，对于法律文明的发展进步，也有着异常重要的意义。正因为如此，法学教育和法学研究在现代国家的国民教育体系和科学研究体系中，开始占有越来越重要的位置。

中国近代意义上的法学教育和法学研究，肇始于19世纪末的晚清时代。清光绪二十一年（公元1895年）开办的天津中西学堂，首次开设法科并招收学生，虽然规模较小，但仍可以视为中国最早的近代法学教育机构（天津中西学堂后改名为北洋大学，又发展为天津大学）。三年后，中国近代著名的思想家、有"维新骄子"之称的梁启超先生即在湖南《湘报》上发表题为《论中国宜讲求法律之学》的文章，用他惯有的富有感染力的激情文字，呼唤国人重视法学，发明法学，讲求法学。梁先生是清代末年一位开风气之先的思想巨子，在他的辉煌的学术生涯中，法学并非其专攻，但他仍以敏锐的眼光，预见到了新世纪中国法学研究和法学教育的发展。数年以后，清廷在内外压力之下，被迫宣布实施"新政"，推动变法修律。以修订法律大臣沈家本为代表的一批有识之士，在近十年的变法修律过程中，在大量翻译西方法学著作，引进西方法律观念，有限度地改造中国传统的法律体制的同时，也开始推动中国早期的法学教育和法学研究。20世纪初，中国最早设立的三所大学——北洋大学、京师大学堂、山西大学堂均设有法科或法律学科目，以期"端正方向，培养通才"。1906年，应修订法律大臣沈家本、伍廷芳等人的奏请，清政府在京师正式设立中国第一所专门的法政教育机构——京师法律学堂。次年，另一所法政学堂——直属清政府学部的京师法政学堂也正式招生。这些大学法科及法律、法政学堂的设立，应该是中国历史上近代意义上的正规专门法学教育的滥觞。

自清末以来，中国的法学教育作为法律事业的一个重要组成部分，随着中国社会的曲折发展，经历了极不平坦的发展历程。在20世纪的大部分时间里，中国社会一直充斥着各种矛盾和斗争。在外敌入侵、民族危亡的沉重压力之下，中国人民为寻找适合中国国情的发展道路而花费了无穷的心力，付出过沉重的代价。从客观上看，长期的社会骚动和频繁的政治变迁曾给中国的法治与法学带来过极大的消极影响。直至70年代末期，以"文化大革命"宣告结束为标志，中国社会从政治阵痛中清醒过来，开始用理性的目光重新审视中国的过去，规划国家和社会的未来，中国由此进入长期稳定、和平发展的大好时期，以这种大的社会环境为背景，中国的法学教育也获得了前所未有的发展机遇。

从宏观上看，实行改革开放以来，经过二十多年的努力，中国的法学教育事业所取得的成就是辉煌的。首先，经过"解放思想，实事求是"思想解放运动的洗礼，在中国法学界迅速清除了极左思潮及苏联法学模式的一些消极影响，根据本国国情建设社会主义法治国家已经成为国家民族的共识，这为中国法学教育和法学研究的发展奠定了稳固的思想基础。其次，随着法学禁区的不断被打破、法学研究的逐步深入，一个较为完善的法学学科体系已经建立起来。理论法学、部门法学各学科基本形成了比较系统和成熟的理论体系和学术框架，一些随着法学研究逐渐深入而出现的法学子学科、法学边缘学科也渐次成型。1997年，国家教育主管部门和教育部高校法学学科教学指导委员会对原有专业目录进行了又一次大幅度调整，决定自1999年起法学类本科只设一个单一的法学专业，按照一个专业招生，从而使法学学科的布局更加科学和合理。同时，在充分论证的基础上，确定了法学专业本科教学的14门核心课程，加上其他必修、选修课程的配合，由此形成了一个传统与更新并重、能够适应国家和社会发展需要的教学体系。法学硕士和博士研究生及法律硕士专业学位研究生的专业设置、课程教学和培养体系也日臻完善。再次，法学教育的规模迅速扩大，层次日趋齐全，结构日臻合理。目前中国有六百余所普通高等院校设置了法律院系或法律本科专业，在校本科学生和研究生已达二十余万人。除本科生外，在一些全国知名的法律院校，法学硕士研究生、法律硕士专业学位研究生、法学博士研究生已经逐步成为培养的重点。

众所周知，法律的进步、法治的完善，是一项综合性的社会工程。一方面，现实社会关系的发展，国家政治、经济和社会生活的变化，为法律的进步、变迁提供动力，提供社会的土壤。另一方面，法学教育、法学研究的发展，直接推动法律进步的进程。同时，全民法律意识、法律素质的提高，则是实现法治国理想的关键的、决定性的因素。在社会发展、法学教育、法学研究等几个攸关法律进步的重要环节中，法学教育无疑处于核心的、基础的地位。中国法学教育过去二十多年所走过的历程令人激动，所取得的成就也足资我们自豪。随着国家的发展、社会的进步，在21世纪，我们面临着更严峻的挑战和更灿烂的前景。"建设世界一流法学教育"，任重道远。

首先，法律是建立在经济基础之上的上层建筑，以法治为研究对象的法学也就成为一门实践性很强的学科。社会生活的发展变化，势必要对法学教育、法学研究不断提出新的要求。经过二十多年的奋斗，中国改革开放的前期目标已顺利实现。但随着改革开放的逐步深入，国家和社会的一些深层次问题，比如说社会主义市场经济秩序的真正建立、国有企业制度的改革、政治体制的完善、全民道德价值的重建、环境保护和自然资源的合理利用等等，也已经开始浮现出来。这些复杂问题的解决，无疑最终都会归结到法律制度的完善上来。建立一套完善、合理的法律制度，构建理想的和谐社会，乃一项持久而庞大的社会工程，需要全民族的智慧和努力。其中的基础性工作，如理论的论证、框架的设计、具体规范的拟订、法律实施中的纠偏等等，则有赖于法学研究的不断深入，以及高素质人才特别是法律人才的养成，而培养法律人才的任务，则是法学教育的直接责任。

其次，21世纪是一个多元化的世纪。20世纪中叶发生的信息技术革命，正在极大地改变着我们的世界。现代科学技术，特别是计算机网络信息技术的发展，使传统的生活方式、思想观念发生了根本的改变，并由此引发许多人类从未面对过的问题。就法学教育而言，在21世纪所要面临的，不仅是教学内容、研究对象的多元化问题，而且还有培养对象、培养目标的多元化、教学方式的多元化等一系列问题，这些问题都需要法学界去思考、去探索。

中国人民大学法学院建立于1950年，是新中国诞生后创办的第一所正规高等法学教育机构。在半个多世纪的岁月中，中国人民大学法学院以其雄厚的学术力量、严谨求实的学风、高水平的教学质量以及丰硕的学术研究成果，在全国法学教育领域处于领先地位，并开始跻身于世界著名法学院之林。据初步统计，中国人民大学法学院已经为国家培养法学专业本科生、硕士生、博士生一万余人，培养各类成人法科学生三十余万人。经过多年的努力，中国人民大学法学院形成了较为明显的学术优势，在现职教师中，既有一批资深望重、在国内外享有盛誉的法学前辈，更有一大批在改革开放后成长起来的优秀中青年法学家。这些老中青法学专家多年来在勤奋研究法学理论的同时，也积极投身于国家的立法、司法实践，对国家法制建设贡献良多。

有鉴于此，中国人民大学法学院与中国人民大学出版社经过研究协商，决定结合中国人民大学法学院的学术优势和中国人民大学出版社的出版力量，出版一套"21世纪法学系列教材"。自1998年开始编写出版本科教材，包括按照国家教育部所确定的法学专业核心课程和其所颁布印发的《全国高等学校法学专业核心课程基本要求》而编写的14门核心课程教材，也包括法学各领域、各新兴学科教材及教学参考书和案例分析在内，到2000年12月3日在人民大会堂大礼堂召开举世瞩目的"21世纪世界百所著名大学法学院院长论坛暨中国人民大学法学院成立五十周年庆祝大会"之时，业已出版了50本作为50周年院庆献礼，到现在总共出版了80本。为了进一步适应高等法学教育发展的形势和教学改革的需要，最近中国人民大学法学院与中国人民大学出版社决定将这套教材扩大为四个系列，即："本科生用书"、"法学研究生用书"、"法律硕士研究生用书"以及"司法考试用书"，总数将达二百多本。我们设想，本套教材的编写，将更加注意"高水准"与"适用性"的合理结合。首先，本套教材将由中国人民大学法学院具有全国影响的各学科的学术带头人领衔，约请全国高校优秀学者参加，形成学术实力强大的编写阵容。同时，在编写教材时，将注意吸收中国法学研究的最新的学术成果，注意国际学术发展的最新动向，力求使教材内容能够站在21世纪的学术前沿，反映各学科成熟的理论，体现中国法学的水平。其次，本套教材在编写时，将针对新时期学生特点，将思想性、学术性、新颖性、可读性有机结合起来，注意运用典型生动的案例、简明流畅的语言去阐释法律理论与法律制度。

我们期望并且相信，经过组织者、编写者、出版者的共同努力，这套法学教材将以其质量效应、规模效应，力求成为奉献给新世纪的精品教材，我们诚挚地祈望得到方家和广大读者的教正。

2006 年 7 月 1 日

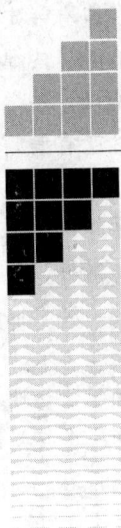

序　言

王利明

　　法学教育是高等教育的重要组成部分，是建设社会主义法治国家、构建社会主义和谐社会的重要基础，并居于先导性的战略地位。在我国社会转型的新世纪、新阶段，法学教育不仅要为建设高素质的法律职业共同体服务，而且要面向全社会培养大批治理国家、管理社会、发展经济的高层次法律人才。近年来，法学教育取得了长足的进步，法科数量增长很快，教育质量稳步提高，培养层次日渐完善，目前已经形成了涵盖本科生、第二学士学位生、法学硕士研究生、法律硕士研究生、法学博士研究生的完整的法学人才培养体系，接受法科教育已经成为莘莘学子的优先选择之一。随着中国法治事业的迅速发展，我们有理由相信，中国法学教育的事业大有可为，中国法学教育的前途充满光明。

　　教育的基本功能在于育人，在于塑造德才兼备的高素质人才。法学教育的宗旨并非培养只会机械适用法律的"工匠"，而承载着培养追求正义、知法懂法、忠于法律、廉洁自律的法律人的任务。要完成法学教育的使命，首先必须认真抓好教材建设。我始终认为，教材是实现教育功能的重要工具和媒介，法学教材不仅仅是法学知识传承的载体，而且是规范教学内容、提高教学质量的关键，对法学教育的发展有着不可估量的作用。

　　第一，法学教材是传授法学基本知识的工具。初学法律，既要有好的老师，又要有好的教材。正如冯友兰先生所言："学哲学的目的，是使人作为人能够成为人，而不是成为某种人。其他的学习（不是学哲学）是使人能够成为某种人，即有一定职业的人。"一套好的教材，能够高屋建瓴地展示法律的体系，能够准确简明地阐释法律的逻辑，能够深入浅出地叙述法律的精要，能够生动贴切地表达深奥的法理。所以，法学教材是学生学习法律的向导，是学生步入法律殿堂的阶梯。如果在入门之初教材就有偏颇之处，就可能误人子弟，学生日后还要花费大量时间与精力来修正已经形成的错误观念。

第二，法学教材是传播法律价值理念的载体。好的法学教材不仅要传授法学知识，更要传播法律的精神和法治的理念，例如对公平、正义的追求，尊重权利的观念。本科、研究生阶段的青年学子，正处在人生观、价值观形成的阶段，一套优秀的法学教材，对于他们价值观的塑造和健全人格的培养具有重要意义。

第三，法学教材是形成职业共同体的主要条件。建设社会主义法治国家，有赖于法律职业共同体的生成。一套好的法学教材，向法律研习者传授共同的知识，这对于培养一个接受共同的价值理念、共同的法律思维、共同的话语体系的法律共同体，具有重要的作用。

第四，法学教材是所有法律研习者的良师益友。没有好的教材，一个好的教师或可弥补教材的欠缺和不足，但对那些没有老师指导的自学者而言，教材就是老师，其重要作用是显而易见的。

长期以来，在我们的评价体系中，教材并没有获得应有的注重，对学术成果的形式优先考虑的往往是专著而非教材。在不少人的观念中，教材与创新、与学术精品甚至与学术无缘。其实，要真正写出一部好的教材，其难度之大、工作之艰辛、影响之深远，绝不低于一部优秀的专著，它甚至可以成为在几百年甚至更长的时间内发挥作用的传世之作。以查士丁尼的《法学阶梯》为例，所谓法学阶梯，即法学入门之义，就是一部教材。但它概括了罗马法的精髓，千百年来，一直是人们研习罗马法最基本的著述。日本著名学者我妻荣说过，大学教授有两大任务：一是写出自己熟悉的专业及学术领域的讲义乃至教科书；二是选择自己最有兴趣、最看重的题目，集中精力进行终生的研究。实际上，这两者是相辅相成的。写出一部好教材，必须要对相关领域形成一个完整的知识体系，还要能以深入浅出的语言将问题讲清楚、讲明白。没有编写教材的基本功，实际上也很难写出优秀的专著。当然，也只有对每一个专题都有一定研究，才能形成对这个学术领域的完整把握。

虽然近几年我国法学教育发展迅速，成绩显著，但是法学教育也面临许多挑战。各个学校的师资队伍和教学质量参差不齐，这就更需要推出更多的结构严谨、内容全面、角度各有侧重、能够适应不同需求的法学教材，为提高法学教学和人才培养质量、保障法学教育健康发展提供前提条件。

长期以来，中国人民大学法学院始终高度重视教材建设。作为新中国成立后建立的第一所正规的法学教育机构，中国人民大学法律系最早开设了社会主义法学教学课堂，编写了第一套社会主义法学讲义，培养了新中国第一批法学本科生和各学科的硕士生、博士生，产生了新中国最早的一批法学家和法律工作者。中国人民大学法律系因此被誉为"新中国法学教育的工作母机"。半个多世纪以来，中国人民大学法学院为社会主义法制建设培养了大批优秀的法律人才，并为法学事业的振兴和繁荣作出了卓越贡献，也因此成为引领中国法学教育的重镇、凝聚国内法律人才的平台和沟通中外法学交流的窗口，并在世界知名法学院行列中崭露头角。为了对中国法学教育事业作出更大的贡献，我们有义务也有责任出版一套体现我们最新研究成果的法学教材。

　　承蒙中国人民大学出版社的大力支持，我们组织编写了本套教材，其中包括本科生用书、法律硕士研究生用书、法学研究生用书和司法考试用书四大系列，分别面向不同层次法科教育需求。编写人员以中国人民大学法学院教师为主，反映了中国人民大学法学院整体的研究实力和学术视野。相信本套教材的出版，一定能够为新时期法学教育的繁荣发展发挥应有的作用。

　　是为序。

2006 年 7 月 10 日

前　言

　　环境法学科发展在很大程度上体现在研究生教学方面。首先，由于环境法本科教学在大多数法学院校中相对薄弱，长期以来并未列入本科必修课，而研究生教学中环境法却是发展最快的学科之一；其次，环境法学科一直处于发展和探索阶段，为研究生教学提供了较为广阔的发展空间，学术争鸣和科研实践过程中产生出大量优秀的研究成果，使环境法研究生教学呈现空前的繁荣。当然最主要的还是由于国家对环境法的重视和学者们的辛勤耕耘。无论是从环境法学研究的发展来看，还是从环境法教学科研的实际需要来看，目前整合学者们的研究成果和教学经验以形成相对完整和规范的环境法学研究生教材已经为学界所共同关注。本书编写力求把国内环境法学者群的学术研究亮点与教材体系的完整性相结合，基础知识与探索创新相结合，理论研究与实践操作相结合。全书以专题研究为体例，力求尽可能全面地涵盖环境法的基本研究范畴，并体现学术研究的前沿领域现状。感谢本书作者们的奉献，因全书篇幅所限，统稿时不得不对部分作者的专题进行删节，这肯定会影响原作的价值，在此我向各位表示歉意。以本人的浅陋水平集环境法学界精英们研究成果之大成，实在是勉为其难，书中肯定会有疏漏之处，敬请读者批评指正。

　　本书写作分工如下：第一专题：刘国涛；第二专题：蔡守秋；第三专题：汪劲；第四专题：翟勇；第五专题：周珂、马绍峰；第六专题：陈泉生；第七专题：陈泉生；第八专题：孙佑海；第九专题：周珂、张璐；第十专题：周珂、楚道文；第十一专题：竺效、别涛；第十二专题：别涛；第十三专题：蒋小兰；第十四专题：周珂、吴国刚；第十五专题：周珂、曹霞、谭柏平；第十六专题：

周珂；第十七专题：谭柏平、周珂；第十八专题：李延荣；第十九专题：周珂、侯佳儒；第二十专题：刘国涛；第二十一专题：秦天宝；第二十二专题：李希昆、梁文婷；第二十三专题：周珂、翟勇、马绍峰；第二十四专题：周珂、楚道文；全书由周珂、竺效、马绍峰、陈晟统稿。

周珂

2008 年 5 月　于人大明德楼

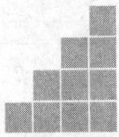

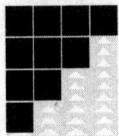

目　录

第一部分　环境法基础理论专题研究

第二部分 环境法分论专题研究

第一部分

环境法基础
理论专题
研究

21世纪法学系列教材·法学研究生用书
环境法学研究

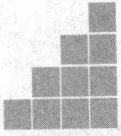

第一专题

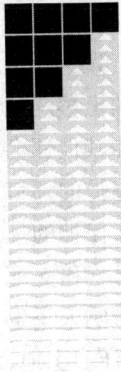

环境哲学与环境法研究

一、环境哲学的概念

(一) 环境哲学

1. 什么是"环境"

（1）环境

环境是指围绕人的空间和作用于人这一对象的所有外界影响与力量的总和。人类环境分为自然环境和社会环境。自然环境包括大气环境、水环境、生物环境、地质和土壤环境以及其他自然环境；社会环境包括居住环境、生产环境、交通环境、文化环境和其他社会环境。作为法律保护对象的"环境"有自己确定的含义和范围。环境保护法所保护的环境与通常意义上所说的环境有所不同，它是有一定范围的，是能够通过法律手段来保护的环境，其概念和范围必须是明确和具体的，它是人类的行为和活动所能影响、调节和支配的。我国《环境保护法》第 2 条给环境所下的定义为："本法所称的环境，是指影响人类生存和发展的各种天然的和经过人工改造的自然因素的总体，包括大气、水、海洋、土地、矿藏、森林、草原、野生生物、自然遗迹、人文遗迹、自然保护区、风景名胜区、城市和乡村等。"

（2）生态

生态是指生物在一定的自然环境下生存和发展的状态，也指生物的生理特性和生活习性。

"生态"和"环境"这两个概念是有区别的[1]：从外延来看，"生态"和"环境"都是指自然界，但其内涵却是人们在应用两种不同的观点和方法解释自然界时所形成的，因而它们反映了两种不同的世界观。所谓生态学的方法，即"认识到一切有生命的物体都是整体中的一个部分"的方法，"它克服了从个体出发的、孤立的思考方法"[2]。因此，用生态学的方法看待人同自然界的关系，只能把人看作自然界整体的普通"一员"，看作是一种普通的自然物。而"环境"概念则是立足于把人作为"主体"来看待人同自然物之间的关系时产生的。在这个意义上，人是主体，人与自然的关系具有"外在性"；外部的自然物是构成人类生活的"环境"。可见，生态学的方法是立足于"自然整体的尺度"理解人同自然界的关系，而把自然作为环境的研究方法则是立足于"人的尺度"理解人与自然界的关系。很显然，如果仅仅把人看作是自然界整体的一个普通的部分，那么，自然界的整体系统就不是人的环境，也就是说，从生态学的方法中产生不出环境概念。从逻辑上说，局部（人）是不能把整体（自然系统）作为环境的。如果把整体作为局部的环境，那么，局部本身因为也是整体的部分，因而也成了自身的环境，这在逻辑上是说不通的。实际上，当我们说"自然界是人类生存的环境"时，我们所说的"自然界"并非自然界"整体"，

---

[1]　参见刘福森、曲红梅：《"环境哲学"的五个问题》，载《自然辩证法研究》，2003（11）。

[2]　［德］汉斯·萨克塞：《生态哲学》，1～2 页，北京，东方出版社，1991。

而只是人类以外的局部自然界；人与自然环境的关系，实质上是人同外部局部自然界（与人的生存相关的自然界）的关系。只有立足于人的尺度，把人看成主体，人以外的自然界才成为人的环境。但是，这丝毫不意味着我们可以忽视环境的存在论意义。工业时代的哲学思维正是把主体绝对化而造成了对存在的遗忘。自然界成了人类实现功利的目的对象，人则成了无所不能、无所不欲的上帝。当人们为了效用的目的任意处置自然界的时候，自然界的存在本性便遭到了无情的破坏，造成了环境危机。因此，环境概念又不是与生态概念没有关系的。人的生存环境本身就是一个生态系统，服从生态学的规律。生态学是环境哲学的科学基础。我们当代出现的生存危机归根到底是因为生态系统遭到破坏，解决环境问题也必须从解决生态问题入手。生态问题是环境问题中的主要问题。

（3）生态环境、生活环境、自然环境

生态环境是指由生物群落及非生物自然因素组成的各种生态系统所构成的整体，主要或完全由自然因素形成，并间接地、潜在地、长远地对人类的生存和发展产生影响。生态环境的破坏，最终会导致人类生活环境的恶化。因此，要保护和改善生活环境，就必须保护和改善生态环境。我国环境保护法把保护和改善生态环境作为其主要任务之一，正是基于生态环境与生活环境的这一密切关系。生态环境与自然环境是两个在含义上十分相近的概念，有时人们将其混用，但严格说来，生态环境并不等同于自然环境。自然环境的外延比较广，各种天然因素的总体都可以说是自然环境，但只有具有一定生态关系构成的系统整体才能称为生态环境。仅有非生物因素组成的整体，虽然可以称为自然环境，但并不能叫做生态环境。从这个意义上说，生态环境仅是自然环境的一种，二者具有包含关系。

2. 什么是"哲学"

了解哲学的学科结构，有利于我们全面地认识哲学的研究内容。不论研究哪个领域的问题，如果想要称其为哲学，那就不是揭示其特殊规律，而是要揭示其一般规律、普遍联系和本质。研究世界上最一般、最本质、最普遍的问题，是哲学的本质。在哲学学科群中，根据其抽象的程度、研究的深度以及和实践的密切程度的不同，可以分为元哲学、基础哲学和应用哲学三个层次。

第一层次元哲学，即最高层次的哲学，它探究宇宙世界的最根本的问题并形成宇宙观和世界观。它要不断吸收低层次哲学的内容，对低层次哲学进行思维的抽象，抽取其最深刻、最普遍、最一般的共同本质来充实自己的内容，同时又从理论思维的高度，为低层次的哲学发展提供方法。

第二层次基础哲学，是元哲学的理论支柱和理论基础，就其抽象性来说，它比元哲学具体，但又比应用哲学抽象，和实践的密切程度比不上应用哲学，但又比元哲学更接近实践。作为基础哲学，其主要的功能就是不断吸收应用哲学的成就，并为元哲学提供理论基础，从这种意义上说，它是沟通元哲学和应用哲学的桥梁或中介。就目前的认识深度来看，整个世界包括自然现象、社会现象和思维现象，而哲学又是以自然、社会和思维的一般规律作为研究对象的。因此，相应的基础哲学也应该包括三大部分，即自然哲学（研究自然界发展的辩证法)、社会哲学（包括历史辩证法和人生辩证法）、认识哲学（认识辩证法——狭义的认识论）。由这三大部分构成了支撑元哲学的三大支柱。

第三层次应用哲学，是最低层次的哲学，就其抽象性和深刻性来说不如元哲学和基础哲学，但它比元哲学和基础哲学更具体、生动和丰富。它和实践的关系最密切，它的内容来源于其他具体科学的成果和基础哲学、元哲学理论的结合，它源于其他具体科学而又高于其他具体科学，它也不是其他科学成果的简单重复或简单相加，而是对其他具体科学成果的思维抽象，否则就失去了哲学的性质。

3. 什么是"环境哲学"

目前，国内外学术界对探讨生态环境哲学问题的新兴学科有不同的名称，如"环境哲学"（西默曼，M. K. Zimmerman）、"环境伦理学"（罗尔斯顿，H. Rolston）、"深生态学"（纳斯，A. Naess）、"绿色哲学"（泰勒·米勒，Tyler Miller）、"新的自然哲学"（米克，J. Meeker）、"生态哲学"（萨克塞，H. Sachsse）等等。总体而言，主要有两种看法：一种是把它概括为环境哲学，或环境伦理学；另一种是把它称作生态哲学，或生态学世界观。迄今为止，就实际学术影响和国际公认度而言，大多数哲学家愿意把它称作"环境哲学"或"环境伦理学"。国际环境哲学联合会、国际环境伦理学学会等学术机构的建立，世界各国高等学校以它们为名称的课程开设，便是明证。并且，大多数哲学家认为，由于从学科分类上说，伦理学本身是哲学的一个分支，因此，环境哲学的概念涵盖的范围要比环境伦理学的概念更大一些，研究的问题更为根本、更为广泛一些。所以，尽管 20 世纪 70 年代以来人们研究人与自然的关系许多是从伦理道德的视角着眼的，但把这一新兴的哲学应用学科称之为"环境哲学"更加恰当。①

环境哲学首先是一门基础哲学，从人与环境的关系出发，探究宇宙最根本、最普遍的规律；然后才是一门应用哲学，指导人们安身立命，协调人与自然的关系。环境哲学是研究与环境问题有关的哲学问题，研究环境问题对哲学的影响，以及哲学对环境问题解决提供的哲学理论与方法的学问。从环境哲学研究内容的发展来看，其内容不限于"人与环境的关系"，而是更多地向"生物与环境的关系"发展；在关注人的社会性的同时，更多地考虑到了人的生物性。在我们区分"生态"与"环境"的前提下，生态哲学、环境哲学、环境伦理、生态伦理、生态环境哲学等概念中，选用环境哲学、生态伦理（而不是环境哲学、环境伦理）正成为一种趋势。这是因为"生态"体现了更多的"天人合一"和整体主义思想，是非人类中心主义或改良的人类中心主义追问的结果。

4. "环境哲学"与"生态哲学"

有学者认为：一方面"环境哲学"与"生态哲学"研究的对象、观点和方法大致是相同的，都倡导一种新的价值观来协调人与自然的关系，可以看作是同一学科的不同说法。

另一方面，"生态哲学"更多强调的是用生态学整体主义的世界观和生态科学的方法论去观察、评价和调节"自然—技术—社会"的关系；而环境哲学则重视借助于生态学、伦理学、哲学、政治学、社会学、经济学等自然科学和社会科学的综合知识来探讨"自然—技术—经济—社会"的关系，寻求"人—自然—社会"和谐的可持续发展。因此，可以把环境哲学看作是比生态哲学更为广泛的学科，生态哲学包含在环境哲学之中。①

但是，随着生态哲学研究方法与环境哲学研究方法的相互借鉴与趋同，生态哲学的研究内容反而日益变得更广泛了。这是因为"生态"是包含人在内的一个概念，而"环境"却是人之环境（不包含人）。环境可包括社会环境，生态亦变得可包括社会生态了。总之，作为研究对象，生态较之环境要大一些，环境哲学趋向于包含在生态哲学之中了。这也符合整体主义方法论和生态时代的要求。

（二）环境哲学与相近学科的关系

生态科学和环境科学的整体性、综合性和系统性性质，使环境哲学与生态科学、环境科学的关系不能简单地理解为常识中所说哲学与具体科学的关系，即一般与具体、普遍与特殊的关系。它们各自从相同或不同的方面对人与生态环境关系进行共同的思考与研究，或者说，是在大科学体系中对人与生态环境的关系作相同或不同的思考和研究。这表明环境哲学与生态科学、环境科学有着程度更高的共通性与更广泛的一致性：

1. 科学的其他学科把自然界和人类社会的某个部分、某个领域或现象作为它们的研究对象；生态科学、环境科学则把人与生态环境的互动关系作为其研究对象，这打通了科学与哲学原有的区别，在研究对象上表现了一致性。

2. 传统西方哲学和科学把世界普遍地理解为人与自然的二元对立的关系。生态科学、环境科学则把世界看成是一个"人—社会—自然"复合的整体生态系统，强调生态系统的有机整体性以及人与环境之间的内在统一性，这也是环境哲学的基本观点和基本方法。生态科学、环境科学和环境哲学从整体性、全息性、统一性的视角和方法来理解世界上各种事物的区别，包括人与其生存环境的区别，认为人与自然生态中生物与非生物的关系从其根源和本质上是同源、同构的。

3. 由于生态科学、环境科学包含丰富的生态思维和生态观念以及学科的综合性特点，使环境哲学在思考、研究人与环境的关系事实上可以吸取或转换生态科学、环境科学研究成果中许多观点和结论。如生态学中人类生态学这一分支，改变了生态学的纯自然科学性质，搭建了自然科学和社会科学的联系桥梁。正如生态学家费·卡迪斯雷指出，把人与自然界的相互作用的演变作为统一的课题来研究，才算开始找到生态科学的真正归宿。环境科学家们意识到，解决环境问题需要自然科学家与社会科学家的联手，需要自然科学与社会科学的联姻。

① 参见王正平：《环境哲学：环境伦理的跨学科研究》，29 页，上海，上海人民出版社，2004。

4. 生态科学、环境科学和环境哲学在思考、研究人与生态环境的关系问题上都用联系、动态和过程的思维方式来理解生态系统，把生态系统中生物之间、生物与非生物之间，或人与生态环境之间的关系看成是一种处于动态的过程中的关系。最后，人类作为地球生态系统中主动和能动的活动者，如何按照生态科学、环境科学所揭示的科学事实、原理与规律来构建"人—社会—自然"的和谐关系，是生态科学、环境科学和生态环境哲学的共同目标。

二、环境哲学的内容

（一）环境哲学的内容体系

对环境哲学的内容作体系性的了解，有助于宏观上对环境哲学有所把握，建立起相关的知识结构框架。

1. 环境哲学的三大领域①

西默曼在他主编的《环境哲学——从动物权利到激进生态学》一书序言中认为，环境哲学大致可以分为三个主要的领域：

第一个领域：激进的生态哲学（radical ecophilosophy）。它经常和反文化运动，包括深生态学、生态男女平等主义、社会生态学联系在一起。

第二个领域：环境伦理学（environmental ethics）。它认为，假如人类中心主义的道德态度有所改变，赋予非人类以"道德关怀"，就有可能在克服生态危机方面取得进步。"弱人类中心论"（weak anthropocentrism）认为，人类本质上比非人类更具有价值，同时也坚持认为，至少某些非人类不能仅仅被当做工具，因为他们具有一种自身的价值。

第三个领域：人类中心主义的改革论（anthropocentric reformism）。它认为，我们环境问题的根源，既不是人在自然界位置问题上的人类中心主义态度，也不是包含这些态度的政治经济结构，而是空气和水源的污染，自然资源的浪费使用，需要遏制的是无知、贪婪和短视。改变这些状况的希望在于重新立法，改变公共政策，增加教育，改进税收机制，强调对未来世代人的道德义务，做大自然的明智服务员，鼓励人们更加审慎并公平合理地使用自然资源。

2. 环境哲学的四大部分

对于为什么有必要把"环境伦理学"研究进一步深入到"环境哲学"研究，澳大利亚哲学家安卓·布恩南（Andrew Brennan）在其主编的《环境的伦理学》（1995 年）一书的导论中写道："当专业哲学家研究环境伦理学进入第三个十年的时候，有迹象表明，从更广泛的视角认识环境哲学正在悄然兴起。在过去 20 年及最近一些年中，环境伦理学讨论的问题集中在自然事物（似乎任何事物都有）的内在价值、人类是自然的一部分还是独立于

---

① Michael E. Zimmerman （ed.）, Environmental Philosophy, Prentice Hall, Englewood Cliffs, 1993, PⅥ—Ⅷ；转引自王正平：《环境哲学：环境伦理的跨学科研究》，24～25 页，上海，上海人民出版社，2004。

自然的一部分，以及在评价什么事物有资格纳入道德关怀的讨论过程中，利益、感觉和定向目标的行为的作用问题等等。然而，这些问题如果不投入到与其他某种哲学或世界观的部分联系，就不可能被充分地揭示。尽管在这个领域仍然有一些工作要做，但是，以往的哲学家已经做了大量工作。在某种比较普遍的意义上，'哲学'术语，是指有关解释或确证人的行为、策略和立场的一般理论。公司有营销哲学，政党有竞选哲学，个人也讨论他们的生活哲学，这些哲学完全可以不参照任何哲学学术研究的状况。在这种普遍的意义上，有许多环境哲学。就现在的目的而言，环境哲学可以定义为连接人类、自然和价值的一般理论。更加具体地说，环境哲学由以下四部分组成：一是关于自然是什么的理论，自然包含哪些种类的客体和过程；二是关于人类的理论，为人类生活，以及生活在其中的背景关联和所面对着的问题提供某种总体性的观点；三是关于价值的理论和上述两点人类行为评价的理由；四是关于方法的理论，在被检验、确证和拒斥的总体理论范围内，表明所要求的标准。"①

3.《生态哲学》的内容体系

余谋昌先生在所著《生态哲学》② 一书中，从生态学世界观的角度，论述了什么是生态哲学、生态哲学的基本问题和基本结构。该书认为生态哲学是一种"哲学转向"，是从传统机械论哲学转向一种新的整体论哲学。该书在批判机械论世界观的基础上，吸纳了当代整体论哲学思潮的主要观点，深刻论述了生态哲学本体论、生态认识论、生态学方法论和生态价值论以及关于世界的存在、主体与客体、整体与部分、首要与次要等问题，从而阐明了生态哲学是一种新的哲学方向、新的世界观、新的方法论、新的价值观、新的自然观。

王正平先生所著《环境哲学——环境伦理的跨学科研究》③ 之所以如此定名，是因为一方面，环境伦理学原本可以看作是环境哲学或它的一部分；另一方面，环境哲学是环境伦理学研究的深入与拓展。该书是在超越哲学、伦理学、社会学、生态学、人类学、政治学、经济学和神学的传统分类研究的基础上，对环境伦理问题进行了跨学科的综合研究，努力使之上升到世界观、价值观和方法论的层面来审视和探讨人与自然关系问题。从根本上说，环境哲学的主旨是要在经济与科技飞速发展、人与自然冲突加剧的人类生存新境遇下，创立一种能促进社会、经济与环境协调发展，保持人与自然环境和谐共荣的新型世界观、价值观和方法论。这是一场传统哲学的革命，也是传统伦理的革命。

(二) 环境哲学的重要观点

1. 人和自然事物的价值问题④

人与自然之间以及自然事物之间有什么样的价值关系问题，是环境哲学的中心问题。

---

① 叶平译：《什么是环境哲学》，载《环境社会学》，1999 (1)。
② 参见余谋昌：《生态哲学》，西安，陕西人民教育出版社，2000。
③ 参见王正平：《环境哲学：环境伦理的跨学科研究》，上海，上海人民出版社，2004。
④ 参见卢风：《环境哲学的基本思想》，载《湖南社会科学》，2004 (1)。

（1）"自然"与"自然物"的区别。

卢风教授认为，混淆自然和自然物（或自然系统），是个严重的错误！环境哲学必须严格区分自然与自然物。自然物是具体的，可被科学所认知的，而自然是超验的，是只能通过思想去体悟的。科学思维使人们只见经验的东西，不见超验的东西。人类征服了许多自然物，便误以为征服了自然。这是个愚蠢的错误！

突破了人类中心主义的狭隘视界，人类才能从愚蠢的骄傲中清醒过来，明白人类并不是上帝，人类也不可能通过文化的历史积累而历史地逼近上帝的全智全能，从而由现代科学所提供的材料，经过哲学反思而认识到大自然就是人类所绝对依赖的终极实在。说大自然就是终极实在是因为：1）自然是无限的。我们不能认为只有自然科学所描述的东西才存在，若认为这样，就无异于认为只有与人类感觉资料有逻辑联系的东西才存在。作为"存在之大全"的自然是科学思维所永远无法穷尽的，实际上，实证科学根本不会触及"存在之大全"。2）形而上学意义上的大自然是超验的，人们在感觉经验中发现不了这种意义的大自然，仅凭实证科学也发现不了大自然，只有通过哲学思想才能体悟大自然的存在。3）大自然具有绝对主体性，即大自然是"无为而不为"的，是包容万物、化生万物的。4）大自然是人类所绝对依赖的，地球和太阳系都只是大自然的有限部分，人来源于大自然，最终又只能复归于大自然。

（2）价值、内在价值、工具价值。

价值或者是主体的目的，或者是客体能满足主体需要的功能或属性。

内在价值就是主体的纯粹目的，即不作为任何其他目的的手段的目的，如幸福之于人，生命之于一切生物。若问人们为什么追求幸福，人们大多会说：因为幸福本身就是善，就是值得追求的，幸福是发源于人的主体性的纯粹目的；而不会说：我们追求幸福是为了追求金钱、权力、财富，等等。生物都有求生的本能，生命是内在于生物主体性的东西。内在价值发源于主体的主体性。

工具价值则是客体满足主体需要的功能或属性，如金钱之于人，水之于生物。工具价值产生于客体对主体的有用性。根据这里的内在价值定义可知，所有的生物至少都有一种内在价值——生命（动物还能追求另一种内在价值——快乐）。人类应把生命理解为内在价值。西方宗教似乎把人的生命理解为工具价值，因为人本身就是上帝的工具。但在人道主义者看来，人的生命显然是内在价值，尊重人首先就在于尊重人的生命，对人权的最严重的侵犯就是对人生命的伤害。人道主义的基本观点可为环境哲学所继承。

（3）人与自然和自然事物之间的价值关系。

我们承认非人自然物有其内在价值和权利，但并不认为所有的自然物都具有同等的主体性①，所以也不认为所有的自然物都有同等的价值和权利。人除了生命权以外，还享有

---

① 卢风教授在该文中认为：不同的事物具有不同程度的主体性，在世界万物中，作为"存在之大全"的自然具有最高的主体性，自然的主体性是绝对的主体性。在人所居住的地球上，人类具有最高程度的主体性，动物次之，植物又次之……

财产权、名誉权、思想自由、言论自由、集会结社自由等。在地球上，人类因为具有最高的主体性而创造了文化，从而才享有这么多的权利，如财产权、名誉权等。我们不认为所有的非人自然物都和人一样享有这些权利，但认为所有的生物至少都享有种的生存权，而种的生存权是自然所赋予每一物种的权利。因为人类是唯一的能认知生态学规律的物种，所以人类可以根据生态学规律去调节其他物种的数量。人类作为地球生态系统中唯一具有生态意识的物种应在地球生态系统中主持公道。但这绝不意指人类就是自然的主宰。当然，真正在宇宙间主持公道的不是人类，而是包孕万有、化生万物的大自然。生活在地球上的人类若努力遵循生态学规律，就不至于在不该灭亡的时候灭亡，若仍像目前这样破坏生态平衡，就可能在不该灭亡的时候灭亡。

2. 关于事实与价值的关系

(1) "事实与价值截然二分的消解"与"倾听自然的言说"[①]。

事实与价值（或描述性话语与评价性话语）的二分是逻辑实证主义的一个教条，普特南（Hilary Putnam）在其《理性、真理与历史》一书中系统地论证了事实与价值、合理性（rationality）与价值之间的相互联系。在普特南看来"每一个事实都渗透着价值，而我们的每一种价值都负载着某种事实"，"事实和价值通过我们的文化和语言框架而处于密不可分的联系之中"[②]。但普特南因坚持内在实在论（internal realism）而难以摆脱主观主义，他对事实——价值二分的消解使人类对事实和价值的判断都封闭于人类的语言框架之中。环境哲学可以吸取普特南的正确观点：事实与价值是互相渗透的，二者之间没有什么不可逾越的界限。但必须用我们重新阐释的主体论去摆脱主观主义的束缚。我们不能认为人类语言是个封闭的系统，不能认为人永远都只跟人交流，相反，我们必须认识到人类与自然物乃至于自然也处于交流过程中。如果说人际交流是人的本真生存状态，那么人与自然以及自然物的交流也是。只是西方现代性遮蔽了人们的心灵，使人们认为，人与自然以及自然物之间的关系只是主客体之间的关系，人是主体，自然和自然物只是客体，这样只有人与人之间的关系才是交流关系，人与自然以及自然物之间的关系只是认知关系和征服与被征服的关系。

环境哲学不能认为，只有人类才有语言，没有什么超越于人类语言的语言。语言不过就是主体交流用的有规则的符号体系。自然科学已充分表明大自然有其不依人的意志为转移的客观规律，大自然无时不在透露着各种各样的信息。大自然按其自身规律所透露的信息难道不是它自己的语言吗？大自然的语言远比人类语言复杂、深奥！

现代人在认识自然方面花费的精力和时间远比在认识自己方面花费得多。但不能说现代人类一直在倾听自然的言说。为什么？就因为现代科学一直没有把自然和自然物当做主

---

① 参见卢风：《环境哲学的基本思想》，载《湖南社会科学》，2004 (1)。

② Hilary Putnam, Reason, Truth and History, Cambridge University Press, 1981, pp. 201～202.

体，而只当做客体。现代人认识自然不是为了理解自然和顺从自然，而是为了"指挥自然"① 或征服自然。

什么叫"倾听自然的言说"？满怀敬畏之情地探究自然奥秘就是倾听自然的言说。倾听自然的言说是为了理解自然，顺从自然，而不是征服自然（注意：顺从自然不等于在任何情境中都顺从自然物）。倾听自然的言说就是追求真理。真理就是客体的本真显现或主体的真诚言说。但每个人的真诚言说并不构成客观真理。真理的客观性是通过主体间的交流而达到的。真诚的人们在心灵洞开的交流中所达成的共识便是相对真理。但人类为了发现真理，不能只注意人类共同体内部的交流，还必须与自然物交流。与自然物交流便是倾听自然的言说。

（2）"像山一样思考"。

前述可见，要实现"事实与价值截然二分的消解"与"倾听自然的言说"，则"必须用我们重新阐释的主体论去摆脱主观主义的束缚。我们不能认为人类语言是个封闭的系统，不能认为人永远都只跟人交流，相反，我们必须认识到人类与自然物乃至于自然也处于交流过程中"。我们认为，这种实现消解与倾听的方式是"泛主体论"的，是无法接受的。

大地伦理的倡导者，被现代美国人称为"环境伦理学之父"的 A. 李奥帕德（Aldo Leopold）在其《沙郡年记》② 中有一篇"像山一样思考"的文章，反思自己杀狼救鹿的行为，提出人类只有"像山一样思考"才有可能实现真正的动物保护，最终的生态和谐。卢风教授文中说："如果我们能承认非人自然物的主体性，就能把传统儒学所极重视的推己及人的良知用于非人主体，即站在非人主体的立场上考虑问题，或如利奥波德所说的'像山一样思考'，从而能摆脱主观主义。如果我们能'像山一样思考'，就不仅能发现关于非人自然事物的事实，而且能理解它们的价值。"③

"像"山一样思考，并不是山在思考，而是人在思考。"推己及人的良知用于非人主体，即站在非人主体的立场上考虑问题"依然是人在思考。"价值"应是人对事物的评价性描述，而不是"非人主体"的描述。称人之外的事物为"非人主体"并无实质意义，打破了人作为"主体"的唯一性，会引发不必要的概念混乱，甚而削弱人作为唯一主体对地球所应肩负的责任。"我们能承认非人自然物的主体性"不必要成为"像山一样思考"的前提。

（3）马克思主义哲学中的事实、价值、实践的关系。

价值与事实的二分法，源于哲学上的主观和客观二元对立的悠久传统。究竟什么是事实？什么是价值？二者之间的关系如何？由于这些概念被运用得极其广泛而又没有被严密准确定义，哲学上总是争论不断。关于事实与价值的截然对立，在近代首先是由休谟提出

---

① ［德］霍克海默、阿多诺著，洪佩郁、蔺月峰译：《启蒙辩证法》，2 页，重庆，重庆出版社，1990。
② 参见［美］阿尔多·李奥帕德著，吴善真译：《沙郡年记》，154～156 页，北京，三联书店，1999。
③ 卢风：《环境哲学的基本思想》，载《湖南社会科学》，2004（1）。

的。作为经验论学派的终结者，休谟通过对观念形成过程的心理分析彻底否定了因果联系的必然性，把因果联系归结为人类主观的心理联想（习惯性联想），在此基础上，他提出了从"是（to be）"或事实推不出"应是（ought to be）"或应该的命题，割断了事实与价值的联系或纽带。此后，相当一部分思想家沿着休谟的路径在各学科领域继续深化，另一部分思想家则力图弥合事实与价值的鸿沟。① 聂文军在《论 G. E. 摩尔的"自然主义谬误"》一文中，对摩尔所谓"自然主义谬误"进行了批驳，并运用马克思主义哲学解释了事实、价值、实践之间的关系。马克思说，"从前的一切唯物主义（包括费尔巴哈的唯物主义）的主要缺点是：对对象、现实、感性，只是从客体的或者直观的形式去理解，而不是把它们当作感性的人的活动，当作实践去理解，不是从主体方面去理解"②。这意味着客观不是绝对与人无关的东西，客观是建立于人类的实践和认识基础上的客观，是包含了人类主观性的客观；主观是由物质世界及人类的客观实践活动所产生的主观，不是脱离物质世界、独立于物质世界之外的主观，是包含了某种客观性的主观。出现于我们面前的客观之物，是在人类目前的实践水平所决定的认识框架之下所呈现的客观之物，我们所要求的价值是在各种物质条件下和人类社会的经济、政治等现实的客观关系条件下具有一定必然性的主观诉求。实践是物质性的活动和人类主观性的活动的统一，它是沟通主观和客观的桥梁和纽带。同理，事实是我们人类眼中的事实，是包含了人类主观性的事实；价值是蕴涵着人类实践客观性的价值。正如客观中有主观成分、主观中有客观内容，二者互为前提、相互渗透一样；事实中蕴涵了某种价值的预设、价值中也包含了事实的内容，二者相互渗透、相互作用，紧密相连、不可分割。这样，在"事实"中就内在地蕴涵着价值的内容，在"价值"里就存在着事实的背景，从事实到价值就不是什么完全异质异类的事物之间的跨越跳跃，而是在相互依存、相互贯通的两个事物之间的合理的和必然的过渡。从事实到价值的过程，只不过是把"事实"中内在隐含的价值内容揭示出来，使它由"事实"项下的隐性内容明确地成为"价值"项下的显性内容。③

3. 环境哲学的整体主义方法④

在方法论上整体主义有其独特的优越性。整体主义既是一种方法论，也是一种世界观。整体主义方法论的基础是形而上学整体主义。整体主义的基本观点是：世界上的万事万物都处于普遍联系之中，事物以系统的方式存在着，也以系统的方式相互联系着。不同系统之间有不同的联系形式，有些是直接地相互作用、相互联系、相互依赖，有些是间接地相互联系。任何一个系统都具有整体性，即是由不同要素或不同层级的子系统构成的整

---

① 参见聂文军：《论 G. E. 摩尔的"自然主义谬误"》，载《江西师范大学学报》（哲学社会科学版），2005（4）。

② 《马克思恩格斯选集》，2 版，第 1 卷，54 页，北京，人民出版社，1995。

③ 参见聂文军：《论 G. E. 摩尔的"自然主义谬误"》，载《江西师范大学学报》（哲学社会科学版），2005（4）。

④ 参见卢风：《环境哲学的基本思想》，载《湖南社会科学》，2004（1）。

体。构成系统的要素或子系统要求整体的保护和整合，而整体要求诸要素或子系统按特定方式互相耦合并发挥各自的职能。

整体主义不认为只要认识了一个事物的各部分就算认识了该事物全部，不认为事物整体可以归结为各部分之加和。整体主义方法并不排斥分析的方法，但注重分析基础上的综合。整体主义注重研究事物各组成部分和层级之间的内在联系和相互作用，以及不同事物之间的内在联系和相互作用。

现代生态学以及现代宇宙学可对环境哲学提供特殊支持。长期以来，人类接受高度分析性的、还原论的物理学、化学和生物学的指导，在思维方面我们过度崇尚分析性思维，严重忽略整体性的综合性思维，分析哲学正是深受还原论的物理学、化学和生物学影响的哲学。我们的实践也主要受物理学、化学、生物学的指引。我们总习惯于将复杂的事物简单化，并按简单化的图式去征服自然。现代生态学揭示了生态系统的复杂性和各部分之间的内在联系，复杂性研究也揭示了事物构成和演变的复杂性。人类实践应更多地接受生态学等高度综合性的学科的指导，环境哲学应更多地向生态学等高度综合性的学科寻求支持。

4. "集体堕落"与"生态良心"①

人本该在精神超越中追求无限，但资本主义文化却激励人们在物欲满足中追求无限，绝大多数人以物欲满足为最高价值，这便是人类的集体堕落。人类所面临的潜在战争危险和生态危机皆与这种集体堕落密切相关。人类为什么未能实现康德的理想：使"永远会使道德倒退的战争""一步一步地人道化，从而逐步地稀少起来"，直至"完全消灭侵略战争"②？就因为人类的集体堕落。资本主义是争强斗胜的，为争夺资源和财富，甚至市场，民族国家之间会发生战争。人类为什么在已面临环境危机的情况下仍不肯把保护环境放在首位？就因为人类的集体堕落。例如，在让美国人选择"执行京都议定书"和"经济增长"时，美国人最终选择了经济增长，而不选择执行京都议定书。若不能从集体堕落中自拔，人类就难逃巨大的劫难。

为从集体堕落中自拔，人类需要一次良心的革命和伦理学范式的转换，这两方面是相辅相成的。环境哲学将力倡一次"良心的革命"。良心并不是先验的，而是后天培养的。良心就是主体根据一定的道德规范和价值原则判断善恶是非进而作出行动选择的能力。有良心的人就是能分辨善恶是非且择善而行的人。无一定的道德规范和价值原则，无从形成人的良心（并不排斥个人对先在的道德规范和价值原则进行反思和批判）。摆脱了人类中心主义的狭隘视界，消解了事实与价值的截然二分，我们就可以重新陶冶我们的良心。既然我们不认为只有人才有内在价值和权利，我们就不仅能善待同类，也能善待一切生物。既然我们不认为道德话语只是纯主观的感情表达，不认为价值判断与事实无关，我们就应

---

① 卢风：《环境哲学的基本思想》，载《湖南社会科学》，2004（1）。
② ［德］康德著，何兆武译：《历史理性批判文集》，162页，北京，商务印书馆，1991。

努力通过自然科学中介，而把伦理学建立在真理的基础上。有了对自然的敬畏，我们就会明白，对待自然事物也有个"应该不应该"的问题。我们不能认为，只要技术上可能，经济上合算，对自然事物怎么做都行。我们不仅应对人讲良心，对自然事物也应讲良心。良心不是纯主观的，良心不仅依赖于社会规范和社会价值标准（即不仅依赖于社会契约，或说不仅依赖于人与人之间的交流与沟通），而且依赖于人类对自然法则的理解。在我们准备实施大型工程之前，我们不仅应询问公众同意不同意，还应该询问自然允许不允许。有了这样的良心，我们就不会认为，是否普遍奉行经济主义和消费主义只是人类共同体内部的事情。

【推荐阅读文献】

著作：

1. 王正平. 环境哲学：环境伦理的跨学科研究. 上海：上海人民出版社，2004

2. 余谋昌. 生态哲学. 西安：陕西人民教育出版社，2000

3. 任春晓. 环境哲学新论. 南昌：江西人民出版社，2003

4. 林娅. 环境哲学概论. 北京：中国政法大学出版社，2000

5. ［美］霍尔姆斯·罗尔斯顿著. 杨通进译. 环境伦理学. 北京：中国社会科学出版社，2000

6. 刘湘溶. 生态伦理学. 长沙：湖南师范大学出版社，1992

7. 裴广川主编. 环境伦理学. 北京：高等教育出版社，2002

8. ［美］戴斯·贾丁斯著. 林官明，杨爱民译. 环境伦理学——环境哲学导论. 北京：北京大学出版社，2002

9. 朱坦主编. 环境伦理学理论与实践. 北京：中国环境科学出版社，2001

10. 何怀宏主编. 生态伦理——精神资源与哲学基础. 保定：河北大学出版社，2002

11. 徐嵩龄主编. 环境伦理学进展：评论与阐释. 北京：社会科学文献出版社，1999

论文：

1. 卢风. 环境哲学的基本思想. 湖南社会科学，2004（1）

2. 刘福森、曲红梅. "环境哲学"的五个问题. 自然辩证法研究，2003（11）

3. 马捷莎. 关于"哲学是什么"的断想. 黑龙江社会科学，2005（2）

4. 蓝荣策. 论哲学的学科结构. 岭南学刊，2000（1）

5. 聂文军. 论 G.E. 摩尔的"自然主义谬误". 江西师范大学学报（哲学社会科学版），2005（4）

6. 王正平. 环境哲学：人与自然和谐发展的智慧之思. 上海师范大学学报（哲社版），2006（2）

7. 罗予超. 作为部门哲学的政治哲学及其现实政治意义. 湖南师范大学社会科学学报，1997（4）

8. 庄穆. 生态环境哲学：哲学当代创新之域. 自然辩证法研究，2004（4）

9. 包和平. 论生态哲学与相近学科的关系. 内蒙古师范大学学报（哲学社会科学版），2003（1）

10. 杨立新，朱呈义. 动物法律人格之否定——兼论动物之法律"物格". 法学研究，2004（5）

11. 包庆德. 生态哲学研究中的若干问题评析. 上海交通大学学报（哲社版），2004（6）

12. 刘李伟. 哲学如何关注环境. 自然辩证法研究，2004（6）

13. 陈国谦等. 中西环境哲学的源流与发展. 中国人口·资源与环境，2002（3）

14. 傅恒. 论宪法哲学学科体系的构建. 四川师范大学学报（社科版），2004（1）

15. 陈剑澜. 西方环境伦理思想述要. 马克思主义与现实，2003（3）

16. 张德昭. 论环境伦理的基础. 社会科学研究，2005（4）

17. 刘耳. 西方当代环境哲学概观. 自然辩证法研究，2000（12）

环境法调整对象研究

一、法律应该调整人与自然的关系，
　　应该为建设和谐社会发挥作用
二、法律能够调整人与自然的关系，
　　能够促进和保障和谐社会的建设
三、法律如何调整人与自然的关系，
　　如何促进和保障和谐社会的建设

一、法律应该调整人与自然的关系，应该为建设和谐社会发挥作用

法律之所以应该调整人与自然的关系，主要基于如下理由：

（一）人与自然关系的重要性，决定了用法律调整人与自然关系的必要性

在历史观中，没有比人与人的相互作用、人与自然的相互作用更根本的相互作用了，全部社会现象，包括意识现象中的各种相互作用，不仅来源于这两个根本的相互作用，而且归根到底只有通过这两个相互作用才得到正确的说明。整个人类社会的发展史也就是人与人的关系和人与自然关系的发展史。马克思把"人类历史的第一个前提"确定为"有生命的个人的存在"以及"个人对其他自然的关系"①。人与自然的作用即人与自然的关系"表现为双重关系：一方面是自然关系，另一方面是社会关系"②。也就是说，人与自然关系既可以影响人与人的关系，也可以影响物与物的关系。人类现代文明的最高表现是人性的进化，即人与自然的相融。体现人与自然和谐的环境公平，与体现人与人和谐的社会公平，从来没有像今天这样紧密相连。作为人与自然关系的崇高目标的人与自然的和谐，是未来社会价值体系的核心概念。人与自然的和谐必然促进人与人的和谐，包括人与社会的和谐。1972 年《联合国人类环境宣言》已经承认将人类置于环境之中："人类既是他的环境的创造物，又是他的环境的塑者，环境给予人以维护生存的东西，并给予他提供了在智力、道德、社会和精神等方面获得发展的机会。"联合国大会通过的《世界自然宪章》强调"人类是自然的一部分，生命有赖于自然系统的功能维持不坠，以保证能源和养料的供应"；"文明起源于自然，自然塑造了人类的文化，一切艺术和科学成就都受到自然的影响"；"人类与大自然和谐相处，才有最好的机会发挥创造力和得到休息与娱乐"。上述观点对于促进从道德上、伦理上、法律上以及其他人文社会科学角度研究人与自然关系的问题，具有十分重要的影响和作用。文化生态学③高度重视包括法律在内的文化现象中的环境因素以及文化与自然的一致性，它们的代表人物认为：如果不考虑非文化因素即环境因素，任何文化都是无法理解的；人与人、人与环境的相互作用产生了文化，并导致文化的发展。④"人类以文化的方式生存，所有先进文化都是生存于自然中的文化。生存于自然中的文化不能反自然。文化与自然的辩证统一，就是人类生存的本质。"⑤ 因此，承认"自然塑造了人类的文化"是当代环境资源法学深入人与自然关系领域的前提。对环境的认识的深入一个重要表现，是人们越来越多地将环境视为一个有机整体甚至人与自然的共同体。《关于环境与发展的里约宣言》指出，"认识到我们的家乡——地球的整体性和相互依存性"。1997 年世界

---

① 《马克思恩格斯选集》，2 版，第 1 卷，67 页，北京，人民出版社，1995。
② 《马克思恩格斯全集》，中文 1 版，第 3 卷，33 页，北京，人民出版社，1960。
③ 1954 年，人类学家斯图尔德（J. Steward）首先提出了"文化生态学"的概念。
④ 参见余谋昌：《生态哲学》，27 页，西安，陕西人民教育出版社，2000。
⑤ 潘岳：《环境文化与民族复兴》，载《中国环境报》，2003-10-28。

环境日的主题之所以定为"为了地球上的生命"，联合国环境规划署的执行主任在首尔世界环境日纪念大会上之所以要发表名为"建立与所有生命和谐相处的信念"的讲话，就是要人类树立尊重自然、保护生命、人与自然和谐相处的文明意识和伦理道德。

环境资源法律之所以要调整人与自然的关系，首先是由人与自然关系的重要性决定的。人与自然关系的发展演变是环境资源法调整人与自然关系的主要动力，人与自然关系发展演变到一定程度，无论当时的伦理道德或政策法律是否调整人与自然的关系，都会要求伦理道德或政策法律去调整人与自然的关系。人类的伦理道德或政策法律的调整范围是与日俱进的，也是可变的，在某个时期的伦理道德或政策法律不愿意或不能够调整的关系或对象，在另一个时期可能成为伦理道德或政策法律愿意或能够调整的关系或对象。如果认为法律不能调整人与自然的关系，就意味着承认法律在调整人与自然关系这一至关重要的领域无能为力或失灵，这不仅是对法律作用和功能的一种片面认识，也不符合环境资源法律在开发、利用、保护和改善环境资源以及调整人与自然关系方面已经和正在发生重要作用的现实情况。

（二）环境资源法律对人与自然关系的有效调整是正确处理和改善人与自然关系的法律保障

实践证明，包括环境污染、生态破坏和资源危机在内的环境资源问题的产生，主要是人类没有正确处理好人与自然的关系和人与人的关系；防治环境污染、保护和改善生态环境也只能基于人与自然关系的改进和改善；环境法律对人与自然关系的有效调整则是正确处理和改善人与自然关系的法律保障。

目前我国的环境形势相当严峻，发达国家上百年工业化过程中分阶段出现的环境问题在我国已在二十多年里集中出现，污染治理和生态建设任务十分艰巨。中国的环境问题突出地表现在两个方面。一是环境污染相当严重，全国污染物排放总量大，主要污染物排放量超过环境容量；二是环境破坏相当严重，生态整体恶化的趋势尚未得到有效遏制，水土流失、土地沙化、草原退化问题突出，森林生态功能不足，生物多样性减少，生态系统功能退化。根据 2006 年 6 月 6 日国务院新闻办发布的《中国环境保护（1996—2005）》白皮书和国家环保总局发布的《2005 年中国环境状况公报》，全国水土流失面积 356 万平方公里，占国土总面积的 37.1％，全国因水土流失每年流失土壤 50 亿吨；全国荒漠化土地为 263.62 万平方公里，占国土面积的 27％；沙化土地面积为 173.97 万平方公里。目前，中国二氧化碳排放总量居世界第二位，二氧化硫排放总量居世界第一位，氟氯烃的排放总量也居世界第一位，列入世界濒危动植物目录中的动植物占该目录总数的 1/4，酸雨面积已占中国大陆面积的 1/3。

经过 20 世纪 50 年代至 70 年代的环境资源危机，无论是政府领导人、社会大众和科学技术人员都认识到，自然环境资源等物对人类社会的可持续发展具有十分重要的作用和意义，当代严重的环境资源生态问题实质上是人与自然关系的失衡问题、失调问题、恶化问题。当代社会一切合理开发、利用、保护、改善和管理环境资源的努力都是为了调整好人与自然的关系，实现人与自然的和谐共处；持续利用环境资源的实质和环境资源工作的宗旨，就是按照自然生态规律和社会经济规律调整好人与自然的关系。人与自然和谐相处的环境法治观，是人类在历经20世纪环境污染、生态破坏和资源危机后，在认真总结人与自然关系的经验与教训基础上，经过反复思索和实践形成的一种崭新的理念，代表了人类对人与自然关系的最新认识，是可持续发展社会法制建设的思想基础之一。"大量事实表明，人与自然的关系不和谐，往往会影响人与人的关系、人与社会的关系。如果生态环境受到严重破坏、人们的生产生活环境恶化，如果资源能源供应高度紧张、经济发展与资源能源矛盾尖锐，人与人的和谐、人与社会的和谐是难以实现的。"[①]目前各地盛行的"三大纠纷"（即土地、山林、水利的所有权和使用权纠纷）、移民纠纷、征地拆迁纠纷、环境污染纠纷等既是人与人之间的纠纷，也是人与自然之间的纠纷。要想防治环境资源问题，必须采用包括法律在内的各种手段，通过各种途径正确处理、协调人与自然的关系及与环境资源问题有关的人与人的关系。例如，目前我国日益严重的水资源危机就与没有正确处理好人与河流的关系有关，不尊重河流生命、侵犯河流生态权利、随意挤占生态用水是导致水环境资源问题的一个重要原因。

（三）重视和加强法律对人与自然关系的调整及其理论研究，是对我国法学研究和法制建设经验教训的总结

在过去，我国法律、法学界和法制建设对调整人与自然关系的否认、轻视，是造成我国环境资源问题和人地关系紧张、人天关系不和的一个重要原因；而正在兴起的对人与自然关系的政策、法律、理论的重视，特别是重视和加强法律对人与自然关系的调整及其理论研究，则是我国实现经济、社会和环境可持续发展，实现人与人的和谐、人与自然的和谐的基本保障。

在我国法学界，过去不同程度地存在着轻视人与自然关系的思想观念。中华人民共和国成立以来的法学理论基本上是有关人与人关系（即人际关系），特别是阶级关系的法学理论，没有或很少有人与自然或人与环境的关系的法学理论。毛泽东的社会发展观从理论上讲基本上是科学的、全面的发展观，这可以从他的《矛盾论》、《实践论》等重要著作看出。但在实践中，由于受苏联模式的影响以及急于改变中国贫穷落后面貌、早日建成共产主义的善良愿望，其发展观在某些时期却严重偏离了科学的轨道。例如，在20世纪50年代，中国法学界曾对"民法调整的是人与物之间的物质关系"的观点进行过猛烈的批判。有关法律是否反映或调整人与自然关系的争论是一种学术之争，不是无产阶级思想和资产阶级思想、马克思主义法学和资产阶级法学之争；从法学发展的历史看，很多资产阶级法学家也主张法律调整人与人的关系的观点、反对法律调整人与物（或自然）关系的观点；而马克思主义创始人并不反对人与自然或人与物的关系，恩格斯早已预言，未来的社会将

---

① 胡锦涛：《在省部级主要领导干部提高构建社会主义和谐社会能力专题研讨班上的讲话》，载《人民日报》，2005-06-27。

会用"对物的管理"取代"对人的统治"，而且国家将在这样的社会消亡①，也就是说未来的社会将会突出人与物的关系，而不是否定人与物的关系。北京大学教授尹田在《物权法的方法与概念法学》一文中指出：在 20 世纪 70 年代到 90 年代初，中国学者普遍支持"对人关系说"，将"对物关系说"作为"资产阶级掩盖法律的阶级本质"的典型来痛加批判，成为同一时代几乎每一本民法教科书论述民事法律关系理论和所有权理论（当时，物权制度尚未被"发现"）时的"必修课"②。这种对"对物关系说"的大批判，使得某些法学家在法学研究中滋生了"谈虎色变"的"恐人与自然关系症"，直到 21 世纪初，某些法学家仍然认为：人与人的关系决定人与自然的关系，人与人的关系可以代替人与自然的关系，只要处理好了人与人的关系就可以处理好人与自然的关系；法律调整人与人的关系的理论完全能够解决环境资源法中的新问题，研究法律调整人与自然的关系、研究法律中主体与客体的关系没有积极意义和进步作用，甚至具有消极意义和有害作用。例如，有的人认为，"人与自然的关系不能，也没有必要成为环境法的调整对象"，它"混淆了人在对待人与自然的关系上的世界观和价值观"，"混淆了伦理道德与法律的区别"③。还有的人说得更严重，"认为环境保护法直接调整人与自然的（环境）关系的观点，有三点不妥：第一，违背了法学的基本原理，混淆了法律规范与技术规范的界限；第二，否认了人的主观能动性；第三，把人之子系统与生态大系统对立起来"，"环境保护法调整人与自然关系的观点在理论上难以自圆其说，在实践上具有脱离现实的虚幻性，客观上减弱了环境法的作用，因而是有害的"④。他们看不到法律调整人与自然关系的意义和作用，只研究法律中人与人的关系，千方百计地否定、回避、化解、轻视法律中人与自然的关系；只研究法律中主体与主体之间的关系，否定、回避、不研究法律中主体与客体之间的关系。在这种否定和轻视人与自然关系的传统法学思想影响下，"人与自然和谐相处"的观点难以在我国法学领域传播，也妨碍了调整人与自然关系的法律功能和作用的发挥。

随着改革开放的深入发展，以研究人与自然的关系为基本对象的环境科学理论开始在我国传播，自然科学和社会科学的综合化趋势逐步增强，一批以研究人与自然的关系为对象的交叉学科、边缘学科、新兴学科逐步成熟，一些专门研究法学基本理论的学者专家开始介绍和研究中国古代和外国有关人与自然的关系的理论、学说，包括新的自然哲学、新自然法学和环境伦理学等。随着我国环境保护事业和环境资源法的发展，研究通过法律调整人与自然关系的环境资源法学理论得到了较大的发展。环境资源法学界将马克思主义关于人与自然的关系的思想、环境伦理学和现代环境科学中的精华作为其认识论，审慎地吸

---

① 参见［美］E. 博登海默著，邓正来译：《法理学：法律哲学与法律方法》，99 页，北京，中国政法大学出版社，1999。

② 吴汉东主编：《私法研究（创刊号）》，75 页，北京，中国政法大学出版社，2002。

③ 李艳芳：《对"人与自然关系的法律调整"质疑——兼论环境法调整对象》，载《探索·创新·发展·收获——2001 年环境资源法学国际研讨会论文集》。

④ 李爱年：《环境保护法不能直接调整人与自然的关系》，载《法学评论》，2002（3）。

收国外环境资源法学研究成果，逐步形成了富有特色的关于调整人与自然的关系的环境资源法学理论。在民法学界，经过对物权法和物权理论的几十年压制，民法学者开始重新审查和研究物权法学理论，制定物权法和民法典中物权篇的任务也提上了国家立法机关的议事日程。1999 年 5 月，全国人大法工委拉开了中国物权法起草的帷幕。显然，要想制定一部好的物权法，必须有好的物权法理论，这就提出了一个如何对待"对物关系说"的理论问题。北京大学法学院尹田教授指出："物权不仅反映了人与自然的关系，不仅反映了人与其他'任何人'的关系，而且从根本上反映了人与国家、社会的关系。在物权问题上，汇集了人们对于人类社会的经济、政治及至道德、宗教、文化等一切方面的最重要的基本看法。"① 过去一些民法学者的口头禅是"物权不反映人对物的关系，只反映人对人的关系"，现在改为"物权不仅反映人对物的关系，也反映人对人的关系"，"物权不仅反映人对物的关系"与"物权不反映人对物的关系"虽然只是一字之差、一字之变动，但却反映了民法学者基本观念的变化，即从"物权不反映人与物的关系，只反映人与人的关系"转变为"物权既反映人与物的关系，也反映人与人的关系"，"物权不仅反映人对物的关系"首先表达的意思是物权当然、直接、毫无疑义地反映人与自然的关系。对人与自然关系的重视和深入研究，必将促进中国物权法及物权法学的发展。在法理学和其他部门法学方面，随着物权制度、环境资源法律制度的深入改革以及环境资源法学的发展与成熟，近几年来我国法学界越来越认识到环境资源法学关于调整人与自然关系的重要意义。例如，《法理学》② 认为：环境资源法"是一个新兴的独立的法律部门，并具有其他法律所不具有的特殊性：在调整对象上，它既调整人与人的关系，也调整人与自然的关系"；"事实上，环境资源法规范大部分都是由技术规范被国家赋予法律效力而成，本来就是调整人与自然关系的"；"在内容上环境资源法科学技术性强，既反映社会经济规律，又反映自然生态规律；它必须建立在科学理论和科学技术的基础上"；"过去，甚至现在，法学界都一致认为法律调整的是社会关系，即人与人之间的关系，这无疑是正确的。但是在可持续发展战略实施中，将有大量的技术规范被赋予法律效力，而技术规范是调整人与自然的关系的。因此，在实施可持续发展过程中，能否说法律在调整人与人之间的关系的基础上，有时也涉及人与自然的关系，我认为这业已成为事实"。著名法理学家、中国人民大学法学院孙国华教授也在 2006 年 8 月 11 日晚，向参加中国环境资源法学研究会学术研讨会（年会）的蔡守秋教授明确指出：法律当然调整人与自然的关系，古今中外的法律都有调整人与自然关系的规定。

（四）法律对人与自然关系进行调整，是建设和谐社会、环境友好社会的伟大实践的需要

胡锦涛同志指出，实现社会和谐，建设美好社会，始终是人类孜孜以求的一个社会理

---

① 尹田：《物权法的方法与概念法学》，见吴汉东主编：《私法研究（创刊号）》，78 页，北京，中国政法大学出版社，2002。

② 参见张文显主编：《法理学》，405～407 页，北京，高等教育出版社、北京大学出版社，1999。

想，也是包括中国共产党在内的马克思主义政党不懈追求的一个社会理想。① 在中国共产党领导下的中国人民，经过近一百年的艰苦奋斗，目前已经进入到一个建设和谐社会的新阶段，如何建设、促进和保障和谐社会，不但已经成为中国人民的热门话题，也已成为当代中国法制建设的一项重要任务。

2004 年中共十六届四中全会通过的《中共中央关于加强党的执政能力建设的决定》（2004 年 9 月 19 日中国共产党第十六届中央委员会第四次全体会议通过），强调"构建社会主义和谐社会的能力"，首次提出了构建社会主义和谐社会的概念，决定将"构建社会主义和谐社会"正式列为中国共产党全面提高执政能力的五大能力之一，强调"统筹人与自然和谐发展"、"大力发展循环经济，建设节约型社会"。

胡锦涛总书记在阐明社会主义和谐社会的基本特征时指出，"我们所要建设的社会主义和谐社会，应该是民主法治、公平正义、诚信友爱、充满活力、安定有序、人与自然和谐相处的社会"；而"人与自然和谐相处，就是生产发展，生活富裕，生态良好"②。

和谐社会的基本特征是人与人的关系和谐、人与自然的关系和谐，建设和谐社会就是要正确处理人与人的关系和人与自然的关系、实现人与人的和谐相处和人与自然的和谐相处。

在 2005 年 3 月 12 日召开的中央人口资源环境工作座谈会上，胡锦涛强调指出："努力建设资源节约型、环境友好型社会"③。2005 年 10 月 11 日，在中国共产党第十六届中央委员会第五次全体会议通过的《中共中央关于制定国民经济和社会发展第十一个五年规划的建议》④ 提出以科学发展观统领经济社会发展全局，"建设资源节约型、环境友好型社会"的论述，醒目地出现在第六部分的大标题中。《国务院关于落实科学发展观加强环境保护的决定》（国务院 2005 年 12 月 3 日）强调："倡导生态文明，强化环境法治，完善监管体制，建立长效机制，建设资源节约型和环境友好型社会。"

环境友好型社会简称环境友好社会，是一种人与自然和谐共处的社会形态，是指人对自然环境持友好态度、友好行为的文明社会，其基本要求是：倡导环境文化和生态文明，社会各界奉行对环境友好、人与自然和谐的思想观念，形成热爱自然、尊重生命、关爱环境的道德风尚；奉行对环境友好的生产方式、生活方式和消费方式，社会的生产、消费和生活活动与自然生态系统相协调；以环境承载力为基础，以遵循自然规律为准则，以环境友好科技为动力，节约利用自然资源，保护建设生态环境。环境友好社会是由环境友好型的技术、产品、企业、产业、学校、社区等组成的复合体。建设环境友好型社会是涉及社

①　新华网北京 2005 年 2 月 19 日电，胡锦涛总书记于 2005 年 2 月 19 日在中共中央举办的省部级主要领导干部提高构建社会主义和谐社会能力专题研讨班上的讲话。

②　胡锦涛：《在省部级主要领导干部提高构建社会主义和谐社会能力专题研讨班上的讲话》，载《人民日报》，2005-06-27。

③　中共中央文献研究室编辑：《十六大以来重要文献选编》（中册），北京，中央文献出版社，2006。

④　参见中共中央文献研究室编辑：《十六大以来重要文献选编》（中册），北京，中央文献出版社，2006。

会、经济、文化的系统工程，是需要各行各业、千家万户、政府各部门和经济、社会各层面都为之奋斗的伟大事业，其主要内容包括：开展环境友好宣传教育，形成关爱环境的社会风尚和文化氛围；采用对环境友好的生产、生活和消费方式；形成符合生态条件的生产力布局和少污染、低损耗的产业结构，发展绿色产业；促进无污染或低污染的技术、工艺和产品；进行对环境和人体健康无不利影响的各种开发建设活动；综合运用技术、经济、法律、行政管理、市场机制、公众参与等多种措施有效保护、建设和改善环境。

资源节约型社会是指奉行节约资源的理念、生产方式、生活方式和消费方式的社会，是采用综合手段对资源实现节约利用、高效利用、可持续利用，用最少的资源消耗获取最大的经济、社会和环境收益，以实现经济、社会和环境可持续发展的社会经济形态。对环境友好必然体现在对资源的珍惜和节约利用上。从这个意义上讲，资源节约型社会是环境友好社会的重要内容和表现形式，也是最适合中国国情的环境友好社会的一种形态，即中国的环境友好社会必然是资源节约型的社会；同时，只有在对环境友好的氛围中，才能真正、有效地形成节约资源能源的风气。

建设资源节约型社会、环境友好型社会符合中国国情，顺应时代要求，是解决我国资源短缺、资源供需矛盾的最根本、最有效的根本途径；是贯彻保护环境和节约资源基本国策的战略措施；是坚持和落实科学发展观、人与自然和谐相处观，实现可持续发展的必然要求；是建设和谐社会的一项重要任务；是对不可持续的生产关系、生产方式和消费方式的变革，是一场创新组织机构、法律制度的新型革命建设。通过建设环境友好社会，可以使生活环境和生态环境得到改善，资源利用效率和资源保障能力得到提高，可持续发展能力不断增强，人与自然的关系进一步和谐，从根本上解决环境污染、生态破坏以及资源浪费和紧缺问题，推动整个社会走上生产发展、生活富裕、生态良好的文明发展道路，实现国民经济、社会的可持续发展。

建设和谐社会、环境友好社会和资源节约型社会的伟大实践，向包括法学界在内的理论界提出了"如何正确处理人与人的关系、人与自然的关系，实现人与人的和谐、人与自然的和谐，促进经济、社会和环境的全面、协调、可持续发展"的重要任务和重要课题。2005 年 9 月 6 日，国家主席胡锦涛在会见第二十二届世界法律大会的部分代表的讲话中指出："本届大会以'法治与国际和谐社会'为主题，具有十分重要的意义。法治是人类文明进步的重要标志。法治是以和平理性的方式解决社会矛盾的最佳途径。人与人的和睦相处，人与自然的和谐相处，国家与国家的和平共处，都需要法治加以规范和维护。"① 调整论就是研究通过法治规范和维护"人与人的和睦相处，人与自然的和谐相处"的法学理论。

法律、法制和法治秩序对建设资源节约型、环境友好型社会的影响，主要表现在它们是环境友好社会的必要条件这一点上。法制建设既是资源节约型社会、环境友好型社会建

---

① 《第 22 届世界法律大会隆重开幕 胡锦涛会见大会代表并作重要讲话》，载《人民法院报》，2005-09-06。

设的一个重要方面，又是实现资源节约型社会、环境友好型社会的基本条件和法律保障。法律具有调整社会关系、协调不同社会利益的重要功能。只有通过法律才能有效地处理资源节约型社会、环境友好社会中各种复杂的社会、经济和生态关系，才能保障建设环境友好社会的目标、任务、计划的顺利实现。建设和谐社会、环境友好社会和资源节约型社会需要通过法律正确处理人与人的关系和人与自然的关系，这也是时代赋予法律的一项历史任务。由于和谐社会和环境友好社会的基本特征是人与人的和谐相处和人与自然的和谐相处，环境友好社会更是直接和突出强调人与自然的和谐即人对环境的友好关系，所以建立健全和谐社会、环境友好社会的法律制度，需要相应的建设和谐社会、环境友好社会的法学理论，即有关法律既调整人与自然关系、又调整人与人的关系的法学理论。因此，从总体上看，调整论实际上是我国改革开放的产物，是在改革开放的形势下中国法治建设和环境资源保护事业的产物，是人与自然关系发展到新阶段、社会走向生态化、国家进入到建设和谐社会新时期的产物。

二、法律能够调整人与自然的关系，能够促进和保障和谐社会的建设

所谓环境资源法调整人与自然的关系，包括如下含义：（1）环境资源法调整人与自然的关系，是指环境资源法对人与自然关系的作用。（2）法律调整包括直接调整和间接调整等各种方式，当我们论及环境资源法的调整对象时是指直接调整，所谓直接调整是指法律直接规定人对自然（环境因素）如何行为。（3）说环境资源法能够调整人与自然的关系，既不是指大自然或物（如老虎）能够调整人与自然的关系，也不是指环境资源法能够调整自然因素（如老虎）、自然过程和自然规律，更不是指环境资源法调整大自然中的物与物（如老虎与兔子）的关系。（4）说法律调整人与自然关系，并不是指法律能够调整所有的人与自然的关系，正如法律不能调整所有的人与人的关系一样。

法律之所以能够调整人与自然的关系、能够促进和保障和谐社会的建设，主要理由是：法律是人的行为规则；人的行为可以分为对人的行为和对自然的行为，人对人的行为形成人与人的关系，人对自然的行为形成人与自然的关系；法律既可以规定人对人的行为，也可以规定人对自然的行为，因而法律既能够调整人与人的关系，也能够调整人与自然的关系。环境资源法律通过规范人的环境行为而调整人与自然的关系，与法律通过规范人的行为而调整人与人关系的道理一样。

环境资源法律之所以可以调整人与自然的关系，是基于法律的目的、任务、作用和功能以及人与自然的关系是一种可以为人调整的关系这一基本性质。法律具有调整、保护、教育、指引和评价功能，法律调整人与人的关系或人与自然的关系是指法的作用或功能。环境资源法的目的、任务、作用和功能之一，就是保护环境、合理开发利用资源，就是调整人与自然的关系。环境法既调整人与人的关系、又调整人与环境的关系，还因为在环境资源工作或环境保护活动中人与人的关系和人与环境的关系并不是水火不相容的、有你无我的关系，而是一种共存、互容、密不可分的关系，即凡是对环境有影响的人为活动都可

能同时产生这两种关系。

我们在研究法律的调整功能时，应该研究法律调整人、人的思想、人的行为、人与人的关系、人与自然的关系、人的权利义务的异同。法律调整人、调整人的行为、调整人与人的关系、调整权利义务关系是四级概念，法律调整人≠调整人的行为≠调整人与人的关系≠调整权利义务关系。调整对象是人属于第一级概念，调整对象是人的行为属于第二级概念，调整对象是人与人的关系和人与自然的关系属于第三级概念，调整对象是人的权利义务关系是第四级概念，从第一级概念到第四级概念越来越具体。人包括人的行为和人的思想，调整人包括调整人的思想、行为、人与人的关系、人与物的关系等许多内容，因而调整人并不等于调整人的行为，也不等于调整人与人的关系。

三、法律如何调整人与自然的关系，如何促进和保障和谐社会的建设

（一）奉行"主、客一体化"的研究范式

"范式"（Paradigm）是美国科学哲学家、科学历史主义者托马斯·库恩（Thomas. S. Kuhn，1922—）最早提出来的一个新概念。目前范式这一概念已经超过库恩的原意，或已被赋予多种含义。一般而言，范式表示某一学科共同体（即该学科的专家学者所组成的集团）所共有的信念、传统、价值标准、基本理论观念和研究方法，包括世界观、认识论、方法论、价值观、道德观、理论背景和理论框架。通俗地说，范式就是指研究、讨论问题的共同规范和指导思想。范式的主要功能和意义是形成学科研究的内聚力，促进学科研究的常规化、系统化和群体化，通过新旧范式的更替实现科学理论的变革和学科的革命化，标志一门学科成为独立科学的"必要条件"或"成熟标志"①。

近现代科学、近现代工业社会的研究范式是以笛卡儿、培根和牛顿为代表的"主、客二分法"，这种"主、客二分法"是近现代民法的根基，也是以传统民法为代表的主流法理学的研究范式。这种"主、客二分法"范式包括"人、物二分法"、"心、身二分法"和"人与人的关系、物与物的关系二分法"，其基本含义如下：（1）将整个世界截然划分为人与物、人类社会与自然界、主体与客体这两大部分，不承认或不研究介于人与物、人类社会与自然界、主体与客体之间的其他东西（例如将主体与客体联系起来的物质、因素、条件或力，介于人与物之间的高等动物、上帝等因素），不重视主体与客体、人与物之间的相互联系、转化和统一。（2）将人截然划分为人的心（心灵、思想、精神、意志）和人的身（身体）这两个方面，不重视人心和人身之间的相互联系、转化和统一，不承认或不研究介于人心和人身之间的其他东西（如人的语言、行为等）。（3）将所有关系截然划分为人与人的关系和物与物的关系这两种关系，不承认或千方百计地化解介于人与人的关系、物与物的关系之间的人与物的关系或人与自然关系。（4）认为人是主体，人永远是主体，人不

---

① ［美］T. S. 库恩著，李宝恒、纪树立译：《科学革命的结构》（中译本），9～16，91～92页，上海，上海科学技术出版社，1980。

能是客体；物是客体，物永远是客体，物不能成为主体。(5) 认为人是第一性的，物是第二性的；人的心（心灵、思想、精神或意志）形成物并决定物。(6) 认为人有内在价值和意志自由，有法律主体资格或法律主体地位、享有法律权利并承担法律义务；物没有内在价值和意志自由，物没有法律主体资格、法律主体地位，没有法律权利和法律义务。(7) 认为人与人的关系决定人与物的关系，人与物的关系只能通过人与人的关系来体现和运作。

在上述研究范式的影响下，一些法学家将主体理解为"所有存在事物的一种尺度，并赋予他无限的不真实的意志自由，它把世界变成了有利于实现主体利益和欲望的静止的状态"[①]，主体与客体的二分或对立，成为某些法学家对人与自然关系的概括性理解。关于笛卡儿的"主、客二分法"对法学的决定性影响，我国民法学者徐国栋教授曾有过相当精彩的论证，他认为："民法的基本问题与哲学的基本问题极为一致，都是主体与客体的关系问题，这是笛卡儿通过'我思故我在'式的思考确立的主观世界与客观世界的二元论的成果。人法与物法的二分，是主观世界与客观世界二分的法律化。人文主义的民法——大陆法系的所有民法，除了德国法族的以外，都属于这一类型——认为主体是第一性的，客体是第二性的。因为人是这个世界的出发点，'某一纯粹的自然物，若无主体介入，对它作出某些规定，那么作为客体而言，它还不存在'，而是作为纯粹的自然物存在，因此，外在的物质世界存在于与人的关系中，是人化了的……物法是人的意志投射于外部世界的表现，是人的活动作用于此等世界的结果。"[②]

但是，法律调整人与自然关系的理论对这种"主、客二分法"研究范式进行了反思和挑战。[③] 德国法理学家阿图尔·考夫曼在其所著《后现代法哲学——告别演说》中指出："后现代思想首先应该克服现代的两元论，即：主体与客体的分离，一切欲望的冲动抑或自由释放之间的选择以及（人们极为看重）唯理性和非唯性之间的对立。"[④] "当人们奉守主体、客体图式时，认识中的客体与主体是严格分开的……在取向于意义内涵的知性科学（不同于解释因果关系的自然科学）中，主体、客体图式原则上不起什么作用。"[⑤] "一个想要理解某种意义的人完全必然地将持先入之见，从而也首先将其自我带进理解过程。这样一种理解并不是对象性的（因为意义并非实质），但也不是主观的（而是反射的和取向于传统的，如同取向于情境一样）。相反，它始终是主体—客体同时并存。任何一种要把知性科学中的唯理性和知性个性分离开来的尝试，都是注定要失败的。"[⑥] 海德格尔指出：

---

① ［美］科斯塔斯·杜兹纳著，郭春发译：《人权的终结》，252 页，南京，江苏人民出版社，2002。

② 徐国栋：《两种民法典起草思路：新人文主义对物文主义》，载法律思想网：http://www.law-thinker.com/detail.asp?id=994。

③ 参见蔡守秋：《调整论——对主流法理学的反思与补充》，"第八章环境资源法学的研究范式和研究方法"，824～868 页，北京，高等教育出版社，2003。

④ ［德］阿图尔·考夫曼著，米健译：《后现代法哲学——告别演说》，8 页，北京，法律出版社，2000。

⑤ ［德］阿图尔·考夫曼著，米健译：《后现代法哲学——告别演说》，32 页，北京，法律出版社，2000。

⑥ ［德］阿图尔·考夫曼著，米健译：《后现代法哲学——告别演说》，33 页，北京，法律出版社，2000。

"当我们把自然用其事物作为'客体'来对待时，我们所注重的只是一种强制性、榨取性的意义。我们强迫自然提供知识和能量，却没有耐心地倾听自然以及生活、隐蔽于其中的东西的声音，没有为它们提供一个栖身场所。我们命令、剥削、肢解自然，也就决定了我们的对象、'客体'会反对我们，它们以一种辩证的方式反过来惩罚我们。我们背弃了自然，我们也就失去了家园。"①

本来，人与物、主体与客体是两对不同的概念，主体与客体是表示相互作用关系的一组概念，而人与物表示两类不同的事物，主体与客体本身并无高下、尊卑之分，如果绝对地将主体等同于人、客体等同于物，这两对不同的概念就变成了一对概念，结果导致了如下法学上的悖论：侵权人与被侵权人、杀人者与被杀人者、教唆犯与被教唆者、骗子与被骗者、贩卖人口的人与被贩卖的人、强奸犯与被强奸的妇女，都是戴上"理性光环"的主体。其实，无论是从哲学上讲，还是按照老百姓的一般理解，一个人既可以成为另一个人的作用对象即客体，也可以成为动物等自然体的作用对象即客体。人与自然是相互关联的，主体和客体是相通的、是在一种相互作用的过程中发展的。人与物、主体与客体相互作用、相互限制、相互依赖和相互转化。马克思指出："在生产中，人客体化，在消费中，物主体化"②。在哲学上，主体对象化，是指主体通过主体的活动向客体的渗透和转化，即主体客体化；人类一切实践活动的结果都是主体对象化的结果。客体非对象化，是指客体从客观对象的存在形式转化为主体生命结构的因素或主体本质力量的因素，客体变成了主体的一部分，即客体主体化。在人与自然进行物质变换的过程中，人借助于人自身的力量和自然的力量来改造自然和人自身；这是人以人的本质力量对象化即"人的自然化"过程，是自然力被同化于人的体力、自然规律被转化为人的智力的"自然的人化"过程。主体客体化或客体主体化的双向运动是人类实践活动两个不可分割的方面，它们互为前提、互为媒介，人们就是通过这种运动形式不断解决着现实世界的矛盾（包括人与自然的矛盾和人与人的矛盾）。③ 主体对于客体的作用，主体的对象化，客体的主体化，这是人与自然关系的一种特殊现象。从价值观看，人可以作为价值主体，也可以成为价值客体。人的价值具有工具性的一面，人也是实现自身目的的工具，因此人也可以成为价值客体。人作为社会的工具也就是其他人的工具，人以社会为目的也就是以其他人为目的，其他人当然也属于人的范畴。如果将人的价值理解为人与人的关系，这种关系也就成了主客体关系，即一些人是主体而另一些人是客体；就现实的多样化个体而言，人的价值属于人与人之间互为主客体的关系。"如果我们认真解读马克思的文本的话，就会发现，马克思从未把人类社会与自然抽象地对

---

① 转引自郭小平：《科学的危机与人的困惑》，载《读书》，1990（12）。

② 《马克思恩格斯全集》，中文1版，46卷上，26页，北京，人民出版社，1979。

③ 参见李秀林等主编：《辩证唯物主义和历史唯物主义原理》，4版，83~84页，北京，中国人民大学出版社，1996。

立起来。"① 马克思曾指出:"人作为自然的、肉体的、感性的、对象性的存在物,和动植物一样,是受动的,受制约的和受限制的存在物"②;人们越来越认识到人类主体"自身和自然界的一致,而那种把精神和物质、人类和自然、灵魂和肉体对立起来的荒谬的、反自然的观点,也就愈不能存在了"③。必须指出的是,关于人可以成为客体的观点并不是生态人理论的独创,不少法学家早就主张或认为人可以成为法律中的客体。根据国际移民组织《2003 年全球移民报告》,每年约有 70 万到 200 万的妇女和儿童被贩运到其他国家,约有100 万移民非法进入美国、加拿大、澳大利亚和新西兰等 4 个主要移民国家,约有 40 万移民非法进入欧盟,全球的非法移民总人数已近4 000万人。在 20 世纪 90 年代,国际人口走私集团仅从我国偷渡到美国的非法移民身上获取的年利润就高达 3 亿美元。上述被国际人口走私集团贩运的妇女、儿童和移民无疑已经成为犯罪行为的对象即客体,如果说这些被贩运的人仍然是主体,在逻辑上是很难说得通的。另外,根据传统的或某些学者的国际法学理论,国际法是"国家间的法律",它调控的是国家间的关系而不是国家与个人之间的关系。因此,从国际法理论上讲,国家是国际法的唯一的主体,自然人在国际法上仅仅是一个客体,而不是主体。"传统国际法认为,个人同土地一样在国际法上只是客体,不能援引国际法,也不受国际法院管辖,不能在任何一个国际法庭控诉一个国家。"④ 当代美国著名国际法学家、曾任国际法院法官的托马斯·伯根索尔明确地指出:"国际法曾被定义为处理国与国之间关系的法律,据此传统定义,只有国家才能成为国际法的主体。也就是说,只有国家才享有国际法所承认的权利,并承担相应的义务。其他实体或个人从国际法中获得的利益,或依国际法负有的义务,都被看作纯粹是由国家的权利和义务派生出来的。他们凭借与国家之间的关系,或对国家的依赖,而归入所谓的国际法'客体'之列。"⑤ 其次,关于非自然人的物可以成为法律主体的观点在法学界早已有之。例如,法人作为法律主体已经在法学界得到公认,这里的法人就包括非自然人的物。在海商法中,船舶通常被视为主体;在民法中,某些基金也被作为财团法人,例如,马俊驹教授认为:"实际上,法人最本质的就是法律赋予某些社会组织或特定财产的一种人格"。至于将动物规定为或视为主体的法律和法学理论在古今中外更是举不胜举。

法律是解决、处理现实问题的规则,法学主要是一门应用性科学。法律想要调整好人与自然的关系,特别是在处理具体的、现实的案件时,宜采用"主、客一体化"的研究范式,即整体论世界观或生态世界观范式,又称"人与自然关系和人与人关系相结合"的环

---

① 俞吾金:《运用差异分析法研究马克思的学说》,载《马克思主义、列宁主义研究》(人大复印资料),2005 (3)。

② 《马克思恩格斯全集》,中文 1 版,42 卷,167 页,北京,人民出版社,1982。

③ 《马克思恩格斯全集》,中文 1 版,20 卷,520 页,北京,人民出版社,1971。

④ 引自武汉大学博士李杨勇的博士论文:《国际环境法执行研究——从构建能力的视角》,184 页,2006。

⑤ [美]托马斯·伯根索尔,肖恩·D·墨菲著,黎作恒译:《国际公法》,3 版,1~2 页,北京,法律出版社,2005。

境资源法学研究范式，这种研究范式反映了环境资源法学所特有的世界观、价值观、伦理观、认识论和方法论，构成了环境资源法学的基本理论的基础。所谓"主、客一体化"，是指将人与物、主体与客体或者主观与客观这两方面联系起来、结合起来，进行综合考虑。"主、客一体化"就是综合的（全面的、辩证的）考虑主体与客体的问题以及它们之间的关系，即"既关注人，又关注物，并且将人与物联系起来；既研究人与人的关系，又研究人与自然的关系，并且将研究人与人的关系和研究人与自然的关系结合起来"。"主、客一体化"研究范式的要点如下：（1）可以将整个世界或者法律世界相对划分为人与物、主体与客体，但注意和重视它们的相互联系、转化和统一。可以讲民法中的人与物这两个方面，但不宜绝对地认为除了民法中的人与物就没有其他什么，也不宜将人等同于主体、物等同于客体。大千世界是纷繁复杂的，在民法中的人与物之外还存在既不是民法中的人也不是民法中的物的其他东西或事物（如动物、生态环境等），人可以成为客体，物也可以成为主体。说人可以成为客体不等于说将人当做猪狗等自然物，说动物等自然体可以成为主体也不等于说将动物当做人，因为人与物和主体与客体是两组不同的概念。（2）可以将人相对划分为人的心（心灵、思想、精神、意志）和人的身（身体）这两个方面，但注意和重视它们的相互联系、转化和统一。（3）主张从两种关系（人与人的关系，物与物的关系）扩展为三种关系，即人与人的关系、物与物的关系和人与物的关系（或人与自然的关系）这三种关系，并注意和重视它们的相互联系和作用。认为人与自然关系的变化可以同时影响人与人的关系和物与物的关系，在当代社会，人与自然的关系是与人与人的关系同时存在的关系，这两种关系相互联系、相互影响、相互作用，甚至互为中介。（4）从本源上看，自然界是第一性的，人是第二性的，人由自然界产生；人的身体决定并形成人的心（思想、灵魂、精神或意志）。同时承认和重视人对自然的重要作用和影响，人的心（思想、灵魂、精神或意志）对人的身体的重要影响和作用；重视和承认人与自然、人心与人身的统一。

（二）设置"生态人"的法律人模式

有人首先将人与自然的关系等同于物与物的关系，进而认为法律调整人与自然关系的理论不考虑人的利益或脱离了传统法学研究人的基本要求，这完全是对调整论的一种误解。正如人与自然的关系始终是与人的利益密切相关的关系一样，虽然追求人与自然和谐相处的法学理论研究的是法律调整人与自然关系的理论和规律，但并没有脱离对人的关心和研究即"以人为本"，而是将人与自然联系起来研究人并设置法律人的模式，将"以人为本"同时运用到人与人的关系和人与自然的关系之中，在强调"以人为本时"坚持"以自然为根"，在强调"以人为主导时"坚持"以自然为基础"。

人性和人的模式（又称人的形象或人类形象）是包括哲学、人类学、社会学、民族学、政治学、心理学、伦理学在内的所有人文社会科学研究的一个中心问题，也是法理学（或法哲学）探索的主题之一。法律是人的行为的社会规范，法学是一门人学，是研究人的问题的学科，一向重视研究人的模式与人的行为、法律调整机制之间的关系，各种形形色色的人的模式在不同社会发展阶段被视为是对法律规范化的本质的、具有决定意义的出发点。查士丁尼指出："我们所适用的全部法律，或是关于人的法律，或是关于物的法律，或是关于诉讼的法律，首先要考察人，因为如果不了解作为法律对象的人，就不可能很好地了解法律。"[①] 现实生活中的人，即具体的人、个体的人，无论从其外表的形象看还是从其内在的思想意识看都是千姿百态、千差万别的。从这个意义上讲，世界上既没有完全相同的两个人，也不存在统一的、相同的人的形象或人的模式。人文社会科学中的人的模式，是指整个人类、人的群体或个体在社会生活中所呈现出来的总体映像，是对现实生活中具体的人的形象的抽象，实质上是某些人文社会科学研究人员心目中的人的理想形象。从这个意义上讲，不同的学者、不同的学派，有其不同的人的模式。

　　主张法律只能调整人与人的关系的传统法学理论所构建的"人的模式"即"法律人"模式，主要有经济人和主体人这两种模式，其基本特点是：每一个具体的人、个体的人都生活在人类社会之中，人的本质是人与人的关系即人的社会性的统一；人以获取自身经济利益的最大化为出发点和归宿；人通过协调人与人的关系去争取其经济利益的最大化；人只能是主体，永远是主体，人在任何时候、任何情况下都不可能成为作用对象即客体。有些学者从此种人的模式推导出法律只调整人与人的关系的结论。

　　当代环境资源法的根本出发点是将法律主体定位为"生态人"。所谓生态人，是指处于人类生态系统中的人。生态人的模式和要点是：

　　1. 每一个具体的人、个体的人，既生活在人类社会之中，也生活在自然界中，既与其他人发生联系，也与自然（包括环境资源）发生联系，人的本质是人与人的关系和人与自然的关系即人的社会性和自然性的统一。生态人是在人类生态系统中占有一定位置的具体的人、实在的人，既是存在于人类社会中的人，也是存在于自然界中的人。生态学认为，生态系统是由生物及其生境所形成的统一整体，是生物系统与环境系统在特定空间的组合，是由各种生态元素或要素（如动物、植物、河流、湖泊、山岭等）构成的统一体。生态系统有大小之分，一滴水是一个生态系统，整个地球也是一个生态系统。当代生态学认为，人类与其赖以生存发展的地球生物圈共同形成人类生态系统。按照当代生态学理论，包括人在内的每一个物种都在人类生态系统中处于特定的地位即"生态位"，"万物各得其所"就是指每一种生物都有其理想的生态位。在生态系统中，每一种生物都彼此相生相克、相依相随，形成食物链和生态网。生态人既表明人在人类社会系统中的地位，也表明人在人类生态系统中的位置。

　　2. 人与人的关系和人与自然的关系是每一个人都不能摆脱的基本关系，适当的人与人的关系和人与自然的关系是实现人的全面发展和可持续发展的条件和基础。

　　3. 每个人都有追求其自身幸福、自由和利益或追求利益最大化的倾向（这里的利益包括经济利益和生态利益），但每个人只能通过自身与其他人的关系和自身与自然（环境资

---

① ［古希腊］查士丁尼著，张企泰译：《法学总论——法学阶梯》，11 页，北京，商务印书馆，1989。

源）的关系求生存、求发展、求幸福、求最大的利益；只有和谐的人与人的关系、和谐的人与自然的关系才能提供最大的利益；人生的目的就在于人与人和谐相处、人与自然和谐相处，即追求和谐的人与人的关系、和谐的人与自然的关系是人的行为的不朽动力；只要每个人都追求和谐的人与人的关系和人与自然的关系，整个社会就会走向人与人和谐共处、人与自然和谐共处的和谐社会。

4. 人既要认识和作用自然，也要认识和作用自己；在人与人之间，人们相互作用、相互影响，一些人既对别人发生认识和作用，也被别人认识和作用；在人与自然之间，人既要认识和作用自然，人也受自然的影响和作用。生态人处于既可以作用别人或自然物，也受别人或自然物作用的位置，它不是神和上帝，任何人都既可能成为作用和改造其他人和自然的主体，也可能成为被其他人和自然作用和改造的对象即客体。

生态人不同于主体人的一个重要特点是：主体人将人拔高或升华为比上帝还要高的、不可能成为作用对象或客体的"虚幻人"；而生态人将人从不可能成为作用对象或客体的"虚幻人"转变为存在于人类生态系统中的、既可以成为主体也可能成为客体的"真实人"。根据上述生态人的模式和要点，理性生态人或理想生态人应该是：具有生态意识和环境法治观念，会计算环境利益，寻求经济效益、社会效益和环境效益最佳化、最大化的人，或者说是在不违反环境资源法律"游戏规则"的前提下追求"三种效益"（经济效益、社会效益和环境效益）、"三化"（指一体化、最佳化、最大化）的人；是追求当代人利益和后代人利益、人的利益和环境的利益"三化"（指一体化、最佳化、最大化）的人；是按照环境资源法的游戏规则从事经济、社会和环境活动的人；是重视和珍惜自己的法定自由、利益、主体地位、主体性和主观能动性的人，但是不否认、不损害别人或自然体的法定自由、利益、资格、权利、内在价值和自然本能；是理性地认识和对待自己的认识能力和行为能力的有限性的人，他努力保持自己的主体性，但也清醒地认识到，在某些情况下，生态人不可避免地会成为其他人或自然体的作用对象、利用对象、损害对象和报复对象即客体。理性生态人的效益观是追求和强调综合效益（经济、社会和环境效益的统一）、总体效益（间接和直接效益、局部和整体效益、眼前和长远效益、当代和后代效益的统一）和最佳效益（速度和效益、数量和质量、先进性和可行性的统一）。"理性生态人"假设认为，人类生态系统中的人既受益于经济系统，又受益于社会系统，还受益于资源与环境系统，更受益于三者的协调。他们不仅珍视个体的生命，而且还关心其他种群的延续；对于他们来讲，货币是价值，资源与环境也是价值；当代人的福利要保障，后代人的福利也不可忽视。因此他们在作出一项选择或决策时，会权衡人类生态系统中各种生态要素的利益与损失，会考虑面临的各种机遇和风险，以整个社会、经济和生态系统的长期效益最大化为追求目标。简单讲，理性生态人就是追求人与人和谐及人与自然和谐的人。生态人模式是符合自然生态规律和社会经济规律的、具有完全理性的、真实的抽象人。而在生态人模式之前的经济人、政治人、理性人、恶人、善人模式则是不完全符合自然生态规律和社会经济规律的、仅具有片面理性的、不够真实的抽象人。因此，"理性生态人"假设是一种更高境界的人性假设。"生态人"模式的形成，是对传统"法律人"的类型的扩充，如果说"个人"是法律的基点，"恶人"是法律的忧虑，"善人"是法律的乐观，"理性人"是法律的理想，"社会人"是法律的期望，那么"生态人"则是法律的必然，也是对"法律人"模式的完善。

在对"生态人"或"环境人"的模式的构建上，调整论采用的是个人主义方法论和整体主义方法论相结合、以人为本和以自然为根相结合的方法论，其基本思路如下：（1）从个人主义方法论出发，以个人本位为基础进行人的抽象。首先分析具体的个人的特性，即每个人都是具有自然性的生命体，都有生物性、个人兴趣、爱好，都有追求幸福、自由和个人利益（自利性）的倾向。个人主义方法论不同于个人主义，它是以个人作为学科分析的基点或基本研究单位的一种研究方法论。古典自然法学派以个人主义为其哲学基础，强调个人作为社会基本元素的独立性以及对于社会而言的优先性，从而将其理论奠基于对个人地位、个人价值的肯定与弘扬上。个人主义方法论的要点是，首先将个人与社会、国家区分开来，个人是不依赖于任何政治社会而存在的自主性的生物，个人先于社会和国家而存在，社会与国家不过是人的创造物而不是人本身，"所有行为都是人的行为，在个体成员的行为被排除在外后，就不会有社会团体的存在和现实性"①，法律制度的建构及运作必须以个人的目的、需要和兴趣为依归。个人主义方法论强调以个人为前提，但并不否认个人与其他人或社会的联系，只是反对在强调社会（集体）时否定个人的独立性。（2）从整体主义方法论出发，确认每个人都必然生活在人类社会和自然界中，都必然与其他人和自然（环境资源等）发生联系即必然有人与人的关系和人与自然的关系；确定每个人要求得到其自身的生存发展（包括要追求自己的快乐、幸福和最大利益）的条件，即每个人都必须处理好与其他人的人与人的关系和与自然的人与自然的关系，充分利用和发挥主体本身及其外部环境（包括人类社会和自然环境）的优势。整体主义方法论包括集体主义、社群主义和共同体主义方法，是对个人主义方法论的一种挑战和补充。它强调人是社会系统中的一种已被社会化了的元素，人只能作为社会人而存在。（3）将个人主义方法论与整体主义方法结合起来，将主体与客体、主观与客观联系起来，充分利用和发挥个人的主观能动性和周围环境的客观条件，在个人与社会、个人与自然的和谐共处中求得个人的最大利益、全面发展和可持续发展。

传统法理学从人的模式出发研究法律现象，这是对的，但仅仅研究人与人的关系却存在片面性。诚如台湾学者杨奕华所指出的，"法理学乃是一门以人为本位的法学研究科目。法理之学的研究，必得归结于人理之学的研究，法律的道理终究离不开人类自身，离不开

---

① 引自汪和建：《迈向中国的新经济社会学——交易秩序的结构研究》，58页，北京，中央编译出版社，1999；关于个人主义方法论，请参见胡玉鸿：《法律方法导论》（《法学方法与法律人》第一卷），济南，山东人民出版社，2002。

人际之间之互动关系，离不开人之求生存的社会场景。"①调整论补充的是，法律的道理除了"离不开人际之间之互动关系，离不开人之求生存的社会场景"之外，还"离不开人与自然之间的关系，离不开人之求生存的自然环境"。如果说"经济人"模式的前提或假定是，追求自身利益（主要指经济利益）是人身上最强大的动力，只有利用这一动力或"看不见的手"，才能实现社会公共利益的最大化。那么"生态人"模式的前提或假定是，人从自身与其他人的关系和自身与自然（环境资源）的关系中求发展、求幸福、求利益（包括经济、社会和生态利益）是人的不朽动力。"如果想获得幸福，一个人与他的环境之间就需要一种和谐的调整。"② 正如古希腊罗马时期斯多葛学派的创始人芝诺所说的："人生的目的就在于与自然和谐相处。"③ 人类和法律只有利用这一动力或"看不见的手"，才能实现人类社会与自然的和谐相处，才能实现经济、社会和环境的协调发展、全面发展和可持续发展，才能构建人与人和谐相处、人与自然和谐相处的和谐社会。

（三）创设综合性的调整机制

无论是环境资源法学的理论研究，还是环境资源法制建设的实践经验，都雄辩地说明：环境资源法可以调整好人与自然的关系。无论是西方工业发达国家，还是包括中国在内的发展中国家，都通过环境资源法律的制定和实施，不同程度地改善了人与自然的关系或不同程度地调整好了人与自然的关系，即环境资源法正在使人与自然关系向着对人和环境有利的方向变化，包括人与自然关系从混乱到有序、从失调到平衡、从有害到有利、从不好到好、从较好到很好、从不和谐到和谐等。

考察法律调整人与自然关系的历史发现，迄今为止，法律所调整的人与自然关系已经从调整狭隘的人与物的关系（某些物是环境资源因素）、人与财产的关系（某些财产是环境资源因素）、人与自然资源的开发利用关系逐步发展到人与环境资源的保护关系、人与环境资源的管理关系、人与家养动物的人道主义关系、人与珍贵稀有野生动植物的保护和代理关系等类型。随着环境污染、生态破坏、资源危机的恶化，环境保护事业的发达，以及环境资源法制建设的发展，当今所有的环境资源法律或法规，都毫无例外地包含人与自然的关系、反映人与自然的关系、调整人与自然的关系。一部良好的环境资源法律就是一张人与自然关系的关系网，就是一幅反映、描绘人与自然和谐共处关系的蓝图。总之，当代法律所调整的人与自然关系多种多样，非常丰富。

追求人与自然和谐相处的法学理论即调整论不仅提出了法律如何调整人与自然关系的各种理论主张，也研究分析了法律调整人与自然关系的方法、机制和制度。这种新的调整机制的基本特征是强调法律对人与自然关系的综合调整，从这个意义上可以将这种新的调整机制概括为法律调整人与自然关系的综合性机制。我们可以从如下几个方面来理解这种

---

① 杨奕华：《法律人本主义——法理学研究论》，3 页，台北，汉兴书局有限公司，1997。
② ［美］艾温·辛格著，郜元宝译：《我们的迷惘》，108 页，桂林，广西师范大学出版社，2002。
③ 王诺：《欧美生态文学》，25 页，北京，北京大学出版社，2003。

调整机制：

1. 法律调整人与自然关系的机制是现实生活中人类调整人与自然关系的各种机制的法定化

人类可以通过各种工具和方法调整（包括直接调整和间接调整）人与自然的关系，正如人类可以通过各种工具和方法调整人与人的关系一样。从组织制度出发，常见的调整人与自然关系的方法和机制主要有如下三种：（1）行政调整机制，即通过国家（政府）组织或行政当局，以行政机制、行政手段等"看得见的政府之手"，调整（包括引导、控制和改变等）人与自然的关系。行政调整机制的主体部分是指令性控制手段（CACs）。理想的政府调整机制是"善政"（good government）。善政的要素是：严明的法度、健全的机构、清廉的官员、严格的管理制度、很高的行政效率。（2）市场调整机制，即通过作为市场主体的企业组织（主要指非国家营利组织），以市场机制或市场这一看不见的手调整人与自然的关系。理想的市场调整机制是自由公平竞争的自由市场。（3）非行政非市场调整机制，又称社会调整机制、治理机制和第三种调整机制。它与传统的第一种调整机制（行政机制）和第二种调整机制（市场机制）不同，它以非营利、非统治手段的治理为特征，以各种公共的或私人的个人和机构的合作和协调为特征，主要适用于公民社会或市民社会（civil society）即非政府非营利组织（Non-Governmental、Non-Profit Organizations）。理想的治理机制称为"善治"（或良治，good governance）。良治的要素是：合法性（legitimacy，严明的法度）、透明性（transparency，要求公开的信息）、责任性（accountability，常见的中文翻译是责任、公信度、公信力、问责性等，要求清廉的官员）、法治（rule of law）、效益（effectiveness，要求很高的行政效率）、回应（responsiveness）、协调性（要求良好的行政服务）。第三种调整机制的主体部分是建立在合作和协商基础上的协议手段（EAs）、环境公开（又称绿色公开，GPs）手段和公众参与手段。这种手段反映了政府、企业和公众共同承担防治环境资源问题、保护环境资源的责任的趋势，目前大多数国家已经广泛采用这种手段，预计这种手段将成为21世纪各国环境政策的重要组成部分。法律调整人与自然关系的机制是将上述调整机制有选择地法定化、综合化。

2. 采用渐进的、不断发展的、与时俱进的调整人与自然关系的法律机制

法律对人与自然关系的调整，是一个渐进的、不断发展的、与时俱进的过程。法律调整什么类型的人与自然的关系、何时开始调整、以什么方式或机制调整，是有选择的、有取舍的，因时因地制宜的。法律调整人与人的关系但并不调整所有的人与人的关系（例如法律调整夫妻关系不调整情人关系，法律不调整企业内部关系、党内关系、同学关系、老乡关系，这些关系由企业规章、党章党纪和乡规民约去调整），正如法律对人与人的关系的调整一样，法律不可能一下子调整所有的人与自然的关系，也没有必要调整一切人与自然的关系。不能因为现行法律没有调整某种人与自然的关系，或现行立法机关没有采纳某项调整人与自然的关系的法律、法规、法律制度、法律原则、法律理念、法律条款、立法建议或法律观点，而否定法律能够调整人与自然的关系。过去已经调整的某种人与自然的

关系，现在可以不进行法律调整；现在没有调整的，将来可以调整；现在正在调整的，将来可能不再调整；现在法律没有调整，或现在法学家存在不同意见，不等于以后不能调整。

3. 采用传统部门法调整机制与环境资源法调整机制相结合的调整人与自然关系法律机制，形成以生态化方法为特色的环境资源法调整机制

所谓法律调整机制，是指由法律调整主体、调整对象、调整行为（包括调整方法和调整过程）结合起来的整个系统的内部结构、内在联系和运作方式的统一，主要指法律对其调整对象实施影响、实现其调整功能的运作原理和运作方式。法律调整的方法，是指法律对其调整对象施加影响的办法、方式、手段、工具和类型的总称，它是法律调整机制的主要组成部分，法律调整机制是各种法律调整方法的集合或整合，是对各种法律调整方法运作的动态反映、系统控制。调整过程是对调整机制的动态描述；从法律调整过程看，不同学者将调整过程分为不同的阶段。调整人与自然关系法律机制包括传统部门法调整机制和环境资源法调整机制，前者主要包括私法调整机制和公法调整机制，后者主要指环境资源法的专门调整机制。

所谓环境资源法的调整机制，是指由环境资源法律调整主体、调整对象、调整行为（包括调整方法和调整过程）结合起来的整个系统的内部结构、内在联系和运作方式的统一，主要指环境资源法律对其调整对象（包括人与自然的关系及与环境资源有关的人与人的关系）实施影响、实现其调整功能的运作原理和运作方式。它包括其他法律部门的相关调整机制和环境资源专门法所特有的调整机制即生态化调整机制。

生态化调整机制，是指区别于传统法律调整机制的、具有特色的、环境法所特有的调整机制，它是法律调整人与自然关系的专门机制、主要机制和核心机制。生态化调整机制的主要特点是，在基本理念上主要强调环境正义、环境公平、环境安全、环境秩序（人与自然和谐相处）、环境效率（生态效益、经济效益和社会效益的统一），在方法上主要采用生态法学的分析方法和综合生态系统管理方法，在内容上主要由大量禁止性环境资源行为规范和系统性的环境法律制度组成。环境法调整人与自然关系的法律机制的主体部分是法律规范和法律制度。生态化调整方法和调整机制的典型代表是综合生态系统管理方法（IEM，integrated ecosystem management）。所谓综合生态系统管理是指管理自然资源和自然环境的一种综合管理战略和方法，它要求综合对待生态系统的各组成成分，综合考虑社会、经济、自然（包括环境、资源和生物等）的需要和价值，综合采用多学科的知识和方法，综合运用行政的、市场的和社会的调整机制，来解决资源利用、生态保护和生态系统退化的问题，以达到创造和实现经济的、社会的和环境的多元惠益，实现人与自然的和谐共处。《生物多样性公约》框架公约中的有关文件对综合生态系统管理的概念及其内容作了明确规定。该公约缔约方大会第五次会议通过的第 V/6 号决定《生态系统方式》认为：综合生态管理是有关土地、水和生物资源综合管理的策略，目的是采用一种公平的方法促进它们的保护和可持续利用。2004 年召开的《生物多样性公约》缔约方第七次会议通过的

《生态系统方式决定》（UNEP/CBD/COP/7/21，VII/11 生态系统方式），再次肯定了"综合生态系统管理"，指出："生态系统方式是综合管理土地、水和生物资源，公平促进其保护与可持续利用的战略。"运用生态化方法，环境法已经形成一整套调整人与自然关系的法律规范和法律制度，主要包括：环境资源调查（监测、监视、勘查、普查、抽查等）制度；环境资源信息显示（报告、统计、公告、牌示等）制度；环境资源问题预防（包括环境影响评价、规划、功能分区和预警）制度；环境资源行为（包括提倡、允许、命令、禁止、要求某种行为）规范体系；环境资源整治（治理、恢复、改善等）制度；环境资源补偿（赔偿）制度；环境资源行为奖惩制度；环境法律责任制度；环境资源行为监督（包括议会监督、行政监督、司法监督和其他社会监督）、管理制度；环境资源公众参与制度等。例如，环境法律中明确规定的大量禁止性行为规范和著名的环境影响评价制度就是法律调整人与自然关系的有效措施和制度。

从某种意义上可以认为，重视和强调环境资源法律和环境资源法学中的人与自然关系，是国内外绝大多数环境资源法学家的共识和理论特色，学习和研究环境资源法的教师和学生切不可因为对法律调整人与自然关系有不同理解，而走上轻视或否定人与自然关系的歧途。

【推荐阅读文献】

1. 金瑞林主编. 环境法学. 北京：北京大学出版社，1994
2. 程正康. 环境法概论. 北京：光明日报出版社，1986
3. 蔡守秋. 调整论——对主流法理学的反思与补充. 北京：高等教育出版社，2003
4. 周永坤. 法理学——全球视野. 北京：法律出版社，2000
5. 张文显. 法哲学范畴研究（修订版）. 北京：中国政法大学出版社，2001
6. 陈茂云，马骧聪. 生态法学. 西安：陕西人民教育出版社，2000
7. ［美］大卫·雷·格里芬编. 王成兵译. 后现代精神. 北京：中央编译出版社，1998
8. 徐国栋主编. 绿色民法典草案. 北京：社会科学文献出版社，2004
9. 张文显主编. 法理学. 北京：高等教育出版社、北京大学出版社，1999

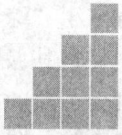

第三专题

环境法的价值理念研究

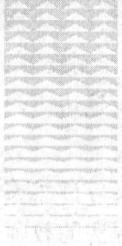

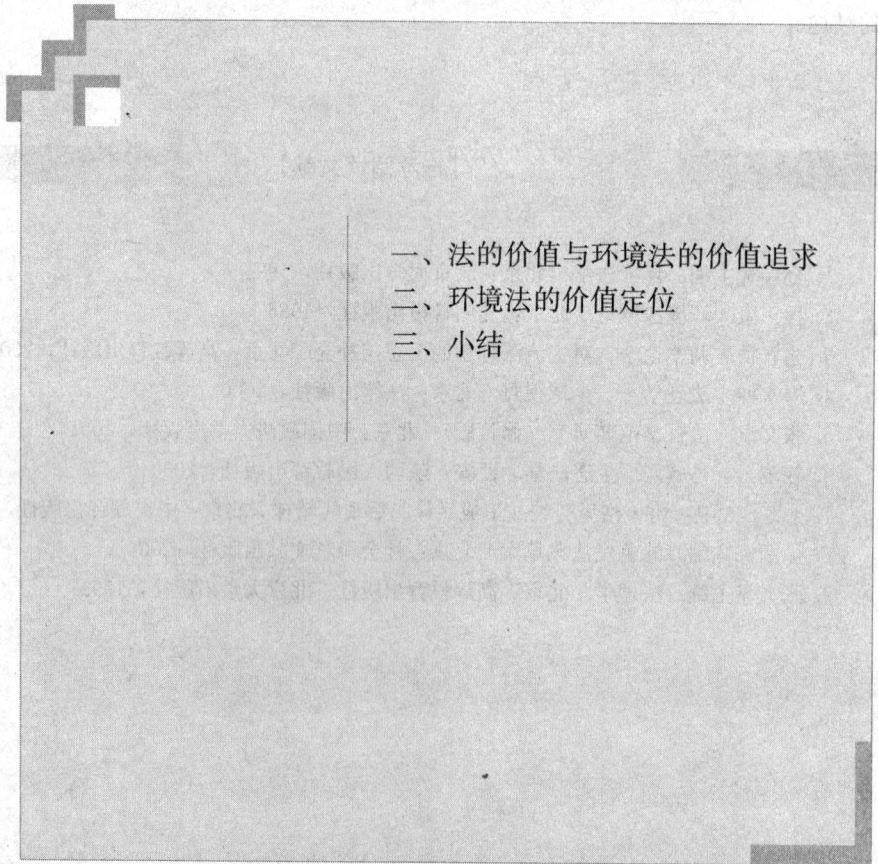

一、法的价值与环境法的价值追求

(一) 法的价值的一般含义

1. 价值的概念

在探讨法的价值之前，我们必须明确价值这个词的含义。

价值是一个在哲学、经济学、伦理学、法学等多学科中广泛使用的概念。著名价值论学者富兰克纳曾经指出："'价值'及其同源词、复合词，以一种被混淆和令人混淆然而广泛流行的方式，应用于我们的当代文化中——不仅应用于经济和哲学中，也应用于其他社会科学和人文科学中。"[①] 因哲学范畴的价值概念具有高度的抽象性和概括性，因而成为其他学科使用价值概念时的理论原型。也就是说，哲学上的价值概念与其他学科价值概念是特殊与一般、具体与抽象的关系。所以我们有必要首先明确哲学范畴中的价值概念。

哲学界对价值的含义有多种解说。归纳起来主要有属性说、关系说和兴趣说三大类。[②] 属性说认为价值归根到底是有价值者自身的存在和属性，强调价值的客观性、客体性，强调价值对主体的自在性和独立性。关系说认为价值是任何客体的存在、属性、作用等对于主体的意义，强调价值不是事物的属性，而是一种客体满足主体需要的关系。兴趣说认为价值依存于主体的兴趣，就像罗素所说的"关于价值的问题完全在知识的范围之外，当我们断言这个或那个具有价值时，我们是在表达自己的感情，而不是在表达一个即使我们个人的感情各不相同但仍然是可靠的事实"[③]。

对于上述观点，哲学界一般认为它们各有合理的成分，但又存在不足，简单地说：属性说忽略了主体的兴趣成分；兴趣说忽略了客体的属性成分；关系说则将主体与客体的联系背景当做价值本身从而使价值的含义模糊化。[④]

我们认为，正确理解价值的概念必须统一如下三方面的认识：

第一，价值的前提是主体的需要，没有主体的需要就没有价值问题，而主体的需要具有较强的主观色彩。它表明在主体一定认识的基础上价值具有相对性。

第二，价值最终要以客体所表现或具有的性状、属性或作用为基础。它表明价值具有较强的客观性，不因主体的意愿而变化。

第三，价值是基于客体与主体需要之间的满足与被满足关系存在的，但是这种关系本身并不是价值。

通过上述分析，我们认为价值就是客体所具有的能够满足主体需要的属性。这种属性本身是客观的，但是客观的属性还需要能够满足主体的需要，也即需要通过主体的主观选

---

① 转引自卓泽渊：《法的价值论》，2 版，8 页，北京，法律出版社，2006。
② 参见李德顺：《价值学词典》，8～9 页，北京，中国人民大学出版社，1995。
③ 转引自王吉胜主编：《中西著名思想命题要览》，1126 页，沈阳，辽宁教育出版社，1996。
④ 参见刘建辉：《环境法价值论》，40 页，北京，人民出版社，2006。

择才能进入价值范畴。

2. 法的价值

哲学上对价值概念认识的差异，导致法的价值概念也有各种表述。例如，有学者认为，法的价值是以法与人的关系作为基础的，法对于人所具有的意义和人关于法的绝对超越指向均为法的价值。① 另有学者认为，法的价值是法这个客体对满足个人、群体、阶级、社会需求的积极意义。② 还有学者认为，法律价值是主体通过认识、评价和法律实践促使法律适应和服从主体的内在尺度而形成的法律对主体的从属关系。③

综合上述观点，我们认为法的价值是哲学上价值概念的子概念，因此法的价值可以一般性地表述为作为客体的法（律）能够满足人类社会成员需要的属性或性状。

准确理解法的价值的概念，也必须统一如下几方面的认识：

第一，法的价值主体是人，是具有社会性的个人、群体和人的类。

第二，法的价值客体是法。这里的法首先是指法的体系、法的制度及其规范；其次是指以社会状态存在的法，包括法的被执行与遵守，也包括法律行为。法律裁决和其他法律现象；最后是指以观念形态存在的法，包括意识中的法律和法意识。④

第三，法的价值是在作为客体的法与作为主体的人之间关系的基础上产生的，但这种关系本身不是法的价值。

第四，法的价值是以法的属性为基础的，但是这种客观属性只是"为法的价值提供了客体上的产生法的价值的物化基础与客体可能性"⑤。这种属性要进入法的价值范畴还需要能够满足人的需要，也即需要经过人的主观选择，而人对法的选择过程也是对法的价值的判断和选择过程。

问题在于，法到底有哪些可以被具体描述或者具体实现的价值呢？

这是一个在法学界见仁见智的问题，迄今还没有定论。

我们认为，法的价值体系中居于最高位阶的应当是正义和秩序。在由人与人组成的各种社会关系中，正义相对于个人的价值，而秩序则相对于由人类组成的社会的各种价值。

（二）环境法的价值取向：通过环境正义和环境秩序衡平人类环境利用关系

尽管在法学研究上已经人为地将环境法作为法的一个部门予以划分，但环境法的实质依旧离不开作为整体的法，它们是整体与部分的关系。因此从逻辑上推演，环境法的价值与法的价值具有同质性，并且从形式上看环境法的价值的范围应当小于或者等同于法的价值，环境法的价值应当是法的价值在环境法所调整社会关系领域内的具体化和细致化。

---

① 参见卓泽渊：《法的价值论》，2版，49页，北京，法律出版社，2006。
② 参见孙国华主编：《法理学教程》，94页，北京，中国人民大学出版社，1994。
③ 参见谢鹏程：《基本法律价值》，6页，济南，山东人民出版社，2000。
④ 参见卓泽渊：《法的价值论》，2版，50页，北京，法律出版社，2006。
⑤ 卓泽渊：《法的价值论》，2版，50页，北京，法律出版社，2006。

然而，如果我们仅仅从上述法的价值的意义上推演或者归纳环境法的价值是靠不住的。全面考察环境法的历史沿革我们可以发现，环境法是针对一个以至于一类环境问题而不断制定规制措施的基础上发展起来的。从表面上看环境法的目的是要规制作为结果的环境问题，而实质上则需要重新确立法的理论和方法以及重新确立人类的法律规则。摆在法学家面前一个很普遍、很复杂的现象，就是环境法要调整人类在利用环境和资源行为过程中产生的各种社会关系，因而法学家也就很难简单地将环境法的有关法律、法规、规章分别划入传统法律部门之中。

如果我们将法的最高价值定位于对正义和秩序的追求之上，那么环境法的价值取向是什么呢？

套用法的价值问题研究，我们可以将环境法的价值追求描述为实现环境正义和维护环境秩序两大方面，其现实表现是通过制定新的规则来衡平人类环境利用关系。

人类环境利用关系是人类在利用环境和资源过程中产生的，而组成人类环境利用关系中的许多特定社会关系早已为传统法律部门所调整。伴随人类社会的文明进步和科技发展，人类主体也不断地发现环境的自然属性中还存在着大量尚未被人类发现的其他固有或者内在的价值。尽管这些价值因为人类认识的局限正处于丧失之中或者已经丧失殆尽，但它们与人类认识的其他传统价值一样对人类具有重要的意义。

具体到法的价值理论问题，环境法所提出的重大课题是在人类尚未全面认识环境的自然属性及其对人类存在显在的、可量化的价值（效应）的条件下，人类是否应当认可环境的这一无形、潜在的价值？法的价值主体只能是人吗？如果将法的价值主体仅仅定位于人，那么环境的这些价值应当如何通过法的价值予以体现呢？

如果法律理论接受了环境法者提出的上述新观点，则整个法律理论，包括但不限于法的价值理论都将要重新谱写。或许环境法学者提出的将环境正义和环境秩序作为环境法的价值的理论可以回答这些问题。然而，迄今为止这些观点并没有被主流法律理论所接受。因此，我们对环境法价值的介绍将还沿用传统的法的价值理论进行演绎。

在具体论述环境法的价值之前，对当下有关环境法价值主体争论的各种观点进行比较分析将有助于我们进一步研究环境法的价值理论。

二、环境法的价值定位

在全面讨论了法的价值概念以及环境法的价值理念之后，我们再来研究环境法的价值即环境正义和环境秩序问题。

（一）环境正义

环境正义[①]也是一个非常抽象的概念。它最早是 20 世纪 80 年代美国学者基于广义人

---

① 环境正义的英文为 Environmental Justice，原意含有环境公平、环境公正、环境民主、环境平等、环境平衡等意思在内，限于篇幅本部分拟不再考证其具体含义。——作者注

权提出的，直接目的是唤起人们对原著民和低收入阶层遭受不公平的环境损害和承受畸重的污染负担的关注。目前，有关环境正义的概念已经运用于环境保护的各个领域。归纳一下，环境正义总体上所要表达的含义是不问来源或者存在形式如何，一切权利主体在社会和法律上都平等地享有利用环境的权利。后来有学者将这一概念的主体扩大到未来世代人类甚至自然物（物种）。

综合国内外有关环境正义的各种学说，我们可以将环境正义分为代内环境正义、代际环境正义和种际环境正义三大类。

1. 代内环境正义

代内环境正义不仅要求确立新类型的权利——环境权，以重新分配人对环境的不同利益，保证人对环境利用的克制状态，还要求对现有利益进行重新分配。这主要包括三个方面：

第一，重新分配政府各部门的行政权力。在环境管理尚没有列入政府管理职能范围以前，与环境相关的事务如自然资源的开发利用和保护以及对工业经济的宏观管理权力都由相应地专门行政机关掌管。这种格局从资产阶级民主政治产生以来，一直延续到 20 世纪中叶，直到专门的环境行政机关的出现。

专门环境行政机关（如环境部、环保局）的出现导致了政府内部各部门如林业、水利、海洋、渔业、草原、农业、工业、土地、矿产等部门之间与环境管理有关的权力的重新分配，从而发生政府内部各部门与环境行政机关之间就权力再分配问题的矛盾和冲突。环境行政机关的创设使一部分环境事务的管理权力从政府其他部门转移过来，而另一部分与环境事务相关的管理权力仍保留在原来的部门中，这样就造成政府原有部门在环境管理事务上部分权力的丧失；同时，又由于环境自身特点而造成环境行政机关与其他政府部门还留存着相互补充、相互协调和相互制约的关系，这些都使得国家环境政策在具体的实施上产生了不少的困难。

各国在创设环境行政机关之初，几乎都将这种专门机关的环境管理行政权力限制在原有政府部门的权力之下；如 1970 年美国成立的国家环保局、1971 年日本成立的环境厅、1988 年中国成立的国家环保局等等，都经历了这样一个发展历程。有的国家还将环境管理的行政机构设立于相关的部门之下，也有的国家则在上述发展的基础上成立环境部。

为了使这种行政权力相对较小的环境行政机关能够正常地运作，一些国家采取了由政府高官兼任环境行政机关首长的做法（如日本环境厅长官，依法规定由国务大臣担任），而另一些国家则成立由政府首脑任领导、由各部门的部长任委员的环境协调机构（如美国总统环境政策办公室、原中国国务院环境保护委员会以及日本的中央环境审议会和公害对策会议。在瑞典，除了设有瑞典环保局外，还设立了类似于环境协调机构的环境与自然资源部）。

这种管理环境事务的机构的多重设置形式，一方面是受环境特点的限制和影响，另一方面则是行政权力与部门利益的争斗在环境管理事务上的反映，并且特别反映在确立各部门环境事务管理权力配置的环境法之中。

为了保护环境，实现国家乃至全球利益，就必须在环境法律的控制下重新分配政府各部门间的权力，以打破原有的权力格局。1998 年中国对国务院各行政主管部门、特别是关于环境与自然资源行政主管部门的调整和改革，就体现了实现社会、经济可持续发展的需求。

第二，衡平社会的经济利益。较之于传统的部门立法而言，环境法不仅仅是规范人们的开发、利用和保护环境与自然资源的行为，以消除环境污染和预防环境破坏，其重要的意义还在于它们对国家社会、经济发展政策所产生的积极影响。

由于传统发展模式中没有将环境与自然资源固有的价值（生态价值）计算在内，因此在传统发展模式的条件下无论是社会经济政策的制定、还是人类社会对经济利益的分配，都可以说是不公平的。

历史和现实告诉我们，如果不把合理使用自然资源和保持生态平衡包括在整体发展目标之内，任何局部的经济增长都不会使整体社会经济得到可持续的发展。因此，由受益者负担补偿费用，以衡平社会间的经济利益，是环境法所要确立的新的模式和所要解决的另一个重要问题。

环境法还可以调整国家经济发展政策和环境政策、实现可持续发展和合理配置环境与自然资源等的关系，以达到人类社会、经济的发展与环境保护相协调的目的。并且，将经济效益分析方法运用到环境与自然资源法律之中，这样就可以促使全社会的资源配置达到最佳状态。

第三，重新调整企业的可得利益。企业的传统发展模式是追求生产利润的最大化和生产成本的降低，这一切都取决于对自然资源和能源的有效利用和社会对产品的需求程度。经济学研究发现，在追求环境和自然资源的有形价值的时候，人们从市场上看不到环境和自然资源的无形价值。并且在企业的生产中，诸如排放污染物质和消耗自然资源给整个社会造成环境退化的社会成本和费用却往往被忽视而不计入生产成本，形成了企业赚钱但由社会承担治理费用的局面。环境法的作用在于重新审视企业的生产经营行为，确立企业对排放污染物质和消耗自然资源给环境造成压力的社会责任，从而对传统的经济利益观予以调整。

在对传统经济观予以调整的同时，环境法还对国际贸易产生影响，如运用国内环境法和环境标准作为新的贸易壁垒手段，其结果还会加大发达国家与发展中国家的差距。并且在一国不遵守环境保护的国际条约时，该国还可能因此而受到贸易的制裁。

2. 代际环境正义

维系世代间的公平即衡平世代间利益的概念，目前只在部分国际环境立法和少数国家的环境立法上作了规定。它既是伦理学上的新概念，又是环境法学必须探讨的新课题。美国学者 C. 康贝尔-摩翰等人认为，世代间的公平有两个要素：一是为了未来世代的人类而保存自然系统，使他们能够像现在这一代那样在同样的生活质量和生活标准中永存；二是为了未来世代人类的利益而保存国家重要的区域，因为它们的美学要求、历史性质或生态意义都具有使用和欣赏的价值。①

在现阶段，不管一些国家的环境立法者是否意识到维系世代间的公平应当作为环境立法的远期目标，环境立法的实施在实际上就是为了实现这样的目的。维系世代间的公平还包括了这样一层含义，即不要将我们这一代人的幸福建立在后世代人的痛苦之上。

在法学领域，20世纪80年代末叶以来，围绕新的发展观及其对策问题，学者们也提出了一些不同于传统法理论的新的学说。其中，关于"环境的世代间衡平"理论就是一种非常具有时代意义的新观点。笔者认为，实现环境利益的世代间衡平，将成为今后环境立法的目的理念之一。

所谓"环境的世代间衡平"，是指"作为物的一种，我们与现代的其他成员以及过去和将来的世代一道，共有地球的自然、文化的环境。在任何时候，各世代既是地球恩惠的受益人，同时也是将来世代地球的管理人或受托人。为此，我们负有保护地球的义务和利用地球的权利"。

环境的世代间衡平的理论，是美国法学教授魏伊丝女士在她的著作《未来世代的公正：国际法、共同遗产、世代间公平》一书中提出的。她的观点实际上是法学家从法律的角度对实现"可持续发展"所作的法理学阐释。

世代间衡平是从所有的有关世代间的衡平的理论中产生的，其焦点是各世代在利用地球的自然、文化资源这些共同遗产时，对其他世代也即对过去和将来的世代所特有的固有的关系问题。这个命题的出发点是"各世代既是自然、文化的共同遗产的管理人，同时又是利用人"。

魏伊丝认为，提倡世代间的衡平首先应当包括提倡世代内的衡平。她指出，作为地球的管理人，人类对将来世代负有道德义务。我们的先祖对我们有了这样的义务，作为过去世代遗产的受益人，我们也要给将来世代留下享受这种遗产之恩惠的权利。将来的世代也从我们的世代继承这样的权利。所以我们可以将这些称为世代间的地球义务和地球责任。同时，将"世代间"的衡平理论只限定在这两组关系中是不充分的，世代间衡平必然相对应的包括一组"世代内"的地球义务和地球权利（所谓"世代间"是指世代间的关系，"世代内"是指某世代的如现代的成员间的关系）。世代间衡平其自身对现代的成员应当怎样负担和享受恩惠还不明确。为此，世代间衡平应当扩大到世代内的状况。

在利用和保护共同遗产之际，为究明世代间公平的含义，魏伊丝认为将人类社会作为所有世代间的伙伴关系来处理是有益的。她在说明国家的伙伴关系时曾引用了著名学者E.巴克曾论述的"这种伙伴关系的目的并不一定限于在许多世代间达成，因此不仅在现已生存的人们之间，而且在已经死去的人们和刚出生的人们之间也有伙伴关系"的论点，指出人类社会的目的应当是实现、保护所有世代的福利和幸福，这就有必要让地球的生命维持

① Campbell-Mohn, Breen, Futrell, Sustainable Environmental Law, p. 161. West Publishing Co., 1993.

体系、生态学的过程、环境条件、人类生存和幸福的重要文化资源、健康舒适的人类环境等持续下去。

在魏伊丝看来，所有的世代都是这个伙伴关系中的成员，并且哪一个世代在自身生存的世代到来之前都不知道在将来什么时候能成为生存的世代、成员的数目有多少、结果将有几代人存在等问题。考虑到这种状况，世代间衡平与各世代存在的共同遗产之间的关系有些什么样的意义呢？魏伊丝提出了如下实现环境的世代间衡平的三项原则。

第一原则：要求各世代就像将来世代在自己解决自身的问题、实现自己的价值之际不对利用可能的选择作不当的限制那样，保护自然、文化的资源基础的多样性。各世代有享受与前世代所享受的多样性相当的多样性的权利。这个原则可以称为"保护选择"的原则。

第二原则：要求各世代要像继承不比现代状况更恶劣的地球那样维持地球的质量，并且有享受与前世代所享受相当的地球质量的权利。这个原则可以称为"保护质量"的原则。

第三原则：各世代应当将从过去世代继承的遗产衡平的接近权赋予各个成员，为了将来世代要保护这种接近权。这个原则可以称为"保护接近"的原则。

魏伊丝进而说明到，上述原则要求在开发、利用地球的自然、文化资源之际约束现代的行为。而且这样的原则并不能详细的描述现代成员应如何管理资源。原则虽然可以十分明确的适用，然而在遵守时应确保生物环境和文化遗产的可持续性。这样的原则一般要考虑到共有世界主要的文化传统，并且与不同的政治经济制度不相矛盾。

在保护方法上，魏伊丝还认为，保护质量的原则包括了多样性的原则，两者虽互补，但却不是同一性质的东西。为说明它们的差异，可以类推援用习惯法上的信托。例如，信托是源于两个石油公司从对两个公益事业的投资发生的。如果判明受托人其后的投资质量低下，其他石油公司以及公益事业改变其投资的话，其信托根本的价值虽低下，然而债权的多样性却没有改变。与此相对照，受托者将所有的投资集中于唯一的石油公司的话，尽管债权的价值没有改变，但是债权的多样性却会因此而受损害。

她说，在地球上，自然环境的质量如大气和水可能会因污染而低下，然而并不一定会造成资源基础的多样性的减少。同样，某世代即使维持了大气和水的质量，也会出现例如由于遗传学的多样性的重要损失的情况。事实上，资源基础的多样性受到破坏是存在的。确实要结合两个原则相互的作用。当利用可能的选择较多时，维持质量就会简单。当对质量的维持关心时，选择保护就会更简单。两个原则是将来世代丰富的地球所不可缺少的，应当使两者相辅相成。

与之相关的另一世代间伦理问题，是关于环境与资源的利用问题。日本学者山村恒年认为，在环境与资源的利用方面，当代人如果贪得无厌就会造成未来世代贫困，由于这样的损人利己构造，所以称为可能的生活幅度平等存在着生活条件的分配问题，这与未来世代不存在社会契约，作为未来世代与当代人之间为了共存对未来的责任，存在着当代人的牺牲支付义务或者保障完整生存条件义务。

该提问涉及包括人类在内的现代地球生态系统与未来世代生态系统相互关系或者平等性问题。但是，只有人类具备了对生存了数千年的树木、对自然生态系统予以超自然体系变化的影响力。这样，即使考虑到地球不只是人类的共有物而是生态圈全体的共有物，那么可以说负有义务的只有人类了。

与此相对，山村恒年认为目前还存在着确认人类以外生物及将来世代人类享有地球的环境权利的可能性。而且，考虑到人类以外的生物对于人类具有保持生态系统平衡不受人为的破坏这样的委托人类管理、将来世代人类委托现代人对其管理这种双重信托关系，由此产生了将地球的权利义务看作是世代的集团的权利、看作是个人权利的集合等不同的看法。例如，对地球全体作为入会权的考虑，只是说处分权还没有被确认。作为这种利用权和管理权的内容之界限划分的理念，可以说就是世代间伦理。该伦理不仅适用于地球全体，而且还适用于地域的环境方面。

山村恒年指出，在为了完成这种地球的义务过程中，过去世代继承了留下的所谓"即成自然的生活文化"的遗产，有必要将此在后来世代继续保持下去。

环境的世代间衡平的合理性在于，它将现代环境伦理观融合到对环境立法目的的解释之中，既考虑了现代环境伦理观对环境利益的世代的要求，又照顾到传统伦理观的现代人类的本位主义，是一种将现代人类利益与跨世代人类利益结合考虑的新思维。因此，环境立法应当首先树立这样的基本理念。

3. 种际环境正义

所谓种际环境正义，也被称为自然正义，其主要指原本只适用于人类之间的正义要拓展到人与自然之间，其主要表现形式就是要求确立自然的权利。

从法律的发展史看，法律的历史就是法律主体的扩展史。在奴隶社会只有贵族是完全的主体，平民只享有部分主体权利，而奴隶则被排除在主体范围之外，纯粹是奴隶主的财产，是所有权的客体。在封建社会的家族中，父亲对妻子和孩子具有几乎绝对的权利。在美国建国初期，印第安人和黑奴不被视为完全的人，妇女也被排除在政治权利之外。现在这一切都成为历史，人类已经实现了法律上的平等。

法律主体的扩展就此到达顶点了吗？显然没有，法律主体扩展的下一步目标是人类之外的生命，而在人类范围内确立平等的主体地位只是一场法律革命的开始。我国学者江山在其《人际同构法哲学》一书中这样描述这场法律变革[①]：变革以前的法律可以称为传统的法律，它是人域的、权利本位的，是为了人们之间的公平、公正、正义、合理而设置的，它只关注人们之间的利益得失、分配、流转、交换的公正、正义的价值取向。它只满足人域秩序、人身安全、利益安全、意志自由、交易有效等人域需求。现在的法律则要开

---

① 参见江山：《人际同构的法哲学》，182 页，北京，中国政法大学出版社，2002。

辟一个新的领域，它不限于人域的范围，也不是人类自我封闭的秩序体系，它要求人类再返回到自然这个大背景面前，与自在世界而不仅仅是人域世界建立起同构、和谐、公正、正义的新秩序。这也是一次真正的革命。它将使人类改变一种虚假的法观念：认为只要在人域内部解决好了权利之得失、分配、流转、交易的公正、合理、有效问题，人类的秩序目标就实现了。与传统法律的人性的实质不同，这种法首先是人际的，其次是人际同构的。它继续保留人的主体权利，同时也将生存和存在的权利返还给自在世界和环境要素。

这个法律革命的第一步就是要确立动物的法律主体地位。从必要性看，由于伦理与法律不是完全两种不同的东西，它们的目的和价值观是一致的，它们同一起源，后来分道而行，随着人类文明意识的提升和视野的开阔，它们的共同性再次受到关注，伦理化的价值观不只是渗透到法律规范之中，而且还主导着法律的价值取向。这样只要我们对法律不采取道德相对主义的态度，就很容易理解动物法律主体地位的必要性。事实上，历史上开始以法律形式保护妇女、儿童和奴仆的法律，也仅仅是为了男人的利益和使用目的。这种仅仅建立在某些人利益之上但是缺乏道德关怀的立法显然不可能将妇女、儿童和奴仆上升为法律的主体地位。现在面对动物保护我们又遇到了同样的问题，动物也仅仅是因为对人类有利益而加以保护，但是历史已经告诉我们随着道德和法律的不断进化，在动物保护上的工具主义会逐渐弱化。动物的主体地位会逐渐确立。当然我们不能奢望任何一个新的观念在其提出之始就得到完全的确立[①]，试想在人类社会范围内的主体普遍化运动持续了几千年，起初当有人提出奴隶也是人，也应当有主体地位时，不也被认为是不可思议的吗？而现实却表明，很多当时不可思议的事都成了真理！

接下来一个比较现实的问题是：动物如何行使权利？

其实在人类内部也存在这样的问题，例如对于未成年人、精神障碍人，他们也没有或者不完全有意思、意志能力，再比如法人，只是法律拟制的人，它没有意思和意志。可见享有主体资格的关键不是行为能力问题，而是权利能力问题。胎儿、婴幼儿、精神病患者没有行为能力或者行为能力受限制，但是这并不妨碍他们具有权利能力，为什么法律可以赋予他们主体资格而不可以赋予动物法律主体资格呢？这是人的观念的问题！行为能力问题可以说是一个技术性的问题，法律设计了监护制度，解决了无行为能力人和限制行为能力人的权利行使问题，同时法律设计了代理制度和法人代表制度解决了法律上拟制的人的权利行使问题，这些制度我们完全可以拿来解决动物的权利行使问题，或者我们也可以发明其他新的制度解决这一问题。可以说关键的问题是观念的更新，人类要在观念上接受动物作为法律主体这一新的现象，其他的技术问题相对于观念问题只是末节的问题！然而人类的观念能够更新吗？人类能够超越自利之心吗？我想是可以的，人与非人类存在物的一

---

① 法国环境法学者亚历山大·基斯就说过：我们目前的法律制度还难以接受承认某些环境要素的法律人格这种解决问题的办法，原因在于法律制度是人类创造出来并服务于人类的。参见［法］基斯著，张若思译：《国际环境法》，10页，北京，法律出版社，2000。

个真正的有意义的区别是，动物和植物只是关心自己的生命、后代及同类，而人却能够以更为宽广的胸怀关怀所有的生命和给人类存在物，人能够培养出真正的利他主义精神：不仅认同他人的权利，还认同他者——动物、植物物种、生态系统、大地——的权利，这种终极的利他主义是，也应当是人的特征。在地球上，只有人类才具有客观的评价非人类存在物的能力，人的这种能力应当得到实现——饱含仁爱的、毫无傲慢之气的实现。这既是人的一种殊荣，也是一种责任！①

需要强调指出的是，尽管自然的权利正在不断为人类所提倡，法学界也在对该课题进行深入的研究，但现实法律制度上有关自然的权利的性质和地位等问题并未得到明确。由于环境法的终极目的是实现人与自然的和谐，所以从某种程度上讲，环境法律关系还要通过调整一定主体间的权利义务关系来最终反映人与自然的关系。因此，国内有学者将环境法律关系称为"生态法律关系"，并将人类环境利用关系具体表述为生态权利和生态义务关系。②

（二）环境（生态）秩序

秩序意指在自然进程和社会进程中都存在着某种程度的一致性、连续性和确定性。环境秩序或者生态秩序就是人类社会发展进程中围绕环境而建立的某种一致性、连续性和确定性。其主要包括两个层面：人与人之间对环境利用的秩序和人利用环境的秩序；前者表现的是人与人之间的关系，后者表现的是人类与环境之间的关系；而且人与人之间的秩序要建立在人类与环境之间的秩序的基础之上，如果人类与环境之间是无序的，则人与人之间对环境的利用秩序也不可能是良好的。

1. 人与人之间对环境利用的秩序

人与人之间对环境利用的秩序是通过确立不同类型的利用权利类型来实现的。我们可以根据人与环境利用关系的具体类型来构建环境利用权利体系。根据这一标准，环境权利体系由三大类权利构成，即环境（生态效益利用）权、环境容量利用权和自然资源利用权，他们可以统称为环境利用权；同时这三类权利并不是简单的罗列从而构成一个松散的体系，他们之间有着内在的关联。

在整个环境权利体系中，三类权利都是基于人对环境的某种利用而产生的，具有形式上的可分性，三种权利所带来的利益对于人类而言都是必不可少的，如果能够和平共处，则是一种最为理想的状态。但是由于环境和其组成部分总是具有多重功能，三种利用类型的物质载体经常会重合，例如自然水体既是环境权的物质载体，也是取水权、养殖权的物质载体，同时又是环境容量利用权的物质载体，在此三种利用类型发生内在关联，存在潜在的冲突。

环境权利体系的内部构造源于人与环境的利用关系的内在关联。生态效益利用是环境法产生的根本原因和目的，处于环境利用的核心地位，环境法的根本目的就是为了保障人类对于生态效益利用的顺利实现。不合理的自然资源利用和过度的环境容量利用是造成环

---

① 参见杨进通：《走向深层的环保》，183~184页，成都，四川人民出版社，2000。
② 参见曹明德：《论生态法律关系》，载《中国法学》，2002（6）。

境问题的主要原因，但由于对环境和自然资源的利用是人类生存发展的必须，因此对于此类行为只能被限制在一个合理的范围之内。

与此相适应，在三类权利中，环境权是环境法的核心权利，它是环境法所要保障的基本法益。一个良好环境在环境危机下是一个非常态的概念，在环境权法律关系中公民无法通过自己的努力获得一个良好的环境，公民不能通过自己的环境义务而换回一个对良好环境的权利，因此在这个法律关系中公民只能充当权利的主体，而义务主体不能是全体公民，只能而且首先是代表全体公民的政府，其次是其他环境利用人。政府履行保护环境权义务的结果就是政府环境行政管理权的获取和行使，这也是政府行使环境行政管理权力的合法性基础，同时环境权也为公民参与环境行政决策提供了合法性基础，重塑了环境权力和环境权利的关系。①

其他环境利用权人，作为环境权的义务主体应当受两方面限制。首先，其必须受制于作为保护生态效益利用义务而出现的政府对于自然资源利用和环境容量利用的诸多限制；其次，其还要受到直接来自环境权主体的限制，不能够对特定主体的生态效益利用造成显著的影响。②

将这三类权利统筹在一个权利体系中有助于他们之间的协调统一，环境权设立的目的是为了制约人们在追求经济利益时无视环境利益，为了眼前利益和局部利益而牺牲长远利益，环境权的存在要求人们必须对环境资源的价值进行多元考虑，合理分配人们对环境资源不同价值的需要，相互容忍由于不同价值使用和享有时对其他价值带来的合理影响，从而促进经济、社会和环境的协调发展，以实现可持续发展的目标。

实现人与人之间对环境利用的秩序，一方面需要政府运用行政权力对环境容量利用和自然资源利用行为进行强制性的限制，另一方面还需要运用私法手段，通过侵权法的机制实现环境权对环境容量利用权和自然资源利用权的限制。在环境侵权的认定中，一方面需要通过制定环境标准进行定量式的客观描述，另一方面也要进行两类权利间的非定量式的、更主观化的描述，后者的典型表现就是日本学者提出的忍受限度理论。

19世纪以前，诸如污染物的排放行为一般被视为行使权利的行为，只有当滥用权利造成他人权利损害的场合该行为才可以视为"权利滥用"而被认定为侵权行为。20世纪中叶

---

① 参见吕忠梅：《环境权力与权利的重构——论民法与环境法的沟通和协调》，载《法律科学》，2000（5）。
② 当然对于直接来自于环境质量利用权人的限制主要是通过侵权法来调整的，其必然会涉及利益的衡量问题。因为环境法本质上就是充满利益冲突的法。另外在利益衡量中也可以考虑对环境质量进行分级：一是安全要求，即生活环境的质量要符合生态学上的安全要求，对人类的生命不构成直接的威胁，对人体健康没有严重的危害。二是卫生要求，即生活环境的质量要达到卫生标准的要求，人们可以放心地进行呼吸、饮水、进食等生理活动。三是舒适性要求，即人们在这样的环境中生活比较舒适，心情愉快。四是美学要求，这是环境权最高层次的要求，环境本身成为人们享受的对象。参见金瑞林、汪劲：《20世纪中国环境法学研究述评》，98页，北京，北京大学出版社，2003。当危及安全要求和卫生要求时应当禁止自然资源利用和环境容量利用，没有利益衡量的余地；而当仅危及舒适性要求和美学要求时，则要考虑利益衡量，以作出最符合社会利益的决定。笔者注。

以后，排放行为逐渐受到公权力的管制，这使得加害与被害间的关系比一般侵权行为更为复杂。之所以公权力渗入之后使得加害与被害间的关系复杂化，是因为环境侵害中被害的程度、加害行为的公共性、污染防治设施的设置状况、加害人与被害人对土地利用的先后关系以及周边环境状况（地域性）等因素均与权利侵害直接相关。[①] 因此，在审理环境侵害纠纷时法院必须对上述各种关系均加以合理的考量。

在环境侵害赔偿案件多发的日本，民法学者对造成公害的行为具有违法性这一点在认识是肯定的。不过在具体的判断标准上有一定的分歧。一般情况下违法性的判断标准有二，一是被侵害利益的性质、程度；二是侵害行为的实态。前者为客观结果之判断，后者为客观行为之判断。当被侵害利益属于像生命、身体以及所有权这种强固的权利的话，即使侵害行为的不法性较小但加害行为依然具有违法性；而当被侵害利益属于营业上的利益等像债权这种权利性较弱的利益的话，这种侵害行为的不法性不大因而加害行为的违法性就较小。[②] 在环境侵害赔偿案件中，对违法性的判断主要是按照前者的标准即被侵害利益的种类进行的。

1968 年，日本学者野村好弘提出了以忍受限度作为判断违法性标准的理论。他认为，在公害的场合，当对被侵害利益的性质、程度与侵害行为的实态（包含公共性、回避的可能性等）的衡量结果超过了社会生活上可以忍受的限度的话，那么行为即为违法。忍受限度理论的具体要素，包括被侵害利益的性质与程度、地域性、受害者预先有无知识、土地利用先后关系、最妥的实际方法或相当的防止措施、事业活动的社会价值与必要性、受害者方面的特殊情况、政府许可、标准的遵守等，应当对它们进行综合判断。而忍受限度与违法性的关联主要有三种：一是忍受限度外→权利滥用→违法性；二是忍受限度内→违法性阻却；三是忍受限度外→违法性。其中第一、三项应当由原告举证，第二项应当由被告举证。[③]

与忍受限度理论相对，20 世纪 80 年代日本学者开始倡导环境权。环境权论者认为，只要被害存在也即权利（利益）受到侵害就应当原则上认定行为的违法性。与忍受限度理论相比，环境权论认可各种环境侵害或干扰妨害现象为不法的可能性要比忍受限度理论大得多。[④]

2. 人类与环境之间的秩序

人类与环境之间的秩序主要体现为人对自然规律的尊重以及对生态平衡的维护。

《中国自然保护纲要》曾经形象地将生态学的基本规律归纳为"物物相关"律、"相生

[①] 参见〔日〕大塚直：《环境法》（日文），504 页，东京，有斐阁，2002。

[②] 参见〔日〕西原道雄、木村保男编：《公害法的基础（实用编）》（日文），164 页，东京，青林书院新社，1976。

[③] 参见〔日〕加藤一郎编：《公害法的生成和展开》（日文），396 页，东京，岩波书店，1968。

[④] 参见〔日〕西原道雄、木村保男编：《公害法的基础（实用编）》（日文），165 页，东京，青林书院新社，1976。

相克"律、"能流物复"律、"负载定额"律、"协调稳定"律以及"时空有宜"律等六大类。① 所有这些生态学原理及其解释，是人类与环境之间秩序的基础，人类对环境的开放利用只有遵循这些规律才可能实现秩序。否则只能是无序，进而导致人类社会的混乱和走向毁灭。

人类与环境之间的秩序，从生态学的意义上应当表现为将人类还原到生态系统之中，使人类行为符合维护生态系统平衡的需要。生态系统是自然界里生物群体和一定空间环境共同组成的具有一定结构和功能的综合体系。在一个正常的生态系统中，生物种类的组成和各种种群的比例以及不断进行着的物质循环和能量流动都处于相对稳定的状态，这就是生态平衡。②

保护生态系统的实质是维护生态系统平衡，其结果仍然在于保护人类的生存空间，它是通过对生物多样性保护的方式来达到的。所谓生物多样性是指"生物之间的多样化和变异性及物种生境的生态复杂性"，它包括所有植物、动物和微生物的所有物种和生态系统，以及物种所在的生态系统中的生态过程。③

在国际自然和自然保护同盟1980年编写的《世界自然保护大纲》认为，"保护"即是"人类对生物圈的利用的管理，以便它能对当代人产生最大的持续利益，同时维护其潜力以满足后代的需要和追求。因此，保护是积极的，包括了保护、保存、持续利用、恢复和自然环境的改善"。

环境立法对生物多样性保护的促进表现在：第一，由于环境法的理论基础源于生态原理，因此法律必须反映生态平衡的基本要求，即生产和生活废弃物的排放量不超过环境容量的承受限度；生产对资源的需求量同环境对资源的供给量之间保持平衡。④ 第二，通过立法为生物多样性保护提供国际框架和措施，如联合国1992年《生物多样性公约》规定了保护原则、管辖范围、合作、保护和持久使用方面的一般措施、查明与监测、就地保护、移地保护、对生物多样性组成部分的持久使用、鼓励措施、研究和培训、公众教育和认识、影响评估和尽量减少不利影响、遗传资源的取得、技术的取得和转让、信息交流、技术和科学合作、生物技术的处理及其惠益的分配、资金、财务机制等措施。

---

① 参见《中国自然保护纲要》编写委员会编：《中国自然保护纲要》，12～14页，北京，中国环境科学出版社，1987。

② 在联合国1992年《生物多样性公约》第2条对"生态系统"所下定义为："是指植物、动物和微生物群落和它们的无生命环境作为一个生态单位交互作用形成的一个动态复合体。"

③ 参见J. A.麦克尼利等著，薛达等译：《保护世界的生物多样性》，9～10页，北京，中国环境科学出版社，1991。联合国1992年《生物多样性公约》第2条对"生物多样性"所下定义为："是指所有来源的形形色色生物体，这些来源除其他外包括陆地、海洋和其他水生生态系统及其所构成的生态综合体；这包括物种内部、物种之间和生态系统的多样性。"

④ 参见金瑞林编著：《环境法——大自然的护卫者》，13页，北京，时事出版社，1985。

三、小结

环境法的价值是法的价值在环境法所调整社会关系领域内的具体化，套用法的价值问题的研究，我们可以将环境法的价值追求定位为实现环境正义和维护环境秩序两大方面，其现实表现是通过制定新的规则来衡平人类环境利用关系。

在具体研究环境法的价值之前必须首先了解有关环境法的价值主体的争论。很多环境法学者认为通过调整人与人之间的关系而完全解决人与自然之间的问题是不可能的，法律不仅要体现人的需求，还要体现环境的需求。环境不应当仅仅是与作为主体的人相对应的客体，环境也有其不依赖于人的内在价值，进而提出了要从人类中心主义的法律观转变到非人类中心主义的法律观。从环境法产生的根源及其所要解决的问题看，非人类中心主义法律观的应然性较为理想，但是我们必须看到法律必须通过规范人的行为来实现环境保护的目的，所以在处理人与自然关系问题上，基本观念依然应当是人类中心主义。现阶段我们不得不接受这个现实：人依然是环境法的价值主体。但是，对环境法价值的合理解释应当体现在作为主体的人对作为客体的环境的需要必须符合环境自身的规律，有的学者将这种观点概括为具有责任的人类中心主义哲学，从法的角度看，要实现具有责任的人类中心主义，就需要对人对环境的利用进行界定并规定其限度。人类的环境利用行为可以分为本能利用行为与开发利用行为两大类。开发利用主要包括自然资源利用和环境容量利用，其尽管会对环境产生某种不利影响，但它们是人类生存发展的必须，因此这些行为必须被限制在一个合理的限度范围内。目前，这种限制主要是通过国家对这两类环境利用的管制实现的，而国家管制的内在依据就是保障公民对环境的本能性利用。

环境法的价值最终可以归结为环境正义和环境秩序。

环境正义总体上所要表达的含义是不问来源或者存在形式如何，一切权利主体在社会和法律上都平等地享有利用环境的权利。我们可以将环境正义分为代内环境正义、代际环境正义和种际环境正义三大类。代内环境正义是指代内的所有人不分民族、种族、国籍、性别、职业、宗教信仰、教育程度、财产状况，都有平等地利用自然资源和享受良好环境的权利。享受良好环境的权利（即环境权）在传统的权利谱系中并不存在，因此必须设计出新型的、专以享受良好环境为内容的权利——环境权，用以和破坏良好环境的行为对抗，才能实现真正的环境正义。环境权即享受良好环境的权利。它的客体是良好环境，良好环境可以通过各种具体的技术指标来界定和判断；它的主体只能是具有感知能力的生物意义上的人，而不能是拟制的人；它的义务主体是国家和其他环境利用权人。根据义务主体的不同，环境权也可在两个层面上使用，即公法意义上的权利或者说是人权意义上的权利和私法意义上的权利或者说私权意义上的权利，这两类权利的本质内容是相同的，但在权利实现的具体方法上两者存在较大的差别。在环境权利体系中环境权是核心权利，是环境法所要保障的根本法益，它构成国家环境行政管理权力的合法性基础，也是限制环境容量利用权和自然资源利用权的目的所在。自然资源利用权和环境容量利用权则是对人类生存所必需的利用行为的法律确认，它们必须受制于环境权，被限定在一个合理的限度范围之内。代际正义主要涉及所谓的"环境的世代间衡平"，是指作为物的一种，我们与现代的其他成员以及过去和将来的世代一道，共有地球的自然、文化的环境。在任何时候，各世代既是地球恩惠的受益人，同时也是将来世代地球的管理人或受托人。世代间衡平是从所有的有关世代间的衡平的理论中产生的，其焦点是各世代在利用地球的自然、文化资源这些共同遗产时，对其他世代也即对过去和将来的世代所特有的、固有的关系问题。这个命题的出发点是"各世代既是自然、文化的共同遗产的管理人，同时又是利用人"。环境的世代间衡平的合理性在于，它将现代环境伦理观融合到对环境立法目的的解释之中，既考虑了现代环境伦理观对环境利益的世代的要求，又照顾到传统伦理观的现代人类的本位主义，是一种将现代人类利益与跨世代人类利益结合考虑的新思维。种际环境正义，也被称为自然正义，其主要指原本只适用于人类之间的正义要拓展到人与自然之间，其主要表现形式就是要求确立自然的权利。尽管自然的权利正在不断为人类所提倡，法学界也在对该课题进行深入的研究，但现实法律制度上有关自然的权利的性质和地位等问题并未得到明确。

环境秩序或者生态秩序就是人类社会发展进程中围绕环境而建立的某种一致性、连续性和确定性。其主要包括两个层面：人与人之间对环境利用的秩序和人利用环境的秩序。人与人之间对环境利用的秩序是通过确立不同类型的利用权利类型来实现的。具体来看，实现人与人之间对环境利用的秩序，一方面需要政府运用行政权力对环境容量利用和自然资源利用行为进行强制性的限制，另一方面还需要运用私法手段，通过侵权法的机制实现环境权对环境容量利用权和自然资源利用权的限制。在环境侵权的认定中，一方面需要通过制定环境标准进行定量式的客观描述，另一方面也要进行两类权利间的非定量式的、更主观化的描述，后者的典型表现就是日本学者提出的忍受限度理论。人类与环境之间的秩序主要体现为人对自然规律的尊重以及对生态平衡的维护。人类与环境之间的秩序，从生态学的意义上应当表现为将人类还原到生态系统之中，使人类行为符合维护生态系统平衡的需要。

【推荐阅读文献】

1. 汪劲. 环境法学. 第2章. 北京：北京大学出版社，2006

2. 刘建辉. 环境法价值论. 第6～9章. 北京：人民出版社，2006

3. 张峰. 自然的权利. 第2、3、4章. 济南：山东人民出版社，2006

4. ［美］纳什著，杨通进译. 大自然的权利——环境伦理学史. 第1、3、5章. 青岛：青岛出版社，2005

5. 蔡守秋. 调整论——对主流法理学的反思与补充. 第3、5、6章. 北京：高等教育出版

社，2003

　　6. 郑少华. 生态主义法哲学. 第 8 章. 北京：法律出版社，2002

　　7. 汪劲. 环境法律的理念与价值追求. 第 7、11 章. 北京：法律出版社，2000

　　8. ［美］爱蒂丝·布朗·魏伊丝著，汪劲、于方、王鑫海译. 公平地对待未来人类：国际法、共同遗产与世代间衡平. 第 1～5 章. 北京：法律出版社，2000

　　9. ［美］大卫·雷·格里芬编、王成兵译. 后现代精神. 北京：中央编译出版社，1998

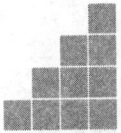

环境法在国家发展战略中的应用

可持续发展战略思想的提出，标志着人类开始懂得了什么是最伟大的战略。对于人类传统的战略思想，我们需要在可持续发展战略的原则下作出新的调整。

国家的发展和强盛需要硬实力，也需要软实力，在有些情况下，软实力对于国家的发展进步起到更为重要的作用，甚至在一定程度上决定和制约着国家硬实力的建设。发展中国家在硬实力上落后于发达国家，在软实力上则更为落后，对于前者人们已经有了充分的感性认识，但是，对于后者，人们却缺乏充分的理性认识。完善而有效施行的环境法是实施国家可持续发展战略的重要的软实力；只有真正了解环境法在实施可持续发展战略中的重要地位和价值的人们，才能制定出真正具有现实意义的环境法，也才真正懂得什么是国家的实力。

本专题拟通过对以上两个观点的论说，从理论与实践两个方面探讨环境法与国家发展战略的密切关系。

一、环境法与国家发展战略

20 世纪中后期，人类开始认识环境问题，萌生了可持续发展的思想，1972 年国际社会在瑞典斯德哥尔摩召开第一次环境与发展大会。之后，许多国家开始探讨可持续发展问题和环境立法问题，一些国家开始制定了适应本国发展要求的环境法。这说明了环境法是伴随着人类有关可持续发展理论的提出而产生的。1987 年，联合国世界环境与发展委员会发布了长篇报告《我们共同的未来》①，首次提出了"可持续发展"的定义："既满足当代人的需要又不危及后代人满足其需要的发展"。这样的定义表明了，人们关于可持续发展的思想是一种涉及全人类的现在和未来发展问题的伟大智慧，这样的考虑高明于所有为寻求人类局部和短期利益的一切非战略性和战略性思考是毫无疑问的。到 1992 年 6 月，第二届联合国环境与发展大会在巴西里约热内卢举行时，世界上许多国家已经制定了适应本国可持续发展要求的大量的环境法，国际社会也制定出了较多有关环境问题的国际公约及其议定书。就环境法规范的内容和调整的对象来看，它包括因控制人类对环境的污染活动和人类在生产、生活中因利用自然资源而发生的人与人之间的权利义务关系。其调整这种权利义务关系的目标是为了保证人类在利用自然资源的过程中维护生态平衡，保护生物多样性，引导人们合理地利用自然资源，以保证人类社会可持续地发展。因此形成的环境法的范畴包括有关污染防治的法律、有关资源管理的法律，以及与之相关的有关程序和政策方面的法律规范三个主要方面。具体包括有关资源和能源利用和管理的法律、有关保护生态安全的法律、有关海洋管理的法律、有关控制污染的法律和与之相关的有关程序、政策等方面的法律。

当今世界的国家发展战略是以可持续发展战略为基本内容的。这一战略的范围较为宽

---

① 参见新华社哈尔滨 1987 年 12 月 20 日电。

泛，其核心内容包括能源战略、生态战略和海洋战略三个主要方面。

环境法从针对某一局部环境要素污染、破坏的事实去研究解决方案，采取对各类污染源进行控制和治理的办法，即从末端治理的过程，逐渐发展到从导致环境污染、破坏的源头寻找解决方案，即对污染、破坏的源头加以控制和治理，以至发展到对生产的全过程加以控制；以后，又将视野投向更为广泛的自然变化过程，开始重视气候变化及其影响所导致的环境污染和生态系统的破坏，考虑把控制人为活动引起气候变化问题作为国家和人类发展至关重要的战略问题来考虑；并开始考虑生物安全和能源安全问题，开始考虑采用对城乡合理规划、布局，以实现从源头上控制环境的污染和生态的破坏等办法。环境法的这种变化主要是其自身日益完善的结果，但同时它也是伴随着可持续发展战略思维的发展进步而发展。随着这样的进步和发展，人类开始更多地制定和修改环境法，以适应不断进步的可持续发展战略的要求。应当说，环境法是伴随着人类对现实与未来可持续发展问题的不断思考和认识这一过程而发展的，始终与人类关于可持续发展战略相联系。

二、环境法在实施可持续发展战略中的应用

从整个世界的情况看，美国、德国、日本和欧洲的一些发达国家是环境法最为完善和先进的国家。环境法作为这些国家发展战略的软实力，是其国家发展战略硬实力的辅助部分，共同构成其国家可持续发展战略的完整实力。以美国为例，美国是典型的习惯法国家，但是，唯独在环境法上，这个国家采用了成文法的习惯，制定了大量的环境法律。到目前为止，美国的环境立法是世界上最完备的，它的环境法律文本的完备程度，甚至超过了大多数成文法国家。① 美国为实施未来发展战略不但在经济、技术和军事上准备了充分的硬实力，而且也准备好了适应未来发展战略要求的完善的环境法这一软实力。美国在可持续发展战略思维的指导下，对本国的国家利益研究得十分清楚和明确，又通过完善的环境法律制度予以保障实施。也许有人会说，尽管美国有完善的环境立法，且呼吁国际社会建立环境保护法律规则，却拒不批准京都议定书，因此对环境法的作用和地位作出否定的结论。其实，美国的做法恰恰说明了环境法与国家发展战略紧密相联系的事实。对于美国拒不批准京都议定书的做法，许多中国人表示理解，认为这是为了解决其本国的就业问题，为了不引起更多的国内矛盾。但国际社会也有人士一语道破了美国如此做法的真实原因：为了保护其国内的石油资源，以适应未来能源发展战略的要求。也许有人对此不理解，其实事实十分清楚，充分利用作为 21 世纪以前主要能源的煤炭，有利于其石油资源的储备，以适应 21 世纪以后发展战略的要求。这个例子说明的是用什么样的环境法来支持国家发展战略的问题，表明了环境法与国家发展战略的紧密关系，而不是以相反的结论来否定环境法或者把环境法与国家发展战略相对立。再以俄罗斯修改其本国环境法为例，俄罗

---

① 参见美国环境法目录。

斯在国家发展战略上作出了一些调整，其中的一项是通过修改俄罗斯联邦环境保护法，将俄罗斯环保执行机构的权力弱化，而将国家权力机构有关环境管理的权力强化。这个目的是十分明确的，即将环境保护的管理职责控制在国家权力的核心，以便灵活地运用这项权力，避免由于过度的环境管理工作，影响该国经济实力的增长，从而影响其国家发展战略的实施。[①]

此外，德国和日本也都有十分完备的环境法，还有其他一些发达国家也是如此。总之，环境法的完备程度是与国家的发达与否相联系的，与国家发展战略的水平相适应的。所有发达国家的环境法均较为完备，这就说明了这样两个问题，一是发达国家有能力并需要完备的环境法，另一方面也说明了环境法是适应国家发展战略要求的产物。

那么环境法对于国家发展战略的实施究竟有着怎样的影响和作用呢？简单地说，环境法的作用在于使国家的发展战略更为科学，是国家实现科学发展观的保证和行为准则。具体地说，环境法的作用在于保障实施国家发展战略的安全和效率。能源安全和生态安全是一个国家发展的基础和保障，国家的发展不可避免地要以资源和能源为动力，需要稳定的资源和能源供给，没有充分的能源供应和稳定的资源及其依附的生态系统作为保障，就不可能实现国家的发展战略。环境法的作用就在于保证实施国家发展战略所需要的对自然资源和能源的合理利用，保证生态系统的稳定和安全。就全人类的发展战略问题来说，它的最大敌人是气候变化及其导致的恶劣结果，它使得全球气候变暖、海平面上升，地球五大圈即岩石圈、冰雪圈、水圈、生物圈和大气圈发生不良变化。因此控制由于人为原因导致的气候变化问题是全世界各国共同的责任。对于各国如何履行职责，国际社会的要求是，应当在气候变化框架公约和京都议定书确立的"共同但有区别的责任原则"和"清洁发展机制"下来实现。在这样的前提下，一个国家应当根据本国的实际情况最大限度地控制由于人为原因导致的气候变化问题，这是一个全人类的发展战略问题。而在此问题上，环境法同样担负着十分重要的任务。此外，环境法还有利于协调和处理因经济发展导致的环境污染问题，及其引发的国家内部冲突问题，这些都与实施国家发展战略有着紧密的联系。

三、适应国家发展战略的要求完善我国的环境法

发展战略问题，始终是我们党和政府十分重视和思考的问题，甚至已经形成为党和国家领导者们思维的主要内容和组织国家各项行动的基本指导原则。从改革开放初期的以经济建设为中心，到把环境保护确立为基本国策，直至目前党和政府提出的科学发展观、建立和谐社会和节约型社会的思想，均表明了我们关于发展战略的思想在不断走向科学和完善。我们已经为未来发展准备了充分的战略思想。但是，如何实现这样的战略思想，即如何把这样的战略思想贯彻于我们的现实行动之中，这需要我们找到实现这一战略思想科

---

① 参见《论解决环境问题的政治根源》一文，北京市法学会环境与资源法研究会成立会议论文集。

学、有效和合理的方法和行动准则。我国于 20 世纪 70 年代后期将环境保护作为国家的基本国策之一,并于 1992 年里约热内卢环境与发展大会后,率先制定了 21 世纪议程。这之前,从 1979 年起开始了适应实施可持续发展战略要求的环境立法工作。但是,我们的环境问题对于实施国家未来的发展战略仍然存在着极大的隐患,在众多的原因之中,我们必须看到环境法的不科学、不完善所导致的不良影响。为了保证国家可持续发展战略的实施,按照科学发展观的要求,贯彻节约型社会的思想原则,实现和谐社会的目标,我们既需要有充分的硬实力,也需要科学、完善的环境法这一软实力。软实力是国家发展战略的组成部分,是实现国家均衡、稳定、科学、健康发展不可或缺的组织系统。完善、充实环境法这一软实力对我国在国际社会中赢得尊严、威望和信任也具有特别重要的作用,我们应当对这一国家发展不可或缺的软实力给予高度的重视。目前摆在我们面前的任务是怎样建立科学、完善的适应可持续发展战略要求的环境法,而不是否定它的作用。对此,我们应当从以下几个方面来考虑问题:

(一) 按照科学发展观、建立和谐社会和节约型社会的要求,确立我国环境法的基本原则和宗旨

我们首先需要在准确认定我国国情的前提下,实现这样的目的。

就我国的国情看,我国是一个贫困人口较多、资源相对匮乏的国家。在经济高速发展的情况下,人们重视对经济利益的追求。同时,由于贫困而导致的人们对可持续发展理论的无知,使得国家的自然资源和环境不可避免地遭到破坏,最为突出的表现是不合理地利用资源、浪费资源和严重污染环境。这种状态任期发展下去,直接影响到国家发展战略的持续、稳定提升,使发展缺乏后援力[1],甚至最终因生态系统的破坏,造成生态危机和能源危机,导致国家的动荡和崩溃。为避免发生这样的恶劣结果,需要国家建立有效的规则和秩序来加以调控,以通过法律的引导功能和强制功能来纠正人们不适当的行为。其中最为主要的是要以建立一套保障国家经济发展,适应节约型社会要求的环境法律系统为原则。即建立一套适应和谐社会和节约型社会要求的法律制度,其中包括对国家自然资源管理的法律规范系统;维护生态安全的法律规范系统;维护能源安全,保障国家能源供给的法律规范系统;控制人为原因导致气候变化的法律规范系统,而不是一种以简单控制污染源为主,控制环境污染的法律规范系统。相应地,需要明确一些适应建立和谐社会、节约型社会要求的民事法律责任和刑事法律责任。也就是说,根据我国的国情,应当把节约作为法律规范的指导思想和基本原则,在这样的原则下,建立一套有效实施的环境法律规范系统。

(二) 建立适应中国可持续发展战略要求的环境法律系统

我国的可持续发展,首先体现的是对资源的合理利用,包括节约利用和循环利用,即

---

[1] 即后续不断的援助力,作者自解。

对自然资源的节约利用和对废物的再利用。因此，需要建立和完善相应的法律制度，包括节约水资源、节约能源、废物综合利用及再利用的法律。

第一，关于节约水资源的立法问题。水资源的严重污染和浪费，已经成为制约国家实施可持续发展战略的重要问题，也带来了社会的不安定。加快修改水污染防治法、制定节水法已成当务之急。我国的水资源节约问题已经是一个亟待解决的关键性问题，需要国家建立一套有效实施的法律规范系统，在水法中建立一套节约水资源的法律规范系统，包括基本的权利义务关系及相应的民事、刑事和行政法律责任等内容。

第二，关于建立和完善能源法律制度的问题。能源问题已经成为国家发展战略的核心问题，一些国家为了能源安全，一方面不惜出兵作战，在别国领土上用兵伐谋，意在争夺世界的能源；另一方面制定和完善了本国的能源法，并依此建立了专门的能源综合管理机构如能源部或者能源局。而我们在保证能源安全的法律制度建设上，却存在着严重的问题。首先，对于我国主要能源煤炭的管理和利用存在着严重的缺陷，较多的"矿难"尽管有许多其他的原因，但是在保证煤炭资源合理利用的法律制度建设上存在着严重的问题，应当是一个主要的原因。由于没有完善的合理利用煤炭资源的法律规范系统，因而导致在煤炭资源利用中存在着诸多问题。对此，应当引起我们的深刻反思，并付诸行动。我国在能源安全问题所应建立的法律制度中有一个最适合我国国情的内容，就是完善能源节约利用、合理利用的法律制度。可喜的是，我国在2007年对《节约能源法》进行了修改，以适应国家发展战略的需要。

第三，关于资源综合利用和再利用的立法问题。由于能源问题的压力，各国的领导者都已高度重视能源问题和能源战略的实施。我国也是如此除修改了《节约能源法》外，现正着手研究制定能源法。这将为国家能源战略的实施奠定重要的基础。但在解决资源和能源利用问题上，我们需要考虑对二次资源的利用问题，即资源的回收利用问题，有效的资源再利用体系的建立，可以保护和节省我们自然资源，可以减少对天然矿藏的开采率。而在这个方面，我们始终没有制定相应的法律，人们把更多的热情倾注于对循环经济立法的抽象理论研究中，而忽视的现实中简易实用的资源综合利用法律制度的建立。在废物再利用或者称为循环利用的问题上，我们应当重视对电子电器产品的管理问题。因为越来越多、形形色色的电子电器产品出现在生产、使用、运输、贮存，以致最终成为废弃物的各个过程的同时，带来的是对人类资源、环境的污染、破坏过程。由于电子电器产品数量的与日俱增，已经成为国家发展战略不得不予以考虑的重要问题。前不久欧盟制定的 WEEE和 ROHS 两个指令，将对我国未来电子电器产品的贸易活动带来许多麻烦。对此，国家应当制定一部有关电子电器产品的管理法，从原料生产、污染防治、废物利用等全方位对电子电器产品加以法律规范。既可以避免立法重复和立法成本的浪费，又有利于统一规范，提升法律规范的权威性，这是我们在实施国家发展战略中应当予以重视的问题。相形之下，什么是最迫切的立法工作，应当引起人们的思考。

第四，关于生态安全和生态损害赔偿的法律制度建设问题。就目前情况看，由于大量占用土地，污染物大量排放，滥砍、滥伐以及外来物种入侵等问题的日益严重，我国的濒危物种数量在不断增加，土地沙化在加剧，生物多样性受到较大破坏，生态安全问题已经是摆在我们面前的危机问题，这个问题已经成为我国发展战略中的一个隐患，不解决这个问题，我们就难以完成历史赋予我们的重任。而解决这个问题的关键，亟待我们制定生物安全法，将生态安全问题确立为国家发展战略的基础性和保障性要素；应当对破坏生态的行为建立损害赔偿的法律制度。生态系统及自然资源是国家拥有的财富，是实施国家发展战略的基础和保障，生态恢复需要众多的资金支持，国际社会在海洋生态污染问题上早已建立起基金保险制度，对此，尽管我国的个别法律作出了相应的规定，但如何实现对国家陆地和海洋生态及自然资源损害的赔偿问题，并没有具体的法律规定，可以说相应的法律规范极不完善，甚至几乎为空缺。对此，应当考虑尽快制定生态损害赔偿法，建立完善的赔偿机制和法律制度，对国家拥有的自然生态系统和自然资源的破坏，依法提出诉讼和赔偿要求，以保障国家的生态安全和可持续发展战略的实施。

(三) 完善保证环境法有效实施的管理系统

如前所说，我国到目前为止已经制定了数量不少的环境法，包括法律、行政法规和规章以及地方性法规、规章。但环境问题仍然威胁着国家发展战略的实施，其原因一是立法中存在问题，法律规范不科学、不完善；另一方面原因是管理体制不科学、不协调。这个问题已经引起国家领导层的高度重视，温家宝总理指出："目前，各级政府仍然管了许多不应该管又管不好的事，而不少应该由政府管理的事却没有管好，一些部门之间职责不清。管理方式落后、办事效率不高"。当务之急应当对国家生态和自然资源管理及污染控制的管理部门及其职责作认真的研究，依法科学有效地设置管理部门，并确立各相关部门的职责，弄清和解决各部门矛盾、争执的各种问题及其根源，在队伍建设、经费运作上做出统一、协调安排。应当使行政权在实施国家发展战略中发挥有效的作用，避免其发挥相反的功效。

【推荐阅读文献】

1. 浦兴祖主编. 中华人民共和国政治制度. 上海：上海人民出版社，2005
2. 乔晓阳主编. 立法法讲话. 北京：中国民主法制出版社，2000
3. 李恒远编著. 环境法制读本. 北京：中国环境科学出版社，2002
4. 沈宗灵主编. 法理学. 北京：北京大学出版社，2003

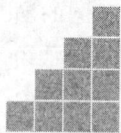

第五专题

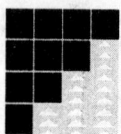

国家生态环境安全法律问题研究

一、国家生态环境安全的概念及其比较

新世纪之初，党和国家将环境资源保护提到"治国富民安天下"的新的战略高度。[①]这个提法包含了将环境问题与国家安全联系在一起的思想，表明党和国家对生态安全问题的高度重视。

国家生态环境安全问题即生态环境与国家安全的关系问题。国家安全直接关系到国家主权、公民的生存权和社会的稳定，为法律保护之最。我国自古以来就把保护自然资源、防治自然灾害作为国策问题予以高度重视。鲧治水失败被处死刑，可以说是国家生态安全最早的殉道者。而中国古代游牧民族对异族特别是中原农耕民族的长期争战，其直接原因往往是游牧民族赖以生存的水、草资源受到破坏，这些经常处于生态难民境域中的铁骑对文明社会造成的巨大破坏至今还令许多西方人谈虎变色。这种情况在当今世界依然存在：以色列在中东的所作所为，一个明显的原因是其所需的 2/3 的水资源来自被占领土，黎以两国的军事摩擦加剧的直接原因是河流取水争端。更为严重的是，环境问题已直接对国家主权构成威胁，2001 年 11 月 15 日，太平洋岛国图瓦卢宣布，因温室气体排放导致海平面上升，他们将放弃国家主权，举国移民。由此可见，国家生态环境安全问题历来就既是国内法的国策性问题，又是国际法的全球性问题。

现代西方国家关于国家环境安全的概念最早见于美国环境专家莱斯特·R·布朗所著《建设一个持续发展的社会》一书，作者在对全球环境问题系统研究后提出"国家安全的关键是可持续发展性"、"生态环境成为世界各国关注的国家安全的首要问题"等重要论点。1987 年世界环境与发展委员会发表的《我们共同的未来》报告正式使用了"环境安全"这一用语，阐明安全的定义除了对国家主权的政治和军事威胁外，环境问题已成为具有战略意义的问题之一。应当说这个时候的国家环境安全还基本上是经济问题和国内环境保护问题。但转折来自 1991 年美国公布的《国家安全战略报告》，首次将环境视为其国家利益组成部分，认为各种全球生态环境问题已在政治冲突中起作用了，为消除来自环境的压力，保护美国国家利益，美国有义务督促世界各国来共同承担责任。美国国防部自 1995 年起每年向总统和国会提交关于环境安全的年度报告。美国白宫与国务院官员称"世界范围内的环境退化已威胁到美国的繁荣"，进而认为在某些对美国利益至关重要的地区而因环境资源问题可能导致冲突，将促使美国介入其中，并实施干预。[②] 日本步美国之后，亦较早提出环境安全是国家安全的主要内容，表示"只有在地球环境上发挥主导作用，才是日本为国际社会做贡献的主要内容"。除美、日外，欧盟、加拿大、俄罗斯等国家（集团）也将环境安全列入国家安全战略的主要目标。

---

① 参见江泽民同志在 2001 年全国人口环境资源工作会议上的讲话。
② 参见美国前国务卿克里斯托弗 1996 年 2 月 14 日《将环境问题纳入国务院的核心外交政策目标之中》一文及美国白宫 1996 年发表的《国家安全科学和技术战略》的报告。

中国由于生态环境问题特别是与自然灾害相关的第一环境问题特别严峻，因而国家生态环境安全历来为统治者所高度重视，中国的国家生态环境安全有其自身的发展历史和文化底蕴，但新中国在国家规范性文件中正式提出国家生态环境安全的概念，始见于2000年底国务院发布的《全国生态环境保护纲要》，这是我国首次将生态安全作为环境保护的目标，纳入国家安全的范畴，明确指出"（如果）生态环境继续恶化，将严重影响我国经济社会的可持续发展和国家生态环境安全"。

我国生态安全问题提出的主要背景是：第一，国内生态环境不断恶化，生态赤字日渐膨胀，自然灾害加剧，特别是近年来频繁发生的洪涝、干旱、沙尘暴和急剧扩大的荒漠化，严重干扰了人们的生产生活与社会安定，直接影响到我国社会经济的健康和可持续发展，生态环境受到巨大破坏，甚至对人的生存直接构成威胁，从而使得我国生态安全问题凸显出来。第二，我国西部大开发的生态环境保护和建设问题引起全国上下的普遍关注，由于我国西部地区生态环境脆弱，而西部幅员辽阔且是我国主要江河与沙尘的发源地，直接事关全国的生态环境安全。第三，西方国家与国际社会关于生态环境安全的理论与实践在我国引起了关注并产生了积极的反响。第四，1987年第42届联大以来联合国协调各国实施有关20世纪后期十年国际减灾行动纲领、《21世纪议程》及"可持续发展"战略，这些全球性的生态环境保护问题在我国具有特别重要的意义。我国近年来强化了相关领域的立法，如"十五"计划所确定的环境政策和措施、国务院1998年制定的《全国生态环境建设规划》、全国人大制定或修订的《大气污染防治法》、《水污染防治法》、《防沙治沙法》等，均从不同角度强调生态建设与环境保护为我国现代化的重要战略目标，并相继涉及生态安全问题。我国将生态环境安全提到国家长治久安与民族振兴的地位，重视生态保护与建设，不仅是为增强自身综合国力，确保国民经济和社会可持续发展而创造重要条件，而且是积极参与国际环境合作，对全人类环境事业负责的精神状态与切实行动。

关于国家生态环境安全概念的范畴，目前国内外并无统一的定义。在我国，国家生态环境安全亦称为环境安全、生态安全，有时被冠以国家职能的含义，称为国家生态安全或国家环境安全。在《全国生态环境保护纲要》中，它是指国家生存和发展所需的生态环境处于不受或少受破坏与威胁的状态。此外，与国家生态环境安全相关的概念还有国家资源环境安全[①]、国土资源安全[②]、社会安全（主要指事故与灾害对社会安全的影响）[③]等。全国人大环境资源委员会主任曲格平同志将生态安全作为国家安全的基础条件，并指出生态安全主要包括四大问题，即国土安全、水安全、环境安全和生物安全。大体上我国的国家

---

① 参见张雷、刘慧：《中国国家资源环境安全问题初探》，载《中国人口、资源与环境》，2002年第12卷第1期。

② 参见孟旭光：《我国国土资源安全面临的挑战及对策》，载《中国人口、资源与环境》，2002年第12卷第1期。

③ 参见马宗晋、高庆华：《社会的安全保护与可持续发展》，载《中国人口、资源与环境》，2002年第12卷第1期。

生态环境安全亦可简称为生态安全。

美国的国家环境安全产生于冷战结束后，其国家安全政策的目标从单纯的军事安全逐渐演变为包括环境安全、经济安全和军事安全在内的几重目标，具体包括四方面的内容：一是资源安全，二是能源安全，三是环境安全，四是生物安全。美国的资源和能源大量依赖国际市场，因此它认为国外重要的和敏感的能源和资源的流向都可能会引发国际冲突，都会影响美国的国家安全。环境安全，是指他国环境或国际环境存在的问题都会对本国造成影响，例如赤道带国家大规模砍伐热带雨林，对其他国家气候和生态环境造成的不利影响等。生物安全，是指生物系统的稳定与健康，特别是人口问题和食物系统问题。美国的国家环境安全主要目标并不是针对其本国的环境问题，而以国际法意义为主，即任何发生在他国的、他国之间的、地区性的乃至全球性的事件，只要对美国的环境安全造成损害、威胁或者有潜在的威胁，美国就可以进行干预，以解除、减少对美国的损害或者威胁，保护美国的环境安全。

俄罗斯的环境资源法学界将生态安全作为环境资源法调整对象的一类社会关系大致也始于20世纪80年代后期，《俄罗斯联邦宪法》将保障生态安全规定为俄罗斯及其各主体共同管辖的事项，《俄罗斯苏维埃联邦社会主义共和国自然环境保护法》将保障生态安全作为保证人和公民的生态权利得以实现的保障措施，1995年11月17日还通过了《联邦生态安全法》，作为保障生态安全方面的专门性联邦法律。但有学者认为，俄国的生态安全概念与保护环境是同义词，而不是一类新的社会关系。[①]

近年来，由于对国际安全的非军事性威胁因素日益引起西方国家关注，环境安全问题的讨论十分热烈，其中比较活跃的国家为美国、英国、德国和加拿大等国；讨论比较积极的国家或组织则有北约、欧洲安全与合作组织、欧盟、联合国环境规划署，以及斯德哥尔摩国际和平研究所等欧美有关大学和研究机构。较有代表性的研究成果如：北约1999年的《国际背景下的环境与安全》、加拿大1999年的《环境、短缺和暴力》、德国2000年的《环境和安全：通过合作预防危机》、美国2000年《环境变化和安全：项目报告》等。[②]

总的说来，目前各国关于生态安全或环境安全的含义可分为两个层次：第一层次的生态安全与各国国内法上的环境与自然资源保护或各国环保部门从事的环境污染防治和自然资源保护工作基本相同，在规范类型上主要属于国内政策和国内法规范；第二个层次的生态安全则是外交、军事等领域之内的新概念，在规范类型上主要着眼于国际法规范，也包括国内法在解决环境冲突中的单边主义机制。如果将中国、俄罗斯和美国的生态安全概念加以比较，显然，以美国为代表的西方发达国家侧重于环境安全的第二个层次的适用，将环境安全视为"制定包括全球环境挑战在内的新的世界安全议程"[③]，强调美国"必须领导

---

① 参见王树义：《俄罗斯生态法》，25～26页，武汉，武汉大学出版社，2001。
② 参见别涛：《环境与安全问题的讨论应当引起我国的警觉》，载《国际环境参考》，2001（2）。
③ 美国前副总统戈尔2000年1月10日在联合国安理会上的发言。

大家一起来保护最终决定全球繁荣与和平的地球环境"①，尤为关注的是气候变化、臭氧层破坏、生物多样性减少等全球性的以及他国环境问题对本国的影响。而我国作为发展中国家，侧重于环境安全国内法范畴的适用，主要体现为防止国内生态赤字、缓解资源供需矛盾、防治自然灾害这样一种国家职能。俄罗斯生态安全概念近似于我国，即所谓"作为保护人和公民的生态权利得以实现的保障措施"②，均侧重于第一层次的含义，且与美国等西方国家主要使用环境安全概念不同的是，中、俄两国主要使用生态安全的概念，其中我国的生态安全概念主要体现了防止生态赤字、防治自然灾害这样一种国家职能；俄罗斯的生态安全概念主要体现的是"作为保证人和公民的生态权利得以实现的保障措施"③这样一种新型的公民基本权利。

我国当前的国家生态环境安全基本上是停留在西方国家 20 世纪 90 年代以前的国家环境安全意义上，即只局限于经济意义和国内环境保护意义。然而，国外的或全球性生态环境问题对我国的国家环境安全的影响是客观存在的，且有加剧的趋势，例如外蒙和中亚国家草原退化是我国沙尘暴的重要污染源，一些国家对我国海洋石油资源的掠夺既是对我国主权的侵犯，也是对我国国家能源安全的威胁，此外西方国家的国家环境安全主要是针对发展中国家，面对这种项庄舞剑，我们也不得不有所应对，这要求我国应当及时对目前的国家生态环境安全概念重新定位，以适应我国国家利益保护的需要。

二、影响我国国家生态环境安全的主要问题

生态环境问题都会对国家的经济建设和社会发展产生影响，但并不是都会对国家安全产生影响，例如噪声污染、固体废弃物污染等，只有那些严重危害广大人民群众生命财产即生存利益、破坏社会稳定、动摇了经济和社会发展基础、对国家政治统治造成威胁的生态环境问题才属于国家生态环境安全问题。我国目前这类问题可概括为四个方面：

一是国土安全问题。国家有三要素，即领土、居民和主权，因此国家生态环境安全首先是指国土安全。"国土一般是指一国国家主权支配管辖的地域空间，包括陆地与海域。国土资源则是一国主权支配管辖的自然资源及其决定的环境资源和社会经济资源。"④ 国土安全又称国土资源安全，目前我国国土资源中对国家安全造成影响的主要问题有：

1. 水土流失严重。水土流失是中国面临的头号生态环境问题，目前我国水土流失面积367 万平方公里，占国土总面积的 38.2％，每年流失表层土 50 亿吨以上，丧失的肥力折合成化肥，高于全国化肥年产量一倍以上，严重威胁农业的发展。

2. 土地荒漠化严重。目前我国沙化土地 168.9 万平方公里，趋于沙化土地 90 多万平

---

① ［美］阿尔·戈尔：《濒临失衡的地球》，北京，中央编译出版社，1997。
② 《俄罗斯联邦宪法》第 72 条。
③ 《俄罗斯联邦宪法》第 72 条和《俄罗斯苏维埃联邦社会主义共和国自然环境保护法》第 11 条。
④ 肖国兴、肖乾刚：《自然资源法》，144 页，北京，法律出版社，1999。

方公里，其中已难以治理的荒漠化土地 116 万平方公里，而且荒漠化的速度加快。

3. 水安全问题。中国水资源严重短缺，人均水资源仅 2 229.8 立方米，远低于世界平均水平的 6 956.4 立方米，且水资源分布极不均匀，全国 600 多座城市中有 400 多座供水不足。近年来水环境的恶化加剧了水安全问题，地下水严重超采，水资源污染加剧，全国每年污水排放量 600 亿吨，其中 80％未经适当处理排放入自然水体，致使全国 75％的湖泊受到显著污染，47％的河段受到污染。

4. 生物安全问题。生物是生态系统的中心，生物的多样性是生态系统稳定的基础和标志，相当于人体的免疫力。但人类对自然的掠夺式开发利用导致生物物种灭绝，一个物种的灭绝将导致 10 种～30 种生物的生存危机，从而导致生态系统的危机。我国是世界上生物多样性较丰富的国家，但也是生物物种破坏和消亡严重的国家，我国有 3 万多种高等生物，其中 10％处于濒危灭绝境地，必须受到严格的保护。此外，转基因技术对生物物种安全和国家经济安全均会产生巨大影响，也应当列入生物安全的范畴。

5. 能源安全问题。能源问题是当今全球性问题，亦是引发国际社会动荡的重要因素，经常成为各国经济安全的首要问题。我国能源问题的特殊性在于：能源严重供给不足，能源效率低、浪费大，能源环境污染严重，能源价格不合理，能源贸易与世界市场脱节。①此外，我国既存在工业能源和城市能源问题，也存在广大农村人口的生活能源问题，这种能源问题加剧了植被破坏，又是造成生态危机的重要根源。

二是环境安全问题。这里的环境安全主要是指因环境污染对国家安全造成的严重影响。目前我国环境污染中最严重的问题是大气污染、水污染、海洋污染、土壤污染和化学品污染。其中后两种污染尚未引起足够的重视，土壤污染比其他类型污染的持续性更长久，治理的难度更大；我国国家环保总局初步筛选出首批被严格监管的化学品名录，国家经贸委列出了 997 种危险化学品，但至今尚未列入法律之中。

三是自然灾害问题。自然灾害简称天灾，可分为气候灾害和地质灾害。我国自然灾害的特点是种类多、频次高、强度大、影响面广，除火山灾害较轻微外，其他自然灾害均很严重。防灾减灾已成为我国社会经济持续稳定发展的一个重要因素，是维护我国国家生态环境安全的艰巨任务。

四是国际环境安全问题。我国面临的国际环境安全问题主要有两类：一类是国外的或全球性生态环境问题对我的国家环境安全的影响；另一类是外国特别是西方国家可能以其自己的国家环境安全受到我国环境问题威胁为由，对我国主权的干涉或对我国经济安全的威胁。第一类问题是已经存在的，第二类问题则是随时可能发生的，必须引起我国的高度重视。

我国的生态安全与国家安全的关系可用下图表示：

---

① 参见肖乾刚、肖国兴：《能源法》，31 页，北京，法律出版社，1996。

国家安全

信息安全、科技安全、市场安全、产业安全、外交安全……		
社会安全	政治安全	军事安全
生态安全		经济安全

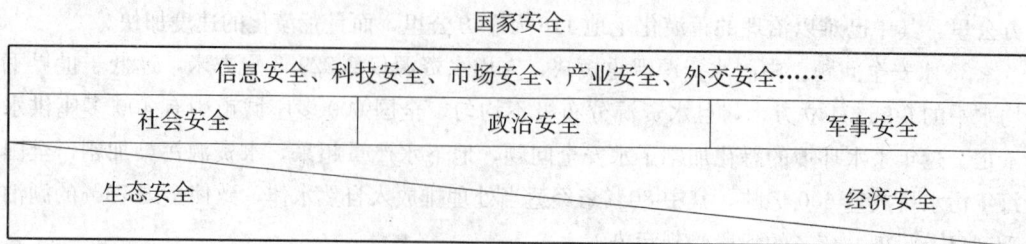

此图旨在表明：生态安全和经济安全是国家安全的基础，而在一定意义上生态安全又是经济安全的基础，生态安全在不同程度上透过经济安全对其他国家安全因素产生作用。（军事安全更多地依赖于经济安全，而社会安全则更大程度上依赖于生态安全）社会安全、政治安全和军事安全是国家安全的核心，它们均建立在生态安全和经济安全的基础上，而社会安全对生态安全的依赖程度最大，政治安全对生态安全和经济安全具有同等依赖程度。以上两个层次的范畴是固定的，缺一不可，均属立国之本。信息安全等其他国家安全因素是国家安全的第三层次，其范畴并不固定。

三、完善我国国家生态环境安全的法律对策

（一）国家生态环境安全的法制化

我国的生态安全问题虽早已提出，但其在环境法学领域的理论及研究尚属开端，将环境资源的保护提升到国家安全的高度，客观上要求环境资源法的理论基础、调整范围、体系结构均应有新的突破，亦对法学研究提出了更高的综合性、系统性要求，必将有力推动法学研究特别是环境资源法学研究向更高层次发展。我国的生态安全的制度目前还基本上限于政策层面，实践证明有必要及时地将其上升为法律规范，尤其有必要在宪法中加以规定。生态安全在我国作为一项新的国家责任，直接涉及国家法定职能，与宪法、行政法有着天然的联系；生态安全对国家安全的法律含义赋予了新的内容，而作为国家安全的重要组成部分，它与刑法亦密切相关；基于对环境安全的不同理解，它涉及国际法的重要原则，加强我国生态安全法制的理论研究与实践，有利于我们所奉行的以和平与发展为主题的生态安全观为更多的国家认同。此外，作为可持续发展的重要内容，生态安全对传统法理学、民法学提出了一些挑战性问题。加强我国环境安全法制的研究与完善，将极大地促进我国生态环境保护事业及其法制建设的发展，也是维护我国的环境和发展权利的迫切需要。

一国社会经济的可持续发展在根本上有赖于其生态环境的可持续发展，一国生态安全战略观的确立，其根本原因在于其认识到了生态环境问题的严重化与强化国家环境管理职能及相关措施手段的紧迫性。而现代国家行使其环境管理职能必须贯彻"依法治国"的方略、坚持"依法行政"的基本原则，即通过完善法规建设，强化法治意识，发挥法律的规范、引导、制约和保障作用，健全国家宏观调控机制，限制人们对生态环境的不安全行

为。显然，生态安全保障是一项巨大而复杂的社会系统工程，其核心是强调环境承载能力和资源的永续利用对可持续发展进程的重要保障。说到底，我国的资源与环境安全保障包括生物多样性保护、防治土地荒漠化、防灾减灾、防止水污染、保护大气层、对重点区域和流域进行综合开发整治、加强资源的综合利用、推行清洁生产，在自然资源管理与社会经济规划决策中引入环境影响评价机制等等，莫不需要政府依法实施全面有效的监管与调控活动。正如联合国《21世纪议程》所论述的那样："必须发展和执行综合的、有制裁力的和有效的法律和条例，而这些法律和条例必须根据周密的社会、生态、经济和科学规则制定。"李鹏同志在一次重要会议上亦精辟指出："今后，在继续加强环境保护立法的工作中，一定要从全局利益出发，切实贯彻可持续发展战略，用法律手段协调人口、经济、资源、环境的发展。"

我国生态安全的制度目前还基本上处于政策层面，实践证明有必要及时将其上升为法律规范并应纳入环境资源法体系中。

虽然我国《21世纪议程——中国21世纪人口、环境与发展白皮书》（1994）、《2010远景目标纲要》（1996）、《全国生态环境建设规划》（1998）等规范性文件均注意到了我国生态安全问题，《全国生态环境保护纲要》（2000）将生态安全正式作为我国环境保护目标，纳入了国家安全范畴，说明我国政府早已制定了环境与经济、社会、人口、资源相互协调和可持续发展的方针，但这些都仅是政策性的原则与纲领，有关生态安全保障的决策机制、衡量标准、对策措施等需要相应立法加以确定，否则，生态安全战略因缺乏实施的根本保障而形同虚设。在决策机制上，我国尚未建立社会经济发展与生态环境保护的综合决策机制，因而无法规范开展生态功能区划，指导自然资源开发和产业合理布局，特别是在制定重大经济技术政策、社会发展规划与经济发展计划时，未能依一定程序开展环境影响评价与环境审计，由此导致政府在环境管理中的随意性、主观性、调控"失灵"问题难以避免；另外，我国生态环境的复杂性决定我国迫切需要依靠立法推动建立国家生态安全的衡量指标体系与监测预警系统，以便对国家生态安全状况进行规范有序的动态监测与适时适度调整。

我国生态环境保护一直强调行政主导、政府起决定性作用，特别倚重于临时性政策及行政命令或协调手段。这固然与我国传统行政体制、生态环境复杂国情密切相关，有一定的积极效能，然而行政主导体制易异化出部门分割、条块分割的痼疾。生态安全保障监管体系涉及计划、土地、建设、农业、科技、林业、矿产、水利、气象、环保诸多部门和各行政区划。而现实中这些行政部门和行政区划首要职能并非总能相互协调一致进行生态安全保障，往往是出现什么环境问题，仅由单个部门去试图包揽解决，形成不同生态要素分部门管理或同一要素被不同部门管理与同一要素在不同地区分片管理，甚至受局部利益驱动进行争权夺利，难免滋生冲突，结果体制上的混乱削弱了行政主导下的宏观调控职能。因而需要在立法上强化环保部门的综合协调与监督职能，明晰各部门、各地区参与环保与生态恢复建设的具体职责，以期各司其职，相互配合建立行之有效的生态安全监管体系。

（二）我国国家生态环境安全法制的主要内容

我国国家生态安全法的指导思想可概括为：防治自然灾害是我国生态安全的首要任务，减少环境赤字是我国生态安全的物质基础，发挥国家职能是我国生态安全的主导方向，明确公民权利是我国生态安全的法治保证。

我国生态安全法制的建立与完善既要立足于中国国情，又要借鉴国外的有益经验并应对来自国外的可能性的挑战。具体而言，要考虑两个因素：一是保持我国生存和发展所需的生态环境处于不受或少受破坏与威胁的状态——即体现出我国生态安全法的主要功能；二是在国际环境保护中维护我国的环境和发展权利。有鉴于此，我国生态安全法应由两部分构成：一是国家生态安全法；二是国际环境安全法。

国家生态安全法的自然科学基础是生态学，生态系统的基本构成要素有生物群体、无生命物质和外部空间。[1] 我国生态安全法的内容体系相应包括三个层次：第一个层次是特定空间安全的法律保护，主要包括自然灾害防治法、气象法以及我国承认的保护臭氧层、保护海洋环境、防止气候变化等国际公约。我国生态环境的国情显示自然灾害防治是我国生态安全保证的最严峻的问题，也是我国生态安全的最低限度标准，因而成为我国生态安全法的首要任务。第二个层次是生命系统和环境系统安全的法律保护，即以防止生态赤字为核心，确保各种重要的自然要素（生物和非生物资源）的生态功能，通过建立和完善各级政府、部门、单位和法人生态环境保护责任制，建立生态环境保护审计制度，编制生态环境功能区划等立法和政策措施，对重点地区的重点生态问题实行更加严格的监控和防范。我国 2000 年《全国生态环境保护纲要》已勾勒出此方面的大体轮廓。第三个层次是国家对生态安全保障职能和公民的生态权利的法制化。此方面可以借鉴俄罗斯的经验，在我国宪法中做出相应的规定，并在我国《环境保护法》中进一步明确生态安全保障的法定职责。公民的生态安全权利是公民生命健康权利在环境法中的体现，公民对任何污染和破坏生态环境的行为不仅限于以往作为严格意义上的受害者的损害求偿权，而且可以生态安全权利受到侵害或威胁为理由请求法律保护。

我国现行环境法制度特别是环境资源调查制度、国土资源与生态环境现状调查制度、生态功能区划和生态保护规划制度、生态安全监测预警网络系统制度、环境资源补偿制度、排污总量控制制度、环境影响评价制度、排污总量控制制度、公众参与制度等，均应根据国家生态环境安全的基本要求予以配合与完善。

关于国际环境安全法，事实上现今国际环境保护的大量法律规范就是国际安全的法律渊源，如对生物多样性的保护、对臭氧层的保护、对海洋环境的保护、对热带雨林的保护、对南极洲的保护、防止气候的变化、防止核污染等，莫不直接涉及国际的或全球的环

---

[1] 参见许涤新《生态经济学》（浙江人民出版社 1987 年版）一书第 54 页"生态学"的定义，即生态学以生态系统为研究中心，生态系统是指在一定的空间内生物的成分和非生物的成分通过物质的循环和能量的流动互相作用、互相依存而构成的一个生态学功能单位，是生命系统和环境系统在特定空间的组合。

境安全，国际环境安全制度应当是从人类安全的高度，致力于这些规则和机制的发展与完善，而应当反对任何以本国国家环境安全为借口对他国主权的干涉，警惕国家环境安全的单边主义倾向。在国际经济与环境合作交流方面，既要遵循我国已经加入的国际环境公约要求，抓紧国内配套性环境立法工作，又要认真对待研究全球化跨国性的环境资源问题，采取有效法律对策措施防止"生态侵略"，维护我国资源开发利用自主权与环境权益。

【推荐阅读文献】

1. 邝扬. 环境安全与国际关系. 欧洲，1997（3）
2. 张善信. 中国环境保护治理若干问题. 中国软科学，1999（2）
3. 别涛. 环境与安全问题的讨论应当引起我国的警觉. 国际环境参考，2001（2）
4. 国务院. 全国生态环境保护纲要，2000
5. 崔凤山. 确立环境军事战略新理念. 生态环境与保护，2002（4）

第六专题

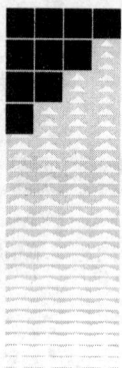

环境法基本原则研究

环境法的基本原则，是指为环境法所确认并体现的反映环境法本质和特征的基本原则。它贯穿于整个环境法体系，对贯彻和实施环境法具有普遍的指导作用。关于环境法的基本原则具体应包括哪些内容，目前法学界观点颇多①，至今尚未形成统一的、符合当代环境法发展趋势的基本原则。这也反映了环境法作为一门新兴的、独立的法律部门仍处于不断完善的阶段，人们对其的认识也有一个不断提高的过程。综观当代环境立法，笔者认为，其基本原则主要有环境保护同经济、社会持续发展相协调原则，预防为主、防治结合、综合治理原则，全面规划、合理利用自然资源原则，环境责任原则，国家干预原则等。现分述如下：

一、环境保护同经济、社会持续发展相协调原则

（一）环境保护同经济、社会持续发展相协调原则的内容

环境保护同经济、社会持续发展相协调原则是当代环境立法的首要基本原则，它不仅反映了当代环境法的实质和体现了当代环境法的价值取向，同时也符合当代环境法的发展趋势，具有十分丰富的内容和非常深邃的思想。

1. 该原则反映了当代环境法的实质

概括而言，这种环境保护同经济、社会持续发展相协调的发展模式主要包括以下几项基本内容：一是保护环境。因为可持续的发展模式首先就是从环境保护的角度提出并倡导的，呼吁人们在追求人类社会的进步和发展的同时必须注意生态环境的保护和改善。二是适度开发资源。对资源的开发利用不可超过其再生能力和环境容量，禁止掠夺式的恶性开发。三是注重公平。这种公平是一种时空二维、跨越人域的环境公平。它包括代内公平、代际公平和种际公平。不仅要求处于同一代的人们和其他生命形式对环境权益享有同样的权利，还要求留下三分地，让与后人耕；而且人类作为物种之一和地球生物圈内的其他物种是平等的，人类应当尊重其他生物生存的权利，寻求跨越人域的人与自然的和谐与公平。四是公众参与。没有公众的广泛参与，任何决策都只能是流于形式。一方面公众参与既使得公众能从资源和环境的开发利用过程中得到现实的利益，另一方面又可以调动公众自觉维护、营造良好的生态环境的积极性。和国家不同地区的各个部门一起，为实现人口、资源与环境持续利用的终极目标，汇聚成强大的"合力"与"动力"。

2. 该原则体现了当代环境法的价值取向

当代环境法通过法律形式保证合理开发和利用自然环境和自然资源，保护和改善生活环境和生态环境，防治污染、环境破坏和其他环境问题，把人类对环境资源的开发利用限制在环境的承载能力之内，从而达到人与自然的共存共荣。这便是当代环境法的价值取向。而环境保护同经济、社会持续发展相协调原则正是以追求人与自然的和谐为核心，要

---

① 参见蔡守秋主编：《环境法教程》，67页，北京，法律出版社，1995；金瑞林主编：《环境法学》，92页，北京，北京大学出版社，1994；韩德培主编：《环境保护法教程》，51页，北京，法律出版社，1991。

求当代人在创造与追求今世发展与消费的时候，应承认并努力做到自己的机会与后代人的机会相平等，不能因当代人一味地、片面地追求今世的发展与消费，而毫不留情地剥夺后代人本应合理享有的同等的发展与消费的机会；要求放弃单纯靠增强投入、加大消耗来实现发展，牺牲环境来增加生产的传统发展方式；要求运用使发展更少地依赖地球上有限的资源，更多地与环境承载能力达到有机协调的方式来发展经济①，从而较为充分地体现了当代环境法的价值取向。

3. 该原则符合当代环境法的发展趋势

众所周知，1992年里约热内卢联合国环境与发展大会为人类举起了可持续发展的绿色旗帜，确立了可持续发展的新战略和新观念。2002年在约翰内斯堡召开的联合国可持续发展世界首脑会议除了大张旗鼓继续以"可持续发展"作为主题外，还把可持续发展理念升华到了一个新的层次，从而对当代环境法的发展产生了极其深刻的影响。它要求对规范的可持续发展模式进行理性的设计，要求当代环境立法围绕"可持续发展"这个中心来确立其立法目标和任务，架构其立法体系，更新其立法内容，建立其基本制度，完善其环境权利体系，使之符合可持续发展的要求。而环境保护与经济、社会持续发展相协调原则正是通过调整因开发、利用、保护改善环境所发生的社会关系，包括人与环境的关系和人与人的关系，执行环境保护的各项政策，维护和促进可持续发展的行为，禁止和处罚不可持续发展的活动，并通过自身的不断完善，来实现可持续发展的目的，从而符合当代环境法的发展趋势。

（二）环境保护同经济、社会持续发展相协调原则在我国的贯彻

毋庸讳言，我国现行环境法的"环境保护同经济、社会相协调原则"包含有可持续发展的的内容，即以"经济建设、城乡建设、环境建设同步规划、同步实施、同步发展，实现经济效益、社会效益、环境效益的统一"为基本内容，从而与"环境保护同经济、社会持续发展相协调原则"的出发点——强调在环境的承载能力之内发展经济基本相符。然而，仔细考察，不难看出，二者的侧重点有所不同：前者是从横向关系对环境保护和经济、社会发展提出要求的，它主张不能为了社会经济的发展不顾环境，也不能为了保护环境阻碍社会经济的发展，必须把环境保护同经济、社会发展结合起来，使它们处于一种相互协调的状态②，显然它更侧重于当代人的发展；而后者则是从纵向关系对环境保护和经济、社会发展提出要求的，它主张为了确保人类持续生存和发展，必须把环境保护同经济、社会活动全面、有机地结合起来，并按照生态持续性、经济持续性和社会持续性的基本原则来组织和规范人类的一切活动，显然它所侧重的是当代人及其子孙后代的永续发展。相比之下，后者更能全面体现持续发展战略对环境法的要求。为此，有必要修改我国宪法和环境基本法，确立可持续发展战略的法律地位，将我国现行环境法的"环境保护同

---

① 参见杨朝飞：《环境保护与环境文化》，41、43页，北京，中国政法大学出版社，1994。

② 参见朱斌等：《资源、环境与社会发展》，载《科学对社会的影响》，1994（1）。

经济、社会发展相协调原则"进行调整，改为"环境保护同经济、社会持续发展相协调原则"。《宪法》虽然以国家根本大法的形式规定了国家保护环境、防治污染和其他公害以及国家保护自然资源的原则，但不足的是没有明确将可持续发展作为环境与资源保护的指导思想。我国的《环境保护法》和其他有关环境保护、防治污染和自然资源保护的法律、法规，同样也存在这个问题。但是，我国制定的环境与发展应采取的十大对策和《白皮书》以及《纲要》，都把实施可持续发展战略作为现代化建设的一项重大战略。这说明我国的环境与资源的法律和环境与资源的政策之间存在脱节的现象。因此，应对宪法和环境基本法加以修改和补充——将可持续发展的战略作为指导思想并增加可持续发展的内容，以适应保护环境与资源的需要，并与环境法的发展趋势相符合。

二、预防为主、防治结合、综合治理原则

（一）预防为主、防治结合、综合治理原则的内容和意义

该原则由预防、防治、综合治理三个部分组成。所谓预防，是指预防一切环境污染或环境破坏造成的危害，它包括通常不会发生的危害，时间和空间上距离遥远的危害，以及累积型的危害。首先，限于现有的科学技术水平，人类很难对环境污染或环境破坏造成的危害的可能性作出事先的认知，许多行为在事前很难预料其会不会发生危害，如果对这种行为不加以预防，一旦危害发生，后果将不堪设想。因此，对于通常不会发生危害的行为，也应当事先予以预防。其次，环境污染或环境破坏造成的危害一般都具有缓释性，常常要透过广大的空间和长久的时间，经过多种因素的复合累积后才逐渐形成或扩大。因此，在预防上应从空间和时间上着眼，甚至还应考虑到子孙后代的保护问题。再次，环境污染或环境破坏造成的危害往往十分复杂，大多是经过多种因素的掺和最终形成的。也就是说，它常常是由众多的排污行为或环境开发利用行为共同造成的。因此，在预防上不能只针对单一的排污行为或环境开发行为，还应当考虑到如何预防众多的上述行为形成的危害。由此可见，预防是基于人类凭借现有的科技水平在尽可能的范围内，事先防范各种干扰环境的行为，把对环境的负荷尽量减少到最小程度。

所谓防治，是指对一切环境污染或环境破坏所进行的治理。也就是说，只要干扰环境的行为对自然环境或人体健康造成了损害或具有这种可能性，就应该对其加以防治。同时，防治还具有积极请求权益保护的意义，它不仅要求行为人负有防治环境污染或环境破坏的责任，而且还赋予每个人在遭受环境危害，或将受环境危害时，可以提请行政机关介入帮助解决，以确保其合法权益。

而所谓综合治理，又称综合整治，则是指根据环境污染或环境破坏的具体情况，对预防和防治进行统筹安排，综合运用各种手段来保护和改善环境。因为预防固然可以对各种可能发生的环境污染或环境破坏起到防患于未然的作用，但对于通常发生的环境污染或环境破坏仅仅依靠预防显然是不够的，还必须对其加以治理，方能确保人体健康，防止环境恶化。因此，预防理当优先，但防治亦不可或缺，只有根据各种具体情况运用各种手段和

措施，对环境进行综合整治，才能达到保护和改善环境的目的。同时也不能机械地将预防为主理解为在任何时候、任何区域和单位都应将更多的人力、物力、财力和时间花费在预防上，而是应该根据具体情况统筹安排，综合运用各种手段来保护环境，这才是综合治理的应有之义。

该原则是现代环境保护的灵魂，针对环境问题的特点，明确了防治环境问题的基本方法和措施。传统的环境保护仅限于对环境污染和破坏造成的后果予以事后的消极补救，对环境问题的事前规范功能也非常有限。环境问题一旦出现，其不仅消除困难而且有些后果是无法补救的。实行预防为主、防治结合、综合治理无疑是明智的选择，体现了环保工作由消极、被动、事后、单一方式治理向积极、主动、事前事后、多种方式防治的转变，所以说预防为主是对传统环境保护法律规范的重大发展，是积极的防治。该原则还最大限度地体现了法律公平和效率的结合。若环境问题不以预防为主，尽量避免环境损害或将其消除于生产过程之中，而是先污染后治理，其代价必将比采取预防措施要高得多，不符合市场经济的基本要求，也使法律的公平和效率不能一致。另外，对环境问题不是综合治理而是各地、各单位孤立地独自为政，既加大治理成本又收不到较好的治理效果，降低环境法的实效。[①] 所以，把预防、防治、综合治理三者有效结合起来的确是对传统环境管理思想的突破，是一种投资少、收效大，发展与环境保护相协调，经济利益、社会利益和环境利益三种效益相统一的卓有成效的举措。

（二）预防为主、防治结合、综合治理原则在我国的贯彻

我国对该项原则的真正重视，大概是20世纪70年代末到80年代初。我国是从环境问题造成的巨大经济损失和社会损害中认识到预防为主的极端必要性的。[②] 鉴于西方国家过去环境立法采用"先污染后治理"的失败教训，我国环境立法一开始就采用了"预防为主、防治结合、综合治理"的原则。在有关的法律、法规中对各种可能造成环境污染或环境破坏的行为，规定了许多预防措施。比如，《环境保护法》、《海洋环境保护法》、《水污染防治法》、《大气污染防治法》等均有专章或专款规定。但是，我国环境立法在超标排污的规定上似有不足之处。譬如，我国有关排污收费的法律规定，超标排污的单位在缴纳了超标排污费后仍未能使排污达到排污标准的，从开征第三年起加收超标排污费；除此之外，还必须负责治理，并且征收的超标排污费必须用于污染的防治，缴纳的排污费并不因此免除其应承担的法律责任。可见，超标排污行为除非造成环境严重污染（特别保护区除外），在现阶段为我国法律所许可，在排污单位依法缴纳超标排污费并履行治理义务的前提下被认为是合法的。这显然与"预防为主"的原则相违背，故宜积极创造条件尽早予以修正。

---

① 参见周珂：《生态环境法论》，67页，北京，法律出版社，2001。

② 参见金瑞林主编：《环境法学》，127页，北京，北京大学出版社，1999。

三、全面规划、合理利用自然资源原则

(一) 全面规划、合理利用自然资源原则的意义

众所周知，人类社会的发展，一时一刻也离不开其赖以生存的自然环境，人是自然环境的产物，同时又是自然环境的改造者。在人类文明的早期，限于科学技术水平的低下，人类对自然资源的利用和改造尚不足以破坏自然环境，因而自然环境被认为是一种用之不尽，取之不竭，任何人无须支付任何代价，随时都可以任意使用的天赐之物。然而，随着科技的日益发达，人口的日趋剧增，工商业的迅速发展，人类不顾一切地向自然资源进行索取，终于导致了环境破坏的加剧和环境污染的泛滥。时至今日，自然资源的有限性、稀缺性和不可再生性不仅日益显著，而且已对人类造成空前的浩劫，倘若再不珍惜这有限的自然资源，按照客观规律来利用自然资源，那么自然资源的枯竭，就是全人类消失的前奏。可见，全面规划、合理利用自然资源是关系到人类的生存和子孙后代的繁衍的大事。

(二) 全面规划、合理利用自然资源原则的内容

所谓全面规划、合理利用自然资源原则，是指人们在开发利用自然资源时，必须全面规划，合理布局，为自然资源的再生，为人类社会和经济的持续发展预留一些空间，使之永远为人类所利用。它包括有计划地节约自然资源，保护和改善可以再生的自然资源以及维持现有的环境品质。如前所述，人类目前的自然资源已为数不多了，为了使人类社会和经济能得到持续的发展，应当对诸如铁矿、煤等自然资源的开发利用进行全面规划，节约利用这些不能再生的自然资源。而对于那些可以再生的自然资源，诸如森林、动物、水等则应当加以保护和改善，把对这类自然资源的利用限制在一定的范围之内，以保障这类自然资源的再生功能不至受到损害，使之可以世世代代地为人类所利用。此外，对于目前现存的环境品质也应善加保护，禁止任何增加自然环境负担的行为，使现存的环境品质不再变坏。在开发和利用自然资源时，要充分考虑自然环境的负载能力，使之不致恶化。由此可见，全面规划、合理利用自然资源原则是以"预留空间理论"为基础的，是基于自然界对人类各种干扰环境行为忍受程度的有限性，而要求人类不应用尽一切自然资源，应当为自然资源的再生和人类未来的发展预留一些空间。这是从宏观上贯彻前项原则的十分重要且有效的措施。

(三) 全面规划、合理利用自然资源原则的贯彻

为了确保人类社会的生存和发展，各国环境立法均将全面规划、合理利用自然资源原则作为一项基本原则加以确立。比如，德国法律中就广泛采用了各种规划的规定，以作为环境保护的主要工具。[①] 我国亦将全面规划、合理利用自然资源原则作为环境立法的一项基本原则，我国《环境保护法》第三章对于"保护和改善环境"作了专章规定，各有关的

---

① 参见杨芳玲：《环境保护的法律手段》，载《法学丛刊》(台北)，1993 年第 38 卷第 2 期。

法律、法规如《森林法》、《草原法》、《海洋环境保护法》、《城市规划法》等对此亦均有专门条款，详细规定了全面规划，合理利用自然资源的各种具体措施。例如：禁止在污染已经比较严重的城市再建污染企业；对老城市的规划、建设和改造，要按照不同的功能分区，使城市总体布局合理，互不干扰等。

四、环境责任原则

（一）环境责任原则的基本内容

该原则最充分地体现了环境保护所必须遵循的市场经济法则，其具体内容主要包括以下四个方面：

1. 污染者负担

污染者负担是指对环境造成污染的单位或个人必须按照法律的规定，采取有效措施对污染源和被污染的环境进行治理，并赔偿或补偿因此而造成的损失。它与民法中"欠债还钱"，刑法中"杀人偿命"等朴素的法律概念一样，主要追究肇事者的责任。即谁污染了环境，谁就应当承担赔偿责任。空气、河流、海洋和土地等环境要素并非属于某些私人或组织的财产，而是关系到全体社会成员福利的公共财产，这些公共财富被少数人的生产行为所侵害，使得环境污染和破坏日益严重。

从经济学的角度来看，生产经营活动所造成的污染属于经营成本，倘若经营者不承担这种成本，而由国家和社会用全体纳税人的纳税来负担，即全体受害的社会成员承担了少数企业对环境的损害后果，无疑是损公肥私，严重违背法的公平精神。

污染者负担主要是针对已经发生的污染起作用，即事后的消极补偿。在对污染者进行认定上，需引入共同危险责任。因为环境污染和环境破坏具有复杂性、多元参与性、缓释性，其牵涉的高深科技知识非一般人所能了解，其因果关系的有无更非普通方法所能确定。况且形成污染的多种因素中的每个单一的排污行为在我国现阶段的法律上大多又是合法的，很难确定到底谁是污染者。为此，立法上须将那些对某一污染负有共同危险责任的行为人，不论其主观上是否有过错，也不论各行为人之间有无意思联络，只要对侵害的发生有着直接和间接的因果关系，那么各行为人就应当共同地承担赔偿责任或合理负担治理费用。

可见，污染者负担主要是针对已经发生的污染而起作用的，即事后的消极补偿。同时，它作为国家保护环境的一种手段，还可以通过征收超标排污费或排污税等形式，来达到促使行为人减少对环境污染的目的。但是，有时这一手段并非十分奏效，有些污染者在缴纳了一定的排污费或排污税后，仍继续排污。

针对这一情况，很多国家采用了一种污染者负担的新制度，即惩罚性赔偿制度。该制度规定对于那些为一己之利而故意违反环境法规，造成环境污染者，不仅责令其赔偿损失，而且责令其支付惩罚性的赔偿费。这种惩罚性的赔偿费往往高达其污染所造成的实际损失的几倍或几十倍，目的在于惩罚故意违法者，威慑后来的违法者。

2. 开发者养护

开发者养护是指对环境资源进行开发利用的单位和个人，有责任对环境资源进行维护、恢复和整治。构成生态系统的各种环境要素和自然资源之间是相互联系和相互影响的，任何一种开发利用行为都不仅可能会对原有环境资源造成不同形式、程度的改变和破坏，而且还会对周围的环境和生态系统构成影响，而盲目的开发活动越发会导致环境和自然资源的破坏以及生态系统的失衡。例如，森林采伐、草原放牧、土地使用、矿产开发等都会不同程度地对周围环境和该资源本身产生影响。

环境资源的开发和养护紧密相连，开发的目的是为了利用，养护的目的则是为更好地利用创造条件。开发过程中的维护和开发后的后续整治、恢复可以使资源开发对环境和生态系统的影响减少到最低限度，可以节约和综合利用不可更新，保持可更新资源的最大增殖能力。也只有把开发和养护相结合，才能实现资源的永续或长久利用，才能实现生态系统的良性循环和经济系统的可持续增长。[1] 其内容包括采取预防措施、整顿环境、恢复原状、承担整治费用或支付补偿费用。

从我国目前的环境现状来看，人均资源占有量很低，而且自然环境和自然资源的破坏十分严重，因此在法律上明确科学开发利用自然资源、抑制生态破坏具有重要意义，同时还可以促进自然资源的节约使用和合理利用，提高经济效益和环境效益。在开发利用自然资源时，应采取积极措施，养护、更新、增殖、节约和综合利用自然资源；在具有代表性的各种类型的自然生态系统区域内建立自然保护区，保护区内不得建设污染和破坏环境的设施，不得贬损整体环境在精神上的美观舒适愉悦度；对已经受到污染和破坏的环境进行恢复和整治。如：《渔业法》第四章针对渔业资源的增殖和保护作出了专门规定。《森林法》第 35 条规定："采伐林木的单位或者个人，必须按照采伐许可证规定的面积、株数、树种、期限完成更新造林任务，更新造林的面积和株数不得少于采伐的面积和株数。"《风景名胜区条例》第 30 条规定："风景名胜区内的建设项目应当符合风景名胜区规划，并与景观相协调，不得破坏景观、污染环境、妨碍游览。"

3. 利用者补偿

利用者补偿亦称谁利用谁补偿，是指开发利用环境资源的单位和个人应当按照国家的有关规定承担经济补偿责任。现代社会生态危机使人们已逐渐意识到较高品质的环境资源并非是一种取之不尽、用之不竭的公有物，而是具有一定价值的稀缺品。其价值表现在环境资源的再生产能力和稀缺性两个方面，价值衡量的标准是替代资源的成本大小。[2] 因此市场经济条件下的开发利用行为必须遵循价值规律，必须有偿地使用有价值的环境资源。凡是开发利用国家所有的环境资源的单位和个人，必须按照有关部门规定的标准向国家缴纳资源费（税）或生态补偿费（税）等有关税费。

---

① 参见常纪文：《环境法律责任原理研究》，71 页，长沙，湖南人民出版社，2001。
② 参见常纪文：《环境法律责任原理研究》，72 页，长沙，湖南人民出版社，2001。

但是，在环境保护中利用与补偿虽是一种财产关系，但不能等同于普通的民事买卖关系。所谓的补偿不仅是对已利用的资源要有金钱上的对价，而且更重要的是利用者应对其已利用的环境资源可再生或开发替代所应付出的劳动予以补偿，对所耗用的自然资源、占用的环境容量和恢复生态平衡予以补偿，建立并完善有偿使用自然资源和恢复生态环境的经济补偿机制。

除此之外，笔者还认为对传统观念中的利用者的范围要作扩大解释，不能仅仅局限于直接从事开发利用环境资源的单位和个人。例如对一些社会公共设施的建造、使用所带来的污染和破坏，应该由谁来恢复和补偿？因为有些企业、个人的开发利用环境资源的行为，兼具私益和公益性质，企业和个人活动所产生的公共利益实际上还被社会分享，造成企业所创造的利益并非独享，形成"利益溢出"。利益的公共享用使环境保护活动演化为一种特殊"公共消费"，而"公共消费"的消费者实际是社会的全体成员，由此补偿的责任就推广至全体社会成员。凡是享用环境改善利益的每个社会成员就应当承担必要的环境保护公共费用，从而解决环保公共费用的资金渠道问题。从环境法角度而言，与其是为了减少外部性，不如说是使外部性分配更为合理，是通过国家强力对外部性所造成的损失进行强制性分配（损失分散化、分担化，即环保责任分散化、社会化）。①

4. 破坏者恢复

破坏者恢复亦称谁破坏谁恢复，是指造成生态环境和资源破坏的单位和个人必须承担将受到破坏的环境资源予以恢复和整治的法律责任。该项原则告诉人们，造成环境污染或破坏的人即使付费了，也不能当然免除其恢复和整治的责任，以有效制约环境污染或破坏的行为。比如，我国《水土保持法》第 27 条就明确规定："企业事业单位在建设和生产过程中必须采取水土保持措施，对造成的水土流失负责治理。本单位无力治理的，由水行政主管部门治理，治理费用由造成水土流失的企业事业单位负担。"又如，我国《矿产资源法》第 32 条亦明文规定："……矿山企业应当因地制宜地采取复垦利用、植树种草或者其他利用措施。"再如，我国《草原法》等法律法规中有关破坏者恢复的规定也都是这项原则的具体表现。

此外，需要指出的是，在环境污染或环境破坏的民事责任承担方面，应当作为"法不溯及既往"这一法律普遍原则的一个特例来对待。也就是说，如果开发利用资源或环境污染破坏的行为人在实施行为时并没有触犯任何法律，但只要行为人知道或应当知道他的行为将导致环境侵害的不利后果，在有关法律制定后，权利主体仍有追究环境侵害行为人的民事责任的权利。笔者认为，强调这个细节可以加强开发者、利用者、污染者、破坏者在进行某一项经济行为时充分考虑对于环境可能造成的污染和破坏，权衡经济利益和环境价值之间的利弊得失，从而使人类的行为对环境和生态系统的影响减到最低限度。

---

① 参见李启家：《中国环境立法评估：可持续发展与创新》，载《中国人口资源与环境》，2001（3）。

（二）环境责任原则的贯彻

贯彻环境责任原则的基本途径，是通过制定、实施体现该项原则的有关法律措施和法律制度来贯彻，也就是说，它是通过有关环境立法、执法、守法活动来贯彻的。

首先，为了有效贯彻环境责任原则，我国有关法律对此作了各种强制性规定。如《环境保护法》第24条规定："产生环境污染和其他公害的单位，必须把环境保护工作纳入计划，建立环境保护责任制度；采取有效措施，防治在生产建设或者其他活动中产生的……等对环境的污染和危害"。第28条规定："排放污染物超过国家或者地方规定的污染物排放标准的企业事业单位，依照国家规定缴纳排污费，并负责治理。"第41条规定："造成环境污染危害的，有责任排除危害，并对直接受到损害的单位或者个人赔偿损失。"第19条规定："开发利用自然资源，必须采取措施保护生态环境。"在《渔业法》中还设立了"渔业资源的增殖和保护"专章，规定了捕捞者的养护责任。另外，我国还可以适当借鉴上述国外的惩罚性赔偿制度，严厉惩罚故意污染或破坏环境者，以加强对环境的保护。

其次，实行环境保护目标责任制。《环境保护法》第16条规定："地方各级人民政府，应当对本辖区的环境质量负责，采取措施改善环境质量。"据此，地方各级人民政府必须加强对环境保护工作的统一领导，有计划地解决环境问题。明确谁主管谁负责，以签订责任书的形式具体规定各级领导——从省长、市长、县长、乡长直到基层企业的厂长，在任期内的环境目标和管理指标，并以环境保护目标的完成情况作为评定政府工作成绩和领导政绩的依据之一。这样有利于把各级领导的责任层层分解并真正落实，把环境保护的任务定量化、指标化，加强了环境管理。此外，通过建立相应的各种配套措施和支持系统，如定期的检查考核制度、监测和监督系统、相应的奖惩办法，促进环保机构的建设，强化环保部门的监督管理职能。

再次，加强对承包经营活动的环境资源管理。承包经营土地、企业及其他经营活动，应同时承包保护环境资源的任务，承包经营合同应有保护环境资源的内容。防止承包经营者短期掠夺性开发行为的发生，承包者必须对其承包经营活动承担环境资源保护责任，违者追究其环境行政、环境民事责任，甚至是环境刑事责任。

最后，制定和实施具有预防性的环境资源管理制度，强化环境资源的监督管理，加强环境监测和制度改革、创新。推广清洁生产，广泛运用环境经济评估以改善环境质量，促进为降低风险提供备选政策方案的科学研究，尤其是要加强环境影响评价制度的执行。

五、国家干预原则

（一）环境法确立国家干预原则的必要性

1. 环境法所确立的国家干预原则与经济法的国家干预原则的区别

经济法被学者称为国家干预经济的基本法律形式，国家对经济的干预、公权力对私权的介入催生了现代经济法。国家干预作为环境法的一项基本原则，其具体表现与在经济法中的表现有何不同呢？

首先，立法模式不同。管理是国家干预经济的各种手段中最重要的手段之一，这反映在经济法领域的立法模式上就表现为大量管理型立法的存在，甚至有的学者认为"在一定程度上，经济法就是经济领域中的'管理型立法'的总和"①。如税收征收管理法、计划法、预算法等。与经济法不同，国家干预在环境法领域的立法模式上则表现为大量"促进型立法"的存在，如清洁生产促进法、可再生能源促进法、科学技术进步法等。促进型立法作为对管理型立法的重要补充，是近几年才出现的一个密集的立法群，这种立法模式不仅仅存在于环境法领域，在我国的经济发展的很多薄弱环节、弱势行业、新兴行业都有所体现，如民办教育促进法、中小企业促进法、农业机械化促进法等。相对而言，这两种立法模式的区别主要表现为：管理型立法体现的是国家对已经发展的比较成熟、甚至出现过度竞争的经济领域的干预，属于一种后置性的干预；而促进型立法则体现国家对未得到良好的发育的急需鼓励扶持形成规模的经济领域的干预，属于一种引导性的干预。但从发展的角度看，这两种立法模式是互动互补的关系。促进型立法通过经济驱动和政策引导将弱势行业产业扶持发展起来以后，就由管理型立法对其进行市场运作的规范。也就是说"'促进型立法是通过'引导'的方法鼓励发展，而'管理型立法'则是通过'规制'的方法让'发展有规则运行'"②。

其次，政府的角色不同。在经济法领域，国家从消极的守夜人角色向积极的公共管理者的角色转变，国家的干预渗透到社会生活的方方面面，国家的管理职能不断扩张，而经济法则为国家的干预提供了法制上的保障，将其制度化、规范化。但是国家的公共管理职能并不仅限于经济法领域的宏观调控管理职能，还包括了公共服务职能。在环境法领域，国家的干预更多的是国家公共服务职能的体现，国家在履行这一部分职能时，其角色定位不可能再是一个管理者，而必须是一个服务者，强调政府的服务功能，政府只能用引导、促进的手段去激活缺乏利益驱动的公共产品市场和基础薄弱领域，以一个引导者、投资者、服务者的身份去促进这些行业领域的发展。

再次，政府责任不同。经济法领域，基于大量管理型立法的存在，其在设定权利义务的模式上，强调权利、义务与责任的对应，具有突出法律义务与责任的传统，符合国家管理职能张扬的理念。但在环境法领域，在权利义务的设范模式上，采用大量的任意性规范、授权性规范和鼓励性规范，内容灵活，但可问责性较差，使得其他法律主体的法律责任相对弱化，而政府的责任则是综合化的。这是因为，在促进型立法中，将政府作为法律实施的主体，通过对政府职责的大量规定，发挥政府的服务功能，具有政府主导性的特点，也使得其他法律主体的法律责任相对弱化，值得注意的是，在促进型立法中，虽然对政府的法律责任没有做很严格的规定，但政府的责任是综合化的，往往包括了法律责任、

---

① 李艳芳：《"促进型立法"研究》，载《法学评论》，2005（3）。
② 李艳芳：《"促进型立法"研究》，载《法学评论》，2005（3）。

道义责任、社会责任、政治责任。

最后，公众的参与不同。在经济法领域，国家的管理职能扩张使得民主制度出现危机，为了克服这种民主危机，经济法领域也存在一些公众和社会参与的内容，但这种参与只是作为管理的补充而存在的，公众的参与对国家的公共管理事务没有实质性的影响，公众只是作为参与的限制性主体。但在环境法领域，在国家干预的同时，也将公众和社会的参与作为一种必需，赋予公众和社会实质性参与主体的地位，鼓励发动公众积极参与环境与资源的保护和开发，也就是将鼓励和促进公众的参与作为法律调控目标实现的途径，需要政府的有效干预与全民参与的有机协调和配合。

2. 环境法确立国家干预原则的必要性分析

众所周知，自由市场经济体制下的资金分配不可能自发地照顾环境质量所代表的社会效益和社会公平，比如，当环境污染的关系过于复杂，以致找不出污染者时，污染的赔偿究竟应由谁来承担？又该如何处理？倘若无法解决，便只有由受害者自己承担损失，而受害者在经济上本来就与致害者较之悬殊，这样，势必引起受害者的强烈不满，从而导致社会的矛盾和动荡。又如，在工厂密集的工业区内，由于积累的结果，污染程度比较高，若欲达到安全的标准，每一家工厂都必须改善其污染行为，而改善的费用超过各工厂的经济负担能力时，其改善的费用又应由谁给予补助？或者有的工厂将防止污染的费用核入成本，转嫁到消费者身上，那么在经济上本来就处于弱势的消费者和生产者之间的贫富差距就更加扩大，这是极为不公平的。为解决这一问题，唯有采取国家干预的手段，方能奏效。这是因为：

首先，在工业革命以前，人们对环境的影响是局部而且是有限的，大部分在环境可以容纳、调节和化解的范围以内。所以，当时的环境问题由环境发挥自我调节功能为主，人为的恢复及保护为辅。但是进入工业文明时代，人类以前所未有的能量飞速而全方位影响、改变地球环境资源，由此造成的污染和破坏不断向深度和广度蔓延，早已超出环境本身的自我调节能力，危及人类的生存和公共安全。[①] 而在经济领域，支配人们行为的是市场价值规律，以追逐经济利益最大化为行为导向，企业在主观上根本不会去主动考虑社会利益和自身的行为的"外部不经济性"，所以倘若没有外部的强制，企业在生产中无偿使用环境资源和将未经处理的废弃物肆意排放被其认为是理所当然之事，而期待企业和其他经济组织在激烈的市场竞争中自觉地将利润投入环保是不可能的。此时，政府介入环境保护就成为必要。

其次，立法确立的环境责任原则，其目的主要是强化人们的环保责任感并顺便解决环保的资金渠道问题，并不因此而排斥国家利用行政、经济、法律的手段干预受害者赔偿的实现和切实保护、改善环境，也不因此而免除国家在保护、改善环境、防治污染和其他公

---

① 参见李挚萍：《略论政府在环境保护中的主导地位》，载《法学评论》，1999（3）。

害方面的责任。对于环境的不经济性内部化为环境民事、行政、刑事责任，同样需要国家强制力的保障。

再次，环境要素和自然资源不同于一般的商品，不能套用一般意义上的商品流通规则。以土地为例，土地转让市场有一级市场、二级市场的划分，但不管在哪一级市场上，土地的转让都受法律不同程度上的限制，并必须经过特定的程序和办理相关手续。因此，由国家对环境要素和自然资源在市场上的流转进行适当地干预确有必要，同时还能克服市场失灵的缺陷。伴随经济活动而产生的环境危机不受市场规律的调节，为弥补环境市场同样存在的滞后性、局部性的不足，需要国家站在全局环境利益、长远环境利益的高度上进行引导监督，实行宏观调控和规范。强化政府在环境保护中的地位和作用已经成为世界各国立法的潮流。

最后，环境问题的复杂性、损失巨大性和难以圆满解决性使国家干预成为必要。有些原生环境问题的防与治，国内各部门、各地区的环保统一规划和指导，涉及全球性环境问题的国际协作等等也不能没有国家干预。环境问题是经济利益的副产品，环保工作中的利益协调、政策协调、行动协调、区域协调和行业协调等工作非政府这个强有力的协调中心莫属。另外，环境法是一个公法性质较强的部门法律，而且具有很强的综合性，它的调整方法虽然多样，但比较突出的还是环境行政执法，这也是国家干预发挥作用的领域，国家可以凭其财经力量和政治强力实现社会成员个人所无法和无力达到的目标，政府这只无形的手将在环保中扮演越来越重要的角色。

综上所述，国家在环境保护中能发挥特殊的功效。对经济活动进行适度的干预，可以纠正人们行为的"外部不经济性"以维护社会总体利益，并通过这种干预，引导人们实现一定的环境目标，保障社会实现生态安全，政府的环境行政行为还有利于对环境污染和破坏进行预先控制，从末端治理转向源头控制，强调以预防为主。

（二）国家干预原则的主要内容和在环境法中的贯彻

1. 国家干预原则的主要内容

众所周知，随着 20 世纪初团体主义思想的日益盛行，"福利国家"的观念应运而生。"福利国家"论者主张，国家的目的在于积极地谋求人民的福利，来达到富国利民的目的，国家应挺身而出，调整个人主义和自由主义之流弊，解决各种社会问题，保障每个人在社会政治、经济等实际生活中能够享有实质的自由平等，从而促进社会安全和公共福利的实现。环境污染和破坏问题既已成为当今社会的一大难题，急需国家出面予以干预。况且，国家为了促进经济的发展，不仅鼓励个人从事各种产生环境污染和破坏的活动。为此，国家对于因环境污染和破坏的受害者的赔偿更当力谋实现。有鉴于此，各国政府纷纷采取各种手段对开发利用环境的活动进行干预，以达到保护和改善环境的目的。其采取的手段主要包括行政、经济、法律三个方面的措施。

行政方面的干预手段是指，国家利用手中的行政权力，直接对开发和利用环境的活动进行管理和限制，将环境保护作为企业管理的重要内容的各种措施，来实现国家对环境的保护和改善。其主要有如下几种措施：（1）制订经济发展与环境保护相协调的经济发展和社会发展的长远规划、土地利用规划等，直接禁止在某些区域内（如居民区、风景区等）从事某种开发利用环境的活动。（2）实行环境影响评价制度，对建设项目的环境影响评价报告和防治污染的方案进行审批。（3）建立许可证制度，凡是对环境资源有不利影响的各种开发、建设项目的排污设施及其经营活动，需事前经过申请并经主管部门审查批准、颁发许可证之后，才能按照规定的要求或条件进行建设和排污。实践证明，这是在国家加强环境资源管理过程中实行有效管理的一种卓有成效的方式。（4）规定应采取的开发利用环境的方式、方法或应采用的工艺、设备，将环境保护作为企业管理的重要内容等各种措施，来实现国家对环境的保护和改善。（5）建立奖惩制度，国家通过利益机制来表明鼓励哪些环境行为，抑制哪些环境行为，提高企业和公民投身环保的积极性。（6）依靠科学技术，综合考虑国情，制定严格、准确的环境标准。环境法是科学技术性很强的法律，环境保护工作是科学技术性很高的工作，为此要通过国家的强制推广手段促使科技更好地为环境保护服务。

经济方面的干预手段则是指，国家通过经济鼓励和经济抑制两个方面来实现其对开发利用环境活动的干预。一般包括以下内容：（1）由国家向已确定为"不发达"或"待发达"的地区进行大量的投资，为该地区投资者创造良好的投资环境，促进各地区生产均衡发展；（2）通过财政援助，帮助工业企业修建防污设施；（3）利用税收杠杆来促进对环境的保护和改善，对于人口密集的地区的工业企业加重税收，对于不发达地区的工业企业减少税收，对于必须安装的防止大气、水污染的设备免于税收；（4）通过低息贷款和优惠贷款，帮助工业企业修建污染设施；（5）征收资源费或资源税，以促进合理地利用自然资源；（6）实行排污收费制或排污税收制等，以促进企业减少污染物的排放。由于我国长期受计划经济的影响，几乎没有水权、水市场、排污权等观念，但我国的一些地方法规在这些方面先行一步，已经规定"排污权转让和抵销"、"征收生态环境补偿费"、"固体废物交换市场"、"环境保护经济优惠"等在国家环境资源法律中尚未规定的经济政策和市场机制；（7）通过优惠政策，鼓励企业回收利用废弃物，采用清洁生产工艺，生产环保产品；（8）通过加税或停止贷款等方式，促进企业减少乃至停止生产污染环境的产品和使用严重污染环境的工艺、设备等。

此外，国家在必要的时候还可以直接以经济主体的身份参加经济活动，调节经济的发展。在环境的保护和改善方面主要表现为：（1）国家投资进行环境建设，比如修建污水处理厂、垃圾处理场以及进行城市美化和绿化、组织城市环境综合治理等；（2）国家投资开发环保产品和环保产业等。

至于法律方面的干预手段则是将上述各种行政措施和经济措施上升为保护和改善环境的法律规范，并以国家强制力为后盾，从而实现国家对环境的必要干预和管理。其表现为国家制定和实施环境法律、法规，主要包括环境保护和预防法律制度、环境控制法律制度、环境侵权救济法律制度等内容。为此，国家干预原则自然使成为环境立法的一项重要基本原则。

2. 国家干预原则在环境法中的贯彻

我国历来十分重视国家对开发利用环境的干预，将环境管理作为国家的一项基本职能，并设立了相应的环境管理机构，授予其必要的权力来实现这一职能。我国《环境保护法》设置了专门一章就国家环境管理予以规定，在第7条中明确规定："国务院环境保护行政主管部门，对全国环境保护工作实施统一监督管理。县级以上地方人民政府环境保护行政主管部门，对本辖区的环境保护工作实施统一监督管理。国家海洋行政主管部门、港务监督、渔政渔港监督、军队环境保护部门和各级公安、交通、铁道、民航管理部门，依照有关法律的规定对环境污染防治实施监督管理。县级以上人民政府的土地、矿产、林业、农业、水利行政主管部门，依照有关法律的规定对资源的保护实施监督管理。"同时，该法还对国家干预和管理环境所采取的各种措施和手段作了具体规定，各相关的法律、法规诸如《海洋环境保护法》、《水污染防治法》、《大气污染防治法》、《森林法》、《草原法》、《土地管理法》、《矿产资源法》等等也作了相应的规定，从而使国家对环境的干预和管理职能得到了充分的发挥，协调了人与环境的关系和人与人的关系。

【推荐阅读文献】

1. 韩德培主编. 环境保护法教程. 北京：法律出版社，1998

2. 汪劲. 中国环境法原理. 北京：北京大学出版社，1999

3. 马骧聪主编. 环境资源法. 北京：北京师范大学出版社，1999

4. 张梓太. 环境法论. 北京：学苑出版社，1999

5. 周训芳. 环境法学. 北京：中国林业出版社，2000

6. 周珂. 生态环境法论. 北京：法律出版社，2001

7. 曹明德. 生态法原理. 北京：人民出版社，2002

8. 常纪文. 环境法原论. 北京：人民出版社，2003

9. 蔡守秋主编. 环境资源法学. 北京：人民法院出版社，2003

10. 蔡守秋主编. 环境法学教程. 北京：科学出版社，2003

第七专题

环境权与环境侵权研究

一、环境权的界定

（一）界定环境权的原则

1. 应严格以法律权利的概念为基点界定环境权

法律权利，是通过将社会自发的权利纳入法律的轨道，集中表明了自己所代表的鲜明的国家意志，其实质是国家这个代表机构对权利的一种价值判断，是个人与国家利益的一种协调。社会自发权利在未被法定之前，是一种不确定的、缺少国家权力保护的自在权利，在行使中可能会随时受到他人、社会和国家的侵犯，因而得不到有力的司法保障。而被法定化后，则变得规范、确定和连续，同时，也是对非法定的社会自发权利的限制。因而，法律权利较之非法定的社会自发权利而言，是一种实然权利。[①] 可见，法律权利与非法律权利的最根本区别就在于：法律权利更具有实然性。笔者认为，之所以由法学界来讨论环境权问题，目的就是要从法律上确立环境权，使环境权成为更能够落到实处的实然性权利。笔者不否认法学家在论证这种权利应在法律上确立的理由时，可以从一般权利中寻找权源根据，但他们最终从理论上界定的、提供给立法者的权利概念却应当是法律权利的概念，而不是仍停留于伦理上、道德上、宗教上、习惯上、自然法上的权利概念，否则，遭遇立法者的拒绝就是预料之中的了。所以，法学界应严格以法律权利的概念为目标来界定环境权。时下一些学者试图将伦理上、道德上、宗教上、习惯上、自然法上的权利直接识别为环境权是错误的。

2. 应在特定"环境"含义的基础上界定环境权

《中华人民共和国环境保护法》第 2 条规定："本法所称环境，是指影响人类生存和发展的各种天然的和经过人工改造的自然因素的总体，包括大气、水、海洋、土地、矿藏、森林、草原、野生动物、自然遗迹、人文遗迹、自然保护区、风景名胜区、城市和乡村等。"对此界定，笔者赞同一些学者所作的评价："是一个比较好的定义方式"[②]、"符合法律意义上之环境概念所要求的完整性、具体性和准确性"。因此，我国环境保护法对"环境"的界定，应当作为界定环境权的基础。在这个"环境"含义中，需要强调的是"影响人类生存和发展的"这个定语和"总体"这个定性词。"影响人类生存和发展的"这个定语阻止了诸如庭院中的盆景植物、村民房前屋后的零星树木、家养宠物、并无价值的所谓"遗迹"、"景观"等进入"环境"的范围，而"总体"这个定性词又表明，环境包容许多自然资源这个事实并不意味着环境是一定数量自然资源的简单叠加，而是由一定数量、结构和层次的自然资源所构成的具有一定生态功能的物流和能流的统一体。换言之，环境必定是一个整体的概念，任何单个的物质实体都不可能构成环境。正如有学者所说："环境概念强调整体性、生态联系性。环境还具有质量的属性，表现为在具体环境内，环境总体或环

---

① 参见柯伟：《法律权利概念探析》，载《蒙自师范高等专科学校学报》，2003（2）。

② 王灿发：《环境法学教程》，2 页，北京，中国政法大学出版社，1997。

境的某些要素，对人类生存和发展以及社会经济发展的适应程度。"①

3. 应立足于法学规范界定环境权

笔者认为，现代主流法理学理论并没有表现出对"环境问题"无能为力、毫无作为的状态。相反，它对解决"环境问题"是有作为机制的。② 环境危机反映出的不是主流法理学理论对"环境问题"作为机制的缺失，而是由于人们在过去相当长的时期内对"环境问题"的认识滞后，从而在应用该理论中，在立法和法的实施方面的不及时、不到位和不完善。而且，现代法理学理论是人类经过数百年对法律科学进行探索、不断甄别、修正完善、实践检验中被广泛接受成为"主流"学说的重大理论成果。因此，尽管面对十分特殊的"环境问题"，我们仍应坚持主流法理学理论的指导，坚持以法学规范来研究、解决问题。对此，日本八代纪彦先生引述日本牛山积教授的话表达了相似的观点，他说："欲期确立具体而固定之制度，在过程上自应以已确定之制度为基础，再寻求进步之途径，因此，环境权说就物权请求权说及人权请求权说，均应承认彼等原有的正当地位。"③ 具体到确立环境权而言，主流法理学理论所建立的一系列严谨的术语概念（如权利、义务、主体、客体、人权、程序等），基本原理（如权利与义务关系的原理、法律关系的原理、法律与道德、政治、经济等其他社会现象关系的原理等），都是应当坚持的。在此基础上，作为新设权利的环境权，该有多大的内涵和外延就界定多大，切勿大包大揽。唯有如此，我们才能保持与法学界的对话，环境权也才有可能融入现有的权利体系而变成现实的法律权利。

（二）环境权概念之界定

1. 环境权的客体

笔者认为：环境权的唯一客体就是"环境生态功能"，此外别无它物。

（1）环境生态功能的特征，决定了它是环境权的客体。

环境兼具财产价值和生态功能价值，是毋庸置疑的，学界对此不持任何异议。所谓环境的财产价值，即指环境中的自然要素，如植物、动物、矿物、土壤、水等物质实体的有用性价值，它强调的是各物质实体的财产性质。所谓环境生态功能价值，则是指通过土地、森林、水、大气等组成的有机统一体——生态系统所表现出来的对环境污染、破坏与冲击的容量、环境的舒适性、景观优美性、可观赏性等生态价值。这种生态功能不是通过实体价值与形态为人类服务，而是以脱离其实物载体的一种相对独立的功能形式存在并满足于人类需要的。可见，环境中的各自然要素承载着两种完全不同的资

---

① 庞淑萍：《论环境资源的概念及其价值》，载《经济问题》，1998（12）。

② 著名法理学家卓泽渊教授在首届"福州大学东南法学论坛"上说：法律是要调整人与自然之间的关系，但调整是不同的，它是通过调整人与人之间的关系，从而调整人与自然的关系。既有的理论和概念，已经够用的情况，为什么要去创新，那不是徒劳吗？那不是增加人类思维上的负担和困难吗？那不是把已经清晰的理论弄得更加混乱吗？现代法理学能够解决这个问题（指人与自然关系问题——笔者注）。

③ ［日］八代纪彦著，邱聪智译注：《环境权概说》，载《法律评论》，第四十一卷第一期。

源——自然资源和环境资源。其中，作为自然资源的各自然要素的物质实体显然是财产权的客体，不能同时又是环境权的客体①，而作为环境资源的环境生态功能必然表现出的无形性、公益性、关联性、整体性、长远性等显著有别于各传统法律权利客体的特点，使得环境生态功能恰恰需要全新类型的权利——环境权来保障，因而成为环境权的客体。

（2）从区分环境权与传统法律权利的角度看，环境权的客体只能是环境生态功能。

有学者对公民环境权论批评道："如果日照权是针对影响采光的行为的，眺望权、亲水权和一些学者提到的'达滨权'都是追求对视线或身体对确定目标的通达，那么，这些权利，还有一些学者提到的'通风权'都可以通过民法相邻权制度等得到保护。如果景观权是着眼于观赏价值的自由利用，那么这项权利属于人格权。如果宁静权的设计目的是防止声音、振动等形式的干扰，嫌烟权、清洁水权、清洁空气权都是为了对抗他人向空气、水源等排放有毒有害的物质影响主体对空气和水的安全使用的话，那么，这些权利都属于人身权之列……这些权利并不是过去法律设定的权利之外的新的权利品种，它们只不过是与环境有关的传统权利。"② 另一位学者在评述日本大阪机场噪音案等案件判决结果时也说："试图以所谓的环境权来代替民法中业已存在的财产权及人格权，不仅导致民事权利设置的重复、混乱，也不利于真正地确立环境权。"③ 笔者认为，这些批评都不无道理。因为，它们至少说明了将日照权、眺望权、亲水权、达滨权、通风权、景观权、宁静权、嫌烟权、清洁水权、清洁空气权等直接识别为环境权是有问题的，确有使环境权与相邻权、人格权、人身权混淆、重叠之嫌。但笔者同时认为：虽然环境权有时会具体表现为日照权、眺望权、亲水权、达滨权、通风权、景观权、宁静权、嫌烟权、清洁水权、清洁空气权等，但环境权与相邻权等传统民事权利，并非完全无法区分，而区分它们的关键恰恰就在于对各种权利客体的准确把握。

（3）从确立环境权的目的来看，环境权的客体也应当是环境生态功能。

确立环境权的目的是为了更好地协调人与自然的关系④，挽救人类于环境危机之中。那么，真正给或将给人类带来的环境危机（灾难）是什么呢？对此，当然要有清醒的认识，否则，确立环境权就会无的放矢。从一位学者的评述中，我们大概可以把握环境危机的症结。他写道："在一些公民环境权论者所开列的权利清单中，列在首位的是环境使用权。其中具有自然内容的大致包括日照权、眺望权、亲水权、宁静权、嫌烟权、清洁水

① 笔者认为，环境权与财产权、人身权等是属于同一且较高位阶的权利，因此它们的客体不能重叠，如财产权的客体是财产，人身权的客体是人身，不能相互侵轧一样。这与某物既可是债权的客体，也可同时可是所有权的客体是不同的。

② 徐祥民：《对"公民环境权论"投反对票》，载《中国海洋大学法学院论文集》，2003。

③ 朱谦：《论环境权的法律属性》，载《中国法学》，2001（3）。

④ 笔者认为，已设置的传统法律权利对协调人与自然的关系并非完全无能为力，因此才说确立环境权的目的是为了"更好地"协调人与自然的关系。

权、清洁空气权、景观权等，有的还要加上通风权等。然而，这些所谓权利与这些论者和其他许多科学家、社会科学家都了解的环境时代那样一个严肃的话题实在不相称。按照这个所谓权利清单的气势，即使再多增加几项这类的所谓权利，也与环境时代人类所面临的严重危机相差十万八千里。如果这些就是他们所关心的环境时代的权利，那么，我的第一个评价就是，这些论者捡了芝麻却丢了西瓜。臭氧层空洞加大，不确定的无数生灵将面临癌症等我们现在还不十分清楚的严重疾病的摧残，对此，我们的论者将设计怎样的权利？沙漠扩展，无数的居民将失去家园，无数的农民将失去赖以生存的土地，无数的牧民将失去承载他们的畜群的草原，对此，论者将用什么样的权利给予保护？全球变暖，海平面升高，不少城市将变成水下宫殿，有的国家甚至将无处安置自己的国徽，对这种严峻的情形，论者将用什么样的权利来应对？论者不去关心这些严峻的问题，不去对环境这个本来具有非常明显的整体性的对象做整体的观察和思考，而是对眺望、景观、宁静之类津津乐道，这一点实在无法让人给予肯定的评价。"① 很显然，环境保护绝不仅限于日照权、眺望权、亲水权、宁静权、嫌烟权、清洁水权、清洁空气权、景观权等，它更应关注的确实是如该学者所说的"具有非常明显的整体性的对象"。笔者认为，这个对象就是具有无形性、公益性、关联性、整体性、长远性等特征的"环境生态功能"。所以，从确立环境权的目的来看，环境权的客体也应当是"环境生态功能"。

2. 环境权的内容和权能

(1) 环境权的内容不能包含使用环境资源的权利。

关于环境权的内容，尽管学界众说纷纭，但有两项内容却是目前各说较普遍主张的。一是享受良好环境的权利；二是使用环境资源的权利。② 然而，笔者认为，环境权的内容含有享受良好环境的权利，是毋庸置疑的，但不能包含使用环境资源的权利。

一位学者反对在环境权中设置环境使用权的理由很有说服力，笔者赞同并引以为据。该学者写道："公民环境权论者设计权利的用意是良好的，但他们所做的权利设计的结果却是使对公民权利的保护更加困难。第一，在没有环境使用权的情况下，污染行为的权利依据只有一个，即财产权；而在公民环境权论者发明了环境使用权之后，污染行为又增加了一个权利砝码：对环境的生产性使用的权利。环境使用权的发明给人们的健康权、生命权等出了一道必须同时在两条战线上作战的难题，一条战线是对付财产权，另一条战线是对抗环境生产使用权。第二，在没有环境使用权的情况下，公民可以以健康权、生命权同污染行为对抗。在这种对抗中，公民是胜利者，因为在一般的价值评判中，健康权和生命权总是优先的。在按照论者的设计把健康权、生命权上升为环境使用权之后，在面对同样的危害健康、财产等的行为时，公民却只能以自己的使用权与侵犯者的使用

① 徐祥民：《对"公民环境权论"投反对票》，载《中国海洋大学法学院论文集》，2003。
② 参见陈泉生：《环境法原理》，105～106 页，北京，法律出版社，1997；吕忠梅：《环境法新视野》，123 页，北京，中国政法大学出版社，2000；周训芳：《环境权论》，129 页，北京，法律出版社，2003。

权相对抗。在两种使用权的对抗中，如果真的如论者的设计双方都是使用权人，作为污染受害者的公民失去了本来享有的优势。此种使用权对彼种使用权无法形成明显的优势……即使不从科学的高度加以评判，而只是从策略的角度去考虑，公民环境权论者设计公民环境使用权也是不智之举。"① 的确，当不同主体对同一客体（即环境生态功能）都享有相同的使用权时，两个甚至多个使用权间的相互关系无论如何是无法协调的。因此，在具有典型共享性（公益性包含了共享性）的环境权中设置具有向外积极行为特征的使用权，是行不通的。

（2）环境参与权是环境权的核心权能。

1）环境参与权是环境权的一项具体权能，而不是实现环境权的程序权。学理上一般认为，实现某项实体权的程序权，不是该实体权本身。就像实现债权的诉权不是该债权一样。因此，若将环境参与权理解为程序权，就意味着环境参与权不是环境权。将环境参与权理解为程序权，无论对环境权概念的把握，还是对环境权的实现都是不利的。所以，认识环境参与权就是环境权的一项具体权能，而非实现环境权的程序权是十分重要的。那么，容易给人以程序权感觉的"环境参与权"为什么不是程序权呢？其实，仔细把握"权能"和"程序"的内涵，这是不难理解的。首先，权能的内涵包括实现权利的方式。那么，我们为什么不能将"环境参与权"理解为实现环境权的方式呢？就像占有权、使用权、收益权、处分权都是实现所有权的方式一样，而占有权、使用权、收益权、处分权都是所有权的权能是没有人反对的。其次，当所有权的任何一项权能得不到直接实现或者直接实现困难时，所有权人才会启动"程序"（如起诉）来间接地实现自己的所有权。那么，环境权人又何尝不是在不能直接实现"环境参与权"权能时，才需要启动某种"程序"（如起诉行政机关）来间接实现自己的环境权呢？可见，真正的"程序权"是在不能直接实现权能之后才要行使的权利，而不是权能本身。正是基于这种认识，笔者同时认为，"环境请求权"才是真正的"程序权"②，因而它不能成为环境权的权能。再次，"环境参与权"强调的是"参与"，而不是"监督"，两者具有质的不同。参与意味着"共同行为"，监督则意味着监督"他人行为"。因此，"环境参与权"的行使，是公众与国家机关"共同"治理环境。质言之，就是公众与国家机关共同行使环境治理方面的国家权力。那么，"环境参与权"的行使，就像国家机关行使国家权力不是在行使程序权一样，公众也不是在行使程序权。

2）确立环境权的目的决定了环境参与权应当作为环境权的核心权能。必须借助国家

---

① 徐祥民：《对"公民环境权论"投反对票》，载《中国海洋大学法学院论文集》，2003。

② 有学者所谓的"环境请求权"是指公民的环境权益受到侵害以后向有关部门请求保护的权利。它既包括对国家环境行政机关的主张权利、又包括向司法机关要求保护的权利，具体为对行政行为的司法审查、行政复议和国家赔偿的请求权，对他人侵犯公民环境权的损害赔偿请求权和停止不法侵害的请求权等。吕忠梅：《环境法新视野》，131 页，北京，中国政法大学出版社，2000。

权力来保护环境已为学界共识。① 社会发展到今天，环境仍没能得到很好地保护，并不是各国政府没有认识到保护环境的重要性和紧迫性，而是政府担负着发展经济的社会职责，以及国家权力运行中难免的弊端使然。所以，应当十分明确的是：正是在这样的背景下，才需要确立环境权。即确立环境权的目的就是为了使环境保护落到实处。或者说得更绝对一些，如果哪天各国政府都能很好地处理环境保护与经济发展的关系，使环境不再危机，那么，环境权的确立恐怕真的是多余的了。而在这样的背景下，能做到借助国家权力来保护环境的最好方式，莫过于直接"参与"到国家权力的运行之中。因此，"环境参与权"应当成为环境权的核心权能。

3）环境问题的特点决定了环境参与权应当作为环境权的核心权能。环境问题最突出的特点在于其科学技术性和利益冲突性。前者决定了环境行政控制离不开科技专家，后者则决定了各种利益的调和必须借用民主观念和公众参与环境行政来实现。②尤其是环境参与权的确立，使各种利益集团能够充分表达其不同的利益诉求，建立各种利益平衡、寻求利益共存和利益妥协的方式和途径，以减少因环境保护与环境利用的巨大利益冲突引发的社会矛盾，使环境法律制度得到顺利实施。正是这一特征决定了"环境参与权"应当有别于其他方面的公众"参与权"，而成为一种独立的权利。也正是基于此，我们才能将公众通过"环境参与权"与国家机关共同行使的国家权力称为公民环境权，而国家机关行使的国家权力自然仍为国家管理权。可见，从环境问题的特点看，"环境参与权"也应当成为环境权的核心权能。

（3）环境权是权利，不能同时又是义务，更不能是单纯的义务。

笔者主张，环境权就是享受良好环境的权利，其具体权能包括日照权、宁静权、清洁水权、清洁空气权、景观权、环境参与权等，但不包括"使用环境资源权"时，这种"既是权利又是义务"的困惑就不复存在了。即环境权人在现实中要不要享受阳光、美景，要不要参与到关于环境保护的国家权力运行中去，都是他们的权利，任由他们自由决定；相反，这些都不是他们的义务，他们不会因为不享受阳光、美景、不参与到国家权力运行中去而要承担什么法律责任。至于某主体在行使"使用环境资源权"（如前所述，属于行使财产权的范畴）时，要担负的不污染环境的义务，恰恰是对人们环境权的尊重。这就如所有权的行使也要尊重相邻权一样，是现代权利社会化的表现。

有学者将环境权定义为：环境权是一种自得权，它产生于环境危机时代，是以自负义务的履行为实现手段的保有和维护适宜人类生存繁衍的自然环境的人类权利。该学者强调

---

① 如有学者云："国家环境行政权的实施，在环境保护方面起决定性作用。"参见朱谦：《论环境权的法律属性》，载《中国法学》，2001（3）。"在当代社会中，只有政府唯一具有协调自然界与人类社会相互影响、相互制约的关系的能力。"参见周训芳：《环境权论》，15页，北京，法律出版社，2003。"环境权不是传统意义上对抗国家的防御权，而对环境权的保障恰恰需要国家的积极干预，这强调了国家的责任。"参见谷德近：《论环境权的属性》，载《南京社会科学》，2003（3）。

② 参见王明远：《环境侵权救济法律制度》，74～75页，北京，中国法制出版社，2001。

说：我们应该改进的是，怎样把义务分配得更合理，怎样弥补应当设置而没有设置的义务空白，怎样监督负有环境义务的主体履行义务，怎样监督负有环境管理责任的主体真正担负起管理的责任，怎样确保法定环境义务能实际履行。[①] 显然，该学者实际上是将环境权定义成了名为权利的纯粹的义务。笔者认为，这个界定也是值得商榷的。首先，正如前述，环境权是在传统的国家权力运行存在缺失的背景下提出的，这证明特殊的环境问题仅靠政府是不能彻底解决的。这时，必须有一股政府以外的力量来协助政府，这股力量在法律上只能表现为权利，而不会是义务。其次，法理告诉我们，权利与义务总是相伴而生的。对于环境问题的解决，一味地设置义务而没有对应的权利是悖于法理的。质言之，立法者设置各种环境义务正需要环境权为依据。因此，为解决环境问题而确立的环境权，绝不能是单纯的义务。

3. 环境权的主体

基于本文前述对环境权客体、内容（权能）的界定，笔者认为，环境权主体只能限于自然人。对自然人是环境权的主体，学界毫无争议，自毋需赘述。只是这里的自然人应当包括当代人和后代人。因为当代人与后代人并非是截然分开的，后代人是一个不断出现的群体，它与当代人组成了一个连续统一体，当代人的权利要求实质上也是后代人的要求。即后代人当然应享有与前代人平等的依托自然环境谋求自身发展，增进自身福利的权利。后代人权利主体资格的缺失，将导致前代人对后代人的剥夺。因此，当代人凭借理性是不难引申出后代人的权利主体资格和权利内容的。

关于非人自然体能否成为环境权的主体问题，有学者阐述道：古典自然法的理念完全可以沿着其原有的路径使人域法的主体和权利内容得到扩大和丰富，那么是否就可以自然而然地让自然获得与人同等的法律资格呢？其实，这是由真理走向谬误的危险一步。古典自然法所崇尚的是人之理性，对权利内容和权利主体地位的要求均出自人的自由意志。然而，自然及其环境要素以及各种动植物种群是没有人类所具有的自由意志的。[②] 另一位学者也写道：自古以来，人类就有不杀生的传统道德观念。人类的不杀生，主要是基于宗教和现实两个方面的原因。宗教原因的不杀生，如印度教不杀牛，伊斯兰教不杀猪，基于一种远古的图腾崇拜和后世的宗教信仰。现实原因的不杀生，基于一种现实的生存、生活的需要，如在农业社会中，牛是作为一种最基本的生产工具，杀之不利于生产，继而产生了杀之不义的道德观念或杀之不利的经济观念。但人类即使在不杀生的观念指导下，也不是绝对不杀生的。只要对人类构成了威胁，人们就会想到杀生。如蚊子、苍蝇、老鼠等。所以，动植物的权利来自于人类的生存和生活权利，而不是动植物本身具有"自然的权利"。一些学者基于"自然的权利"观建立生态伦理学，进而倡导动物解放，是不正确的。动植

---

① 参见徐祥民：《环境权论》，载《中国海洋大学法学院论文集》，2003。
② 参见谷德近：《环境法学的自然法理念》，载《南京社会科学》，2002（5）。

物只能作为人类环境权的客体而存在。① 以上两位学者的论述，都从自然法理念、道德观念等角度，十分理性且精辟地阐明了非人自然体不能成为环境权的主体。

结语：所谓环境权，是指自然人享有适宜自身生存和发展的良好环境的法律权利。它在国内法上即表现为公民环境权；在国际法上即表现为人类环境权。这里，不论是公民还是人类，均包括当代人和后代人。从权利主体的角度划分，除自然人环境权外，不存在所谓法人环境权、国家环境权、非人自然体环境权等其他形态的环境权。目前，其权能包括日照权、清洁水权、清洁空气权、景观权、环境参与权，其中环境参与权是核心权能。

二、环境侵权的界定

笔者认为，环境侵权是指因产业活动或其他人为原因，致生环境介质的污染或破坏，并进而对他人人身权、财产权造成损害或有造成损害之虞，依法应当承担法律责任的行为。对此界定着重作如下几点阐述：

1. 环境侵权的客体仅包括人身权、财产权，不包括环境权

从前引的观点看，学者们界定的环境侵权的客体涉及人身权、人格权、财产权、环境权、环境权益、居民生活权益和其他权益等等。笔者认为，人身权（含人格权）、财产权是环境侵权的客体是毋庸置疑的，而环境权益、居民生活权益和其他权益则是十分宽泛的表述，几乎无法把握，因而把它们直接表述为环境侵权的客体，将使环境侵权概念模糊，是不可取的。因此，这里唯独需要展开讨论的是环境权是否为环境侵权的客体？

回答这个问题实际上就是要回答环境权是什么？对此，第一节曾作出界定，即环境权是自然人享有适宜自身生存和发展的良好环境的法律权利。这里的"良好环境"是指具有良好"环境生态功能"的环境。所谓环境生态功能，则是指通过土地、森林、水、大气等组成的有机统一体——生态系统，所表现出来的对环境污染、破坏与冲击的容量、环境的舒适性、景观优美性、可观赏性等系统功能。基于此，只有发生或可能发生如"臭氧层空洞加大"、"沙漠扩展"、"气候变暖"、"水土流失"、"农业生产条件被永久性破坏"、"珍贵野生动物生存、繁殖条件恶化"等等这样一些危及人的生存与发展的、不可逆转或难以逆转的情形，才构成对"环境生态功能"的损害，从而构成侵害环境权。② 而对被学界普遍识别为所谓"实体性环境权"的内容——日照权、清洁水权、清洁空气权、景观权等的侵犯，并不一概构成侵害环境权。其中，对水体、空气、景观的污染或破坏，只要没有造成或可能造成对"环境生态功能"的损害，就还只是对人身权、财产权的侵犯。如一过性的无毒烟尘污染、对特定水域的污染、对房前屋后花草树木的破坏等等。可见，并不是所有污染、破坏环境的行为都会侵害环境权。实际上，在绝大多数情况下，污染、破坏环境的行为仅侵犯他人的人身权、财产权，并不侵害环境权。因此，并基于下述多方面意义之考

---

① 周训芳：《可持续发展与人类环境权》，载《林业经济问题》，2000（1）。
② 笔者以"侵害环境权"区别于"环境侵权"。

虑，有必要将侵害环境权与环境侵权剥离开来。即环境侵权的客体仅限于人身权、财产权，不包括环境权。①

2. 区分环境侵权与侵害环境权两个概念是必要和可行的

前面已阐明环境侵权和侵害环境权的基本含义。从救济的角度看，区分两者的理由至少有：（1）救济途径不同。前者主要通过民事诉讼，后者主要通过公众参与、公益诉讼。（2）行使权利的主体不同。前者是人身权、财产权遭受侵害的具体当事人，后者是不特定公众。（3）救济目的不同。前者为私益，后者为公益。（4）救济性质不同。前者是私法救济，后者是社会法救济。（5）救济的财产结果及其归属不同。前者一般是赔偿金，归原告所有，后者一般是恢复环境的经费，归公众所有。可见，对两者的救济存在许多不同，不区分两者必然难以分别构建明晰的救济法律体系，从而使两者都得不到有效的法律救济。

有学者担心，只将造成或可能造成对"环境生态功能"的损害界定为侵害环境权，使环境权的外延缩小了，从而不利于环境保护。② 然而，笔者以为，几十年来，恰恰是因为无限扩大了环境权的外延，将与环境有关的所有权利，甚至将非法律权利都塞进环境权，才使得环境权成为一个概念模糊，无法在立法、司法中落实的"大杂烩"。这种现实，已使确立环境权的意义丧失殆尽！事实证明，不惜侵轧甚至替代传统法律权利，试图确立涵盖一切与环境有关的权利的所谓环境权是行不通的。环境权只有固守自己的阵地，退出不该占据的领域才是正途。何况，将侵害环境权从环境侵权中分离出来，并不是不予救济，更不是否定环境权，而是使其更加明晰，更便于救济。因此，将侵害环境权从环境侵权中分离出来，不会不利于环境保护。

有学者似乎也意识到环境侵权与侵害环境权的不同，故而提出要将环境侵权分为三个层次。他写道：三个层次的环境侵权之所以称为"环境侵权"，在于其均是通过环境要素作为媒介导致的侵权行为，但它们本质上是不同的：第一个层次的环境侵权——侵犯私益的环境侵权，其危害性相对较小，本质上就是民事侵权，现行的民事救济制度基本上可以满足需要；第二个层次的环境侵权——侵犯公益的环境侵权和第三个层次的环境侵权——侵犯全人类利益的国际环境侵权，已经超出了传统侵权法的范畴，涉及多数人的利益，其危害性越来越大，需要综合不同的法律共同调整，其救济途径也有待于完善，应当成为环境法学界关注的重点。③ 可见，该学者意识到了"（三个层次的环境侵权）它们本质上是不同的"，也意识到了其中第一层次的环境侵权"本质上就是民事侵权，现行的民事救济制度基本上可以满足需要"，第二、三层次的环境侵权"需要综合不同的法律共同调整，其

---

① 当然，对财产权、人身权的侵犯更非一定属于环境侵权，即便与环境要素有关。如对采光权、通风权、宁静权的侵犯，虽然构成对财产权、人身权的侵犯，但并不构成环境侵权，理由见下文。

② 参见欧阳晓安：《环境侵权概念探析》，载《井冈山师范学院学报（社科版）》，2003（3）。

③ 参见吴继刚：《环境侵权的类型探析》，载《山东师范大学学报（社科版）》，2003（6）。其实，该学者所谓第二、三层次的环境侵权内涵与笔者所谓的侵害环境权的内涵是基本一致的。

救济途径也有待于完善"。既然如此，为何不可以将"本质上是不同的"、"需要综合不同的法律共同调整"的内容分离出来，以使两者的概念和救济体系都明晰呢？

3."公害"型环境侵权侵犯的客体仍然是人身权、财产权，而不是环境权

所谓"公害"，一般指受害主体众多或地域广泛的危害。如某企业排放生产污水，造成连绵数公里的江水被污染，从而使沿江居住的数百人得病，使大面积的养殖业受损，就可称之为"公害"。然而，只要这一水污染行为没有发生或可能发生危及人的生存与发展的、不可逆转或难以逆转的"环境生态功能"的损害，该污染行为就还只是对各被害主体人身权、财产权的侵犯，从而构成"公害"型环境侵权。这种"公害"型环境侵权仍是对各受害主体私益的侵害，而不一定是对公益的侵害。被害主体的众多或危害地域的广泛，并不会使侵权客体发生改变。"公害"不等于侵害公益，而环境权保护的客体却一定是公益，因此，"公害"也不等于侵害环境权。① 概言之：（1）"公害"型环境侵权仍然属于环境侵权，而不是侵害环境权；（2）"公害"型环境侵权侵犯的客体仍然是人身权、财产权，而不是环境权。

4.通过损害环境介质继而间接造成他人人身权、财产权的损害是环境侵权的典型特征

在认定环境侵权时，通过环境介质间接造成人身权、财产权的损害这个特征一般是不会被忽略的。这里笔者要强调的是，环境侵权首先损害的是环境介质，即只有环境介质受到损害继而造成他人人身权、财产权的损害才构成环境侵权，如果环境介质没有受损害，即便通过环境介质损害了他人的人身权、财产权，也不构成环境侵权。这一典型特征使所谓侵犯采光权、通风权、宁静权都被排除在环境侵权之外，因为遮挡阳光和通风的行为、制造噪音的行为，并不会对阳光和空气本身造成损害。换言之，对所谓采光权、通风权、宁静权的侵犯根本就是一般侵权行为，其构成要件与环境侵权有很大不同。

三、环境侵权的因果关系

（一）环境侵权因果关系理论探讨中存在误区

环境侵权是指因产业活动或其他人为原因，致生环境介质的污染或破坏，并因而对他人人身权、财产权造成损害或有造成损害之虞，依法应当承担民事责任的行为。所谓环境侵权因果关系理论，即指判断某环境污染或破坏行为与某损害结果间是否存在因果关系的学说。由于环境侵权案件具有长期性、潜伏性、复杂性、广泛性和科技性等特征，决定了环境侵权因果关系判断的极端困难性。为此，中外关于环境侵权因果关系判断的诸多学说应运而生。现择其要者评述之。

1.优势证据说。有学者写道：是指在环境诉讼中，在考虑民事救济的时候，不必要求以严格的科学方法来证明因果关系，只要考虑举证人所举的证据达到了比他方所举的证据

① 准确地说"公害"并非一定侵害环境权。损害了"环境生态功能"的"公害"，当然就构成了侵害环境权。但在现实中，绝大多数"公害"仅构成环境侵权，而不构成侵害环境权。

更优。在环境诉讼中原告在证明损害是由被告的有害物质引起的过程中，由于受科学技术和医学发展的限制，有些因果关系的联系必定无法提示，只须证明二者之间的可能性联系，而且这种可能性联系只要大于 50%，原告则 100% 胜诉，相反，如果认为这种可能性小于 50%，原告则得不到赔偿。①

显然，该说中的"优势"不知何指？是指一方当事人的证据证明力优于对方呢？还是指存在因果关系的可能性大于不存在因果关系的可能性呢？实属判断标准模糊。

2. 比例规则说。有学者云：又称比例赔偿，就是根据侵权行为人对受害人造成损失的原因力的大小，来认定其承担赔偿责任的比例。②

该说存在两个问题：(1) 该说所云并非因果关系的判断问题，而是赔偿责任承担比例的判断问题。表现出该说理论目标漂移。(2) 该说有将只能作有或无判断的因果关系量化之嫌。实际上，因果关系是无从量化的。因为，即便在某损害存在多个原因的情况下，有各个原因的原因力大小问题，也不是每个因果关系本身的大小问题。

3. 盖然性说。有学者说，其主要内容是：(1) 因果关系的举证责任在形式上仍由原告受害人承担；(2) 被告若不能证明因果关系之不存在则视为因果关系存在，以此实现举证责任的转换，习惯上称为事实推定理论；(3) 只要求原告在相当程度上举证，不要求全部技术过程的举证。所谓相当程度的举证，即盖然性举证，在侵权行为与损害之间，只要证明"如无该行为，就不致发生此结果"的某种程度的盖然性，即可推定因果关系的存在。因此，受害者只需证明如下二者：a) 行为人排放的污染物质，到达损害发生地区而发生作用；b) 该地区有多数同样的损害发生。法院可据此推定因果关系的存在。除非被告能举出反证来证明因果关系不存在，否则就不能免除民事责任。③ 在谈到该说的局限性时，又有学者写道：首先，此论虽减轻了原告的举证责任，但同时也给被告人排除因果关系提供机会，比如当被告的反证也达到盖然性的时候，这时候使法官处于两难的境地。其次，原告举证责任的减轻程度如何量化，也是一个难题，不量化又容易给法官滥用权力提供借口。④

该说提出了一个全新的"盖然性"判断规则或方式，是值得肯定的。但学者在阐释该说中暴露出许多问题：(1) 将举证责任、举证责任分配（即谁负举证责任）、举证责任的转换、推定等并非因果关系判断标准的内容直接阐述为学说的内容，显然有概念混乱之嫌，使盖然性含义模糊，也使因果关系理论目标不清。(2) 将"事实推定"用于因果关系的判断有悖逻辑。因为，就事实推定而言，之所以能从 A 事实的存在推定出 B 事实也存在，其潜在的基础就是 A 与 B 之间的常态联系，而这种常态联系的实质就是 A 与 B 之间的

---

① 参见叶明：《试论环境侵权因果关系的认定》，载《广西政法管理干部学院学报》，2001 (4)。
② 参见曹明德：《环境侵权法》，178~179 页，北京，法律出版社，2000。
③ 参见曹明德：《环境侵权法》，178~179 页，北京，法律出版社，2000。
④ 参见叶明：《试论环境侵权因果关系的认定》，载《广西政法管理干部学院学报》，2001 (4)。

因果关系。所以，要用事实推定来得出基于推定的基础事实——因果关系，是违反逻辑的。（3）该说同时提出了盖然性判断的两个标准——"如无该行为，就不致发生此结果"和"a）行为人排放的污染物质，到达损害发生地区而发生作用；b）该地区有多数同样的损害发生。"那么，到底应依哪个标准判断呢？没有答案。显然，错误就出在没有弄清两"标准"的关系，其根源在于因果关系理论体系的缺失。（4）关于"当被告的反证也达到盖然性的时候，这时候使法官处于二难的境地"的阐述，更表明了有关学者对"盖然性"概念把握的模糊。实际上，所谓盖然性判断就是法官综合考察正反两方面的全部证据后，作出的存在因果关系的可能性大小的判断，所以不存在原告的正的盖然性与被告的反的盖然性再比较的问题。同时，该学者还提出"原告举证责任的减轻程度如何量化，也是一个难题"，既然该说已定出了前述的"a）"、"b）"两项具体的评判标准，怎么又会"是一个难题"呢？这表明该学者又混淆了原告负有证明"a）"、"b）"两个案件事实的举证责任与原告不负有证明因果关系存在的举证责任两者之间的关系。归根到底，上述错误都与相关概念模糊、因果关系理论目标不清、理论体系缺失有关。

4. 疫学因果说。有学者阐明：是指就疫学上可能考虑的若干因素，利用统计的方法，调查各因素与疾病之间的关系，选择相关性较大的因素，对其作综合性的研究，以判断其与结果之间有无联系。判断疫学因果关系的四个相互关联的依据为：该因子在发病前存在且是有作用的；该因子作用的程度越显著，则该病患者的比率越高；该因子在一定程度上被消除，则该病患者的比率及病重程度下降；该因子作为原因而起作用的机械论务必与生物学的说明不发生矛盾。这种学说并非具有完全的证明力，但比之盖然性因果关系说，由于能够提出一种具体的标准供法官把握，因此更为科学。[①]

该说提出了四个具体的判断依据，无疑增强了可操作性，是值得肯定的。然而，为什么具备这四个依据就足以判断存在因果关系呢？显有逻辑上的不周严之感。其实，这四个依据就是判断盖然性达到较高程度的依据。换言之，所谓疫学因果说不过是判断盖然性的一个方法而已，并非是与盖然性说位次并列的学说。可见，该学者之"这种学说……比之盖然性因果关系说……更为科学"的表述，仍是一种误解，其根源还是环境侵权因果关系理论体系的缺失。

5. 间接反证说。有学者这样表述：又称举证责任倒置。按传统的因果关系理论及证明规则，应由受害人对因果关系之存在进行充分的证明，但根据间接反证法，如果受害人能证明因果关系锁链中的一部分事实，就推定其他事实存在，而由加害人承担证明其不存在的责任。受害者只需证明：（1）加害人具有排放污染物质的行为；（2）受害人曾接触或暴露于污染物质；（3）受害人在接触或暴露于污染物质之后受到损害（如生病）。在受害人对因果关系的大致框架进行证明后，举证责任便转移到被告一方，由被告证明因果关系的

---

① 参见常纪文：《环境法律责任原理研究》，220 页，长沙，湖南人民出版社，2001。

某一锁链不存在并进而证明因果关系不存在。否则，即推定因果关系存在。①

该说提出受害人只需证明部分事实，然后以推定方式证明其他事实（这里的其他事实不包括因果关系事实本身）也存在的思路，无疑是有益的。但首先，从证明因果关系角度看，显然该说仍只是盖然性说的一种证明方法而已，亦非是与盖然性说位次并列的学说；其次，该学者的表述，显然将受害人对侵权行为、损害事实的证明混同于对因果关系的证明，从而连续两次犯了"偷换概念"的错误。第一次，将被告负担的证明被推定出的其他事实不存在的举证责任"偷换"成了证明因果关系不存在的举证责任；第二次，将前后两个推定的对象也"偷换"了。再次该说之表述，仍然暴露出相关概念的混乱。之所以如此，与环境侵权因果关系理论目标模糊及理论体系缺失都有关系。

通过以上评述，笔者将目前环境侵权因果关系理论探讨中存在的误区概括为：

1. 理论目标不明确。表现在对要解决的问题飘浮不定，各学说中既有因果关系判断问题，又有法律责任分担问题，还有举证责任分配问题等。

2. 相关概念认识模糊且纠缠不清。表现在：对"盖然性"概念认识模糊，以致有正、反盖然性势均力敌之忧；对因果关系概念认识模糊，以致有欲将因果关系量化之嫌；对举证责任、举证责任分配、举证责任倒置、举证责任转移（实为提供证据责任在双方当事人间的转换）、推定等概念认识模糊，以致使它们与因果关系的判断问题混为一谈，纠缠不清；等等。

3. 法理错误。表现在：出现欲用事实推定来得出基于推定的基础事实——因果关系，这样违反逻辑的现象；将被害人负有证明损害事实的举证责任与其不负有证明因果关系存在的举证责任混为一谈；等等。

4. 理论体系缺失。表现在：各学说"各自为政"，未能认识各说"标准"之间的关系，以至于面对"如无该行为，就不致发生此结果"标准、盖然性说中的"a）""b）"标准、疫学说中的四依据标准、间接反证说中的若干要素标准等众多"标准"，有令人无所适从之感。

（二）环境侵权因果关系理论探讨之目标

1. 环境侵权因果关系理论探讨的目标是事实上和法律上两个层次因果关系的判断标准问题

研究侵权法上因果关系理论的目的，在于为司法实务中对因果关系的认定更能准确地反映事物的实在提供理论帮助。固然，因果关系本身是客观的，但对于这种客观性的认定却不能不受到人类现实认知能力和知识水平的限制。特别是在认定侵权行为因果关系时，更无可避免地面临着法的价值判断这一主观因素对认定结论的影响。侵权行为法上因果关系认定理论的研究正是在充分认识因果关系本身的客观属性与因果关系认定所带有的主观

---

① 参见张新宝：《中国侵权行为法》，350页，北京，中国社会科学出版社，1995。

成分的前提下，力图为侵权行为的主观认定建立客观标准。该标准包括两个方面的内容：一是客观事实认定的标准，二是法的价值判断在其中作用程度的标准。换言之，即侵权行为法上因果关系理论要解决的问题有二：第一是确立认定侵权行为与损害结果间事实上存在因果关系的一般标准；第二是确立出于归属法律责任目的的考虑，允许法的价值判断对该事实状况进行相应缩限或扩张的统一尺度，从而完成侵权行为法上因果关系的认定，确定侵权责任的成立及确定侵权责任范围的双重使命，实现因果关系认定的科学与公正。①

面对这一理论任务，普通法系国家与大陆法系国家采取了两种截然不同的思路。普通法系以两分法的方式，分两步解决了侵权行为因果关系的认定问题。即将因果关系分为事实上因果关系和法律上因果关系分别进行认定。大陆法系则采取综合方法，将上述两个标准融合成单一的法律原则，直接将符合法目的的事实因果关系认定为侵权行为因果关系，使侵权行为法上因果关系认定得以一次完成。

由于普通法系的两分法思维，具有条理清晰，理论内涵晓畅实用，证明方法简便快捷，易于理解、掌握和应用等优点，而大陆法系的综合方法，极度抽象的逻辑程式常令人感到晦涩难懂，高度概括的思维体系往往对社会实际产生疏离，其不得不通过理论解释及类推适用的方式将生活中的各种事实关系一概收入一般性原则的适用领域的做法，又常让人有牵强附会之感。所以，笔者认为，在环境侵权因果关系的认定方式上采普通法系的两分法为宜。

又由于事实上因果关系仅是法律上因果关系的前提，法律上因果关系才是承担侵权责任的构成要件。这就决定了环境侵权因果关系理论应将事实上和法律上两个层次的因果关系的判断标准都作为自己的探讨目标。

2. 环境侵权因果关系理论探讨的目标是纯粹的判断标准问题

作为环境侵权因果关系理论的目标，不论是对事实上还是法律上因果关系判断标准的探讨，都应仅仅限于判断标准问题。对事实上因果关系而言，就是探求作为客观事实存在的事物间因果关系的判断标准；对法律上因果关系而言，就是探求作为法律政策考量的因果关系的判断标准。绝不能将因果关系的判断标准问题与证明主体（即谁来证明）、举证责任、举证责任倒置、提供证据责任的转换、推定、法律责任分担等相关问题混杂在一起。否则，必然使理论探讨的目标模糊不清，从而使环境侵权因果关系理论走入死胡同。

（三）建立环境侵权因果关系理论体系及判断标准之构想

现在，学界在对环境侵权因果关系理论探讨中似乎存在一种倾向，即仅孤立地关注具体判断标准或方法的探索，而忽视了将各种判断标准或方法置于整个因果关系理论体系中进行考察。这一研究倾向带来的后果已如前述误区所显现。因此，各种情形下的因果关系

---

① 参见王旸：《侵权行为法上因果关系理论研究》，载《民商法论丛》第11卷，556页，北京，法律出版社，1999。

判断标准和具体方法都必须置于完整的理论体系中予以安排。这样，才能明晰它们之间的相互关系，既克服"各自为政"之弊端，又避免在适用上相互侵轧，从而使应有的理论指导功能得以良好地发挥。通过对两大法系传统侵权法因果关系理论及新兴的环境侵权因果关系各学说的全面考察，笔者认为，构建以下"一横一纵"式的包含各种判断标准和方法在内的环境侵权因果关系理论体系，是合适可行的。所谓"一横"，即对单一因果关系的环境侵权、复合因果关系的环境侵权等不同情形应横向并列地设定不同的因果关系判断标准。所谓"一纵"，即每一情形环境侵权因果关系的判断都应分为事实上因果关系和法律上因果关系两个层次进行。具体阐述如下：

1. 环境侵权事实上因果关系的判断标准

为了便于借鉴，有必要先对一般民事侵权因果关系理论作简要考察。

（1）一般民事侵权事实上因果关系的判断标准。

1）单一因果关系一般民事侵权中事实上因果关系的判断标准。

所谓单一因果关系，概括而言就是一个原因对应一个结果的因果关系表现形式。此种表现形式又可以依据不同的标准进一步细分为不同的类型。以主体为标准，其可以分为一因一果型、多因一果型、多因多果型、一因多果型。一因一果型是指由一个主体所实施的原因行为产生一个结果。多因一果型是指由多个主体共同实施的原因行为产生了一个结果。多因多果型是指由多个主体共同实施的原因行为产生的结果涉及多个主体。一因多果型是指由一个主体实施的原因行为产生的结果涉及多个主体。以客体（即作为或不作为的侵权行为）为标准，也可以将其分为一因一果型及多因一果型。这里所说单一因果关系指的是作为原因和结果的现象在质量上的单一，而并非仅指其在数量上的单一。换言之，亦即无论作为原因的现象是一个还是多个，它们各自单独作用均不足以导致结果的产生，而只有它们共同作用、尽数完成时始有结果的相应而生。这里不管我们对单一因果关系的类型如何划分，有一点是必须要明确的，即在单一因果关系中，作为原因或结果的主体或现象无论是单数还是复数，其分别都不能单独被冠以原因或结果的称号，而是被共同视作一个单一原因或结果。因而该种表现形式被称为单一因果关系。[①]

对单一因果关系一般民事侵权中事实上因果关系的判断，传统上采普通法系的必要条件说。即以"如果没有 X 之发生就必然不会有 Y 之发生"这样一个通常被称为"要不则无"的判断标准。[②] 其在原因认定时首先建立这样一个反诘，如果没有侵权人之侵害行为，损害结果有无发生之可能？如果答案是否定的，则侵害行为是损害结果的原因；反之，侵害行为与损害结果无关。

---

① 参见王旸：《侵权行为法上因果关系理论研究》，载《民商法论丛》第 11 卷，465 页，北京，法律出版社，1999。

② 参见王旸：《侵权行为法上因果关系理论研究》，载《民商法论丛》第 11 卷，482～483 页，北京，法律出版社，1999。

2）复合因果关系—一般民事侵权中事实上因果关系的判断标准。

与单一因果关系相对应，所谓复合因果关系是指多个原因对应一个结果的因果关系表现形式。必须明确的是，这里的多个原因是指分别单独均足以造成该结果产生的原因。

对复合因果关系—一般民事侵权中事实上因果关系的判断，传统上采普通法系的实质要素说。该说之核心论点在于，只要侵权人的侵害行为是损害发生的充分条件，即"有 X 之发生就必然有 Y 之发生"，而不问其是否符合"要不则无"标准，该侵害人之侵害行为即被认为是损害结果之事实上的原因。① 值得注意的是，该说不仅可以用于包括侵权人的侵权行为在内的两个以上之因素分别单独均足以造成性质相同之损害结果产生这样一类案件的因果关系判断，而且可以用于侵权人的侵权行为对损害之发生起着明显促成作用的一类案件的因果关系判断。

（2）环境侵权事实上因果关系的判断标准。

环境侵权作为极特殊的一类侵权，由于其长期性、潜伏性、复杂性、广泛性和科技性等特点，使其因果关系的判断较之一般侵权领域更加困难。因此，创设新的、能适应环境侵权特殊性要求的因果关系判断标准在所必然。笔者认为，用盖然性规则变造传统标准以确立环境侵权因果关系的判断标准不失为可行之方法。为此，需首先明确"盖然性"的含义。

所谓盖然性规则，是指由于受到主观和客观上的条件限制，司法上要求法官就某一案件事实的认定，依据庭审活动对证据的调查、审查、判断之后形成相当程度上的内心确信的一种证明规则。② 可见，严格地说，盖然性规则本身并不是一个判断标准，而仅是一种证明规则。该规则的科学性根源于这样一种信念：事物间的因果关系是世界恒有规律的一般反映。它是客观的，独立于人的意识之外，不以人的意识为转移的。而人们对于因果关系的认识必然受到人类认知水平的局限，人类没有能力对事物间纷繁杂芜的自然联系遍览无遗，因而人们只能凭藉现有的知识积累，根据不完全的外部信息，对事物间的因果关系作出大概的判断。质言之，人们所作的因果关系判断实际上只能是一种可能性的判断。

对于该规则的应用，两大法系存在偏差：普通法国家热衷于"盖然性占优势"的评判。即它是从一方当事人在举证效果上处于一种优势，而相对一方当事人的举证效果处于一种劣势，使得事实审理者在心证上形成对优势方当事人主张更趋相信的较大倾斜的判断。而大陆法系则侧重于事物发展的内在性，即法官对事实的认定并非完全着眼于双方当事人通过证据来加以攻击与防御，从而使一方以优势的明显效果使事实自动显露出来，而主要是靠法官通过对各种证据的调查、庭审活动的开展所直接形成的一种心证，当这种心

① 参见王旸：《侵权行为法上因果关系理论研究》，载《民商法论丛》第 11 卷，482～483 页，北京，法律出版社，1999。
② 参见罗玉珍、高委主编：《民事证明制度与理论》，635 页，北京，法律出版社，2002。

证在内心深处达到相当高度时，便促使法官对某一案件事实加以认定。有学者还根据心证的程度将"盖然性"分为三个等级——初级盖然性，心证强度为 51%～74%，表明事实大致如此；中级盖然性，心证强度为 75%～84%，表明事实在一般情况下如此；高级盖然性，心证强度为 85%～99%，表明事实几乎如此。①

此外，在对"盖然性"的认识和理解上，学理和司法实践中还存在下列不同的方式和角度：1) 从证明责任分配的角度来认识"盖然性"。如台湾学者陈荣宗认为："……所以在举证责任分配之设计上，应归主张事实盖然性低之当事人负举证责任。"② 显然，这与我们所讨论的心证程度上的盖然性存在距离。2) 从逻辑推理的角度来看待盖然性。如有学者认为"构成归纳结果或推理前提内容的仅是一种具有一定程度或频度的可能性。这种可能性在学术上一般称为'盖然性'"③。

通过以上分析，笔者认为，所谓盖然性，应采大陆法系上的概念，即侧重于事物发展的内在性，由法官通过对各种证据的调查、庭审活动的开展所直接形成的一种心证，当这种心证在内心深处达到相当高度时，法官便可对某一案件事实加以认定。简言之，盖然性就是对案件事实认定的某种心证程度，对因果关系的判断而言，盖然性就是判定因果关系存在的某种心证程度，而应当排除对"盖然性"的其他理解。

鉴于环境侵权的极端特殊性，为体现法律对受害人的特殊保护，也为了有效地遏制此类侵权行为的发生，笔者认为，在证明环境侵权因果关系存在时有必要降低心证程度，采前述的初级盖然性为宜。质言之，只要因果关系存在的可能性大于不存在的可能性，就可认定因果关系存在。

据此，前述的两个判断标准可分别变造为"如果没有 X 之发生就不会有 Y 之发生的初级盖然性"和"有 X 之发生就有 Y 之发生的初级盖然性"，以分别作为单一因果关系和复合因果关系的环境侵权的因果关系的判断标准。即在单一因果关系的环境侵权中，如果没有 X 之发生就不会有 Y 之发生的可能性，而且这种可能性只需达到 51% 以上，则认定 X 与 Y 之间有因果关系；在复合因果关系的环境侵权中，有 X 之发生就有 Y 之发生的可能性，而且这种可能性只需达到 51% 以上，则认定 X 与 Y 之间有因果关系。

至于本节第一部分中引述的所谓盖然性说中的 a) b) 标准、疫学说中的四依据标准、间接反证说中的若干要素标准等等，实际上都仅仅是判断是否达到"初级盖然性"的具体方法而已，它们本身均不是因果关系的判断标准。具体的判断方法还可以不断探索、创造。比如，可以变造疫学说以适应非群体受害之情形的判断需要等。即所谓，标准只能有一个，方法可以有许多。

2. 环境侵权法律上因果关系的判断标准

如前所述，环境侵权法律上因果关系的认定是出于归属法律责任目的考虑的法律价值

---

① 参见李浩：《民事诉讼证明标准的再思考》，载《法商研究》，1999 (5)。
②③ 罗玉珍、高委主编：《民事证明制度与理论》，641～642 页，北京，法律出版社，2002。

上的评判。因此，它的评判标准又是一个纯粹的法律价值取向问题，是一国之法律政策问题。对此，综观两大法系各学说，笔者认为，普通法系之"可预见说"较好地体现了法律之公平内涵，符合公众之正义情感。它既避免了行为人承担超出其合理预见的毁灭性法律负担，又使受害人之受损利益得到了最大限度的补偿。因此该说是值得借鉴的。

可预见说认为：对一个构成事实上原因的行为，如果损害结果是在行为人能够预见的范围内，该行为便构成法律上的原因。其理论根据是，任何人都应当和能够预计他可能承担的责任范围。预见性的判断标准自然是该说的核心，实际上它也就是法律上因果关系的判断标准。该说认为，可预见性的判断标准应当基于一个比较适中的立场。也就是说既要避免可预见性界定的过分宽泛，又要防止可预见性界定的过分狭窄。因此提出：（1）从预见主体看，以"凡处于被告当时情况下的正常理智之人可以预见到这一点"为准；（2）从预见范围看，"可预见损害者符合事物发生、发展一般状态之损害也"①。即只要损害结果是在事物发展的大致趋向内，都属于行为人可预见的范围，而不要求行为人在行为时对其行为结果的形式、内容、程度具备准确的预知。著名的"蛋壳脑袋案"就是该预见范围的最好注释。即受害人个人的特质使得其所受损害程度异常严重，此损害程度的不可预见不能否定损害本身之可预见性。

可预见说在对后来损害（ulterior harm）的法律上原因的认定见解独到。这一点对环境侵权法律上因果关系的判断尤其具有理论指导意义。所谓后来损害，是指实际成因于侵权人行为之后，独立于侵权人行为之外的第三因素的作用而发生的损害。对此，该说认为：第三因素可分为独立于侵权人的第三人的自由意志行为和区别于侵权人行为的突发事件两类。第三人的自由意志行为又可分为过失行为和故意行为两种。一般地，第三人过失行为及突发事件只要符合侵权人行为所至之初级损害通常可能被利用的形式，其损害就被认为对侵权人具有可预见性。即侵权人的行为是该损害法律上的原因。而第三人故意行为只有在该故意行为于侵权人实施行为之特定环境为普遍现象时，其损害始为侵权人行为之可预见损害，即侵权人的行为仍是该损害法律上的原因。相反，第三人故意行为在侵权人实施行为之特定环境不为普遍现象时，该第三人故意行为对侵权人行为起到了抵消作用，切断了原有因果链条，成为替代原因，单独成为损害结果的法律上原因。

正如一位美国学者所说："在（因果关系）这个问题上，凡是值得说的都已经说了，很多不值得说的也已经说了，近因（proximate cause）仍然是一团乱麻和一堆荆棘，一个令人眼花缭乱、扑朔迷离的领域。"② 环境侵权的非常特殊性，使得其因果关系的判断更加扑朔迷离。因此，本专题之见不过冰山一角，对这一问题的研究，学界仍任重而道远。

---

① 王旸：《侵权行为法上因果关系理论研究》，载《民商法论丛》第 11 卷，492 页，北京，法律出版社，1999。

② 王家福主编：《中国民法学·民法债权》，476 页，北京，法律出版社，1993。

【推荐阅读文献】

1. 蔡守秋. 环境政策法律问题研究. 武汉：武汉大学出版社，1999

2. 周珂. 环境法. 北京：中国人民大学出版社，2003

3. 王灿发主编. 环境纠纷处理的理论与实践. 北京：中国政法大出版社，2002

4. 陈泉生. 环境法原理. 北京：法律出版社，1997

5. 张梓太. 环境法律责任研究. 北京：商务印书馆，2004

6. 曹明德. 环境侵权法. 北京：法律出版社，2000

7. 周训芳. 环境权论. 北京：法律出版社，2003

8. 王明远. 环境侵权救济法律制度. 北京：中国法制出版社，2001

9. 常纪文. 环境法律责任原理研究. 长沙：湖南人民出版社，2001

10. 江平主编. 民法学. 北京：中国政法大学出版社，2000

11. 杨立新. 侵权法判例与学说. 长春：吉林人民出版社，2003

12. 张新宝. 中国侵权行为法. 北京：中国社会科学出版社，1995

13. 罗玉珍、高委主编. 民事证明制度与理论. 北京：法律出版社，2002

14. 范进学. 权利概念论. 中国法学，2003（2）

15. 朱谦. 论环境权的法律属性. 中国法学，2001（3）

16. 谷德近. 论环境权的属性. 南京社会科学，2003（3）

17. 徐祥民. 环境权论. 中国海洋大学法学院论文集，2003

18. 邹雄. 对民事诉讼举证责任若干问题的思考. 西南政法大学学报，2004（2）

19. 林莉红. 行政救济基本理论问题研究. 中国法学，1999（1）

20. 王旸. 侵权行为法上因果关系理论研究. 民商法论丛，第11卷，北京：法律出版社，1999

环境立法问题研究

一、我国环境立法存在的若干"缺陷"

党的十一届三中全会以来，经过二十多年的不懈努力，我国的环境立法取得了举世瞩目的重大成就。至 2007 年，我国解决主要环境问题已经基本上做到有法可依。在这个形势下，如何提高环境立法质量，已经成为环境立法工作面临的主要矛盾。下面，笔者集中对我国环境立法存在的主要"缺陷"进行归纳总结，以期探寻完善我国环境立法的基本进路。

所谓环境立法质量，是指环境法律适应环境与资源保护工作的实际需要与现实可能，合理平衡社会各方利益，并便于实施的状况。如果基本上达到"是"的要求，可以说环境立法质量较高，反之则立法质量较低。立法质量较低，就是法律有"缺陷"。只有提高立法质量，克服法律"缺陷"，才能有效促进和保障环境与资源保护工作，维护人民的根本利益。

根据上述标准，可以认定我国环境立法多数达到了立法质量的基本要求。但是，目前仍然有相当数量的环境法律存在这样或者那样的"缺陷"。

表现之一：项目安排欠妥。

在适当的时机制定社会所需要的法律，是正确开展立法工作的前提。但是有的机构在制定立法规划和计划时，没有选择那些问题突出、人民群众最为关心的热点和难点问题，而是根据某些行政主管部门的要求或者某些领导同志的偏好，选择了某些问题不够突出、人民群众感觉不是很紧迫的立法项目。其结果是"该立的未立，不急于立的却早早出台了"。还有的立法项目，在指导思想上就是为了追求部门利益，其行动目标与保护环境的实际需要相距甚远。

表现之二：回避重大问题。

环境立法，应当有针对性地解决影响我国环境与资源保护的重大问题。但是，有的机构在起草或者审议事关全局的重要环境法规时，一遇到争议，就采取回避矛盾的态度，使制定出来的法规既无大害也无大用。

还有的法规明显缺乏针对性。例如某地，在全国性的环境法律出台后，制定了实施该法的细则，但仔细研究，发现其基本上是照抄照搬全国性法律，缺乏针对性和本地特色。

表现之三：规范力度不够。

法律应当有极大的权威性，对违法者和违法行为，应当有"锋利的牙齿"。但是有的环境法规，对严重超标排放污染物的企业，温情脉脉，爱护有加。有人形容有的环境法律是"软法"、"豆腐法"，是"宣言式"法律。其他的环境法律，也在一定程度上存在"宣言性"、"口号式"规定过多的问题。显然，用这样的法律同严重破坏环境的行为作斗争，是难以大见成效的。

表现之四：过度追求"统一"。

立法应当从实际出发，正确把握时机，宽严适度。实践中有的机构制定法规，在各方面的条件尚不具备时，就对全国所有地区的企业都提出了严格的污染治理要求。对经济不发达地区的一些企业而言，即使经过极大努力也无法实现这些目标。这类过于"超前"的法律，显然难以实施。

表现之五：难以实际操作。

环境法律应当有很强的可操作性。但是有的环境法律，对主体规定了义务，而对其不履行义务时如何追究法律责任，却没有了下文。还有一些环境法律，虽然提出了实体性要求，却没有程序性的规定与之配套，结果形成"空中楼阁"，好看而不中用。

下位法不依照上位法的要求制定配套性法规，往往使法律的规定难以操作。例如，原大气污染防治法对机动车污染的监督管理作了规定，并明确要求有关机关要制定配套法规具体落实。但是在该法律生效八年之时，有关机构由于种种原因还未制定配套法规，致使该规定在执行中"落空"。

表现之六：放任排污主体。

保护环境是所有自然人和法人的共同责任。但是有的法律只对国有企业提出环境保护要求，而对其他所有制企业以及个体户和公民个人，要么放任不管，要么照顾迁就。这种以所有制为标准进行区别管理的做法，显然纵容了一些非国有单位污染环境、破坏生态。

表现之七：权利义务失衡。

法律的基本特性是权利与义务相一致。但是有的环境法律，对行政管理人（行政主管部门）的权利设定过多，而赋予行政管理相对人（主要是老百姓和被管理的企业、事业单位和其他社会组织）的权利过少；强调行政管理相对人的义务多，设定行政管理人的义务少，从而使环境立法规定的权利义务不够平衡。这不仅压抑了广大人民参与环境保护事业的积极性，而且也难以真正提高行政效率。这种部门利益色彩严重的法律，必然引起人民的不满意。

表现之八：内容陈旧落后。

法律应当与时俱进，反映时代要求。但是有的机构，时至今日还在要求强化计划经济体制下的行政审批方式，这显然与时代格格不入。

法律反映时代要求，又是一个相对的概念。有些在计划体制下一些很"管用"的法律措施，在社会主义市场经济条件下就难以适应了。所以，现行法律中反映计划体制下管理需要的一些内容，应当根据时代的需要加以修改。

表现之九：表述模糊不清。

法律语言应当简洁扼要，明确规范、严谨一致。但现在有些规定，表述模糊，概念不清。人们阅读之后，不明就里，既可以这样理解，也可以那样理解，遇到纠纷时，双方各执一词，人民法院判案时无所适从。

表现之十：法规之间冲突。

建立和谐有序的法律体系是社会主义法制建设的内在要求。但在目前，有的下位法公然抵触上位法的规定，使法律的尊严受到侵犯。例如有的地方制定土地管理方面的法规，擅自扩大本地政府审批占用耕地的权力；还有的地方擅自规定农村集体所有的土地可以对外商出让、出租；还有的地方在征收排污费、处罚企业的权限等方面"突破"了法律的限制。

在实践中，还有另外一种致使环境法律"失效"的情形，笔者称之为"法律逆向调节"。例如现行《土地管理法》、《农业法》、《基本农田保护条例》，对保护基本农田作了重要规定，我们曾自豪地将其称之为是"世界上最严格的土地管理制度"。但是，一些地方在工作中却依据"其他文件"的规定，违法占用耕地、甚至占用大量基本农田搞开发区建设。这里所称"其他文件"，是指环境资源法律法规之外的其他法律、法规和其他文件。这些"其他文件"往往比土地管理法律更有"权威"。1998年新土地管理法生效实施后，耕地占补平衡的目标不但没有实现，反而迎来了一些地方乱占耕地、乱占基本农田、乱建开发区的新高峰，成为土地资源立法和实施中的一大尴尬。

"法律逆向调节"问题已经突破了个别环境立法"缺陷"的问题，上升为宏观性、整体性的环境立法"缺陷"，它比个别环境法律的"缺陷"，范围更广泛、时间更持久、影响更恶劣。

凡此种种，不一而足。环境法律"缺陷"情形的大量存在，不仅严重影响了我国环境法律的权威，影响了环境法律制度的实效，而且影响了我国环境污染和生态破坏等问题的及时有效解决，必须引起高度重视。只有认真解决环境法律自身的"缺陷"，才能为环境法律的全面实施创造有利的条件。

二、环境立法"缺陷"的成因

兹将环境立法"缺陷"的成因分析如下：

（一）思想观念原因

1. 指导思想有误

有的部门起草法规，在指导思想上不是为了人民的利益和国家稳定，而是与民争利，与其他部门争权夺利。还有的部门领导同志在哪个位置上工作，就认为哪里的工作最重要，因而千方百计为本部门争利益，在本部门内部争"选票"。用这样的思想指导法规的起草，显然不可能制定出人民满意的、高质量的环境法规。

2. 观念不合时宜

有的同志起草和审议环境法规草案，没有认真学习和深刻领会党和国家新的环境资源保护方针，没有与时俱进、更新观念，还在用过去的老知识、老经验办事。有的同志认为，还是计划经济时代的行政命令、行政审批手段管用，对于市场经济体制下的经济手段往往采取不屑一顾的态度。

还有的同志过于强调法规的稳定性，在我国经济体制已经发生巨大变化的形势下，依然对环境法规的修改，不积极，不支持。

3. 环境意识不足

目前，我国决策机关有相当一些同志，环境意识有待提高。在他们的内心深处，依然有着强烈的"先污染、后治理"、"先上车、后补票"的思想。他们片面理解"发展才是硬道理"的科学论断，认为发展就是经济增长，认为现阶段环境保护工作就应当为经济增长让路，甚至认为"先污染、后治理"是经济发展的"普遍规律"。表现在环境法规的制定中，总是过分迁就那些高污染企业的不合理要求，导致一些环境法律成为空洞的"口号"和"宣言"。

4. 立法急于求成

立法急于求成，这是环境立法指导思想不正确的另一种表现。有的同志在起草和审议环境法律草案时，对解决环境问题心情迫切，但对现阶段的国情、省情却了解不够，对治理环境问题的难度估计不足，急于求成，这是一些"超前"规定得以出台的重要原因。

（二）立法机制原因

1. 立法准备阶段

在我国立法准备阶段非常重要，在这个阶段也容易出问题。例如，政府部门的官员长期从事某领域的具体管理工作，精通业务，了解实际操作的关键和问题症结所在，由他们起草法规草案可以有的放矢地解决实际问题。缺点在于，他们往往为本部门的权力和利益考虑过多，所起草的法律草案往往有着过多的部门色彩。由于这种局面将长期存在，必将长期影响环境立法的质量。

政府部门完成起草法律法规草案的任务后，要送交政府法制机构进行审查，然后提请政府常务会议审议。如果在政府法制机构审查法律法规草案的阶段，由于种种原因出现其有关负责人员严重偏袒某一部门的情形，就有可能强化或者保留部门利益的内容，从而成为"部门利益"的支持者。

此外，一些立法项目之所以选择失当，与某些领导者有较强的个人偏好，而民主制约机制又不够完善有一定关系。

2. 人大常委会审议阶段

全国人大常委会每年专门审议法律草案的时间不足 30 天，平均每次常委会审议法律草案的时间不超过 4 天，面对繁重的立法任务，审议时间显然过少。

很多委员兼职化，甚至身兼数职，他们不但没有足够的时间认真阅读有关的立法文件，甚至有些委员连出席审议会议的时间都不能保证。

常委会征求全民对法律草案的意见，目前无规范。哪些必须征求全民意见，哪些不必征求，没有明确的准则。

目前立法机关较少开展对法律草案的听证，人民群众与常委会委员之间的交流渠道不畅，加之常委会委员没有固定的立法助理人员，往往很难弄清法律草案的矛盾焦点所在。

人民代表大会专门委员会在立法中发挥应有的作用，是提高环境立法质量的关键之一。与法制建设的实际需要相比，我国人大专门委员会的工作现状显然不够适应。例如，专门委员会委员多数为兼职，缺乏立法工作的专业背景；工作人员数量不足，整体素质有待提高；等等。

对审议中出现的重大分歧意见，有关领导或机构组织协调不够，使一些法律条款中常常隐藏着部门职责不清等潜在的矛盾。

3. 关于法规之间的矛盾冲突

一些违反上位法的规定之所以长期存在，与上级立法机关的立法监督无力密切相关。上级立法机关对违法的下位法不行使撤销权，必然会影响法制的统一。但是，有的法律虽早已落后于时代，但立法机关却长期不作修改，也是一些地方"因工作需要不得不采取突破措施"的借口之一。

4. 关于决策机制的若干矛盾

第一，立法机关在制定一部新法规时，有时对如何清理过去相关的法律法规，如何扫清环境法律实施中的障碍，如何有效地解决法律之间的冲突，考虑不多，对策不力。

第二，对法律可以规定的内容，限制过多。根据我国起草法律的惯例，法律一般不得规定诸如机构设置、经费保障等实质性内容。所以，在一般情况下，环境立法只能浅层次地解决影响环境与资源保护的一般问题，只能是"头痛医头、脚痛医脚"，"治标不治本"，而难以从机制上、根本上解决深层次问题。环境法律的实际地位和作用可想而知。

第三，有关政府文件对环境法律的冲击问题。我们在实践中时常遇到这样的问题，有时某项法律正在贯彻中，因政策或者党的领导人的注意力发生变化，使环境法律的执行力度受到影响。如 20 世纪 80 年代因鼓励个体采矿造成矿产资源的破坏性开采问题、90 年代因鼓励发展农村"十五小企业"①对环境的严重污染问题，均是例证。最近几年，以国内生产总值指标作为考核领导干部政绩重要标准的做法，对环境法律的实施造成很大冲击。如违反土地管理法大量占用耕地特别是基本农田搞开发区建设，就是典型的例证。哪个地方执行土地管理法保护了基本农田，那里的国内生产总值往往就比较低，领导干部的政绩往往就不够突出，职务提升往往就受到影响。这是一个值得重视的大问题。

5. 部门利益问题

法律能否有效实施，关键要看制定法律时是否做到公平合理。公平合理的法律，是法律有效实施的前提和基础。该问题的提出，与当前一些部门为谋取本部门利益而影响国家

---

① "十五小企业"，是指 1996 年《国务院关于环境保护若干问题的决定》中明令取缔关停的十五种重污染小企业，即：(1) 小造纸。年产 5 000 吨以下生料造纸。年生产能力小于 1 万吨的化学制浆造纸生产装置。(2) 小制革。年产折牛皮 3 万张以下。(3) 小染料。年产 500 吨以下。(4) 土炼焦。采用"坑式"、"萍乡式"、"天地罐"和"敞开式"等落后方式。(5) 土炼硫。土法，同炼焦。(6) 土炼砷。年产 100 吨以下土法。(7) 土炼汞。年产 10 吨以下土法。(8) 土炼铅锌。年产 2 000 吨以下土法。(9) 土炼油。无国家审批（国务院审批）。(10) 土选金。溜槽、混汞、小堆浸等。(11) 小农药。无生产许可证、正规设计。(12) 小电镀。含氰电镀，无正规设计、工艺落后。(13) 土法石棉制品。土法。(14) 放射性制品。无审批手续。(15) 小漂染。年产 1 000 万米以下。

利益的现象有关。所谓部门利益是指行政部门偏离公共利益导向，追求部门局部利益，变相实现小团体的利益，其实质就是"权力利益化"。近年来随着市场经济的发展，政府机构中的部门利益问题日益突出。在决策或履行职能过程中，有些部门过多地从本部门的利益出发，过于强调、维护与谋取本部门的利益，影响了国家决策的战略性、正确性和前瞻性，损害了社会公正与人民利益。尤其要高度关注部门利益法定化。依法行政本是社会主义法治和现代化建设的必然要求，但是一些政府机构存在着借立法来谋取、巩固部门利益的现象。如通过"职权法定"、"行为法定"与"程序法定"使部门利益法定化。有些政府部门利用本部门的资源优势，在制定有关法律草案时，千方百计为部门争权力、争利益，借法律来巩固部门利益，获取法律执行权，获得相应的机构设置权和财权。有时几个部门经反复讨价还价在"利益"上取得了一致意见，但却给地方和群众增加了过高的办事成本，使法规变得不可行。在中央提出全面建设社会主义和谐社会的形势下，这个问题到了必须认真解决的时候了。

（三）立法工作中的原因

1. 工作作风原因

例如，有些机关的负责人员深入实际不够，调查研究不细，对实践中人民群众所关心的问题，抓得不准。有的法律"缺陷"就是由于一些同志在调查研究中"走马观花"或者偏听偏信造成的。

还有的同志是为了完成立法数量而立法。有的地方搞立法是盲目"跟风"、赶时髦，中央有什么法本地就制定什么实施条例，发达地区有什么法规本地也制定什么法规。还有的同志食洋不化，言必称希腊，看到外国有什么法规就主张我国也应制定什么法规。这些照抄照搬来的法规很难适应本地实际工作的需要。

2. 工作条件原因

某国制定法律平均每一条的经费投入为五万美元，而我国有关机构起草一部法律的经费投入一般仅为几万元人民币。由于经费不足，各级人民代表大会起草法律就不得不在经费上求助于政府部门。政府部门出了钱出了力，自然提出部门的利益要求。由于缺乏必要的工作和保障条件，立法机关难以对许多重大问题进行深入的调研论证，难以拒绝"部门利益"，这是导致法律出现"缺陷"的另一个重要原因。

3. 关于工作机构的绩效考核

过去对立法工作机构和干部进行考核，往往看其一年中制定了多少法规而不重视立法质量如何。这在客观上鼓励了立法工作机构片面追求立法数量。至于立法的质量，由于实践中没有开展有效的评估，因此也就不被重视。实践中甚至出现这样的情况，有的机构为了追求立法的数量，竟然将一部法规就可以解决的事情，硬是分解制定成两部法规。可见单纯追求立法数量后果之严重。

（四）立法之外的原因

实际上，有的环境法律之所以质量不高，还可以到立法工作之外寻找原因。例如：

1. 解决重大环境问题的条件尚不具备

从当前实际情况看，我国有相当一批企业生产经营困难，无法斥巨资进行污染防治的技术改造，而如果采取关停措施又面临工人失业和社会不稳定的压力。与此同时，相当一些地方政府又不具备足够的财力解决长期积累下来的环境问题。这是一些环境法律不够严厉的客观原因之一。

2. 国情复杂，解决问题难以"一刀切"

由于我国情况复杂，各地发展不平衡，难以对所有问题都作出整齐划一的规定，所以我国的行政立法在实践中形成了独特的立法习惯。这就是，先由中央定出原则性的规定，然后再由国务院、国务院有关部门、有关地方制定实施类的条例或者细则。这种立法体制总体上有其合理性，但缺点在于，一旦上述单位在制定实施细则时遇到困难，配套法规就不能及时出台，法律的实施就会受到严重影响。环境立法也存在着这个问题。

3. 缺乏实践基础，短期难以形成全国统一的规范

有的环境立法有很强的自然科学属性。我国作为发展中国家，缺乏解决现代环境问题的实际经验，这是某些环境法律质量不高的又一个客观原因。

4. 现行财政体制对环境立法的影响

目前的"分灶吃饭"的财政体制不利于环境与资源保护工作的开展，尤其是不利于环境立法质量的提高。目前在一些地方的经济社会发展中，之所以出现诸多的人与自然不相和谐的问题，例如地方政府或明或暗地支持一些单位公然违反环境与资源保护法律，造成严重的环境污染和生态破坏，其中固然有认识原因和追求政绩多捞选票等动机，但从财政体制的角度讲，根本的原因是地方政府全力追求本地方的经济利益。在我国目前的财政体制下，地方政府所属的干部生活条件好坏，工资水平的高低，直接取决于地方政府的财政状况。而由于地方政府的财政收入又直接与经济增长速度挂钩，只有经济高速增长，才能改善地方政府的财政收入状况，也才能提高当地干部的收入水平，所以，追求经济发展高速度并不是地方首长一个人的主观愿望，而是符合当地所有干部的愿望，因而会得到当地干部的普遍支持。在这种体制下进行环境立法，很难使制定出来的法律真正"管用"，使得一些法规从制定开始就不可行。

三、提高环境立法质量之方略

为了从根本上克服环境立法的"缺陷"，切实提高环境立法质量，应当采取以下方略：

（一）明确环境立法的指导思想

坚持正确的指导思想是做好环境立法工作的根本保证。党的十六届三中全会作出的《中共中央关于完善社会主义市场经济体制若干问题的决定》，明确提出要"坚持以人为本，树立全面、协调、可持续的发展观，促进经济社会和人的全面发展"。党中央提出的科学发展观，是当前和今后进行环境立法十分重要的指导思想。科学发展观，强调在促进发展中，要"统筹人与自然和谐发展"，不仅要关注经济指标，而且要关注社会发展指标、

人文指标、资源指标和环境指标；不仅要注意增加经济增长的投入，而且要增加促进社会发展的投入，增加保护资源和环境的投入，坚持在经济发展的基础上促进社会全面进步和人的全面发展。概括地说，科学的发展观是坚持以人为本和经济社会全面协调可持续的发展观，也是以人为本、统筹兼顾的发展观。这个科学发展观是在认真分析世界经济发展趋势并总结我国改革开放以来经济发展经验教训的基础上提出来的。认真学习和贯彻科学的发展观，对于实现我国国民经济和社会的可持续发展将发挥重要作用。

科学的发展观有助于把促进经济社会发展和推进改革开放的各项工作统一起来，对提高环境立法的质量具有重大指导意义。这是因为，树立科学发展观的基础在于尊重和把握客观规律，核心在于坚持以人为本，关键在于深化体制改革，建立健康有效的引导和约束机制。过去在制定环境法律时，遇到的责难比较多，在党中央提出要树立科学的发展观后，立法机关以科学发展观作为环境立法的重要指导思想，就会相对容易统一人们的思想，因而会大大促进环境立法工作，进一步提高环境立法质量。

（二）建立科学的立法机制

1. 加强党对环境立法的领导

加强党对环境立法的正确领导，是提高环境立法质量的根本保证。特别制定涉及改革征地制度，关闭高污染企业等重大的法律行动，要及时向党中央报告，这是提高环境法律的权威性，使环境法律能够得到有效实施的重要保证。我国的法律是在党的领导下制定的，因此，严格遵守法律，依法办事，与坚持党的领导是完全一致的。

2. 坚持法制统一，坚持环境与经济发展综合决策

我国是集中统一的社会主义国家。社会主义法制的统一，是维护国家统一、政治安定、社会稳定，促进经济协调发展和社会全面进步的基础，是完善社会主义市场经济体制的重要保障。坚持社会主义法制的统一对做好立法工作至关重要。同时我们也要看到，我国各地经济、文化、社会发展很不平衡，市场经济体制还很不完善，整个国家处在改革转型的时期，法律规范之间的关系比较复杂，这就要求在坚持法制统一的前提下，建立既统一又分层次的立法制度。中国特色社会主义法律体系充分体现了这一精神，法律、行政法规、地方性法规和自治条例、单行条例都是国家统一的法律体系的重要组成部分，行政法规、地方性法规和自治条例、单行条例是对国家法律的细化和补充。坚持法制统一原则要重点坚持：一是必须依照法定权限、遵循法定程序立法，不得超越法定权限、违反法定程序立法；二是坚持以宪法为核心，任何法律、行政法规和地方性法规都不得与宪法相抵触，法律法规的规定之间要衔接协调，不能相互矛盾。同时，全国人大常委会要发挥监督的作用，按照法制统一的原则及时审查和解决下位法与上位法相抵触的问题。

3. 建立有利于环境法实施的机制

建立环境法的实施机制与提高环境立法质量是相辅相成的关系。为此，各项改革一定要配套进行。也就是说，每制定一项新的法律，立法机关一定要认真考虑，实施本法，要实现哪些立法目标？为实现该目标，有哪些阻力？社会各方利益平衡得如何？与新法律相

抵触的文件和法律法规有哪些？对这些文件和法规如何处理？在搞清情况的基础上，立法机关或者有关决策机关要协调各方，一揽子扫清与新法律相抵触的所有障碍。这是一项艰巨的工作，又是一件必须做好的工作。我国在上世纪末加入世界贸易组织之后，有关机关曾组织了对有关法律法规的清理，从中总结了很多有益的经验，环境法规的清理应借鉴这些经验。

为了从根本上提高环境法律的质量，保证其实施成效，还必须从体制、机制，从根本上清除影响我国经济和社会可持续发展的重大障碍。为此，从事环境立法工作的同志要以科学的理论做指导，要有系统思维和战略思维，要善于发现并紧紧抓住事物之间的联系与区别，要准确把握改革的时机，适时推进包括立法体制在内的政治体制改革。当前学习和落实党中央提出的科学的发展观，通过推进政府职能转变，通过建立科学有效的干部考核、选拔、任用和监督机制，可以在很大程度上促进环境法律的有效实施。

4. 加快制定配套法规

为了从根本上提高环境法律的质量，应当加快制定配套法规。法律侧重于对综合性目标、指导思想、基本原则和基本制度作出规定，而具体的操作程序和办法以及大量实施的内容则属于配套法规的规范内容，但两者均是我国法制建设的重要组成部分，不可偏废。而且，制定配套法规也是国务院及其有关部门实施法律、履行行政职能的一种重要的工作方式，因此，有关部门对待配套法规的制定工作，要提高认识、提高重视程度，主要负责人要亲自抓，要建立责任制。

5. 充分发扬环境立法民主

在环境资源领域实施民主立法要做到：立法工作要按照立法法的要求，进一步民主化、公开化，要让地方直接参与；起草法律草案尽量由地位超脱的机构进行；要依法提高法律法规草案的审议质量，使法律法规真正代表最广大人民群众的根本利益。

充分发扬环境立法民主，是我国社会主义民主制度的内在要求，对于保证环境立法更好地体现人民意志、保证环境立法的质量至关重要。具体而言，环境立法民主表现为：

第一，要严格按照立法法的规定进行环境立法工作，保证常委会委员充分发表意见，鼓励委员们就一些重大问题展开讨论。因此，要提高常委会委员在国家政治生活中的实际地位，要延长常委会审议法律的时间，要改善常委会委员的审议工作条件，为委员们充分发表高质量的审议意见创造良好的条件。

第二，对常委会委员在常委会上的发言，有条件的应当予以公开，让本选区的选民知晓，便于委员接受本选区选民的监督。这是鼓励委员们充分反映人民意见、疏通民意渠道的一个积极措施。

第三，法律草案提请全国人大常委会审议，要按照法律规定，提前将拟审议的法律草案和有关材料送交全国人大常委会组成人员，以保证他们有足够的时间进行调查研究，准备审议意见。

第四，要广泛听取各方面对法律草案的意见，切实做到集思广益。环境立法是为了人民，也应当依靠人民。环境立法工作必须要走群众路线。现在，全社会的环境意识和法律意识不断增强，广大人民群众参与环境立法的积极性越来越高。环境立法中要特别注意倾听基层群众的意见，要通过组织立法听证会、论证会、座谈会等多种形式广泛征求社会各方面对环境立法的意见，今后应当更多地运用听证会的方式。要更广泛地吸收专家参与环境立法。今后所有的环境法律草案，包括拟定环境立法的规划和计划，都应向社会公布，不但要注意"听"意见，还要认真地"取"意见，切实做到集思广益，使制定的法律充分体现人民群众的意愿，增强法律实施的群众基础。

第五，要依靠人民群众，对环境立法质量进行评估。立法机构及其人员，要通过接受社会对法律质量的评估，受到教育，以切实改进今后的环境立法工作。

6. 从制度上防范部门利益法制化

立法一定要坚持执政为民的原则，防止"政府权力部门化、部门权力利益化、部门利益法制化"的倾向，真正做到以人为本、立法为民。特别是在大量的法律草案是由有关职能部门起草的情况下，如何正确处理政府权力与自然人、法人权利的关系，显得更为重要。因此，每个政府部门都要深刻理解"良法"和"善治"的意义，认清政府部门是法律的"守护人"而不是法律的所有者。立法机关既要注意给予行政机关必要的手段，以确保行政权力的有效行使，又要注意对行政机关的规范、制约和监督，切实做到职权法定、责任法定、建立起有权必有责、用权受监督、失职必受罚的机制，促使行政机关依照法定的权限和程序正确行使权力，确保自然人、法人和其他组织的合法权利不受非法侵害。

解决部门利益问题，必须采取有效的对策。第一，要加强法律草案起草中的协商工作。目前环境法律草案的起草工作，主要是由国务院有关部门负责。今后，全国人大有关专门委员会、工作委员会要承担综合性法律草案的起草工作。为了提高立法质量，有必要加强起草中的协商工作。一般来说，在委员长会议决定提请全国人大常委会会议审议前，凡由国务院有关部门负责起草的法律草案，都要先由全国人大相关的专门委员会、工作委员会提出初步意见；由全国人大专门委员会、工作委员会起草的法律草案，凡涉及国务院有关部门和其他方面的，专门委员会、工作委员会也要征求这些部门的意见，以便对一些重大问题事先充分协商，达成共识，防止在法律生效后因认识不一致再相互扯皮。第二，相互的参与和介入要制度化。一方面，由全国人大有关专门委员会、工作委员会起草的法律草案，一般要吸收国务院有关部门等单位参加工作；另一方面，凡由国务院有关部门等单位组织起草的法律草案，全国人大有关专门委员会和工作委员会也要派人参与。有关环境保护的行政法规、地方性法规的起草，要参照这个办法办理。第三，要弘扬法律草案起草和审议中的正气，保证环境立法的公正性。

(三) 培育立法工作队伍，抓好基础工作建设

第十届全国人大常委会，要求法律草案提请全国人大常委会审议，尤其是提请初审时，要有详尽的说明。提请初审时的说明，要包括立法宗旨、法律调整的范围、法律草案规定的基本原则和重要章节、条款的内容，以及拟解决的主要问题。还要将法律草案起草

过程中所涉及的重大问题的分歧意见，以及法律草案如何处理这些分歧意见及其理由，都交代清楚。还要提供有关的论证材料、听证材料、参考资料和名词解释等，以便常委会组成人员了解全面情况和主要内容，深入进行审议，提出高质量的审议意见。在法律草案进入二审、三审时作的法律草案修改情况的汇报和审议结果的报告，必须对常委会组成人员在前次审议中提出的意见和建议，有针对性地进行详细解答。吸纳了的意见和建议，为什么被吸纳；没有吸纳的意见和建议，为什么不吸纳，都要讲出具有说服力的理由。

提请审议法律所配套的材料，要言之有理有据，这是提高环境立法质量的重要保证，由此可见，立法工作机构今后的任务将十分繁重。因此，第一，要下决心加强立法工作队伍的建设。要建立健全留住立法人才、让立法人才充分发挥作用的机制。第二，要加强环境立法和整个立法工作的理论建设，为制定高质量的环境法律提供强有力的理论支撑。第三，要加强环境立法的调查研究和科学论证工作。第四，国家要为立法机关开展正常立法工作创造必要的条件，要进一步提高立法工作的经费投入。第五，要为人大常委会的所有委员提供专门的办公室，并为他们配备必要的立法助理人员。第六，要加快人大常委会的图书馆建设，进一步提高办公自动化的程度。第七，为了保证法律语言的准确性，建议请语言专家对最后的法律草案文本进行文字把关。

鉴于如何提高立法质量已经成为当前立法工作的主要矛盾，不提倡立法工作机构在立法数量上搞竞赛。时间要服从质量，要把主要精力放在提高立法质量上。

（四）妥善处理环境立法中的几个关系

1. 正确处理环境立法的必要性和现实可行性的关系

社会实践是立法的基础，法律是实践经验的总结。因此，环境立法工作必须从我国的国情出发，从实际出发，而不能从愿望和想当然出发，不能从本本和概念出发，也不能言必称外国，照抄照搬西方发达国家的法律。要始终把我国改革开放和社会主义现代化建设的伟大实践，作为我们立法的基础。环境立法的项目，应当主要来源于社会主义市场经济发展的需要，社会全面进步的需要，实施可持续发展战略的需要，维护、实现和发展人民群众根本利益的需要。要把解决环境问题的必要性和我国现阶段的国情国力结合起来。进行环境立法，要认真研究和借鉴国外的有益经验和人类共同创造的文明成果。在学习和借鉴国外立法的经验时，也应采取分析、鉴别的态度，注意剔除其中不健康的因素。同时，外国法律中没有的内容，只要我们的实践工作需要，就要及时制定法律，认真加以规范。

2. 正确处理行政命令与市场经济手段的关系

在社会主义市场经济条件下，如何做好环境与资源保护工作，如何处理好政府与市场的关系，是一个新的课题。过去在环境立法时，比较重视政府的作用，但在市场经济条件下，任何事情都由政府大包大揽，已经不合时宜，实际上政府也管不了，管不好。现在我们强调市场的作用，要发挥市场在资源配置中的基础性作用，发挥市场在环境保护中的特殊作用，这对提高资源利用效率，加快环境建设步伐，是十分重要的。这就需要我们在法律制定中，更多地注意运用市场经济手段，制定相应的措施，来推动环境与资源保护工作。如通过确立和完善资源的产权制度来协调各方利益，提高资源利用效率；通过建立资源有偿使用制度来促进资源的合理开发利用和节约使用；通过建立污水和垃圾收费机制来推进环境基础设施建设的社会化融资、市场化运作、企业化管理；等等。但强调市场的作用，不等于也不应该减少政府的责任和作用，因为市场并不是万能的，市场也存在着失灵的现象，许多公共资源的开发利用和保护，公共环境的修复和保护等问题，难以靠市场来解决。因此，正确处理行政命令与市场经济手段的关系，关键在于转变政府职能，让政府把职能真正转变到社会管理和公共服务上来，搞好环境、资源等公共物品的管理，提供环境与资源保护的各类服务，切实解决市场解决不了或者解决不好的问题，为环境与资源保护工作创造良好的条件。

3. 正确处理公众参与和维护社会稳定的关系

做好环境与资源保护工作，必须依靠广大人民群众。一个社会只有当它的公众真正意识到自己是环境的受益者，同时又是环境保护事业的真正主人时，这个社会才有可能有效地保护环境。如果没有在法律上确立公众在环境保护中的重要地位，要想唤醒全社会公众的环境意识和热情是不太可能的。因此，应尽快将公民的环境权益在立法中具体化和程序化，以确保公民行使环境权益时有法可依。在目前阶段，公民环境权益至少包括三方面内容：一是环境知情权，即每个公民对行政机关所持有的环境信息拥有适当的获得利用权；二是环境决策参与权，即保证给予每个公民参加环境决策的机会；三是环境救济权，即公民环境权益受到损害时，应当让每个人都能够有效地运用司法程序和行政程序，获取相应补偿。当然，公众参与环境保护活动，要在法律的范围内进行，要注意维护社会的稳定。

4. 正确处理突出重点和兼顾一般的关系

我们现在的立法任务很重，应当针对我国面临的重大环境资源问题，集中力量制定出真正管用的环境法律，尽量避免把精力花在那些难以用国家强制力保证实施，"无害也无益"的"宣言性"的立法项目上。

5. 正确处理法律的稳定性与改革过程中变动性的关系

法律的特点在于"定"，一旦作出规定，就要保持相对稳定；而改革的特点是"变"，是要突破原有的一些体制和规则。所以，环境立法要及时把改革中的成功经验用法律的形式固定下来，对现行环境法律中不合时宜的规定要及时作出修改，以推进环境与资源保护事业的发展。

6. 正确处理规范国有企业与非国有企业的关系

在计划经济体制下制定的环境法律，主要对国有企业提出环保要求。在市场经济条件下，应当扩大环境法律的覆盖面。保护地球环境是所有自然人和法人的责任。今后进行环境立法，所有的主体都要纳入调整范围，都要按照环境保护的要求办事，都要对环境保护承担义务和责任。

（五）为提高环境立法质量，还应切实遵循"七个原则"

一是协调发展原则；二是预防为主、防治结合原则；三是污染者付费、开发者恢复、受益者补偿原则；四是协同合作原则；五是重视司法解决环境纠纷的原则；六是解决环境污染和生态破坏问题要综合运用行政手段、民事手段、刑事手段的原则；七是地方环境立法要有本地特色原则。这些原则都已在近年来制定环境法律时有所体现，立法机关今后制定法律时应当继续遵循。

（六）建立有利于环境资源法律全面实施的体制和机制

《中共中央关于构建社会主义和谐社会若干重大问题的决定》指出，要完善公共财政制度，逐步实现基本公共服务均等化。要健全公共财政体制，调整财政收支结构，把更多财政资金投向公共服务领域，加大财政在教育、卫生、文化、就业再就业服务、社会保障、生态环境、公共基础设施、社会治安等方面的投入。进一步明确中央和地方的事权，健全财力与事权相匹配的财税体制。完善中央和地方共享税分成办法，加大财政转移支付力度，促进转移支付规范化、法制化，以保障各级政权建设的需要。要完善财政奖励补助政策和省以下财政管理体制，着力解决县乡财政困难，增强基层政府提供公共服务能力。要逐步增加国家财政投资规模，不断增强公共产品和公共服务供给能力。① 这些政策为提高环境立法质量创造了新的有利条件。

我们要按照中央的决定和建设社会主义法治国家的原则，改革政府管理体制，提高环境立法质量。具体而言，就是要逐步解决不利于环境法实施的现行"分灶吃饭"的财政体制，把地方政府从目前的"准企业"状态还原为真正意义上的政府。为此有必要借鉴发达市场经济国家的政府管理体制，即把目前"分灶吃饭"的财政体制，转变成"先集中、后返还"、"收支两条线"的体制。在这种体制中，地方政府的支出水平以及当地干部的收入水平与当地的经济发展水平没有直接联系，就不易形成地方独立的经济利益。这就抑制了地方政府拼命追求经济增长的行为，从而能够大大提高中央政府宏观调控的能力。也只有如此，才能把资源配置的权力真正交给市场，从根本上摆脱政府对企业各种不合理的行政干预。在改革财政体制的同时，还应适度扩大地方的立法权限，使地方能够根据本地经济社会发展的实际需要，制定出更加符合本地实际情况的地方性法规。

笔者认为，在党中央提出科学发展观，构建和谐社会的新形势下，我们研究如何提高环境立法质量，以更好地为环境与资源保护事业服务，为改革开放和社会主义现代化建设服务，为人民的根本利益服务，具有十分重要的意义；笔者相信，只要我们真正重视环境立法质量问题，实实在在地采取有针对性的对策措施，消除产生环境立法"缺陷"的各项原因，我国的环境立法质量一定会大大提高；笔者坚信，在科学发展观指导下制定的、高质量的环境法律，一定能够为形成中国特色社会主义法律体系，推进可持续发展战略的全面实施，促进经济社会和人的全面发展作出应有的贡献！

---

① 参见《中共中央关于构建社会主义和谐社会若干重大问题的决定》四（四）的内容。

【推荐阅读文献】

著作：

1. 孙琬钟主编. 立法学教程. 北京：中国法制出版社，1990

2. 乔晓阳主编. 立法法讲话. 北京：中国民主法制出版社，2000

3. 孙佑海主编. 环境与资源保护. 北京：中国法制出版社，1997

4. 李恒远编著. 环境法制读本. 北京：中国环境科学出版社，2002

5. 沈宗灵主编. 法理学. 北京：北京大学出版社，2003

6. 张文显主编. 法理学. 北京：高等教育出版社，北京大学出版社，1999

7. 浦兴祖主编. 中华人民共和国政治制度. 上海：上海人民出版社，2005

8. 孙佑海等编著. 中华人民共和国环境影响评价法释义. 北京：中国法制出版社，2003

9. 王灿发. 环境法学教程. 北京：中国政法大学出版社，1997

10. 周珂. 环境法教程. 北京：中国人民大学出版社，2000

论文：

1. 孙佑海. 提高环境立法质量研究. 环境保护，2004（8）

2. 孙佑海. 依法保障人与自然和谐相处. 中国行政管理，2007（2）

3. 孙佑海. 影响环境资源法实施的障碍研究. 现代法学，2007（2）

4. 孙佑海. 制度不能让老实人吃亏. 人民论坛，2007（5）

5. 孙佑海. 建设环境友好型社会必须强化法治. 学习时报，2007-01-29

6. 孙佑海. 环境资源立法存在五大不适应. 人民日报，2006-8-23

7. 孙佑海. 法治与"建设资源节约型、环境友好型社会". 环境保护，2006（6）

8. 王灿发. 论我国环境管理体制立法存在的问题及其完善途径. 政法论坛，2003（4）

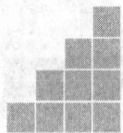

第九专题

民法与环境法的理念碰撞与融和

民法是国家经济和社会生活的基本法，民法典的制订是我国建立社会主义市场经济的客观需要，是促进我国经济持续发展、科技进步、文化繁荣乃至社会长治久安的基本法律保证。

综观历史，一部成功的民法典必然是对现实生活经济、政治和文化发展状况正确及时的反映。历史上最著名的两部民法典，1804 年的《法国民法典》，是拿破仑为防止封建复辟，巩固资本主义制度确立的产物；而 1896 年的《德国民法典》，则是为实现"一个统一的民族国家、一部统一的民法典"的目的。我国民法典的制订应当反映出 21 世纪中国社会发展的时代特征。

可持续发展是 21 世纪最重要的时代特征。所谓可持续发展，是指"既满足当代人的需要，又不对后代人满足其需要的能力构成危害的发展"[1]。从世界范围来看，各国的民法典，无论是德国、瑞士民法典的修改，还是俄罗斯、越南民法典的制订，都开始将环境保护的生态理念融入其中。我国民法典的制订应当顺应时代潮流，把可持续发展的环保政策观念贯穿于民事立法的整个过程，推动民法理论的自身发展与完善，进而实现民法典制订与环境法制建设同步跨越式发展的目标。

一、民法与环境法的互动发展

（一）环境问题的民事调整

环境问题的解决，是以民事救济为起点形成和发展起来的，早期的环境法理论大多集中于有关环境侵权救济的私法性分析。然而环境问题本身具有超越私法领域的公共性质，环境保护的公益性目标与民事权利私益性特征的矛盾，使得传统民法在其原有框架内无法解决新近出现的诸多环境问题。于是环境对策开始摆脱私法原理的羁束，由政府主导发挥公权力的作用。

环境问题的行政主导性有其合理的一面，但也存在着不足：行政管理手段以命令—服从的形式出现，强调对行政效率的追求，而忽视对经济利益的考虑，行政命令的硬性规定往往会妨碍当事人积极性的发挥；政府是一个庞大的组织体，管理成本高昂；政府的决策失误往往会造成更大的环境危害。单纯地依靠公权力并不能很好地解决环境问题。

随着环境资源市场化进程的深入，市场与经济手段在环境保护中的作用愈显重要。联合国环境与发展大会《21 世纪议程》指出："在过去的几年中，许多政府，主要是工业化国家的政府，但也有中欧、东欧和发展中国家的政府，越来越多的采用面向市场的经济手段。"[2]

从目前世界各国的研究成果和改革趋势来看，正逐步以政府和市场的结合作为解决环境资源问题的有效途径，即在加强政府对环境资源保护和管理的同时，尽可能将环境资源纳入市场配置的轨道，以便充分利用市场手段，促成环境问题的解决。

---

① 世界环境与发展委员会：《我们共同的未来》，52 页，台湾地球日出版社，1992。

② 张璐：《论环境资源法经济激励机制》，载《2002 年环境法学论文集》，125 页。

现代环境问题的解决，主要是以行政手段为主，配置以惩罚为特点的刑事法律与以补偿、修复为特征的民事法律来协调，行政法律发挥作用到一定程度必然要求刑事法律与民事法律的发展完善。① 环境资源的市场化配置，使得民法对环境问题的解决责无旁贷。环境资源的归属、利用、流转、管理关系以及环境侵权损害赔偿，需要民事手段予以调整，环境问题的法律调整出现了向私法回归的趋势。以公法为主体的环境法与民法实现了功能互补，共同致力于环境问题的有效解决。

（二）民法研究领域的扩展

民法是直接矗立于社会经济关系之上的法律部门。正如恩格斯所指出的：以拿破仑《法国民法典》为代表的民法是将"经济关系直接翻译为法律原则"②。社会生活的发展变化，促使民法自身不断进行着调整与完善。而环境问题与人类的经济发展相伴而生，自产生之日起，就对民法理论的发展起着巨大的推动作用。

随着环境问题的逐步恶化，传统的过失责任在环境侵权领域中的弊端日渐明显。环境侵权理论的发展经历了"过失客观化"、"违法即过失"到过错推定，乃至最终无过错责任的确立。③ 侵权责任社会化的思路最终被引入有关的环境侵权领域，推动了民事侵权理论的发展。

现代民法修正了所有权绝对的理念，认为所有权具有社会性，为了环境保护的目的可以对所有权设置公法上的强制措施。随着自然资源的进一步开发利用，环境资源的社会资产属性开始强化，为实现环境资源的市场化配置和运营，相关财产性权利的设置必不可少。环境用益物权范围的逐步扩大，促进了物权法"从所有到利用"的发展。

在环境资源的市场化配置过程中，基于环境资源自身的特性，市场交易与一般物的交易有所不同。交易的一方是环境公益代表——政府，对合同的内容有一定的监督管理权，交易过程中基于环境保护的目的可以限制一定标的物的流转，运用公序良俗等条款限制合同的内容，这些都对传统的合同法理论提出了新的挑战。

现代文明带来了前所未有的严峻的环境问题，严重地威胁到人类自身的生存和发展，围绕环境问题展开的法律理论与制度研究受到人们的普遍重视，环境资源问题对民法的影响更是备受关注。环境权理论、可持续发展观对民法传统的价值观念、调整对象、民事主体范围、民事权利体系造成了巨大的冲击。运用现代生态原理改造传统的民法理论以推动民事基本理论的更新，实现民法典的"绿化"是时代赋予学者们的历史使命。

（三）国内相关理论研究的现状及评析

与民法相关的环境法律问题一直是环境法学者研究和关注的重点，部分领域的研究已经相当深入，为民法与环境法的互动发展提供了有力的理论支持。

---

① 参见汪学文：《中德环境民事法律责任的比较》，载《德国研究》，1997（1）。
② 《马克思恩格斯选集》，1版，第4卷，484页，北京，人民出版社，1972。
③ 参见陈泉生：《论环境侵权的归责原则》，载《法制与社会发展》，1997（2）。

环境侵权民事责任是环境法理论研究的重要学术传统，民法学者和环境法学者对此表现出了强烈的关注。现阶段的研究主要集中于对污染环境和破坏资源造成的损害进行赔偿的侵权救济领域，重点关注归责原则、举证责任、因果关系和责任范围等问题，随着侵权法理论的发展，侵权责任社会化的思路逐渐被引入。

市场化条件下可流转环境资源财产权益的研究，目的在于构建环境资源财产权体系以期利用市场机制合理配置环境资源。一方面，通过对用益性权利的设计和强化，有效推进某些类型自然资源国家所有权实现其经济价值，提高利用效率，如对土地承包经营权、采矿权、探矿权等的研究；另一方面，通过对环境资源财产权利的设置，培育和完善环境资源要素市场，促进环境资源要素的市场化流转，如对环境容量使用权、排污权交易、水权制度等问题的研究。研究成果主要集中在环境物权、资源物权等方面。

此外，其他一些相关领域如环境民事主体的研究、环境产业责任与消费救济制度等的研究也取得了一定进展。

目前的研究取得了一定成绩，但也存在诸多问题。从研究内容上看，对环境侵权责任给予了过分的关注，没有摆脱传统的以责任为中心的环境法学理论的思维定式，这既不符合环境法学理论更新与进化的趋势，也与民法以权利为中心的价值取向不相符合；对有关环境资源财产权利的研究较为分散，缺乏结合民法理论的基础性研究及以此为前提展开的各种权利类型之间的逻辑结构和体系化研究；对某些与市场化取向改革联系密切的涉及民法与环境法的法律制度，如对环境产业主体及其产业责任的研究等还未给予充分的重视；等等。从研究方法的角度来讲，现有的民法与环境法的互动关系研究基本上是单向性的，偏重民法理论和制度对环境资源法发展与完善的作用，鲜有研究环境法对民法的发展与完善作用。这些问题都亟待列入今后研究的日程。

二、民法典中环境法律问题的研究背景和路径

（一）民事立法的时代背景

民法的本质是私法，旨在规范个人间利益，以平等为基础，其主体均为私人或非基于公权力的地位，对任何人皆可适用。[①] 民法社会化的趋势，在于矫正 19 世纪立法过分强调个人权利而忽视社会利益之偏颇，其基本出发点，仍未脱离个人及权利观念。[②] 环境资源自身功能的多样性及其开发利用的多目标性决定了其承载的利益是多重的，需要采用公私兼容的综合手段予以协调。而环境资源保护的公益性与民法制度个人利益本位的矛盾，环境资源的生态价值和经济价值的矛盾始终是不可逾越的客观存在。[③] 协调两种相互冲突的

---

① 参见王泽鉴：《民法总则（增订版）》，13 页，北京，中国政法大学出版社，2001。

② 参见梁慧星：《民法总论》，44 页，北京，法律出版社，2001。

③ 参见吕忠梅：《"绿色"民法典的制定——21 世纪环境资源法展望》，载《郑州大学学报（哲学社会科学版）》，2002（2）。

价值是民法与环境法的共同任务，需要两者之间的沟通协调与相互支持。研究民法与环境法的互动发展，不能脱离当今世界民事立法的时代背景。

1. 民法的社会化趋势

运用社会法理论矫正私法自治原则缺陷的变化趋势，学理上称之为民法的社会化。民法作为传统的私法部门，自罗马法以来一直以权利与法律行为作为体系基础，其发展经历了义务本位—权利本位—社会本位的转变。权利本位是指权利成为法律的中心观念，个人权利的保护，成为法律的最高使命，集中体现为契约自由、私有财产神圣不可侵犯和自己责任（过失责任）等私法原则。权利本位立法，对人类的发展起了巨大的推动作用，促成自由资本主义市场经济的发达，但也带来了一系列的社会问题，如劳资对立、贫富悬殊、垄断等。[①] 现代社会中的民法已经实现了个人本位到社会本位的转变，权利不得滥用原则应运而生。[②] 以公共利益、诚实信用和公序良俗等原则约束的社会本位成为民法的价值取向，出现了维护交易安全、保护经济上的弱者和消费者的趋势。对契约自由加以公法上的限制，限制绝对所有权，禁止权利滥用，采用无过错原则，表明了国家对私权的限制。

民法的社会化趋势有着深刻的经济背景：传统的个人权利本位建立在自由市场经济理论基础之上。亚当·斯密"看不见的手"的理论认为：市场竞争会使社会个体有效利用资产以维持自身生存与发展，优胜劣汰的淘汰机制会促进社会资源优化配置。然而市场经济自身发展所产生的经济集中与垄断，导致社会经济关系发生深刻变革，国家开始介入经济生活以解决"市场失灵"的问题。"国家之手"和"市场之手"同时对经济生活进行调节，注重个体利益与社会公共利益的相互协调，促进了公共福利和人民生活的改善。

不同历史阶段的社会公共利益侧重有所不同：初期的社会公共利益主要是社会共同的经济利益。随着社会的发展，民众对社会共同利益的需求已趋向多元化。鉴于环境问题日渐严重，事关人类社会乃至整个星球生存与发展的环境利益逐渐成为公众关注的焦点，环境公益开始成为当前社会优先关注的领域，对环境公益的促进与保护也成为当代民法的基本目标之一。从环境问题的角度考察，民法的社会化趋势在一定程度上体现了社会寻求环境问题解决、要求实现环境公益的时代需求，而环境公益的生成和发展也进一步推动了民法社会化变迁在环境领域的纵深发展。

2. 权利的生态化趋势

权利是现代法哲学的基石范畴。[③] 各种类型的民事权利从根本上体现了民法的基本精神和价值取向。在权利社会化基础之上的民事权利生态化是当今民法理论更新所面临的重大课题之一，也是研究我国民法典制订中环境法律问题的基本思路。在民法的权利体系中，与环境保护相关的权利主要集中在关于环境资源的权利配置——物权法领域，与关于

---

① 参见梁慧星：《民法总论》，43页，北京，法律出版社，2001。
② 参见徐国栋：《民法基本原则解释》，23页，北京，中国政法大学出版社，1992。
③ 参见张文显：《法哲学范畴研究（修订版）》，335页，北京，中国政法大学出版社，2001。

人类生存与发展的权利配置——人格权法领域。

人类社会经济发展到一定水平之后，伴随而来的是日益严峻的环境资源局势，社会对环境问题的关注程度在不断提高。环境资源不再被认为是"天赐物"或"天然财富"，其社会属性已被肯定。为了培育和发展环境资源要素市场，实现环境资源要素的市场化运营和配置，相关的财产性权利设置必不可少。而传统的物权客体——物，注重其实用性，即经济价值或经济效能，要求物是可以确定和衡量的，以便划定其权利的边界。"物者，谓有体物及物质上法律上俱能支配之自然力。"[①] 然而环境资源具有自身的特点，其自然性、整体性和关联性，难以物化衡量，无法确定权利边界；环境资源不仅具有经济上的可用性，其价值更体现在生态功能上，而且生态价值所产生的利益往往为群体所占有和享用。这些特征与物权的排他支配效力要求并不相符。为了完善我国民法的权利体系，减少民法与环境法之间的制度摩擦，必须遵循权利生态化的思路对传统的权利形态进行改造，而民法理论自身的进化需求以及当今环境问题的基本特点，也都体现出民事权利生态化的必然趋势。

人格权是指主体依法所固有的、以人格利益为客体的、为维护主体的独立人格所必备的权利。[②] 人格权是以权利者人格利益为客体的民事权利，人格利益的认定，随着时代的发展而逐步深入。随着环境保护理念的深入人心，公民享有在良好的自然环境中享受舒适生活的权利已成为社会共识。鉴于良好的自然环境对实现人类自身的完善与发展意义重大，建立在生态价值与美学价值之上的环境资源的非经济价值逐渐体现为法定的人格利益而获得人格权法的保护。环境人格权开始成为现代人格权的组成部分而拓展了人格权的研究领域，实现了人格权的生态化。

（二）研究路径

1. 关于环境权的评析

关于环境权的概念，我国学者的表述基本是一致的，认为环境权为环境法律关系的主体享有适宜健康和良好生活环境以及合理利用环境资源的基本权利。然而关于环境权的性质却众说纷纭。大多数学者认为环境权是一项新型的基本人权，其核心为生存权。[③]

环境权能否成为一项独立的民事权利，在各国学者中引发了激烈的争论。传统的环境权理论自 20 世纪六七十年代在美国崛起以来，曾在西方国家风行一时，但多数国家拒绝通过宪法规定环境权，法院也大都拒绝通过解释宪法承认宪法地位的环境权，学术界也逐步丧失对环境权理论的兴趣。[④] 由于环境权主体的广泛性与内容的不确定性，大多数国家的民法典没有规定独立的环境权。在深受环保浪潮影响的德国，民法典在修订过程也并没有

---

① 史尚宽：《民法总论》，249 页，北京，中国政法大学出版社，2000。
② 参见王利明等：《人格权法》，5 页，北京，法律出版社，1997。
③ 参见周珂：《生态环境法论》，88 页，北京，法律出版社，2001。
④ 参见叶俊荣：《环境政策与法律》，40 页，台湾，月旦出版社，1993。

把环境权作为新的权利形态单独规定。从各国的司法实践来看，也鲜有依据环境权裁判的案例。

日本学者原田尚彦对此有精辟的论述："大气、水、日照、通风等自然环境是人类的共有财产，每个人都享有在良好的自然环境中享受舒适生活的环境权……居民为维护各自的环境权可以向法院起诉，请求命令停止对环境有恶劣影响的行为……但如果给予环境权至高的力量，就会有产业停废的危险，国民进行文明生活的权利反倒在环境权之前受到威胁。把环境权看作是排除一切利益衡量的绝对的至高无上的价值来约束法院是不对的。推进环境保护的目的应当是在与其他法益实现相互协调之下达到的。"①

环境权作为一种新的一般性权利还处于形成过程中的第一阶段，即在政治、社会、道德方面逐渐为国民熟知，并深入到人们法律意识中去的阶段。② 对环境权所揭示的环境问题的重要性本身来讲应该给予高度评价，强调环境权的理想，把实现环境权的理念作为社会发展的最终目标。从立法技术的角度来讲，环境权不宜作为独立的民事权利规定于民法典中，而应该在环境权理念的指导下，把人类不合理开发利用环境资源造成的环境问题以及由此产生的社会利益冲突纳入到民事法律调整范围之中，应然的环境权利与实然的民事权利实现广泛的结合，推进环境资源问题在民法领域的制度完善与创新。

2. 可持续发展观对民法典制订的影响

纵观全球，民法典的编纂体系不外乎两种：一种是罗马式，由罗马法学家盖尤斯在《法学阶梯》中创设，分为"人法、物法、诉讼法"三编。罗马式被法国民法接受，剔除诉讼法内容，把物法分为财产法和取得财产的方法。法国民法典没有总则，有关民法的一般规则、原则体现在学者的学理中。财产权中没有区别物权和债权，更没有形成独立成编的物权法和债权法。另一种则为德国式，又称潘德克顿式，是在注释罗马法的基础上发展起来的。民法典分五编：总则、物权、债权、亲属、继承。首先确定了总则，然后区分了物权和债权，区分了财产法和身份法，把继承单列成编，形成完整、明晰的体系。德国式民法典着重法律规则的逻辑性和体系化，有利于保障裁判的统一性和公正性。我国民法典大体上继受了德国式民法典体系，并立足中国国情有所创新。③

民法典中的环境法律问题研究，应当注重民事制度与生态问题的衔接，包括相关环境法律问题的合理定位，以及对传统民法理论的改造和发展。民法中与环境问题有关的制度主要集中在物权法（特别是不动产物权制度，包括所有权、相邻关系、用益物权制度等）、人格权法（主要是生命健康权的保护）以及传统的环境民事侵权制度，这些制度与环境保护密切相关。对现有的民事制度，应当运用全新的环保理念进行解读，对概念、制度、规

---

① ［日］原田尚彦：《环境法》，33～34 页，北京，法律出版社，1999。
② 参见吕忠梅：《环境法新视野》，132 页，北京，中国政法大学出版社，2000。
③ 参见社科院法学所梁慧星教授主编的《中国民法典起草建议稿》与中国人民大学民商事法律科学研究中心王利明教授主编的《中国民法典起草建议稿》。

范重新解释，以期符合新型的生态观念，并可采用制订民事特别法的途径把这些内容具体化。至于现行民法制度中未有的、但解决环境法律问题所必需的制度，可以在可持续发展观的指导下，借鉴民法社会化与权利生态化理论，研究民法与环境法的互动趋势，实现民事理论的重建与发展。

结合民法典的体系，环境法律问题研究的具体内容包括：总则部分，运用可持续发展观对民法的基本原则、主体制度、权利客体等内容进行生态化改造与完善；人格权法部分，运用环境权理念完善一般人格权，把环境人格权纳入到一般人格权范畴之中；物权法领域，通过对环境资源权利的创设、确认、保护，实现环境资源生态价值权利化，构建新的环境资源权利体系；债与合同法领域，研究市场化条件下可流转的环境资源财产权益及交易行为规范；侵权法领域，为实现对环境资源权利的终极保护，重点研究民事特殊侵权救济与环境损害责任社会化问题。

三、民法典制订中环境法律问题研究的主要内容

（一）总则部分——可持续发展理念的渗透

1. 民法基本原则的生态化内涵

民法的基本原则是指贯穿于整个民事立法，对各项民法制度与民法规范起统帅和指导作用的立法方针，是一切民事主体均应遵循的行为准则，是解释民事法律法规的依据，也是补充法律漏洞、发展学说判例的基础。[①] 民法是一个开放的理论体系，民法的基本原则为承认与接纳新的环境权利类型提供了法律基础。与环境问题密切相关的民法基本原则主要是公序良俗原则与权利不得滥用原则。两者从性质上来讲均属概括性条款，主要机能在于使法律运用灵活，顾及个案，适应社会发展，并引进变迁中的伦理观念，使法律能与时俱进，实践其规范功能。[②]

公序良俗条款作为授权性规定，目的在于，遇有损害国家利益、社会公益和社会道德秩序的行为，而又缺乏相应的禁止性法律规定时，法院可以直接适用公序良俗原则判决该行为无效。[③] 公序良俗条款的发展经历了从政治公序（以保卫社会主要组织即国家和家庭为目的）到经济公序（国家可以介入个人间的契约关系）的发展，具有灵活性与包容性的特点。

21 世纪是可持续发展的年代，环境保护更是时代主题。为了协调社会经济利益与生态利益，保持人类社会的健康发展，有必要将环境道德与可持续发展观引入公序良俗条款之中，为公序良俗条款注入新的生态化内涵。在新的公序良俗原则指引之下，民法可以将环境问题以及由此引发的社会利益冲突纳入自身的调整领域，有利于对民法规范、制度进行

---

① 参见梁慧星：《民法总论》，47～48 页，北京，法律出版社，2001。
② 参见王泽鉴：《民法总则（增订版）》，55 页，北京，中国政法大学出版社，2001。
③ 参见梁慧星：《民法总论》，53 页，北京，法律出版社，2001。

生态化诠释，环境资源的民法保护也因此具有了生态化基础。

民法是权利法。"权利系法律所赋予享受利益之力，具有一定的社会功能，而为社会秩序的一部分。为保障个人的共存共荣、和谐的社会生活，权利的行使须受限制，乃属当然。"① 权利的行使，不得违反公共利益，或以损害他人为主要目的。人类社会经济发展到一定水平之后，伴随而来的是严峻的环境问题，社会对环境问题的关注程度不断提高，在此现实需求的推动下，权利不得滥用原则具有了新的内涵：民事权利的行使必须有利于环境保护，有利于可持续发展目标的实现，其行使必须兼顾社会环境公益，个人利益仅限于在和环境公益相调和的范围内才受法律保护，这种发展趋势为民事权利的生态化提供了理论支持。

2. 环境民事主体制度研究

民事法律关系主体是民事权利的最终归属，合理确定民事主体的性质是保证权利能够正常行使的基本前提。环境法理论和实践的发展对民事主体制度提出了较大的挑战。可持续发展观念对法学理论研究的根本影响即在于对传统法学"主客二分法"基本研究范式的冲击和改变。面对日益稀缺的环境资源供给和日趋恶化的生态局势，为保证发展的公平性和持续性，后代人的权利逐渐被提上议事日程，动物和自然体的权利也在引起人们的关注。

关于动物是否成为权利主体，有学者提出了动物应成为有限法律主体的观点。② 而一般认为，民法以人为本，人是权利主体，人以外的动植物均属权利客体。法律上明确区别了作为权利主体的人和作为权利客体的人以外的动物、植物，两者之间存在着不可逾越的鸿沟。③ 至于后代人的权利，涉及代内公平与代际公平的伦理问题。问题较为复杂。国外的司法审判实践中已有通过判决的形式肯定后代人权利的先例。然而菲律宾的判例是行政诉讼案例，在环境民事领域的适用还存在着理论与现实的障碍。面对当代社会新出现的这些法律问题，需要在现实需求的基础上对主体范围扩大的问题进行理论分析，并在兼顾现实可操作性的前提下，对其科学性和可行性进行全面深入的论证。

在当前市场化的条件下，随着民主观念的渐入人心和环境问题特点的不断变化，社会公众作为涉及环境的法律关系的参加者，其身份和角色也逐渐发生了改变。公民个人或各类企业不再仅作为国家进行环境管理和制裁的对象而存在，而产生了越来越强烈的通过自身努力解决环境问题的倾向。在污染治理和生态建设社会化、集约化、产业化思路的推动下，越来越多的民事主体投身于环境产业之中，力争通过产业化的途径，在环境问题的解决进程中在兼顾自身利益的同时，最大限度的实现对环境的有效治理，实现个体利益与环

---

① 王泽鉴：《民法总则（增订版）》，548 页，北京，中国政法大学出版社，2001。
② 参见高利红：《动物不是物，是什么？》，中南财经政法大学"民法与环境法对话"沙龙讲演。
③ 参见［日］北川善太郎：《关于最近之未来的法律模型》，载《民商法论丛》第 6 卷，294 页，北京，法律出版社，1997。

境公益的双赢。简单地说，这一趋势的出现与社会化的分工与分权有关，也与社会个体自利性关怀目标的提升有关。民事主体理论的研究应抓住这一契机，满足主体功能转变对法律的制度需求，尽可能在民事主体地位、资格、能力、权限等方面的制度设计上对公众和企业参与环境产业的特殊要求有所考虑，结合环境产业的市场准入制度，引导和规范在环境治理方面多元社会力量的生成。鉴于总则中的主体制度是一般性的原则规定，环境民事主体问题可以在自然人、法人和非法人组织的抽象规定下，利用民事特别法的形式对此类问题进行具体研究。

3. "物"范围的变迁

环境资源要素，由于对其物化衡量存在困难，无法准确测量其经济价值，也无法明确其归属对象，其价值和功能也是多重的，使得传统的物权无法合理划定其权利边界。然而随着科技的进步，量化环境资源的生态价值，实现环境资源生态价值的权利化并非绝无可能。事实上，从民法中"物"的范围变迁趋势可见科技发展对民法调整对象的影响。对物，"虽有不为法律之对象者，例如日月星辰，但法律亦无否认其为物之必要。"① 环境资源生态价值权利化正是物权法领域中环境问题研究的热点问题。

"动物不是物"的问题近年来引发了环境法学界的热烈争论。上述表述源自于 1990 年 8 月 20 日德国民法典增设第 90 条 A 规定，"动物非系物。动物应受特别法律的保护，除另有规定外，准用关于物的规定。"关于动物的上述规定是顺应动物保护的要求在法律上作出的必要回应，以期实现人与自然和谐发展的目的。并非否认动物作为权利客体的事实，更谈不上是将动物上升为民事权利主体的法律依据。王泽鉴先生指出：此项规定旨在表示对有生命之"物"的尊重，盖以动物与人同为受造者也。在民法，动物仍属物（动产），唯对动物的支配，应受特别法的规范，受有限制，自不待言。② 由于动物受动物保护法等环境法规保护，对动物实施占有、使用、收益和处分应结合特别法的有关规定进行。

（二）人格权法

关于人格权法是否在民法典中独立成篇尚有争议，但人格权作为民事权利中最基本、最重要的一种得以确立已成为不争的事实。人格权本身是近代社会人权运动的产物，人格权直接与权利者（权利主体）的存在和发展相联系，对人格权的侵害就是对权利者自身的侵害。确认人格权，有利于增强民众的权利意识，这对于缺乏权利传统的中国尤为重要。

人格权是以权利者的人格利益为客体的民事权利。我国民法通则在"人身权"的标题下规定的人格权有生命健康权、姓名权（名称权）、肖像权、名誉权、婚姻自主权。学者们主张另有隐私权、贞操权、身体权。最初的人格权需要法律来列举确认，才能成为侵权法保护对象。随着社会经济的发展和社会的进步，许多新类型的人格利益出现了，民法通

① 史尚宽：《民法总论》，250 页，北京，中国政法大学出版社，2000。
② 参见王泽鉴：《民法总则（增订版）》，209 页，北京，中国政法大学出版社，2001。

则列举的人格权难以保护这些新类型的人格利益。需要引入一般人格权的概念。所谓一般人格权是指由法律采取高度概括的方式，赋予公民和法人享有的具有集合性特点的人格利益。一般人格权可以弥补具体人格权在保护主体的人格利益方面的不足，对新的人格利益予以充分保护。①

传统的与环境问题相关的人格权主要是生命健康权，这也与环境侵害的民事救济密切相关。随着环境权理论的兴起，公民开始追求在良好的自然环境中享受舒适生活的权利，以实现精神上、心理上的愉悦。这种新的人格权与传统的人格权相比，具有特殊的内容：它以环境资源为媒介、以环境资源的生态价值与美学价值为基础，是一种社会性私权，通过确立环境侵权行为与设立相应的救济措施予以保护。② 环境人格权是人类享有良好生活环境的基础性权利，是人类生存质量的体现，不属于传统的人格权类别，应当归属于一般人格权的范畴。环境人格权的出现反映了可持续发展观指导下民法权利体系的生态化趋势，拓展了人格权的研究领域。

(三) 物权法领域——环境资源生态价值权利化研究

传统经济形态中的实用主义对民法的影响根深蒂固。物权对财产关系调整和规范的基本落脚点在于物的实用性，要求物是可以确定和衡量的，以便于划定其权利边界，保障社会个体的收益。然而环境资源却具有自身的特点：环境资源的自然性造成确定法律归属的困难；整体性和关联性使得难以对其进行物化衡量；环境资源的生态功能无法确定，生态价值所产生的利益往往为群体所占有和享用，传统物权理论对此无能为力。随着时代发展，现代物权法的社会化趋势表明它已承认了环境资源的生态价值。③ 把环境资源的生态价值纳入到物权的调整范围之中，最终实现环境资源生态价值的权利化。

1. 物权的生态化

"物权是指直接支配特定之物并排除他人干涉的权利"④任何权利皆应受限制，物权的行使不得妨害他人利益．不得妨害公共利益的发展。在近代以前的民法理论中，所有权作为民事权利体系中首要的基本权利形态，被视为完全对世权，神圣不可侵犯，可以用于对抗任何人，且权利的行使不受限制；然而在现代民法社会化理论的观念下，所有权逐渐受到由内至外的种种限制，要求其行使必须兼顾社会整体利益，这种理论倾向被称为所有权的社会化，是民事权利社会化的基本理论象征。在权利社会化基础之上的民事权利生态化是当今民法理论更新所面临的重大课题之一。

随着物权社会化的进程，物权对群体和社会利益的关注，逐步从生活生产领域向生态领域扩展，从环境资源自身的特点出发，结合民法理论的发展，展开环境资源生态价值权

---

① 参见王利明等：《人格权法》，17 页，北京，法律出版社，1997。
② 参见吕忠梅：《环境法新视野》，148～150 页，北京，中国政法大学出版社，2000。
③ 参见吕忠梅：《关于物权法的"绿色"思考》，载《中国法学》，2000 (5)。
④．梁慧星主编：《中国民法典起草建议稿》，222 条。

利化的研究。包括结合物权法"从所有到利用"的理论变迁及由此导致的他物权优位和所有权虚化趋势，加强对环境资源利用行为以及由利用产生的收益的法律调整和规范；加强对环境资源可控制性的研究，为大致对其划定权利边界寻求解决思路；开展对环境资源功能区分的研究，尝试以功能作为权利指向的客体，为环境资源生态价值的权利化进行理论铺垫等。

2. 相邻关系

相邻关系，是两个或两个以上相互毗邻的不动产的所有人或使用人，在行使不动产的所有权或使用权时，因相邻各方应当给予便利和接受限制而发生的权利义务关系。相邻关系系所有权社会化之具体表现，其基本理论乃在于利用利益衡量之原理，使权利行使间相互调和。① 相邻关系不是独立的权利形态，是所有权本身的限制和扩张。

相邻关系作为环境侵权的法律依据历史悠久。德国法的干扰侵害制度，法国民法的近邻妨害制度和英美法的妨害行为都与相邻关系颇有渊源。环境相邻关系具有范围广（基于环境的生物性、地理上的整体性、生态连锁性与环境影响的广泛性）、内容复杂（包括直接污染和间接污染）、利益多元性和权利复合性等特点。② 作为一项古老的制度，相邻关系在解决环境问题方面仍然有着不可替代的作用。通过相邻关系可以防治污染，促进环境资源的有效利用。

与相邻关系密切相关的一项他物权制度是地役权。称地役权者，谓以他人土地供自己土地便宜之用之权。③ 法律允许当事人在法律规定的范围内根据需要设定不同的地役权，体现了当事人意思自治的私法特征，弥补了相邻关系的不足。由于环境问题需要平衡排污者与受污染者之间的利益，而地役权经由当事人设定，其范围又不以邻地为限，提供了解决环境问题的另一思路。

3. 自然资源物权

自然资源物权实际上包括所有权和非所有利用权利两个基本的层次。

《民法通则》和《物权法》中已经在整体意义上确认了自然资源的国家和集体所有权。但实际上，这样的制度设计与自然资源的资本属性及其利益归属问题并无太大关系，其基本出发点还是在于对公有制经济基础的法律宣告，确认在中国对自然资源公有垄断的基本格局。当然，在我国当前的政治和经济体制中，立法对自然资源的所有权作出如此的制度安排，具有其正当性与合理性。对于这一点，在理论研究中基本能够达成共识。

从类型化研究的角度，可以把自然资源非所有权利分为"非对物的采掘"和"对物的采掘"两个基本类型。

"非对物的采掘"主要是指，将自然资源作为物质载体或利用自然资源自身的生产能

---

① 参见谢在全：《民法物权论（上）》，172 页，北京，中国政法大学出版社，1999。
② 参见吕忠梅：《关于物权法的"绿化"思考》，载《中国法学》，2000（5）。
③ 参见谢在全：《民法物权论（上）》，418 页，北京，中国政法大学出版社，1999。

力的社会性开发利用活动。概括而言，能够满足上述利用方式要求的，只能是那些具有基础性地位的自然资源类型，最为典型的即为土地和海域。对于这一类自然资源权利是完全可以在传统物权理论框架内作出合理解释的。

除土地和海域之外，其他的自然资源类型诸如矿产资源、水资源、森林资源、野生动物资源等，在开发利用方面与土地和海域的"非对物的采掘"方式存在明显差异，表现为"对物的采掘"。这二者的根本区别在于，前者并不造成开发利用对象的损耗，而后者则直接导致开发利用对象在数量上的减少和形态上的改变。也正是因为这一点，"对物的采掘"方式不能满足物权制度对"使用"的要求，所以对土地和海域之外自然资源类型的非所有利用权利无法取得物权制度的真正认同，而只能以"准物权"或者"特别法上的物权"等称谓游走于物权制度的边缘，而且对这类权利性质和内容的理解非常混乱。《物权法》在用益物权部分对该类权利作出了原则性的规定，这虽然在一定程度上体现了我国现行物权立法对该类权利接纳的姿态，但真正将该类权利融入物权体系之中，还需要从自然资源角度对物权理论进行深入的适应性研究。

（四）债与合同法领域——环境资源市场交易行为规范研究

市场是一系列交易的总和。市场手段在环境问题解决过程中的导入，主要是在一定程度和范围内实现市场机制对环境资源的配置，这一目标的实现依赖于对环境资源的市场化交易，通过交易的方式增强环境资源配置的合理性，寻求公平与效率的平衡。在环境资源财产权利明晰之后，这种交易行为主要表现为环境资源财产性权利在市场上的交易和流转，比如排污权交易（也有学者将其称为"环境容量使用权交易"），自然资源用益性权利的交易以及部分自然资源所有权的交易等等。现有的以管理为核心的环境法律体系显然对上述市场化的内容难以兼容，需要结合民法中有关行为法的理论丰富传统的环境法理论，推进市场化条件下环境法从"管理之法"向"经营之法"的理论拓展。

由于环境资源自身的特殊性，其市场交易行为与一般民事交易有所不同：首先，环境资源一般由国家代表公众所有，那么在一级市场对环境资源的初始配置无疑是进一步展开交易的前提，在初始配置的过程中贯彻平等竞争、等价有偿等基本交易原则；与国家相对的一方在取得对特定化环境资源的权利的同时，为保证对环境资源的合理使用，国家必须在让渡权利的同时附加相应的义务，研究的重点应放在对此附加义务方面，从义务设定的范围、期限、救济等方面进行详尽的分析。其次，环境资源市场交易的主要目的就是要通过利益机制的导入，促进对环境资源的使用更加合理，维持环境保护与经济发展的平衡，在保证自然承载能力不受根本性破坏的前提下为经济发展辟出尽可能大的空间，在环境资源市场培育阶段，为防范投机风险，政府的监管必不可少。再次，公众或企业大量投入或长期经营所形成的环境治理和生态建设的成果，为保证投入者对其产出享有的权利真正在经济上能够得以实现，保护和加强对环境资源投入的信心，在诸多经济返还和补偿机制之中，国家回购制度的建立无疑是其中最直接最有效的途径之一，该问题的法律制度设计也应是环境资源市场交易法律规范研究的重要方面。

市场是一只看不见的手，既有通过经济刺激促进环境保护的正面因素，也有追逐经济利益最大化而破坏环境的负面影响，将市场机制引入环境保护领域不能脱离政府的有效监督和必要的行政干预。正如学者所指出的，合同法确立的合同自由也只是一种相对的自由，而非绝对的自由。为了保障市场经济有秩序的发展，国家有必要对市场经济进行宏观调控和正当干预。① 合同制度在环境资源市场交易行为中的应用，国家的普遍意志具体化为合同条款，推动了民事合同理论的发展。

（五）环境民事责任理论研究

环境民事责任理论研究是民事责任社会化的重要表现之一，也是环境法形成和发展过程中最早引起学者关注的、与民法相关的研究领域。当前就此方面展开的研究较多，成果也较为丰富。

研究环境民事责任理论，首先，应从理论上为环境民事救济和行政救济进行区分，明确各自发挥作用的范围，从责任认定和分配等方面增强民事救济途径的现实针对性和可操作性；从实践中来看，大部分事关污染或资源权属的纠纷主要还是依赖于以政府为主导的行政强制手段的解决，通过民事救济途径解决问题的比重很小，这在一定程度上混淆了行政权与司法权的界限，难免会对环境法制建设产生消极影响。

其次，以往对环境民事责任的研究很多注意力都放在了举证原则倒置或转移方面，但无论是对该原则的理解还是在司法审判实践中的贯彻都并不准确，在很大程度上影响了该原则法律功能的发挥，所以，对环境责任理论中有关举证责任分配的问题必须进一步进行明确。2002 年 4 月，最高人民法院《关于民事诉讼证据的若干规定》正式开始实行，该规定的第 4 条中的三种特殊侵权责任与环境民事诉讼有关，其实行必将对我国环境民事诉讼制度产生深远的影响，同时也为环境法学者从理论上完善环境民事诉讼的举证责任提供了机遇。

再次，环境民事责任理论的研究必须以损害社会化的思路为核心，这是由环境问题自身的特点所决定的。总体而言，环境问题的出现和发展实际上是整个社会经济发展和进步的副产品，由此带来的损失理应由社会作为一个整体予以承担；就现代法律精神而言，在民事责任的认定和分配方面，也主张过大的负担不是由个人承担，而是通过不同的方式使损害社会化。环境民事责任的损害社会化并不是要否认个体权利与义务的对称性和责任的针对性，而是注重以过失原则为基础的侵权行为法、无过失补偿以及社会安全保障等制度的协调。从理论上明确环境损害责任社会化的范围、适用条件、途径等问题，将其规范化和定型化。

最后，环境产业作为环境资源市场化运营的基本途径，虽是一种公益性的生产事业，

---

① 参见王利明：《合同法新论·总则》，108 页，北京，中国政法大学出版社，2000。

但作为社会产业形态的一种，其产业活动的开展也必然会对国家和社会公众产生不可忽略的社会影响，而且随着该产业的成熟与完善，围绕其产业活动及产业成果而产生法律争端将会逐渐成为有关环境法律诉讼的重要方面，有关环境产业责任及社会公众消费救济的法律问题也将会逐渐成为理论研究和司法实践的重点。

四、民法与环境法关系互动的价值

我国民法典的制订已经进入实质性的论证和审议阶段，及时对我国民法典制订中的环境法律问题展开系统而深入的研究，具有极强的理论针对性和重大的现实意义。

（一）丰富民法典的内容，促使民法典的体系更加合理和科学

在一个国家的法律体系中，民法是与社会生活最为贴近的法律部门，它是社会生活在法律上的反映，而且随着社会生活的发展变化而不断进行着自身的调整与完善，以满足社会现实的需求，尤其是在发生重大社会变革时，原有的民法理论体系和制度体系必然面临激烈的挑战与变革。

目前我国正处于社会的转型期，经济高速发展中出现的环境资源问题一方面要靠完善环境法制本身解决，另一方面也要靠调整经济关系自身的法律融入现代环境保护的政策和观念，否则环境保护就是治标而不治本，就是非系统化的被动机制。

在民法所面临的诸多挑战中，环境、资源问题对民法的冲击日渐成为备受关注的领域，围绕环境、资源、能源展开的法律理论与制度研究已受到人们普遍重视，现代环境法的诸多理论问题与民法传统的价值观念、调整对象、民事主体范围、民事权利体系发生了激烈碰撞，产生了一系列的新问题，通过民法基本理论的更新推动法律制度和权利设计的变革，在有效满足社会需求的同时，不断丰富民法典的内容，促使民法典的体系更加合理和科学。

（二）促进民法与环境法的沟通与协调

从环境法的产生来看，正是因为传统民法在其原有的框架之内无法完全解决新出现的环境问题，在世界范围内产生了以公法为主体的环境法，但是单纯依靠公权力并不能很好地解决环境问题，尤其是在当前市场机制日益在世界各国占据主导地位的情况下，从世界各国的发展趋势来看，都在逐步以政府和市场的结合作为解决环境、资源与能源问题的有效途径。环境资源自身功能的多样性及其开发利用的多目标性决定了其承载的利益是多重的，环境法作为其多重利益平衡与协调的法律机制，提出的问题既不仅仅是私法的问题，也不仅仅是公法的问题，而只能是混合性的。

环境问题的解决需要民法与环境法的沟通与协调，需要彼此之间的相互支持。民法从来都是一个开放的理论体系，环境法也正处于不断发展和完善的过程中，从环境法的角度对民法相关的理论和制度进行系统研究，无疑有助于消除部门法之间的争端与分歧，有效促进民法与环境法的沟通与协调，共同推动环境问题的解决。

（三）加强我国的环境法制建设

与传统的法律部门相比较，环境法起步较晚，发展的时间也很短，目前仍处于形成与发展的阶段，无论是在理论研究还是在实践方面都比较薄弱。面对日益严峻的环境资源局势，环境法作为防范污染和生态破坏基本和重要的社会控制机制之一，必须作出应有的回应，环境法制建设也在逐渐成为我国法制建设进程中的优先行动领域。

环境法作为一个新兴的综合性法律部门，进化和发展必然需要从其他相关法律部门中获取理论上的支持，尤其需要获得来自民法的支持。民法与环境法具有天然的亲缘关系，而且民法的理论经过长期的演化，已经相对成熟和完善，很多理论观点和制度规则都可以对环境法的成长起到示范作用，供环境法有选择的吸收和借鉴。

当前，对我国民法典制订中的环境法律问题展开研究，可以进一步理顺民法与环境法的关系，通过民法理论的创新和变革使之对与环境相关的理论问题更具包容性，整合相关法律部门之间的法律功能，优化法律调整的实际效果，增强民法与环境法的亲和性，摆脱长期以来环境法学研究中普遍存在的低水平重复困境，提升研究水平，为加强我国的环境法制建设提供充分的理论支撑。

【推荐阅读文献】

1. 王利明. 中国物权法草案建议稿及说明. 北京：中国法制出版社，2001
2. 吕忠梅. 关于物权法的"绿化"思考. 中国法学，2000（5）
3. 史尚宽. 民法总论. 北京：中国政法大学出版社，2000
4. 梁慧星. 民法总论. 北京：法律出版社，2001
5. 徐国栋. 民法基本原则解释. 北京：中国政法大学出版社，1992
6. 吕忠梅. "绿色"民法典的制定——21 世纪环境资源法展望. 郑州大学学报（哲学社会科学版），2002（2）

第二部分

环境法分论
专题研究

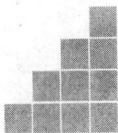

第十专题

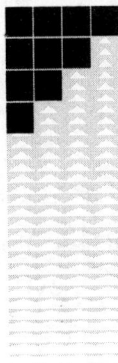

循环经济制度研究

一、循环经济的概念与原则

20 世纪 90 年代以后，循环经济与知识经济一道成为国际社会经济发展的两大趋势。知识经济以经济活动的知识化转向为特征，循环经济则以经济活动的生态化转向为己任。正是由于循环经济的"绿化"特征，在可持续发展战略确立以来，愈发展现出勃勃生机，许多国家均把发展循环经济建立循环型社会看做实施可持续发展战略的重要途径和实现方式。

（一）循环经济的概念

循环经济是一种将经济体系与环境资源紧密结合的生态经济模式。它是建立在物质不断循环利用基础上，要求经济运行遵循"资源—产品—再生资源"的物质反复循环流动的环境友好型的经济发展模式。

【小资料】"循环经济"概念辨析

作为环境保护的一种新事物，循环经济在各国理论界尚有不同的理解，在我国，学者们则主要是对这一概念的存废有不同认识，概括起来大致有以下三种[①]：

一是肯定说。我国理论界目前肯定循环经济作为一种新的经济活动概念是主流，而且表述也基本都是沿用如下的定义："所谓循环经济，本质上是一种生态经济，它要求运用生态学规律而不是机械论规律来指导人类社会的经济活动。"[②]类似的定义还有：所谓循环经济，就是按照自然生态物质循环方式进行的经济模式，它要求用生态学规律来指导人类社会的经济活动。循环经济以资源节约和循环利用为特征，也可称为资源循环型经济。[③]

二是否定说。有学者认为：根据热力学第二定律，能量的传递是有方向性的，在地球上，被转化的能量最终都会以热的形式向太空散射。至于散射到太空去的热能否重新聚集起来为人类所用，在可见的历史时期内恐怕很难有明确的答案。因此得出结论，"要建立循环经济，无论从理论上看还是从实践上看，目前尚很难成立。"而应代之以"建立节约型经济系统"[④]。

三是替代说。目前国外尚无任何一个国家同时系统地制定清洁生产法和循环经济法，而以清洁生产立法为多，只有少数几个国家如日本、德国等制定有循环经济法，而且学者们也往往将这类循环经济法纳入清洁生产法之列。[⑤] 相应地，

---

① 参见周珂、迟冠群：《我国循环经济立法必要性刍议》，《南阳师范学院学报》，2005（1）。
② 曲格平：《发展循环经济是 21 世纪的大趋势》，载《机电产品开发与创新》，2001（6）。
③ 参见冯之浚、张伟等：《循环经济是个大战略》，载《光明日报》，2003-09-22。
④ 欧阳志远：《论节约型经济系统——〈中国 21 世纪议程〉实施的理论反思》，载《中国人民大学学报》，2004（3）。
⑤ 参见王明远：《清洁生产法论》，34、192 页，北京，清华大学出版社，2004。

有些国家的清洁生产立法在学术界也被视为循环经济法。因此理论界已形成了清洁生产法与循环经济法可以相互代替的认识，如果单纯从立法的经济性来看，这种替代似乎也是必要的。

循环经济有效促进了社会经济的可持续发展，表现为低开发、高利用、低排放的特征。与传统经济由资源到废物的线性循环系统不同，循环经济是相对封闭的循环系统。传统经济追求经济利益的最大化，线性物质流动结构必然导致资源短缺，造成环境压力，就如同一个人的心脏搏出的动脉血液不断增加，而回流的静脉血不断减少，最终将导致心力衰竭或末端淤血。资源稀缺就像心力衰竭，环境污染就可比做末端淤血。发展循环经济就可有效防治"心力衰竭"与"末端淤血"。因此，有人形象地将循环经济比做"静脉经济"。可以说，循环经济是当今世界上最新、最先进的经济发展模式。

（二）循环经济的原则与层次

循环经济有三大经济活动的行为准则，又称 3R 原则，分别是减量化原则（Reduce）、再利用原则（Reuse）、再循环原则（Recycle）。[①]

减量化原则意在减少生产源头的资源投入，要求用尽可能少的原料与能源达到既定的生产目的或消费目的。常常表现为要求产品体积小型化，产品重量轻型化。比如，用轻型汽车来替代重型汽车，在消费中追求产品包装的朴实无华，并且尽量选择耐用的可循环可降解的物品而不是一次性物品，以减少废弃物的产生。

再利用原则旨在延长产品或服务的使用时间。也就是说，尽可能多次或以多种方式使用物品，避免其过早地成为垃圾，抵制一次性用品的泛滥。在生产中制造商使用标准尺设计，例如：使用标准尺设计在电子产品领域可以使产品更容易升级换代，而不必更换整个产品。在生活中人们可以将可维修的物品返回市场供他人使用或捐献自己不用的物品。

再循环原则要求生产出来的产品在完成其使用功能后能重新变成可以利用的资源而不是无用的垃圾，也就是说废弃物可以再次变成资源为人所用，一般指我们所说的废品回收利用和废物的综合利用。作为消费者来说，也应增强购买再生物品的意识，为促进循环经济的实现贡献一份力量。

循环经济包含三个层次[②]：

一是企业内部层次，即企业内部自身通过物质循环，以充分利用资源，节约资源；

二是企业间层次，即企业相互之间通过互通有无，取长补短，将对方所谓的"废物"为我所用，实现废物利用最大化；

三是社会层次，即整个社会，包括国家、企业和个人，在生产、生活（消费）领域共同努力，减少浪费，节约资源。

[①]　参见周珂：《环境法》，75 页，北京，中国人民大学出版社，2005。

[②]　参见周珂、马绍峰、姜林海：《循环经济立法研究》，载《武警学院学报》，2005（1）。

【小资料】绿色 GDP 和循环经济[①]

GDP 代表着目前世界通行的国民经济核算体系,是衡量一个国家发展程度的统一标准。GDP 是反映经济发展的重要宏观经济指标,但是它并没有反映经济发展对资源环境所产生的这些负面影响。而绿色 GDP 就是在 GDP 的基础上,扣除经济发展所引起的资源耗减成本和环境损失的代价。因此,它在一定程度上反映了经济与环境之间的相互作用,是反映可持续发展的重要指标之一。总体来看,中国绿色国民经济核算体系的构建研究已具有了一定的基础。从 2004 年开始,国家统计局和国家环保总局已成立了绿色 GDP 联合课题组,正在组织力量积极进行研究和试验。

循环经济要求以"减量化、再使用、再循环"为社会经济活动的行为准则(3R 原则)。世界发展进程的规律表明,当国家和地区人均 GDP 处于 500 美元至 3 000 美元的发展阶段时,往往对应着人口、资源、环境等瓶颈约束最为严重的时期,而我国目前正处于这一时期,必须改变现行的经济增长方式,通过发展循环经济建立循环型社会,实现建立全面小康社会的目标。专家们分析预计,我国要想实现 2020 年 GDP 翻两番的经济发展目标,而又要保持现有的环境质量,资源生产率就必须提高 4~5 倍;如果想进一步明显改善环境质量,资源和生产效率就必须提高 8~10 倍。显然,在传统的发展模式里,除非有大规模的技术突破,否则,这种设想是不太现实的,因而必须另辟蹊径。循环经济是一个可行的选择。

(三) 循环经济与清洁生产的关系[②]

循环经济与清洁生产是紧密联系,互为支撑的。无论是循环经济还是清洁生产均是人类社会在经历了工业革命环境严重污染的噩梦后,在末端治理的高投入、低成效的阴影下,痛定思痛所作出的抉择和创新。可持续发展战略的出台,使两者更拥有了共同的理念和思想。清洁生产要求在产品生产的整个周期中贯彻污染预防原则,从生产源头减少资源的耗费,开发资源的可循环利用,遏制污染产生,从而达到经济效益与环境效益的双赢;循环经济崇尚环境友好,主张在产品和消费过程中,以最小的自然资源投入得到最充分地的产品产出,同时排放的环境废物尽可能的最少,以减少和避免对环境的危害。循环经济可持续发展提供了一种理想的经济发展模式,在环境与发展的矛盾与冲突之间找到了合理的平衡点。

在具体的经济活动中,循环经济主要在三个层次展开:企业层次、企业间层次和社会层次。清洁生产属于第一层次,即单个生产者和消费者的行为方式,它是一个相对微观的概念,相对而言,循环经济则是更为广大的生产者和消费者的行为方式,是一个相对宏观的概念。由此可见,清洁生产是循环经济的基本形式之一,是实现循环经济的基础,而循

---

① 参见庄贵阳:《谈谈绿色 GDP》,载《世界知识》,2004 (17)。
② 参见周珂:《环境法》,75~76 页,北京,中国人民大学出版社,2005。

环经济又将是清洁生产发展的终极目标。另外，清洁生产为循环经济的实现提供了技术支撑，清洁生产将先进工艺技术和设备应用于生产服务中去，提高资源利用率，减少废物产生，成为循环经济形成的一个关键因素。

两者的主要区别是：

（1）清洁生产主要着眼于生产服务领域，而循环经济则囊括整个经济活动，更有利于解决环境与发展的矛盾。

（2）清洁生产强调生产技术的生态化更为具体，而循环经济的内涵是生态经济，要求经济活动同生态系统的平衡相结合，走社会经济发展生态化的路子。

（3）两者的实施条件不同。与清洁生产相比，循环经济的实施要求更高的科技创新水平，雄厚的经济实力，更成熟的政府宏观调控，更健全的市场运行机制，更正常的资源配置，更多的科技与管理人才，更强的民众环保意识和更为普遍的绿色消费倾向。

在这种意义上，可以说清洁生产是循环经济的初级阶段，循环经济是清洁生产的高级阶段。

二、循环经济立法研究

（一）国外循环经济立法

就立法模式来讲，当前发达国家规范循环经济大致有三种模式[1]：

1. 美国模式。被称为污染预防型，以美国、加拿大为代表，他们将清洁生产纳入预防污染的框架，属于环境法律体系。如美国1970年的《国家环境政策法》是基本法地位，与之配合的有《清洁水法》、《清洁大气法》。

目前，美国还没有一部全国性的循环经济法规，但美国的《资源保护和回收法》、《1990年污染预防法》都不同程度地体现着循环经济的要求。同时，美国联邦政府和各州政府还推行了一些循环经济的政策。自20世纪80年代中期以来，美国已有半数以上的州先后制定了促进资源再生的循环法规。美国《1990年污染预防法》强调了对污染物的预防，通过源头削减和过程控制减少污染物的产生，保护人体健康，在生产领域贯彻了循环经济的理念和思路，但并未提到在全社会范围内推行一种新型的、更为先进的经济增长模式，立法中也未出现循环经济的字眼。

【小资料】美国《资源保护和回收法》简介[2]

美国《资源保护和回收法》于1976年通过，1984年修订。该法共8章64条，主要内容为：

---

① 参见周珂、马绍峰、姜林海：《循环经济立法研究》，载《武警学院学报》，2005（1）。
② 参见孙佑海：《国外循环经济立法的现状和借鉴》，载国家环境保护总局网，http://www.sepa.gov.cn/tech/xhjj/gjjl/200511/t20051117_71792.htm，摘自《中国环境报》，2005-11-17。

1. 规定废弃物的收集和处置在继续作为州、地区和地方机构的职责的同时，联邦政府有必要采取行动，进一步减少废物的数量，并确保对不能回收利用的废物进行符合环境要求的安全处置。

2. 规定该法的立法目的是保护人类的健康和环境安全，保护有价值的物资和能量。其所规定的具体措施是：给州和地方政府以及州际机构提供更高水平的固体废物处理技术、在管理计划方面提供技术和财政资助等。

3. 确定该法的组织管理实施机构及其职权。

4. 规定危险废物的管理制度，包括危险废物的鉴定、有关标准和程序、适用于危险废物的生产者、运输者的标准等。

此外，还规定了州或地区的固体废物计划、商业部长在资源回收中的责任等内容。

目前美国虽然没有一部全国性的循环经济法规，但已有半数以上的州制定了不同形式的资源再生循环法规。

2. 德国模式。被称为经济循环型，以德国为代表。德国是世界上最早进行循环经济立法的国家之一。早在1972年，德国就制定了《废弃物处理法》，1986年将该法修订为《废弃物限制处理法》，将立法目的从原先侧重对废弃物的处理升华到避免废弃物的产生。1991年，德国首次按照"资源—产品—资源"的循环经济思路制定了《包装废弃物处理法》，对于商品的包装物，要求生产商和零售商避免废弃物的产生同时要求回收利用，以减少商品包装废弃物的填埋和焚烧的数量。1994年9月27日，德国公布了发展循环经济的《循环经济和废物处置法》，把资源闭路循环的循环经济思想从商品包装拓展到社会所有领域，规定对废弃物管理的手段首先是避免产生，同时要求对已经产生的废物进行循环使用和最终资源化的处置。归纳起来，德国的循环经济立法体系包括三个层次：法律、条例和指南。除上述法律、条例外，还有农业和自然保护法、污水污泥管理条例、废旧汽车处理条例、废电池处理条例、有机物的处理条例、电子废物和电力设备处理条例、废木材处理条例、废弃物管理技术指南、废弃物（城市固体废弃物）管理技术指南等。

【小资料】德国《循环经济和废物清除法》①

在德国诸多循环经济立法中，1994年9月颁布的《循环经济和废物清除法》，是人类第一部循环经济基本法，有着划时代的意义。该法更为系统地运用了3R原则来解决废弃物的问题，并将循环经济的物质闭路循环思想从包装问题推广到所有的生活废弃物。该法共分9章64条，从废弃物清除入手，详细规定了生产、

---

① 参见周珂、马绍峰、姜林海：《循环经济立法研究》，载《武警学院学报》，2005（1）。

处理、消费各环节各个不同主体的义务。主要内容如下：

1. 废物的生产者、拥有者和清除者的责任。设备经营者、废物制造者以及公共清除人员，必须按照对公共福利有利的原则清除废物。对于这一点，法规在转让、委托第三者、组成协会、农业肥料等方面都有具体论述，对废物清除的具体做法和原则也有规定。

2. 企业主体对其产品负担的责任。包括产品的禁止、限制和标志以及对产品的回收义务。

3. 主管部门的责任。包括制定清除的规章、计划，批准废物清除设备的建立和运营，对废物清除利用的监测。

4. 专门的废物企业组织的责任。

德国立法向以严谨著称，该法也不例外，明确的义务条款和可以量化的标准非常之多，法律的可操作性极强，重视程序性规定，对我国立法是一个很好的借鉴。

德国关于循环经济的立法及其法律实践，对世界各国产生了巨大影响，自20世纪90年代以来，欧盟各国、美国、日本、加拿大、澳大利亚等经济发达国家，都先后依据循环经济思想制定或修订了本国的废物管理规范。

3. 日本立法模式。虽然日本发展循环经济、制定建立循环型社会的法律起步较晚，但其起点高，采取的法律措施比较坚决和全面，所取得的环境和经济效果都比较显著。2000年6月2日，日本《循环型社会形成推进基本法》公布并施行。2000年被日本称为"循环型社会元年"[①]。

日本是目前世界上循环经济立法最为完善的国家，其促进循环经济发展的法律法规体系可以分成三个层面：一是基本法，即《循环型社会形成推进基本法》；二是综合性的法律，包括《废弃物处理法》、《资源有效利用促进法》；三是专项法，包括《容器和包装物的分类收集与循环法》、《特种家用机器循环法》、《建筑材料循环法》、《可循环性食品资源循环法》、《多氯联苯废弃物妥善处置特别措施法》等。

【小资料】日本《循环型社会形成推进基本法》

日本于2000年4月通过了《循环型社会形成推进基本法》，作为其发展循环经济的基本法律。该法共分3章32条，包括总则、建设循环型社会的基本计划和建设循环型社会的基本政策。该法的基本内容如下[②]：

---

① 孙佑海：《国外循环经济立法的现状和借鉴》，国家环境保护总局网，http://www.sepa.gov.cn/tech/xhjj/gjjl/200511/t20051117_71792.htm，摘自《中国环境报》，2005-11-17。

② 参见［日］循环型社会法制研究会编：《循环型社会形成推进基本法的解释》，11～16页，2000。转引自唐荣智、于杨曜：《循环经济法比较研究——兼评我国首部清洁生产促进法》，载《杭州商学院学报》，2002（5）。

1. 提出循环型社会的概念，即全社会确保社会的物质循环，抑制天然资源的消费，减轻环境负荷。

2. 把废弃物定义为"循环资源"，促进"循环资源"的循环利用。

3. 把经济活动划分为生产阶段、消费阶段、处理阶段，在各阶段分别采取抑制、再利用、热资源回收和最后适当处理等方法。

4. 明确了国家、地方政府、企业和国民的义务和责任。

5. 规定由政府制定"循环型社会形成推进基本计划"，每 5 年随实际情况修订。

6. 为了建成循环型社会，国家规定了基本政策：抑制废弃物产生，规制排出者责任，实施"扩大生产者责任"，促进使用再生品，由影响环境的企业负担恢复原状的费用等。

通过比较上述国家循环经济立法可见，美国的循环经济立法主要体现为单行法，未彻底体现循环经济的要求，而德国、日本的立法可谓全面、丰富，其共同点都是先在各个领域单独立法，待条件成熟时再制定循环经济基本法以统领各单行法。德、日立法模式更为可取，我国更应加以吸收借鉴，但不可照搬照抄，而应结合我国实际，确立符合我国国情、具有我国特色的循环经济立法体系。

(二) 我国循环经济立法

1. 循环经济立法有利于尽快建立支撑循环经济的科学体系①

循环经济的建立需要大量现代科技的有力支撑，这些现代科技应当包括清洁生产技术、信息技术、能源综合利用技术、回收和再循环技术、资源重复利用和替代技术、环境监测技术等等。② 而这些现代科技活动的普遍化、复杂化又要求它就是一种高度组织化、规则化和程序化的活动，是排除更多偶然性、任意性和专断性的活动。对循环经济进行立法，可以有效地建立循环经济科技管理体制和科技运行机制，组织、协调和管理这些科技活动，包括通过立法规定循环经济科技研究和管理机构的设置、组织原则、权限职能和活动程序，确定循环经济科技研究计划、投资方向和基金预算，规定循环经济科技组织制度、科技人员管理制度、科技发展计划的编制、审批和监督制度、科技经费管理制度、科技情报与档案管理制度、科技标准化制度、科技进步奖励制度等，并设置这一系列制度运作的具体程序。对循环经济进行立法，可以将国家发展循环经济的战略法定化，并将这一战略具体化、细则化、程序化，确定循环经济科技发展的合理布局和人、财、物的合理分配。另外，立法还可以调节发展循环经济科技过程中所产生的各种利益关系，使国家为发

---

① 参见周珂：《循环经济立法的必要性和阻力》，载"中国民商法律网"，http://www.civillaw.com.cn/weizhang/default.asp? id=24056，2005-12-30。

② 参见王成新、李昌峰：《循环经济：全面建设小康社会的时代抉择》，载《理论学刊》，2003 (1)。

展循环经济所建立的奖励与处罚机制以法的形式得以公示并落到实处，使科技成果得到合理的使用和推广，为我国循环经济的发展服务。

2. 我国循环经济立法面临的阻力[①]

我国实施循环经济并不是赶时髦，我国当前面临的环境资源压力是有目共睹的事实，而循环经济在我国的实施，却比发达国家面临更大的阻力。

（1）资源的紧缺与资源的价格在我国严重地不对称。我国在自然资源严重不足，特别是人均占有量严重不足的同时，主要的工业原材料从开采加工到市场销售，价格都普遍偏低，导致企业宁可浪费，也不肯在节约和循环利用上下工夫，而浪费的资源相当一部分转化为污染物，加剧了环境的恶化。因此我国经济的增长伴随着的是高物耗、高污染。解决这个矛盾如果只是简单地提高资源和原材料价格会带来物价上涨、企业负担加重、产品在国际市场上竞争力降低等一系列问题，因此，尽管循环经济的实施在我国有更大的阻力，但却是必要的、合理的选择，而在这种社会关系难以自然理顺的情况下，有必要通过立法在一定程度上强制实施循环经济。

（2）我国的经济和科学技术发展程度还远落后于发达国家，国家难以对循环经济给予足够经济基础方面的支持，由于投入的不足，循环经济的实施必然会加重地方和企业的负担，人们会把循环经济作为一种奢侈品看待。但另一方面，恰恰是因为物质投入的局限，才需要通过立法在上层建筑方面最大限度地予以保证，以在一定程度上弥补"硬件"不足的矛盾。在经济全球化的激烈竞争中，循环经济有助于我国突破绿色贸易壁垒，参与国际竞争的需要。随着全球环境保护的不断加强，以关税和传统非关税措施来限制进口的余地越来越小，许多国家正在转向以苛刻的环保技术标准来构筑新的贸易壁垒——绿色壁垒。WTO的《贸易技术壁垒协定》和《卫生与植物检疫协定》即要求各国在制定国内法规时以国际标准为基础，使这些标准具有更大的约束力。要想使我国的产品在国际贸易中符合这些规则的规定，就必须对循环经济进行立法，将这些国际规则国内化。"按照循环经济，经济增长并非简单地意味着生产和消费更多的产品，正是此类增长给环境造成了额外的负担；而是必须提高用于的商品和服务的质量和价值。随着产品使用寿命的延长、耐用性的提高，虽然从件数上看会减少需求量，但不会减少价值量。相反，消费者会转而去购买产量越来越少的、但价值越来越高、越来越昂贵的产品。"[②]可见，推行循环经济可以提高我国产品在国际市场上的竞争力，同时也可以增强外国消费者对我国产品的认同感。

（3）循环经济的实施可以通过经济手段、法律手段和提高环境意识等各种途径予以保证。循环经济是通过成千上万的企业经营行为和全体公众的消费行为实现的，对企业行为

① 参见周珂：《循环经济立法的必要性和阻力》，载"中国民商法律网"，http://www.civillaw.com.cn/weizhang/default.asp?id=24056，2005-12-30。

② 诸大建：《循环经济理论与全面小康社会》，载毛如柏、冯之浚主编：《论循环经济》，67页，北京，经济科学出版社，2003。

和公众行为的自觉性程度提出很高的要求，这种自觉性是建立在高度的环境意识基础上，如果企业和公众基于环境意识的提高，自觉地满足循环经济的要求，政府就不必运用经济手段，法律也不必强制推行。在环境意识程度问题上我们不得不承认我国与环境保护发达国家之间的差距，循环经济在目前的情况下尚未成为我国企业和公众的自觉行为，因此，有必要通过立法加以推行，也要辅之以必要的经济手段，并注意通过环境宣传教育等途径逐步提高企业和公众的环境意识，发扬我国悠久的勤俭节约美德，使循环经济成为科学发展观的实施的有机组成部分，成为人们的自觉行动。

（4）中国人有悠久的节约美德，循环经济这一舶来品要在中国扎根，必须与中国的传统相适应。事实上，循环经济产生于美国这个世界上最大的资源消耗国，在相当大的程度上它解决的实际上就是节约资源问题。循环经济在中国的本土化最基本的要求是应当与构建节约型社会相结合。节约型社会是一个更宽泛的概念，其构建的成本低、效益高。如果把现代环境保护的产物循环经济比作计算机，那么节约型社会可以比作算盘，它们有着共同的功能，机制也有相似之处。可以说节约是循环的前提和目的，循环是节约的进化和手段。

3. 我国循环经济立法设计

近年来，我国各届领导人及广大人民群众已就发展循环经济达成共识。第十届全国人大一次会议 2003 年 3 月 18 日批准的《政府工作报告》明确提出："支持发展循环经济"。这为我国发展循环经济和加强循环经济立法提供了政治、法律和行政基础。①

实践证明，循环经济是最终走向可持续发展，实现经济与环境双赢的唯一道路。我国在经济上既有发展循环经济的迫切需要，在立法上又有一定的立法成就可作铺垫，而且有比较先进的国外循环经济立法经验可资借鉴，我国制定循环经济法的时机已经成熟。

【小资料】 我国《清洁生产促进法》中的"循环经济"②

事实上，我国的《清洁生产促进法》名为清洁生产立法，实际上却含有循环经济所要求的大量条文。如该法第 19 条规定：企业在进行技术改造过程中，应当对生产过程中产生的废物、废水和余热等进行综合利用或者循环使用；第 26 条规定：企业应当在经济技术可行的条件下对生产和服务过程中产生的废物、余热等自行回收利用或者转让给有条件的其他企业和个人利用；第 9 条进一步指出：县级以上地方人民政府应当合理规划本行政区域的经济布局，调整产业结构，发展循环经济，促进企业在资源和废物综合利用等领域进行合作，实现资源的高效利用和循环使用。由此可见，我国的《清洁生产促进法》在循环经济所要求的企业内部层次、企业之间层次及社会整体层次方面都有不同程度的体现。至于 3R 原

---

① 参见国家环境保护总局政策法规司：《循环经济立法选译》，北京，中国科学技术出版社，2003。
② 周珂、马绍峰、姜林海：《循环经济立法研究》，载《武警学院学报》，2005（1）。

则所要求的内容，在《清洁生产促进法》中也是随处可见，只是还不够系统、和谐。因此，我国的《清洁生产促进法》在实质上孕育了，甚至包括了循环经济的内在要求，具有循环经济萌芽的性质。

至于我国循环经济立法模式选择，就我国目前立法状况来说，清洁生产立法还处于源头防污阶段，还未形成经济运行全程循环的阶段，因此应属于污染预防性立法模式。但从性质上说，我国是在环境保护法的基础上形成了独立的清洁生产立法，与德、日立法体系更为相近，也更易于将来在社会法制等方面条件成熟后，发展建立循环经济法律体系。具体来说，我国循环经济立法设计体现在以下三个方面[①]：

（1）在立法体系上，循环经济法应是由循环经济基本法和若干单行法组成的完整法律体系。其中，基本法起统帅作用，规定有关循环经济的立法目的、指导思想、基本原则和制度、法律责任等；单行法则是对基本法的落实和细化，通过对相关领域进行循环经济立法，使循环经济这种先进的经济发展模式得到切实实现。

（2）在立法顺序上，可突破德、日先单行法后基本法的模式立法，可以先行制定循环经济基本法，再在该法指导思想下和基础上制定各单行法。这在我国是有现实基础和成功经验的，也符合我国的立法传统。

（3）在循环经济基本法内容上，应包括：循环经济法的总则部分，应包括循环经济的概念、立法宗旨、调整对象、基本原则、管理体制及术语解释等；循环经济法的分则部分，主要应包括国家、企业、个人及非政府组织的权利义务、法律责任。

【小资料】热议中的《循环经济法（草案）》

2007年8月27日，十届全国人大常委会第29次会议对全国人大环资委提请审议的《中华人民共和国循环经济法（草案）》进行了初审。现将草案的若干内容简介如下：

（1）循环经济法的立法宗旨：推进循环经济发展，提高资源利用效率，保护和改善环境，实现可持续发展。

（2）关于循环经济的概念：草案中所称循环经济，是指在生产、流通和消费等过程中进行的减量化、再利用、资源化活动的总称。草案关于循环经济概念的确定，既与国际上的"3R"原则相吻合，又有全国人大批准的"十一五"规划关于循环经济的表述作依据，还和实践中的做法相一致，因此受到专家和实际工作者的一致赞同。

（3）关于草案的框架结构：包括七章，分别为总则、基本管理制度、减量

---

① 参见周珂、马绍峰、姜林海：《循环经济立法研究》，载《武警学院学报》，2005（1）。

化、再利用和资源化、激励措施、法律责任和附则。这样设计草案的框架，结构合理，逻辑清晰，能够准确体现出立法的指导思想和目标，可以涵括各项主要制度，并且便于操作和遵守。

（4）草案建立的主要管理制度包括：循环经济规划制度、抑制资源浪费和污染物排放的总量调控制度、循环经济评价考核制度、以生产者为主的责任延伸制度，对高耗能、高耗水企业的管理，产业政策的规范和引导、激励措施等。

三、我国实施循环经济的制约因素分析

循环经济之所以只在少数发达国家实施，表明原版的循环经济理论和制度处于一种阳春白雪的境地，从另一个角度来说，在客观上存在着实施循环经济的限制性条件或门槛，制约着这一事物在全球特别是在发展中国家的推广。这些制约因素包括经济上的、技术上的、体制上的和法律上的诸多方面，如果我们缺乏应有的重视，很有可能使循环经济在我国产生水土不服的问题。循环经济理念产生于西方发达国家，因而与西方发达国家特殊的经济工业发展状况相关，现有的循环经济单纯建立在物理学和热力学理论之上，其局限性已经遭到人们的质疑。① 虽然循环经济的实施及其立法有以上制约因素，但在我国通过立法推动实施循环经济已日益成为人们的共识。

（一）经济上的制约因素

虽然实施循环经济在理论上是会带来长远的和宏观上的经济效益增长，但在近期上必然要求环境保护方面投入的增大，以垃圾处理为例，非循环的填埋处理成本肯定大大低于分类处理和购入焚烧设备进行处理的成本。这种成本的增大，对于我国经济发达地区可能是可以承受的，但对于经济欠发达地区却是难以承受的负担。而在我国，以西部地区为代表的经济欠发达地区，本来其环境成本的压力就很大，由于其自然地理的原因，环境对污染的自净能力差，因而单位污染物的处理成本往往高于沿海经济发达地区。实施循环经济，加大政府和企业的环保投入，对于经济欠发达地区来说可能是一种新的难以承受的负担。在这种格局下，原版循环经济在我国的实施很可能会局限于少数经济发达地区，其功能会大大降低。因为在事实上我国最需要实施循环经济的地区，恰恰是那些经济欠发达、环保成本高、环保水平很低的"下里巴人"地区。

经济上的制约因素首先要求我国在循环经济立法时必须考虑我国不同地区的实施能力。在经济较发达地区，推行的力度应加大，而在经济欠发达地区，应以鼓励为主，并在财政支持上适度倾斜。其次是在空间上，循环经济在不同的领域其经济性是有差异的，例如，在农业领域实施循环经济投入较少而成效较大，在工业领域可能就需要较高的投入，

① 参见欧阳志远：《论节约型经济系统——〈中国21世纪议程〉实施的理论反思》，载《中国人民大学学报》，2004（3）。

结合我国的国情，农业循环经济应当是优先行动领域；再次是在时间上，所谓"三R"原则中的减量化原则即节约的原则，投入较少而见效较明显，我国循环经济应当首先着力于节约型社会的构建，待这种观念深入人心，再循序渐进地推行再利用和再循环等较"奢侈"的技术与行动。事实上，节约型社会与循环经济就好象算盘与计算机的关系，它们的功能和原理是一致的，而成本和难度有很大差异，二者合理搭配才能产生最大的效益。

（二）技术上的制约因素

循环经济的建立需要大量现代科技的有力支撑，这些现代科技应当包括清洁生产技术、信息技术、能源综合利用技术、回收和再循环技术、资源重复利用和替代技术、环境监测技术等等。[1] 而这些现代科技活动的普遍化、复杂化又要求它就是一种高度组织化、规则化和程序化的活动，是排除更多偶然性、任意性和专断性的活动。近年来，我国虽然高度重视运用现代科技力量促进环境保护事业的发展，但在这方面我们与西方环保先进国家相比确实还存在较大差距，尤其是环保先进技术在农村地区的推广不够有力。农村固体废物污染治理的实施中引入循环经济，必然要求相关配套设施的完备和技术的成熟，而且由于农村的特殊条件以及各地区之间的差异，对于循环经济在农村固体废物污染治理中推广不宜直接照搬城市、工业模式，也不能搞"一刀切"，而应该由简入繁，循序渐进。

与之相关的另一个问题是人们对环保技术的接受程度，在我国许多地方尤其是农村地区，拒绝环保技术，甚至擅自拆除环保设施的情况屡见不鲜。我国推进循环经济在农村固体废物治理实施时必须正视在这个软实力方面的不匹配因素，注意对农民进行引导。

我国循环经济进行立法，应有效地建立循环经济科技管理体制和科技运行机制，组织、协调和管理这些科技活动，包括通过立法规定循环经济科技研究和管理机构的设置、组织原则、权限职能和活动程序，确定循环经济科技研究计划、投资方向和基金预算，规定循环经济科技组织制度、科技人员管理制度、科技发展计划的编制、审批和监督制度、科技经费管理制度、科技情报与档案管理制度、科技标准化制度、科技进步奖励制度等，并设置这一系列制度运作的具体程序。对循环经济进行立法，可以将国家发展循环经济的战略法定化，并将这一战略具体化、细则化、程序化，确定循环经济科技发展的合理布局和人、财、物的合理分配。另外，立法还可以调节发展循环经济科技过程中所产生的各种利益关系，使国家为发展循环经济所建立的奖励与处罚机制以法的形式得以公示并落到实处，使科技成果得到合理的使用和推广，为我国循环经济的发展服务。

与传统的建立在物理热力学基础上的清洁生产理念不同，我国的循环经济应该更重视与生态学结合，而生态意义上的循环在农业中有更明显的体现。将循环经济的理念在农村中推广，改变过去传统的农业生产方式，将生物（家禽牲畜）与农作物通过各自之间的新陈代谢连接起来，形成一个相对封闭的生态链条，外界能量（如太阳光能、风能、雨水、

---

[1] 参见王成新、李昌峰：《循环经济：全面建设小康社会的时代抉择》，载《理论学刊》，2003（1）。

人们对农作物施用的有机肥料、对家禽牲畜喂养的饲料等）的注入使这个生态链条不断的运行，最终达到农业效益、生态效益、社会效益的高度统一。这种循环农业其本质上就是生态的循环经济。中国特色的循环经济，就应该体现在农业循环上，而农村固体废物污染治理是其优先行动领域，在内容上包括源头上减少传统的化肥农药等非友好型物质和不易于循环物质的使用，转而使用有机肥等可循环物质，过程中提高外界物质的使用效率，末端上要将新产生的固体废物进入下一个循环链条继续利用①如果处理得当，不但会减轻农村面临的固体废物污染的压力，还可以增加农民收入，提高农业效益。

（三）体制上的制约因素

体制上的制约因素表现在许多方面，值得关注的是国外的经验教训。德国非常重视环境保护的创新包括循环经济，与美国、日本不同的是，德国循环经济的实施过度依赖政府的行政管理，因而实施的成本较高，效益较差。在欧共体国家中，德国近年来经济增长不理想，已经有人将此归咎于环保拖累和政府在环保方面行政管理的低效率。这本身是一个矛盾：一方面循环经济的实施特别是初期的建设因其投入产出比较低，难以成为企业的自觉选择，因而客观上需要政府的推动和主导，另一方面循环经济的本质并不是行政管理，而主要是企业和全社会的自觉行动。而我国的环境保护恰恰是带有强烈的行政主导色彩，循环经济立法在我国很可能是行政主导性的促进法，因此我们有必要借鉴国外的经验，重视体制上的问题并有针对性地制定对策。

首先，政府在实施循环经济的过程中应当是有所为而又有所不为。有所为是指管理和服务，例如，节约和减量应当是政府的强制性作为，建立循环经济科技支撑体系也是政府的积极作为，还包括推广循环经济技术及对环境污染防治重点地区和经济欠发达地区实施循环经济的必要财政支持等服务行为，但不应强制性推广和一刀切，诸如绿色 GDP、绿色消费、环境税、排污权交易、环境审计等，应量力而行，循序渐进。

其次，管理体制应当理顺。经济、科技、环保各部门齐抓共管，各负其责，管理、服务、监督相结合，总体看来，循环经济的实施应当是由经济主管部门综合协调，科技主管部门提供服务，环保主管部门监督检查。我国的清洁生产法基本上贯彻了"政府对企业等市场主体的清洁生产活动进行引导、促进和必要的行政强制，同时强化社会公众对环境污染、清洁生产状况的知情与监督"这一大多数国家清洁生产法所共有的原则，该原则是"既使'看不见的手'，又使'看得见的手'有效调节"以及"以社会制约权力"等清洁生产指导思想和利益基础在法律上的具体表现。② 这是我国进行循环经济立法时所闪现的一

---

① 如目前我国江西赣州的"猪—沼—果（菜）"的能源生态模式，广西恭城的"养殖—沼气—种植"三位一体的庭院经济模式，北方的将日光温室、畜禽舍、沼气池和厕所优化组合的"四位一体"模式以及立体种养有效组合模式和由土地到餐桌实行全程监控和清洁生产的优化生态企业管理模式等等，就是循环农业经济模式的雏形，在其过程中产生的固体废物都得到了很充分的回收利用，值得推而广之。

② 参见王明远：《清洁生产法论》，222～223 页，北京，清华大学出版社，2004。

个亮点。循环经济虽然是一种先进的经济运行模式，但它对科技与资金的要求却不是一般经济活动主体能够独立完成的。

再次，应当充分发挥各行业组织的自律作用和公众的积极参与作用。事实上，循环经济最理想的状态应当是成为企业的自觉行动，是企业利益、社会公共利益和国家利益的高度一致。促进法应当主要是在特定的阶段由国家来积极的推动，而从长远看，不应当总是促进，而应当是逐步走向良性的自我协调、自我约束、自我完善的正轨，在这方面行业组织的自律作用不可忽视。欧洲现行环保新型机制正逐步走向企业的自我约束，例如著名的ISO14 000 标准就是源于企业的自我约束标准，瑞士等国家的电子垃圾处理并不是依赖国家立法，而是相关企业联合起来，主动地制定行业规范。实施循环经济对公众参与提出了新要求，相对政府行为来说，公众参与不需要什么成本，而效果却是明显的。在循环经济立法中，可以扩大公众参与的范围与程度。循环经济的建立需要政府的主导与各经济活动主体的积极参与才能够共同完成，需要"有形之手"与"无形之手"共同发挥作用，而且更主要的是"无形之手"的作用。因此，我国的循环经济立法，应当更注重政府对市场主体清洁生产行为的引导、鼓励和支持保障，而不应当对企业清洁生产过程进行过多的直接行政控制。

（四）法律上的制约因素分析

法律上的制约主要表现在两个方面，一是促进法的立法定位。《清洁生产促进法》是我国首部以促进机制为标志的立法，法学界对促进法的法律属性颇有微词，主要是认为促进法在法律的强制性方面不够，只局限于一般性号召等。有学者指出："有关清洁生产的规定虽然涉及政府在清洁生产方面的某些职责以及企业在清洁生产方面的某些权利义务，但过于抽象、笼统，缺乏协调与配合，可操作性差，政策宣示的性质较为明显而法律意义不突出。易言之，原有立法并未为企业开展清洁生产提供切实可行的法律支持与保障措施。"[1] 二是立法成本问题，目前国外尚无任何一个国家同时制定清洁生产法和循环经济法，以清洁生产法为多，只有少数几个国家如日本、德国制定有循环经济法，而且学者们也往往将这类循环经济法纳入清洁生产法之列。[2] 相应地，有些国家的清洁生产立法在学术界也被视为循环经济法。因此理论界有人主张为降低立法成本，现行清洁生产法可以代替循环经济立法。

循环经济依据的是生态学原理，与热力学、物理学原理基础上的清洁生产或节约型经济系统功能和机制均有所不同，不可替代，但可以互为补充。事实上，我国目前关于循环经济的概念也旨在强调它的生态性特征，这种特定意义上的循环经济概念已经将其与我国清洁生产法的概念区分开来。日本在对循环经济进行立法（《循环型社会基本法》）时，"推进"二字便有促进之意。德国的《循环经济和废物处置法》从形式上看并无"促进"

① 王明远：《清洁生产法论》，220 页，北京，清华大学出版社，2004。
② 参见王明远：《清洁生产法论》，34、192 页，北京，清华大学出版社，2004。

字样，但在其第 1 条"本法的目的"之中也明确说明"本法律的目的是促进循环经济"。所以我国的循环经济基本法应直接采用"促进法"的形式。

　　清洁生产和循环经济的含义并不一致。两者主要区别点在于：第一，清洁生产的进步，在于变末端治污为源头治污，着眼于生产、服务领域，而循环经济活动过程是资源—生产—分配—交换—消费—再生资源，囊括经济活动的全过程，更有利于解决生产、资源、环境之间的矛盾。第二，清洁生产虽然也强调改进设计，采用先进的工艺技术、设备与综合利用，但它不同于循环经济的内涵为生态经济，根据生态科学来利用自然资源和环境价值，使经济活动同生态系统、生态平衡相结合，走社会经济发展生态系统内在化的路子。第三，两者事实的客观条件不同。实施循环经济比清洁生产需要更高的科技创新水平，更雄厚的经济实力，更成熟的政府宏观经济调控手段，更健全的市场机制，更正常的资源配置秩序，更多的科技与管理人才，更强的民众意识和普遍的绿色消费倾向等。① 也就是说，清洁生产是循环经济的第一阶段、初级阶段，循环经济是清洁生产的第二阶段、高级阶段。清洁生产是循环经济形态的基础，而循环经济则是清洁生产的最终发展目标，清洁生产是循环经济的内容之一，是循环经济在企业层面的实现形式。因此，循环经济是更为科学的经济模式，更能促进经济的良性循环。因此，我们更应积极致力于发展循环经济，这也是符合我国可持续发展的战略要求的。近年来，我国举国上下已就发展循环经济基本达成共识。如江泽民同志 2002 年 10 月 16 日在全球环境基金第二届成员国大会上指出："只有走以最有效利用资源和保护环境为基础的循环经济之路，可持续发展才能得到实现。"胡锦涛总书记 2003 年 3 月 9 日在中央人口资源环境工作座谈会上强调指出："要加快转变经济增长方式，将循环经济的发展理念贯穿到区域经济发展、城乡建设和产品生产中，使资源得到最有效地利用。最大限度地减少废弃物排放，逐步使生态步入良性循环，努力建设环境保护模范城市、生态示范区、生态省。"第十一届全国人大一次会议 2008 年 3 月 18 日批准的《政府工作报告》明确提出，"鼓励和支持发展循环经济，促进再生资源回收利用。全面推进清洁生产。"这些为我国发展循环经济和加强循环经济立法提供了政治、法律和行政基础。②

　　实践证明，循环经济是最终走向可持续发展，实现经济与环境双赢的唯一道路。我国在经济上既有发展循环经济的迫切需要，在立法上又有一定的立法成就可作铺垫，而且外国已有比较先进的循环经济立法经验可资借鉴，因此，我国制定《循环经济法》的时机已经成熟。事实上，我国的《清洁生产促进法》实际上含有循环经济所要求的大量条文。如该法第 19 条规定：企业在进行技术改造过程中，应当对生产过程中产生的废物、废水和余

---

　　① 参见唐荣智、于杨曜、刘金祥：《论循环经济及其法律调整》，载《北京市政法管理干部学院学报》，2001(4)。

　　② 参见国家环境保护总局政策法规司编译：《循环经济立法选译》，解振华同志所作序言，北京，中国科学技术出版社，2003。

热等进行综合利用或者循环使用。第 26 条规定：企业应当在经济技术可行的条件下对生产和服务过程中产生的废物、余热等自行回收利用或者转让给有条件的其他企业和个人利用。第 9 条指出：县级以上地方人民政府应当合理规划本行政区域的经济布局，调整产业结构，发展循环经济，促进企业在资源和废物综合利用等领域进行合作，实现资源的高效利用和循环使用。由此可见，我国的《清洁生产促进法》在循环经济所要求的企业内部层次、企业之间层次及社会整体层次方面都有不同程度的体现。至于 3R 原则所要求的内容在《清洁生产促进法》中也是随处可见，只是还不够系统、和谐。因此，我国的《清洁生产促进法》在实质上孕育了、甚至包括了循环经济的内在要求，具有循环经济萌芽的性质。可喜的是，我国在 2007 年制定了《循环经济法（草案）》，现正在审议中。

在制定循环经济基本法之后，应及时在已经有成熟的科技与实践支撑的领域制定循环经济特别法，以加强循环经济法体系整体的可操作性。也就是说，"提供切实可行的法律支持与保障措施"的任务应落在各特别法之上，而不是由循环经济基本法来完成，如《再生资源回收管理条例》、《废旧家电回收利用管理条例》、《强制回收产品和包装物管理条例》等。

【推荐阅读文献】

著作：

1. 周珂. 环境法. 第四章第四节. 北京：中国人民大学出版社，2005

2. 钱易，唐孝炎主编. 环境保护与可持续发展. 第六篇. 北京：高等教育出版社，2005

3. 王明远. 清洁生产法论. 北京：清华大学出版社，2004

4. 张凯，崔兆杰编著. 清洁生产理论与方法. 北京：科学出版社，2005

5. 杨中艺主编. 清洁生产案例分析. 北京：中国环境科学出版社，2005

6. 奚旦立主编. 清洁生产与循环经济. 北京：化学工业出版社，2005

7. 卞耀武主编. 中华人民共和国清洁生产促进法释义. 北京：法律出版社，2003

8. 杨永杰主编. 环境保护与清洁生产. 北京：化学工业出版社，2002

9. 冯之浚主编. 循环经济导论. 北京：人民出版社，2004

10. 王立红编著. 循环经济 可持续发展战略的实施途径. 北京：中国环境科学出版社，2005

11. 魏全平，童适平等. 日本的循环经济. 上海：上海人民出版社，2005

12. 张坤主编. 循环经济理论与实践. 北京：中国环境科学出版社，2003

13. 毛如柏，冯之浚主编. 论循环经济. 北京：经济科学出版社，2003

14. 钱易，施汉昌主编. 清洁生产与循环经济：概念、方法和案例. 北京：清华大学出版社，2006

15. 吴季松. 科学发展观与中国循环经济战略. 北京：新华出版社，2006

16. 国家环境保护总局政策法规司编译. 循环经济立法选译. 北京：中国科学技术出版社，2003

17. 黄明健. 环境法制度论. 第十章第五节. 北京：中国环境科学出版社，2004

论文：

1. 周珂，马绍峰，姜林海. 循环经济立法研究. 武警学院学报，2005（1）

2. 周珂，迟冠群. 我国循环经济立法必要性刍议. 南阳师范学院学报，2005（1）

3. 冯之浚、张伟等. 循环经济是个大战略. 光明日报，2003-09-22

4. 欧阳志远. 论节约型经济系统——《中国 21 世纪议程》实施的理论反思. 中国人民大学学报，2004（3）

5. 曲格平. 发展循环经济是 21 世纪的大趋势. 机电产品开发与创新，2001（6）

6. 庄贵阳. 谈谈绿色 GDP. 世界知识，2004（17）

7. 唐荣智，于杨曜. 循环经济法比较研究——兼评我国首部清洁生产促进法. 杭州商学院学报，2002（5）

8. 诸大建. 循环经济理论与全面小康社会. 毛如柏，冯之浚主编. 论循环经济. 北京：经济科学出版社，2003

9. 周珂. 循环经济立法的必要性和阻力，"中国民商法律网"，http：//www.civillaw.com.cn/weizhang/default.asp? id＝24056，2005-12-30

10. 吴化碧. 制定《循环经济促进法》的立法构想. 西南政法大学学报，2006（3）

11. 赵绘宇. 欧盟环境法中的循环经济趋势谈. 上海交通大学学报（哲学社会科学版），2006（1）

12. 张保华. 循环经济与环境法的变革. 南洋师范学院学报，2005（1）

13. 王盛军. 2003 年《清洁生产促进法》之评析. 污染防治技术，2005（5）

14. 秦天宝. 论环境法在我国新型工业化进程中的作用——以《清洁生产促进法》为例. 法学评论，2005（5）

环境保护行政许可听证制度研究

2003 年 8 月 27 日通过、2004 年 7 月 1 日起施行的《中华人民共和国行政许可法》（以下简称《行政许可法》）第 46 条、第 47 条和第 48 条规定了行政许可听证制度。《行政许可法》将"行政许可"界定为：行政机关根据公民、法人或者其他组织的申请，经依法审查，准予其从事特定活动的行为。"听证"界定为：由行政机关指派专人主持听取审查该行政许可申请的工作人员和申请人、利害关系人就事实和证据进行陈述、质证和辩论的法定程序。可见，在实践中，现行法将行政许可听证定性为行政执法听证之一种。

国家环保总局于 2004 年 6 月 23 日发布，并于 2004 年 7 月 1 日起施行了《环境保护行政许可听证暂行办法》（以下简称《暂行办法》）。

《暂行办法》总共有六章，依次为第一章"总则"，第二章"听证的适用范围"，第三章"听证主持人和听证参加人"，第四章"听证程序"，第五章"罚则"，第六章"附则"，总计 40 条；另附《环境保护行政许可听证公告》、《环境保护行政许可听证告知书》、《环境保护行政许可听证申请书》、《环境保护行政许可听证通知书》和《送达回执》五份法律文书格式。

《行政许可法》和《暂行办法》的颁布施行标志着我国环境保护行政许可听证制度在立法上的正式确立。

一、环境保护行政许可听证的概念

在美国，听证是指听取利害关系人意见的法律程序。[①] 在日本，听证指行政机关作出影响相对人权益的行政决定时，就与该行政决定有关的事实及基于此的法律适用问题，提供申述意见，提出证据的机会的程序。[②] 韩国《行政程序法》第 2 条规定，听证指行政机关在作出行政行为之前，直接听取当事人意见、调查证据的程序。各国法理和立法一般形成通说并确认了听证的"准司法性"、"普遍适用性"、"法定性"、"职权性"等一般特征。[③]

在我国，关于"听证"的概念，目前有很多种理解和表述，学者们对听证的概念界定主要有"行政听证说"[④]、"司法、行政程序说"[⑤]、"综合说"[⑥] 等学说。一般而言，广义上，听证应该包括司法听证、立法听证和行政听证，指有关国家机关在作出决定前，为使决定公正、合理，广泛听取利害关系人的意见的程序。狭义上，听证是指行政听证，指行政机关在制定法规规章或作出具体决定时，广泛听取利害关系人意见的程序。行政听证根据行政机关的活动性质不同，可分为行政立法听证、行政执法听证、行政司法听证。其

---

① 参见王名扬：《美国行政法》，382 页，北京，中国法制出版社，1995。

② 参见［日］室井力著，吴微译：《日本现代行政法》，178 页，北京，中国政法大学出版社，1995。

③ 参见应松年：《行政程序法立法研究》，517～518 页，北京，中国法制出版社，2001。

④ 王周户、柯阳友：《行政听证制度的功能探析》，载《甘肃政法学院学报》，1997（2）。

⑤ 应松年：《行政程序法立法研究》，514～515 页，北京，中国法制出版社，2001；杨惠基：《听证程序理论与实务》，1～2 页，上海，上海人民出版社，1997。

⑥ ［德］康费尔兹：《法律辞典》，52 页，德国，贝克出版社，1996。

中，"行政执法听证"是行政机关实施具体行政行为时，如果涉及单个或者涉及的是互相有争议的双方或者多方当事人时，行政机关应同时或者反复听取各方对立的观点和理由，并允许各方互相进行辩论，给予当事人陈述自己意见、理由以及反驳对方意见的机会。① 行政执法听证包括，行政处罚听证、行政许可听证等主要类型。

关于环境行政许可的概念，学理上存在几种不同的界定方法。有学者认为，环境行政许可是享有环境行政许可权的行政主体根据环境行政管理相对人的申请，依法赋予符合法定条件的相对人从事某种为环境法律法规一般禁止事项的权利和资格的一种行政执法行为。② 也有学者认为，"环境资源许可是指国家有关环境资源管理机关，根据公民、法人或者其他组织的申请，经依法审查，准予从事某项对环境资源有影响的活动的行为。"③ 也有学者认为，"所谓环境保护行政许可，就是环境保护行政审批，是环境保护行政管理的重要组成部分，是指环境保护行政机关对公民、法人或者其他组织提出的申请从环境保护角度进行依法审查，并作出是否准予的行为。"④

《暂行办法》第1条称，根据《行政许可法》、《环境影响评价法》等有关法律法规制定该暂行办法。因此应当认为，环境保护行政许可听证属于前述行政许可听证其中之一类。但关于环境保护行政许可听证的概念，鲜有学者进行界定，《暂行办法》也未明文规定其定义。

根据《暂行办法》第3条和第5条及其他有关条款的规定，笔者拟将其界定为：以环境保护行政主管机关作为听证组织机关，依法律规定或因其审议的重大环境许可事项涉及公共利益而依职权启动，或者依环境行政许可申请人或利害关系人的依法申请而启动听证程序，听证组织机关指派专人主持听取审查该环境行政许可申请的工作人员和申请人、利害关系人就事实和证据进行陈述、质证、辩论的法定程序。

二、环境保护行政许可听证制度的主要特征

根据《行政许可法》和《暂行办法》的有关规定，笔者将环境保护行政许可听证制度的主要特征归纳为：

1. 听证组织机关、主持人、听证员、记录员和其他参加人等环境保护行政许可听证法律关系主体是特定的。听证组织机关也称为听证组织者，即负责具体组织听证的国家机关，一般情况下由作出行政决定的行政机关担任。虽然《行政许可法》并未明确规定组织机关，但是根据该法第46、47条的规定可以推断为，作出行政许可决定的行政机关为行政

---

① 参见胡锦光、刘飞宇：《行政处罚听证程序研究》，155页，北京，法律出版社，2004。
② 参见周珂：《生态环境法》，140页，北京，法律出版社，2001；周玉华：《环境行政法学》，122页，哈尔滨，东北林业大学出版社，2002。
③ 蔡守秋：《环境资源法教程》，199页，北京，高等教育出版社，2004。
④ 张国祥等：《行政许可实施指南与应用实例》，3页，北京，化学工业出版社，2004。

许可听证的组织机关。根据《暂行办法》第 3 条和第 8 条第 1 款的规定，环境保护行政许可听证的组织机关是环境保护行政主管机关。听证主持人是指负责听证活动组织工作的调节和控制，使听证活动按法定程序合法完成的非本案调查人员的行政机关内部工作人员。《行政许可法》第 48 条规定，行政机关应当指定审查该行政许可申请的工作人员以外的人员为听证主持人，根据《暂行办法》第 8 条的规定，一般情况下，听证主持人由环境保护行政主管部门许可审查机构内审查该行政许可申请的工作人员以外的人员担任；如遇环境行政许可事项重大复杂，由许可审查机构的人员担任听证主持人可能影响公正处理的，由法制机构工作人员担任听证主持人。既然听证组织机关有权指定，则必然只能指定归其领导的环境保护行政主管部门法制机构内的工作人员担任。该法同条还规定，记录员由听证主持人指定。根据《暂行办法》其他有关条款的规定，听证参加人还包括听证员、听证所涉行政许可事项的申请人、利害关系人及其代理人、申请旁听的其他旁听人等。

2. 听证必须在环境行政许可申请人提出许可申请后，环境保护行政主管部门作出是否予以许可的决定之前，依一定程序而启动。在环境影响评价案件中，这种申请如，建设单位申请审批同意环境影响报告书。当行政相对人提出行政许可申请后，如果具有如下情形之任——种便可以依法启动听证程序：第一，按照法律、法规、规章的规定，实施环境保护行政许可应当组织听证的；第二，实施涉及公共利益的重大环境保护行政许可，环境保护行政主管部门认为需要听证的；第三，环境保护行政许可直接涉及申请人与他人之间重大利益关系，申请人、利害关系人依法要求听证的。

3. 听证事项是法定的，必须事先公布。环境保护行政许可听证主要听证事项是听取申请人、利害关系人、审查机构初审人员等参加人就所涉行政许可事项的环境影响的意见，并举证、对有关证据进行质证和辩论①等。且听证组织机关应事先公布案件主要听证事项。如，根据《暂行办法》第 20 条规定："环境保护行政主管部门对本办法第五条第（三）项规定的环境保护行政许可事项，在作出行政许可决定之前，应当告知行政许可申请人、利害关系人享有要求听证的权利，并送达《环境保护行政许可听证告知书》。"《环境保护行政许可听证告知书》的法定记载事项包括"被听证的行政许可事项"。

4. 听证开庭必须依照法定程序举行。《暂行办法》规定了告知听证权利和公告、申请、受理等程序；申请回避程序；庭前准备程序；陈述初步审查及其依据程序；询问、质证、辩论、最后陈述等程序。如《暂行办法》第 20、21、22、23 条对听证告知和申请、受理程序作出了具体翔实的规定。环境保护行政主管部门在遇到环境保护行政许可直接涉及申请人与他人之间重大利益关系时，在作出行政许可决定之前，应当告知行政许可申请人、利害关系人享有要求听证的权利，并送达《环境保护行政许可听证告知书》，行政许可申请人、利害关系人人数众多或者有其他必要情形时，可以通过报纸、网络或者布告等适当方

---

① 《暂行办法》第 28 条第 1 款第（五）项规定了行政许可审查人员和行政许可申请人、利害关系人进行辩论的程序，但《行政许可法》并未规定辩论的程序。特此说明。

式，将《环境保护行政许可听证告知书》向社会公告。行政许可申请人、利害关系人要求听证的，应当在收到听证告知书之日起 5 日内以书面形式提出听证申请。作为听证组织机关的环境保护行政主管部门收到听证申请书后，应当对申请材料进行审查，申请材料不齐备的，应当一次性告知听证申请人补正。组织听证的环境保护行政主管部门经过审核，对符合听证条件的听证申请，应当受理，并在 20 日内组织听证。

5. 听证参加人享有法定听证权利和履行法定听证义务。听证应当依法保障听证参加人的法定听证权利，并要求他们履行法定听证义务。如《暂行办法》第 9 条规定了听证主持人的主要职权：决定举行听证的时间、地点和方式；决定听证的延期、中止或者终结；决定证人是否出席作证；就听证事项进行询问；接收并审核有关证据，必要时可要求听证参加人提供或者补充证据；指挥听证活动，维护听证秩序，对违反听证纪律的行为予以警告直至责令其退场；对听证笔录进行审阅；法律、法规和规章赋予的其他职权等。第 10 条规定了主持人的主要听证职责：决定将有关听证的通知及时送达行政许可申请人、利害关系人、行政许可审查人员、鉴定人、翻译人员等听证参加人；公正地主持听证，保证当事人行使陈述权、申辩权和质证权；符合回避情形的，应当自行回避；保守听证案件涉及的国家秘密、商业秘密和个人隐私等。还如，《暂行办法》第 12 条规定了听证所涉环境保护行政许可申请人、利害关系人享有下列听证权利：要求或者放弃听证；依法申请听证主持人回避；可以亲自参加听证，也可以委托一至二人代理参加听证；就听证事项进行陈述、申辩和举证；对证据进行质证；听证结束前进行最后陈述；审阅并核对听证笔录；查阅案卷等。该法第 13 条规定了听证所涉环境保护行政许可申请人、利害关系人承担下列主要听证义务：按照组织听证的环境保护行政主管部门指定的时间、地点出席听证会；依法举证；如实回答听证主持人的询问；遵守听证纪律等。

6. 听证结果具有法定效力。环境保护行政许可听证必须制作听证笔录，其主要记载事项由《暂行办法》明文规定，听证笔录在听证结束后，由发表证言的行政许可申请人和利害关系人核对无误并签章后具有法律效力。听证终结后，听证主持人应当及时将听证笔录报告本部门负责人。环境保护行政主管部门应当根据听证笔录，作出环境保护行政许可决定，并应当在许可决定中附具对听证会反映的主要观点采纳或者不采纳的说明。

综上，环境保护行政许可听证因其适用具体的环境保护行政管理活动类型和时间阶段为："环境行政许可申请人提出许可申请后，环境保护行政主管部门作出是否予以许可的决定之前"，而非"环境保护行政主管部门对于适用听证程序的行政处罚案件作出行政处罚决定前"，而区别于环境行政处罚听证。①

环境保护行政许可听证因具有以下特点，而区别于《中华人民共和国环境影响评价

---

① 环境行政处罚听证是指环境保护行政主管部门在拟对重大行政处罚案件作出处罚决定之前，应行政相对人的申请而指派专人担任听证主持人召开听证会，听取行政相对人、调查人员、证人以及与本案处理结果有直接利害关系的第三人的意见，并依法制作听证笔录和报送听证结果相关法律文件的法定程序。

法》(以下简称《环境影响评价法》) 所指的 "听证会": 第一, 具有法定的听证组织机关——"环境保护行政主管机关", 而非 "规划的环境影响评价文件编制机关" 或 "依法负有编制环境影响报告书义务的建设项目的建设单位"; 第二, 主要听证事项为: "听取申请人、利害关系人、审查机构初审人员等参加人就所涉行政许可事项的环境影响的意见", 而非 "征求有关单位、专家和公众对可能对环境造成重大影响的规划或者建设项目的环境影响的意见"; 第三, 适用的时间阶段为: "环境行政许可申请人提出许可申请后, 环境保护行政主管部门作出是否予以许可的决定之前", 而非 "规划编制机关未将规划草案报送给规划审批机关审批前" 或 "在建设单位在报批建设项目环境影响报告书前"; 第四, 听证程序具有法定性和听证结果具有法定效力。[①]

三、环境保护行政许可听证的适用范围

我国现行法关于环境保护行政许可听证制度的适用范围的规定可以归纳如下:

(一) 环境保护行政许可听证制度适用于法定必须举行、环境保护行政主管部门依法任意决定举行和依当事人申请而举行的三类环境行政许可案件

《暂行办法》第 5 条规定了环境保护行政许可听证程序启动的三类不同条件, 只要符合其中任意一个就应当由听证组织机关举行听证会。因此, 笔者认为, 我国现行法对环境保护行政许可听证进行了三分法, 即我国实然法上的环境保护行政许可听证分为三种: 其中第一种是按照法律、法规、规章的规定, 实施环境保护行政许可应当组织听证的, 属于法定必须举行听证的情形; 第二种是实施涉及公共利益的重大环境保护行政许可, 环境保护行政主管部门认为需要听证的, 属于环境保护行政主管机关可以依法任意决定举行听证的情形; 第三种是环境保护行政许可直接涉及申请人与他人之间重大利益关系, 申请人、利害关系人依法要求听证的而由听证组织机关举行听证的, 属于依当事人申请而举行的听证。

从严格意义上而言, 上述三种类型是我国环境保护行政许可听证制度的主要适用范围。例如, "北京西上六输电线路工程电磁辐射污染环境影响评价行政许可听证"[②] 就属于第三种——依利害关系人申请而举行的听证会, 是典型的环境保护行政许可听证会。

但是, 《暂行办法》第 6 条又规定: "除国家规定需要保密的建设项目外, 建设本条所列项目的单位, 在报批环境影响报告书前, 未依法征求有关单位、专家和公众的意见, 或者虽然依法征求了有关单位、专家和公众的意见, 但存在重大意见分歧的, 环境保护行政

---

① 《环境影响评价法》第 11 条第 1 款规定: 专项规划的编制机关对可能造成不良环境影响并直接涉及公众环境权益的规划, 应当在该规划草案报送审批前, 举行论证会、听证会, 或者采取其他形式, 征求有关单位、专家和公众对环境影响报告书草案的意见。但是, 国家规定需要保密的情形除外。同时, 该法第 21 条第 1 款规定: 除国家规定需要保密的情形外, 对环境可能造成重大影响、应当编制环境影响报告书的建设项目, 建设单位应当在报批建设项目环境影响报告书前, 举行论证会、听证会, 或者采取其他形式, 征求有关单位、专家和公众的意见。

② 竺效: 《全国首例环境保护行政许可听证案若干程序问题评析》, 载《法学》, 2005 (7)。

主管部门在审查或者重新审核建设项目环境影响评价文件之前，可以举行听证会，征求项目所在地有关单位和居民的意见：（一）对环境可能造成重大影响、应当编制环境影响报告书的建设项目；（二）可能产生油烟、恶臭、噪声或者其他污染，严重影响项目所在地居民生活环境质量的建设项目。"笔者认为，该条规定属于《暂行办法》第 5 条第 1 项所指的"按照法律、法规、规章的规定，实施环境保护行政许可应当组织听证的"的情形，是作为规章的《暂行办法》所明确规定的法定必须举行听证的情形。

但各类已有报道中，笔者尚未发现确属适用该条规定的案件，仅存在相似案件，对此详加分析后，也将有助于我们提高对该条规定的理解。例如，"山东省平度市'美食一条街'项目环境保护行政许可听证会"案，据报道，平度市城关街道办事处尚家疃居委会在旧城改造中，按城市规划的总体要求，拟引进 50 家在餐饮业当中具有相当影响力的品牌店、连锁店，在城区内建设"美食一条街"项目。由于该项目在建设及营运过程中会产生废水、废气、噪声、固体废弃物等污染，可能影响周围环境和居民生活。为保障和监督环境保护行政主管部门依法行政，保护公民、法人和其他组织的合法权益，平度市环保局组织举行行政许可听证会。① 虽然该案件也存在类似于第 6 条第 2 项所规定的情况，但是否存在《暂行办法》第 6 条规定的前提条件："在报批环境影响报告书前，未依法征求有关单位、专家和公众的意见，或者虽然依法征求了有关单位、专家和公众的意见，但存在重大意见分歧的"，是案件能否适用《暂行办法》第 6 条的规定而举行环境保护行政许可听证会的关键问题。

同时，必须明确《暂行办法》第 6 条仅适用于建设项目环评案件。但从该案上述报道分析，似乎该案件并非典型的建设项目环评。因为案件涉及 50 家餐饮业的建设项目环评，如果对每个建设项目分别进行环评，他们就能符合《环境影响评价法》就建设项目环评的规定。而对此一并进行环评，看似"规划环评"，仔细分析后发现，由于平度市属于县级市，因而组织机关不具有《环境影响评价法》第 8 条规定的设区的市级以上地方人民政府及其下属负责组织编制工业、农业、畜牧业、林业、能源、水利、交通、城市建设、旅游、自然资源开发的有关专项规划的有关部门所能够拥有的专项规划编制权，进而没有依法组织专项规划环评"听证会"的职权。既不属于典型的建设项目环评，又非规划环评，难道是类似法院审理案件中的并案审理吗？对此现有《环境影响评价法》并未规定，笔者也因尚未掌握更为具体的有关管理规定和更确切的案件详情，无法在此妄下论断。

但通过对该案件的以上分析，可以明确：《暂行办法》第 6 条规定的情形，属于第 5 条所称的按照规章规定的法定必须听证之情形；第 6 条仅适用于涉及建设项目环境影响评价的案件；第 6 条的适用前提条件是——建设《暂行办法》第 6 条所列项目的单位，在报批环境影响报告书前，未依法征求有关单位、专家和公众的意见，或者虽然依法征求了有关

---

① 由于缺少该案件的详细资料，只能在此引用"中国环境网"2004 年 10 月 28 日题为《美食街怎么建——平度举行首次环保行政许可听证会》（http://www.cenews.com.cn/news/2004-10-28/39896.php）的报道，但具体案情未作核实。且该则报道未能明确指出当地环保局是依据《暂行办法》第 5 条还是第 6 条而启动的听证程序。

单位、专家和公众的意见，但存在重大意见分歧的。

（二）专项规划环境影响报告书审查听证和环境立法听证可以参照适用环境保护行政许可听证制度

《暂行办法》第 7 条规定："对可能造成不良环境影响并直接涉及公众环境权益的工业、农业、畜牧业、林业、能源、水利、交通、城市建设、旅游、自然资源开发的有关专项规划，设区的市级以上人民政府在审批该专项规划草案和作出决策之前，指定环境保护行政主管部门对环境影响报告书进行审查的，环境保护行政主管部门可以举行听证会，征求有关单位、专家和公众对环境影响报告书草案的意见。国家规定需要保密的规划除外。"笔者认为，该条规定确立了一项新的听证制度，可以简称为："专项规划环境影响报告书审查听证"。

《环境影响评价法》第 11 条第 1 款规定了"专项规划编制环评听证"制度。该法第 13 条第 1 款还规定："设区的市级以上人民政府在审批专项规划草案，作出决策前，应当先由人民政府指定的环境保护行政主管部门或者其他部门召集有关部门代表和专家组成审查小组，对环境影响报告书进行审查。审查小组应当提出书面审查意见。"可以将该条规定所确立的法律制度简称为："专项规划环境影响报告书专家审查制度"。

根据《环境影响评价法》的上述规定，专项规划的审批机关是设区的市级以上人民政府，并非环境保护行政主管机关。环境保护行政主管部门仅在被审批机关指定时，履行召集审查小组、对环境影响报告书进行审查、提出书面审查意见的职责。可见，专项规划环境影响报告书专家审查是有关单位、专家和公众参与环境影响评价的一种方式，它不属于行政听证制度之一种，专项规划环境影响报告书专家审查和专项规划编制环评听证属于两类不同的法律制度。

同样，根据《环境影响评价法》的上述规定，《暂行办法》第 7 条所确立的"专项规划环境影响报告书审查听证"制度所涉及的专项规划的环境影响报告书应由设区的市级以上人民政府审批，环境保护行政主管部门不具有审批有关环境影响报告书的权力，即根本不存在环境保护行政许可事项。不存在专项规划环评报告书的环境保护行政许可职权，当然也不可能存在相应的环境保护行政许可听证组织职权。因此，笔者认为，专项规划环境影响报告书审查听证不属于环境保护行政许可听证之一种。①

作为规章效力层次的《暂行办法》不得与作为法律的《环境影响评价法》相抵触。《暂行办法》第 7 条所规定的专项规划环境影响报告书审查听证制度是否与《环境影响评价法》所规定的专项规划环境影响报告书专家审查制度相矛盾？

要在执法中解决这个问题，笔者建议作如下解释：环境保护行政主管部门在接受同级人民政府指定，承担召集组成审查小组审查专项规划环境影响报告书的义务后，在严格履

① 这一判断也可以得到国家环保总局于 2004 年 6 月 29 日发布的《环境行政许可审批项目变更目录》的印证。经过清理，环保部门的行政许可审批项目，变动情况为：保留的环境审批项目 35 项、转移环境行政审批项目 5 项、下放管理层级的行政审批项目 2 项、取消环境行政审批项目 21 项。其中保留、转移和下放的目录中，均不包括"专项规划环境影响报告书"。

行上述义务的前提下，认为必要时，可以决定举行听证会，征求有关单位、专家和公众对环境影响报告书草案的意见。只有如此理解，才能使得这两项制度更好地衔接，才能肯定和发挥这项审查听证制度的积极意义，进而也能以较统一、完整的法律制度保障公众参与环境保护事务的权利。

根据上述分析，现行《暂行办法》第 7 条的规定，被编排在《暂行办法》的"第二章 听证的适用范围"中，是不妥当的。既然第 7 条所规定的"专项规划环境影响报告审查听证"同上位法不符而不属于第 5 条第 1 项所规定的法定必须听证的类型，就不应将之编排在第二章中。笔者建议在修改《暂行办法》时，将该制度编排在"第六章 附则"中，将之规定为参照适用的类型。而现行《暂行办法》第 7 条的规定，在实践中，只能结合法理，将之理解为参照适用的性质，并且该条规定适用的前提条件是：环境保护行政主管部门在接受同级人民政府指定后，承担了召集组成审查小组审查专项规划环境影响报告书的义务。例如，"大连西部通道环境影响评价报告书审批听证会"，就是适用了第 7 条的规定而举行的听证会。①

另外，《暂行办法》第 39 条第 2 款规定："环境立法听证会，除适用《规章制定程序条例》等法律法规规定的程序外，可以参照本办法关于听证组织和听证程序的规定执行。"可见，环境立法听证会可以参照适用环境保护行政许可听证制度。例如，2004 年 8 月 18日，国家环保总局在南京就《排污许可证条例（草案）》举行了立法听证会，属于全国首例环境立法听证会，参照适用了环境保护行政许可听证的有关程序，使得立法听证会较顺利、高效地举行。

四、环境保护行政许可听证制度之完善

首先是设立环境保护行政许可听证专家主持人制度。《暂行办法》实施以后，全国各地已经举行了许多适用该暂行办法而举行的环境保护行政许可听证会，暴露出现行制度的一些不足。例如，2004 年 8 月 13 日举行的"北京西上六输电线路工程电磁辐射污染环境影响评价行政许可听证案"② 和 2005 年 4 月 13 日举行的"圆明园环境综合整治工程环境影响公众听证会案"③，对于这两个案件主持人④在听证会进行中所经历的巨大压力和无奈，

---

① 参见《大连日报》网 2004 年 12 月 1 日的相关报道，http://www.daliandaily.com.cn。但对于大连市环保局是否已经同时完全履行了召集组成审查小组审查专项规划环境影响报告书的义务？笔者未曾考证。

② 此处标题为简称，指华北电网有限公司北京电力公司于 2004 年 2 月开工建设的"西沙屯—上庄—六郎庄 220KV/110KV 架空输电线（上青段 12♯—36♯塔架）"工程引发的环境保护行政许可听证案件，该案件为《暂行办法》实施后全国首例环境保护行政许可听证案件。

③ 由于媒体的宣传，目前，部分公众认为该案件是国家环境保护总局举行的首例环境保护行政许可听证案件，但从严格意义上讲，笔者认为该听证案件并非《暂行办法》所指的环境保护行政许可听证案件，主要理由是：此案件事实并不符合该《暂行办法》第 5 条所列举的三种可以启动这类听证程序的情况，听证会举行前行政相对人并未进行环境影响评价，总局环境影响评价司也无法对一个尚不存在的环境影响评价报告书进行初步审查并在听证会上提出初步审查意见、理由和证据，出席听证会的各方当事人和证人也无法对此进行陈述、申辩和辩论等。

④ "北京西上六输电线路工程电磁辐射污染环境影响评价行政许可听证案"的主持人是北京环境保护局法制处的处长，"圆明园环境综合整治工程环境影响公众听证会案"的主持人是国家环境保护总局环评司司长。

究其原因在于无论利害关系人还是行政许可听证事项的相对人均对听证主持人的身份产生了不信任甚至抵触情绪。设想一位来自同一行政主体的法制机构，甚至是同属该行政主体内部同一职能（环境影响评价）机构的工作人员担任听证会主持人，如何避免当事人的种种猜忌呢？"听证程序能否顺利进行、程序是否公正，很大程度取决于行政听证主持人。主持人保持中立是世界各国通用的基本原则，它是基于'自然正义'和'程序公正'原则而产生的。"① 因此，有必要对《暂行办法》第 8 条的前三款规定进行必要的审视和完善。② 借鉴有关国家和地区相关的法律制度，考虑到我国环境保护行政管理工作的特点，可通过设立环境保护行政许可听证专家主持人制度予以完善。

其次是完善听证会利害关系人代表选择机制。自 2004 年 7 月 1 日《暂行办法》施行以来，我国已经发生了几起有相当影响力的环境保护行政许可听证案件，如北京西上六输电线路工程电磁辐射污染环境影响评价行政许可听证会（以下简称"北京电磁辐射环评许可听证案"）、大连西部通道专项规划环境影响评价报告书审批听证会（以下简称"大连西部通道规划环评许可听证案"）、江西金科光盘有限公司一期生产项目环境影响报告表审批行政许可听证会（以下简称"江西金科光盘建设环评许可听证案"）等等。这些案件暴露出《暂行办法》存在许多方面的不足，其中共同的一个问题是如何确定环境保护行政许可听证会利害关系人的代表。③ 在上述几起案例中，出席听证会的利害关系人代表的产生方法各有特色。"北京电磁辐射环评许可听证案"采取了听证组织机关事先确定并公布各个利益主体可出席听证会的最多代表数量，并由利害关系人自主推选代表的方式。"大连西部

---

① 刘振华：《我国行政听证制度的发展与完善》，载《吉林公安高等专科学校学报》，2003（2）。

② 《暂行办法》第 8 条规定：环境保护行政许可的听证活动，由承担许可职能的环境保护行政主管部门组织，并由其指定听证主持人具体实施。听证主持人应当由环境保护行政主管部门许可审查机构内审查该行政许可申请的工作人员以外的人员担任。环境行政许可事项重大复杂，环境保护行政主管部门决定举行听证，由许可审查机构的人员担任听证主持人可能影响公正处理的，由法制机构工作人员担任听证主持人。记录员由听证主持人指定。

③ 广义的利害关系人指环境行政许可申请人以外的、与听证有利害关系的公民、法人或者其他组织；狭义的利害关系人仅指其合法权益可能受到环境行政许可决定重大影响的公民、法人或者其他组织。《中华人民共和国行政许可法》第 47 条第 1 款规定："行政许可直接涉及申请人与他人之间重大利益关系的，行政机关在作出行政许可决定前，应当告知申请人、利害关系人享有要求听证的权利；申请人、利害关系人在被告知听证权利之日起五日内提出听证申请的，行政机关应当在二十日内组织听证。"《暂行办法》并未对"利害关系人"的概念进行明确界定，其第 5 条关于环境保护行政许可听证适用范围的规定的第（三）项为："环境保护行政许可直接涉及申请人与他人之间重大利益关系，申请人、利害关系人依法要求听证的。"同时，《暂行办法》第 4 条第 3 款规定："公开举行的听证，公民、法人或者其他组织可以申请参加旁听。"第 15 条规定："组织听证的环境保护行政主管部门可以通知了解被听证的行政许可事项的单位和个人出席听证会。有关单位应当支持了解被听证的行政许可事项的单位和个人出席听证会。证人确有困难不能出席听证会的，可以提交有本人签名或者盖章的书面证言。"可见，《暂行办法》对利害关系人、旁听人和证人是区分对待的。笔者据此推理，《暂行办法》采用的是狭义的利害关系人概念，即环境保护行政许可听证利害关系人仅指可能受到所涉环境行政许可事项决定重大影响的公民、法人或者其他组织。而其他在广义上与此环境行政许可事项有利害关联的人员，可以作为证人应邀出席听证会，或者作为旁听人申请旁听。

通道规划环评许可听证案"采取了由听证组织机关从提出申请的利害关系人中挑选确定的方式。而"江西金科光盘建设环评许可听证案"则由听证组织机关确定听证会座席的最大容量，利害关系人根据报名先后自动产生出席代表的方式。而《暂行办法》第19条"参加环境保护行政许可听证的公民、法人或者其他组织人数众多的，可以推举代表人参加听证"的规定，又过于笼统，缺乏操作性，对实践中的做法并没有规范作用。

　　环境保护行政许可听证制度是一项年轻的法律制度，随着法治实践和理论研究的进一步深入，该项制度必然需要不断完善。例如，关于听证书面证言规则、听证庭座席布局规则、听证笔录效力规则等问题的研究应当纳入我们的视野。我们也有义务通过拓展该项环境法律制度的理论研究范围来推动统一的环境行政听证制度的建立，使环境行政处罚听证、环境（保护）行政许可听证和环境行政立法听证制度得以协调、配合适用。

【推荐阅读文献】

1. 周珂主编. 环境保护行政许可听证实例与解析. 北京：中国环境科学出版社，2005

2. 张国祥等. 政许可实施指南与应用实例. 北京：化学工业出版社，2004

3. 周玉华. 环境行政法学. 哈尔滨：东北林业大学出版社，2002

4. 杨惠基. 听证程序理论与实务. 上海：上海人民出版社，1997

5. 胡锦光、刘飞宇. 行政处罚听证程序研究. 北京：法律出版社，2004

6. 王名扬. 美国行政法. 北京：中国法制出版社，1995

7. ［日］室井力. 日本现代行政法. 吴微译，北京：中国政法大学出版社，1995

8. 应松年. 行政程序法立法研究. 北京：中国法制出版社，2001

9. 竺效. 全国首例环境行政许可听证案若干程序问题评析. 法学，2005（7）

10. 竺效. 环境行政许可听证书面证言规则的构建. 中州学刊，2005（4）

11. 竺效. 圆明园湖底防渗工程公众听证会的法律性质研究. 河北法学，2005（8）

12. 竺效. 环境行政许可听证庭座席布局的法理探究. 法律适用，2005（8）

13. 竺效. 环境行政许可听证专家主持人制度初探——兼议《环境保护行政许可听证暂行办法》第八条的完善. 法学评论，2005（5）

14. 竺效. 专项规划环境影响报告书审查听证制度的实践与完善——以大连西部通道环评审查听证案为例. 法学杂志，2005（5）

15. 竺效. 论环境行政许可听证会利害关系人代表的选择机制. 法商研究，2005（5）

第十二专题

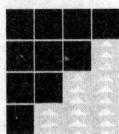

环境公益诉讼研究

一、公益诉讼概述

(一) 公益诉讼的一般含义

公益诉讼 (public interest litigation)，通常被理解为以个人、组织或者机关为原告，以损害国家、社会或者不特定多数人利益 (公益) 的行为为对象，以制止损害公益行为并追究公益加害人相应法律责任为目的，向法院提出的特殊诉讼活动。

例如，环保组织为了保护公共环境利益，制止危害环境的行为，针对污染环境或者破坏生态的企业提起的诉讼，即属环境公益诉讼。

环境公益诉讼的出现，不仅是公众环境意识觉醒和司法进步的表现，它的广泛推行，对便利公众参与国家事务的监督和公共事务的管理，对扩大公民对环境公共事务的有效参与、促进社会公平、正义，构建和谐社会，推进环境决策的民主化进程，提高社会的法治化水平，乃至落实以人为本，全面、协调、可持续的科学发展观，都具有十分积极的促进作用。

"铁肩担道义"，每个法律人，特别是关心环境公益的法律人，对推动环境公益诉讼，更负有义不容辞的责任。

(二) 环境公益诉讼的基本类型

根据提起诉讼的原告身份，可以将公益诉讼分为普通环境公益诉讼和环境公诉两大类型，表现为六种具体形式。

1. 环境公益诉讼

即公民或者法人 (特别是非政府组织 NGO)，出于保护公益的目的，针对损害公共环境利益的行为，向法院提起的环境公益之诉。就原告身份和诉讼目的而言，它表现出"私人为公益"的显著特点。环境公益诉讼包括民事和行政两种形式：

(1) 环境民事公益诉讼——即公民或者组织，针对其他公民或者组织侵害公共环境利益的行为，请求法院提供民事性质的救济。就诉讼主体和诉求而言，它表现出"私人对私人，私人为公益"的特点。

(2) 环境行政公益诉讼——即公民或者法人 (特别是非政府组织 NGO)，认为行政机关 (主要是环保部门，但也包括政府) 的具体环境行政行为 (如关于建设项目的审批行为) 危害公共环境利益，向法院提起的司法审查之诉。就主体而言，它表现出"私人对公权 (即环境行政机关)，私人为公益"的特点；就诉求而言，它以私人请求法院通过司法审查撤销或者变更环保部门具体环境行政行为为目的。

在中国目前的法律框架下，作为原告的公民个人或者非政府组织，与其希望保护的环境利益之间，既无法定保护义务，也未获法律授权，更无直接经济利益。正是为了救济环境公益，才作为环境公益的代言人、环境资源的义务监护人。相对于公民和法人为保护其自身利益而提起的普通"私诉"而言，它具有公益诉讼的性质。对这类"私人为公益"的环境公益诉讼，法律界应当大力推动，国家机关应当积极支持，并提供程序之便利和机制之保障。

2. 环境公诉

根据国家公诉权的通常分配模式，它特指作为国家公诉人的检察机关，为了保护公共环境利益，以原告身份，通过公诉的形式，以制止和制裁环境公益的侵害行为为目的，向法院提起的诉讼。就原告身份和诉讼目的而言，它表现出"公权为公益"的显著特点。

环境公诉，其实包括环境刑事公诉、环境民事公诉和环境行政公诉三种形式。

（1）环境刑事公诉——即检察院以制裁环境犯罪行为、追究刑事责任为目的的诉讼。这是最常见的环境公诉。就主体而言，它表现为"检察院对私人"（即环境犯罪行为人）之诉；就诉求而言，它以检察院请求法院对环境犯罪行为人"实施刑事制裁"为目的。

（2）环境民事公诉——它是指在公民或者法人的民事经济行为，污染了环境或者破坏了生态，因而侵害了公共环境利益的情形下，检察院为了维护环境公益，以国家公诉人身份实施干预，请求法院制止和制裁环境侵害行为的诉讼。之所以称之为"民事公诉"，可以理解为国家公诉人，针对公民或者法人的民事行为提起的诉讼。就主体而言，它表现为"检察院对私人"（即环境民事行为人）之诉；就诉求而言，它以检察院请求法院针对环境民事侵害行为"实施民事救济"为目的。在这个方面，法律的实践已经走在了法律规定的前头，法律的规定则明显地落后于法律的实践。

（3）环境行政公诉——它是指检察院认为行政机关（主要指环保部门，但也包括政府）的具体行政行为（如关于建设项目的审批行为）危害公共环境利益，向法院提起的司法审查之诉。就主体而言，它表现为"检察院对行政"（即环保行政机关）之诉；就诉求而言，它以检察院请求法院通过司法审查"撤销或者变更具体环境行政行为"为目的。这方面的法律机制还有待建立。

环境公诉，是环境公益诉讼的新发展。作为一种新的环境诉讼形式，国家公诉机关即检察院为保护公共环境利益提起环境公诉，尤其值得关注和探讨。

本文主要探讨环境民事公诉，并就环境民事和行政公益诉讼，提出立法设想，希望有益于共同推进中国的环境公益诉讼。

二、环境执法新举措：公诉机关首次单独介入环境违法行为

进入新世纪以来，我国一些地方先后出现了几起典型的环境民事公诉案例，并取得积极效果，值得关注和总结。

案例一：山东省德州市乐陵市人民检察院，针对污染环境的金鑫化工厂，2003年4月22日提起环境民事公诉，请求法院判决停止侵害、排除妨碍、消除危险。同年5月9日，乐陵市人民法院作出判决，要求金鑫化工厂自行拆除污染设施、停止侵害、消除妨碍、消除危险。

案例二：四川省资阳市雁江区检察院于2004年2月了解到，当地清水河因石材加工厂造成生态环境严重破坏的情况，并与雁江区环保局联系，共同调查。调查发现，清水河流

经两个乡镇的数十个村社,是沿岸村社灌溉和人畜饮水的主要来源。近两年来,在清水河及其支流沿岸相继兴办了数十家石料加工厂,这些石料加工作坊肆意排放,不仅阻塞河道,而且污染水体,使4个村的800亩土地、近2 000人的生产生活受到严重影响。

此前,雁江区环保局曾对污染企业发出整改通知书,限期停产整改。但众厂家仍然我行我素,污染问题得不到切实解决。2 000名农民思想难于统一,部分受害农民与污染企业交涉无果之后,担心胜诉无望,并因诉讼费用的负担,在起诉方面态度消极。

2004年5月12日,雁江区人民检察院对污染问题严重的8家石材厂分别下达了检察建议书,要求企业对治污设施进行整改,并将整改情况报送该院。作为国家公诉机关,检察院还告诫企业,如果不积极治理污染,继续侵害农民利益,将对其提起民事公诉。

为还清水河以清水,检察院准备单独提起环境民事公诉——这是国家公诉机关主动单独介入环境民事违法案件,并取得积极的社会效果。这是强化环境执法的新举措,也是环境司法的新实践,值得环保部门称道和关注。[①]

三、检察院提起民事公诉,已经不乏先例

全国首例"民事公诉"案发生在1997年。河南省方城县工商局将一处国有房产违规低价出售给汤某。方城县检察院为阻止国有资产流失,以原告身份于7月1日起诉,请求法院确认国有资产买卖合同无效;12月3日县法院判决,支持检察院诉讼请求,并确认两被告间的买卖合同违法无效。判决后两被告没有上诉,判决在法定时间生效,方城检察院挽回国有资产流失的行动达到预期目的。

这次诉讼引起最高人民检察院的重视,并被评价为全国检察系统十年中八大事件之一,也为日后各地检察机关民事诉讼提供了范例。在近年发生的"民事公诉"案中,各检察机关的诉讼活动大都采用了方城检察院的模式。此后,河南省浚县和三门峡市湖滨区、山西省河津市和乡宁县、黑龙江省兰西县、四川省中江县、福建省连城县、浙江省浦江县、湖南省岳阳县和云溪区等地方检察院,先后提起类似诉讼。

据不完全统计,自1997年河南省方城县检察院就国有资产流失提起公诉以来,全国各地检察机关至今提起的类似的民事诉讼已有近200起。其中,河南省各级检察机关共提起此类涉及国有资产转移的民事诉讼近百起,法院已经判决的70余起,检察机关全部胜诉。在已判决的70多起案件中,所有败诉的被告,无一上诉。检察院提起民事公诉的积极效果令人刮目。

四、环境民事公诉,曾因环境污染犯罪被附带提起

其实,自1997年《刑法》修订以来,为了制裁破坏环境资源的行为,地方检察院已经

---

① 参见蒋敏、卿明生:《雁江检察机关向污染企业发出检察建议书》,载《中国环境报》,2004-05-17,2005-06-02。

提起部分环境民事公诉，只不过是以刑事附带民事的形式而提起。例如：

——1998 年山西省运城市检察院在针对天马造纸厂厂长杨军武重大环境污染行为提起刑事公诉的同时，就公众饮用水源遭受污染附带提起民事公诉。当年 9 月 17 日，运城市法院除以重大环境污染事故罪判处杨军武有期徒刑 2 年，并处罚金 5 万元外，同时判处杨军武赔偿民事损失 36 万元；同年 12 月 7 日，运城地区中级人民法院裁定维持原判。

——1999 年，四川省名山县检察院在针对恒达化工厂重大环境污染行为提起刑事公诉的同时，也就公共水源遭受污染附带提起民事公诉。当年 9 月 1 日，名山县法院以重大环境污染事故罪判处恒达化工厂罚金 5 万元；厂长林卿书因同罪被判徒刑 3 年，并处罚金 2 万元，操作工刘安华因同罪被判徒刑 3 年，并处罚金 2 000 元；法院还同时判处化工厂赔偿国家、集体和个人经济损失 34 万元。

——2002 年，四川省泸州市检察机关为环境公益事业，在全省首次附带提起刑事附带环境民事公诉案件，并获法院支持：古蔺县石宝镇重大森林火灾肇事者黎伯伦被判徒刑 1 年，并处承担在 2002 年 10 月至 2007 年 8 月期间，补种林木 29 848 株。

——再如湖南省安化县检察院在对梅城镇卫生纸厂的重大环境污染行为提起刑事公诉的同时，就公共环境遭受污染附带提起民事公诉。据《中国环境报》2004 年 4 月 19 日报道，法院除对责任人龙金林、张旭龙和刘满元分别判处徒刑 2 年、1 年 6 月和 1 年及罚金 2 万元外，并同时判处纸厂附带赔偿 7 万元。

五、环保部门执法手段有限，环境公益呼唤环境公诉

根据我国现有执法体制，行政机关虽然承担了国家机器运转的绝大部分职能，但法律赋予行政机关的强制执法手段极其有限，手段与职能之间距离很大。这种现象在国有资产管理领域如此，在环境管理领域更是突出。从目前实际情况来看，检察院以公诉人身份介入环境公益保护十分必要。

现行《民事诉讼法》第 108 条规定，起诉的"原告是与本案有直接利害关系的公民、法人和其他组织"。如果国家利益受到直接损害，就需要有适当的国家机关作为利害关系人代为诉讼。《环境保护法》第 41 条规定，造成环境污染者"有责任排除危害，并对直接受到损害的单位或者个人赔偿损失"。如果国家公共环境和资源受到直接损害，也需要有适当的国家机关作为利害关系人代为诉讼。《海洋环境保护法》第 90 条规定，破坏海洋环境并"给国家造成损失的"，由有关部门"代表国家对责任者提出损害赔偿要求"。

在现实生活中，许多环境污染行为没有直接侵犯特定的公民、法人或组织的权益，"直接利害关系"或者"直接受到损害"的条件，往往使得无人享有诉权。即使法律赋予公民起诉权，也常会个人因不知、不能或不敢等种种原因而不起诉。环境行政部门又往往缺乏强有力的执行手段，加之行政体制方面的限制，心有余而力不足，致使许多环境违法行为长期得不到有效制止。

四川雁江区清水河污染案就十分典型。当地环保局虽然可以要求污染企业限期停产整

改，但对逾期不改者，依法没有独立的强制执行手段；即便报请政府关停或者申请法院执行，实际效率大多极其低下。受害农民与污染企业交涉无果，担心胜诉无望，加之诉讼费用的负担，致使无人起诉。

从起诉条件上看，原告须与案件有利害关系。人民检察院虽然一般不会主动介入当事人之间的民事权益，但从维护国家利益、公共利益来看，是符合起诉条件的。因为国有资产流失、环境污染、行业垄断等行为，有时侵害的是不特定的对象，没有明确的受害人或适格的原告，又不能形成集团诉讼。保护国有资产和公共环境利益是国家的责任，但国家是一个抽象主体，国家要保护这种利益，就需要代言人。

人民检察院作为国家的法律监督机关，以保护国家、集体利益为职责，它依法承担着国家的公诉职能。在存在诉讼障碍的情况下，人民检察院从保护国家和公共环境利益和制止不法行为的目的出发，运用公力救济的司法手段提起民事公益诉讼，应当视为与本案诉讼标的有特殊的直接利害关系。由其代表国家为公共环境利益提起环境民事公诉，不仅是必要的，也是符合法治原理的。

检察院作为环境公益诉讼的原告，还可结合我国宪法规定的国体和政体性质分析。我国是以公有制为主体的社会主义国家，同时又是人民当家作主的国家，一切国家机构归根到底都是为了人民的利益而设置，并为人民办事。国家的人民性，决定了国家利益和公共利益维护者的广泛性。反映在环境法律关系上，就使各社会主体相互之间在环境利益关系上具有广泛的共同性和关联性。在环境法律关系中，表面上的非"直接利害关系人"，在一定意义上也可能具有"直接利害关系"。因而，我国国家机关、企事业组织和公民个人，特别是作为公诉机关的检察院，对损害国家和公共环境利益的行为，不但具有一般"检举控告"的权利，而且应当享有环境民事公诉权。

正如《人民日报》在关于湖南省岳阳县检察院为保护国有资产提起民事诉讼的报道中所指出的："实践证明，作为国家法律监督机关，由检察院对违反法律法规，侵犯国家、社会公共利益的行为向法院提起民事诉讼，实现对国家、社会公共利益的法律救济，实现保护和监督的统一，既符合宪法精神，也符合我国国情。"[①]毫无疑问，这种评论完全适合环境民事公益诉讼。

六、环境民事公诉，并非于法无据

宪法有关规定——现阶段，提起和审理民事公诉案件的主要法律依据是《宪法》第12条第2款："国家保护社会主义的公共财产。禁止任何组织或个人用任何手段侵占或破坏国家的和集体的财产"；第15条第3款："国家依法禁止任何组织或者个人扰乱社会经济秩序。"

---

① 徐远平：《民事公诉亟待立法》，载《人民日报》，2003-01-22。

民事法律规定——《民法通则》第5条："公民、法人的合法民事权益受法律保护，任何组织和个人不得侵犯"；第73条："国家财产属于全民所有。国家财产神圣不可侵犯，禁止任何组织或个人侵占、哄抢、私分、截留、破坏"。

环境法律规定——《环境保护法》第6条："一切单位和个人都有保护环境的义务，并有权对污染和破坏环境的单位和个人进行检举和控告。"显然，作为专司国家公诉职能的检察院，完全可以据此"对污染和破坏环境的单位和个人进行检举和控告"，即提起民事公诉。

诉讼法律规定——《民事诉讼法》第15条规定："机关、社会团体、企业事业单位对损害国家、集体或者个人民事权益的行为，可以支持受损害的单位或个人向人民法院起诉。"

检察院组织法——《人民检察院组织法》第4条规定：人民检察院通过行使检察权，保护社会主义的全民所有的财产和劳动群众集体所有的财产，保护公民私人所有的合法财产，保护公民的人身权利、民主权利和其他权利。

如果回顾历史，民事公诉在我国早有实践。1949年12月颁发的《最高人民检察署试行组织条例》规定：检察机关有权参与涉及全国社会与劳动人民利益有关之民事案件以及涉及全国社会与劳动人民有关这一切行政诉讼；1954年的《中华人民共和国检察院组织法》第4条规定：地方各级检察机关对于有关国家和人民利益的重要民事案件有权提起诉讼或参加诉讼；1957年最高法院制定的《民事案件审判程序（草稿）》第1条有类似规定，允许检察院对"有关国家和人民利益的重要民事案件"提起诉讼；1979年2月2日，最高法院在《人民法院审判民事案件程序制度的规定（试行）》中对民事公诉制度再次确认。只是1979年7月1日通过的《人民检察院组织法》对民事公诉制度未做规定。

七、环境民事公诉：不同于行政诉讼和刑事诉讼的特征

1. 就适用情形而言，它是在公共环境利益遭受环境违法行为的现实侵害，而受害人在起诉方面存在障碍，环保部门的行政管理受到实际限制的情况下，由检察院作为公诉人，向法院提起诉讼，要求法院依法追究环境违法行为人法律责任的诉讼行为。它不同于环境刑事公诉，因为环境违法行为尚未构成环境犯罪。如果环境违法行为涉嫌环境犯罪被提起公诉，即属于刑事附带环境民事公诉。

2. 就诉讼目的而言，它以排除污染危害和赔偿污染损失为基本诉求，主要是通过追究造成环境污染破坏行为人的民事责任，实现对国家和公众利益的保护和救济。这使其与环境行政诉讼（目的主要在于撤销或变更环保部门的具体行政行为）和环境刑事诉讼（目的在于确定被告人是否犯罪和刑罚）相区别。

3. 就当事人而言，监察机关作为环境民事公诉人，除了国家和公共利益，它并不谋求任何自身的私利，因此它既是原告，也是法律监督者。被告人则是造成环境污染破坏的行为人。

4. 就案件来源而言，它有多种来源，如群众举报，专门机关移送、自己发现等。作为公力救济途径，环境民事公诉一般应当在受害人和环境行政部门试图制止环境违法而不能之后，作为一种后置的司法救济程序而提起。因此，受害人举报和环保部门移送应当成为主要案件线索。

5. 就起诉条件而言，它应当有明确的环境违法行为人作为被告，有经过调查的环境污染破坏事实和证据，并有具体的诉讼主张（如停止排污行为、排除污染危害、赔偿污染损失）。

八、加强行政部门与司法机关的配合，完善诉讼规则

1. 作为一种正在出现的诉讼形式，环境民事诉讼可以因为国家公诉机关的介入而产生特殊的环境执法效果。它不仅可以成为环保部门行政执法的重要支持和补充，而且可以为环境污染损害的受害人提供更具强制力的司法保护和救济。因此，环保部门应当积极配合和支持检察院提起环境民事公诉。特别是应通过参加调查和提供环境技术监测数据等方式，有力地支持检察院的环境公诉。

2. 为了充分发挥民事公诉在维护国家和公共利益方面的积极作用，规范包括环境民事公诉在内的民事公诉行为，国家立法机关和司法机关应当研究制定相关规则。我们认为，可以考虑适时修订民事诉讼法，或者通过修订环境保护法，或者通过制定专门司法解释，明确赋予检察院以环境民事公诉权，并规定具体的诉讼程序和规则。

九、令人鼓舞的新进展：环境公益诉讼立法初露端倪

——环境公益：国家法律确认的新权利。

2002 年颁布的《环境影响评价法》不仅明确提出了环境权的概念，还提出了"公众环境权益"的概念。该法第 11 条规定："专项规划的编制机关对可能造成不良环境影响并直接涉及公众环境权益的规划，应当在该规划草案报送审批前，举行论证会、听证会，或者采取其他形式，征求有关单位、专家和公众对环境影响报告书草案的意见。"为了有效保护环境公益，需要创新法律机制。环境公益诉讼无疑是一种重要机制。

——中央领导要求：创新环境工作机制，发动全社会力量参与环境工作。

在 2005 年中央人口资源环境工作座谈会上（2005 年 3 月 12 日），中共中央总书记胡锦涛强调："要创新人口资源环境工作的体制机制，发动全社会力量参与人口资源环境工作，推动人口资源环境工作不断迈上新台阶。"

——国务院决定：《国务院关于环境保护若干问题的决定》（1996 年 6 月 16 日）规定："建立公众参与机制，发挥社会团体的作用，鼓励公众参与环境保护工作，检举和揭发各种违反环境保护法律法规的行为。"

2005 年 12 月 3 日，国务院发布了《国务院关于落实科学发展观加强环境保护的决定》。该决定提出："研究建立环境民事和行政公诉制度。"决定还提出："发挥社会团体的

作用，鼓励检举和揭发各种环境违法行为，推动环境公益诉讼。"这是国家首次明确提出推动环境公益诉讼。

——全国政协 2005 年第 1 223 号提案：呼吁建立环境公益诉讼制度。

梁从诫、赵忠祥、敬一丹、宋祖英等 28 名全国政协委员，于 2005 年 3 月全国政协十届三次会议期间，联合提交了第 1 223 号提案《关于尽快建立健全环保公益诉讼法的提案》。该提案建议："我们迫切地呼吁尽快着手建立环境民事公益诉讼制度，以便更加有效地保障公众的环境权利，维护社会公共利益和国家利益。"会后，该提案交"由全国人大常委会法工委会同环保总局研究办理"。

——全国政协 2006 年 3 月农工民主党中央：建立环境公益诉讼制度，保护公众环境权益。

陈硕儒委员在政协十届四次会议上，代表农工民主党中央做了题为《建立环境公益诉讼制度，保护公众环境权益》的发言。

——全国人大代表吕忠梅、曲修霞：尽快建立环境公益诉讼制度。

全国人大代表吕忠梅、曲修霞 2006 年 3 月在十届人大四次会议上，分别提出议案，要求尽快建立环境公益诉讼制度。

——最高司法机关的意见。

国家环保总局 2005 年在起草关于环保工作决定过程中，曾经专门征求最高人民检察院的意见。最高人民检察院 2005 年 8 月 5 日回复指出："近年来，环境污染致害事件呈明显上升趋势。由于缺乏相应的诉讼救济机制，因行政机关明显违法行政、滥用许可权造成公害事件的情形，无法通过诉讼途径解决，因此，建立环境民事、行政公诉制度是必要而可行的。"该回复就建立环境公诉制度建议："通过修改、完善相关法律，国家建立环境民事、行政公诉制度，明确民事行政公诉的相应程序。"据《第一财经日报》2006 年 9 月 28 日报道，最高人民检察院副检察长姜建初在中国法学会诉讼法学研究会 2006 年年会表示，针对公益诉讼遭遇的制度困境，研究建立"社会公益诉讼是民事诉讼法研究的创新使命"。

我国《行政诉讼法》第 2 条规定："公民、法人或者其他组织认为行政机关和行政机关工作人员的具体行政行为侵犯其合法权益，有权依照本法向人民法院提起诉讼。"

最高人民法院《关于执行〈行政诉讼法〉若干问题的解释》第 12 条规定："与具体行政行为有法律上利害关系的公民、法人或者其他组织对该行为不服的，可以依法提起行政诉讼。"该解释第 13 条进一步规定："有下列情形之一的，公民、法人或者其他组织可以依法提起行政诉讼：（一）被诉的具体行政行为涉及其相邻权或者公平竞争权的；（二）与被诉的行政复议决定有法律上利害关系或者在复议程序中被追加为第三人的；（三）要求主管行政机关依法追究加害人法律责任的；（四）与撤销或者变更具体行政行为有法律上利害关系的。"

根据最高人民法院的司法解释，行政诉讼的原告范围，事实上已经有所扩大。即从一般意义上的"行政相对人"，扩大到"利害关系人"，即"有法律上利害关系的公民、法人或者其他组织"。

特别值得注意的是，根据该解释第 13 条第 1 和第 3 项的规定，除行政相对人之外，还有三类人也可以获得行政诉讼的原告资格：（1）相邻权人；（2）同行业竞争者；（3）举报人，即要求主管行政机关依法追究加害人法律责任的公民、法人或者其他组织。

这几类原告提起的行政诉讼，特别是针对环境违法行为的举报人提起的行政诉讼，不仅是出于个人利害关系，而且诉讼的结果在客观上具有保护公共利益的效果，因而可以将其归结为环境行政公益诉讼。环境违法行为的举报人可以提起公益诉讼，从而将普通的举报程序和严格的诉讼程序紧密结合，有效地强化了公众参与环境监督的法律机制。

十、关于环境公益诉讼制度的基本内容

环境公益诉讼，无论在普通法系国家，还是在大陆法系国家，都是遏制侵害环境公益行为的重要而又经常使用的法律手段。作为一种环境司法手段，它可以有力地支持和弥补环境行政执法手段之不足，有效地制止环境侵害行为，从而极大地促进生活环境和生态环境质量的改善，值得大力推动。

关于环境公益诉讼，需要依据我国的具体国情，合理设计相应的程序和制度。特别是要回答以下基本问题：

1. 关于原告：可以由依法成立的以环保为宗旨的环保民间团体提起

这特别适合于受害人不确定、环境权属关系不明确、受害人众多而难以确定代表人、或者受害人众多但确实缺乏应有诉讼能力等特殊情况。现实生活中，许多情形下，个人面对污染破坏环境的公司法人或者组织，常常不知、不能或不敢提起诉讼。淮河干流多次重大污染事件、2004 年沱江特大水污染事件和 2005 年松花江水污染事件中，都存在受害人众多但难以确定原告的情形。

行政机关制裁环境违法行为的基本前提，一般是相对人存在环境行政违法。例如，即便普遍实行"超标排污即属违法"，对于多数未超标排放的行为，行政机关的监管职能范围是受到严格法定限制的。在不存在行政违法的情况下，行政机关缺乏主动介入的激励机制。

在这类环境侵害情形下，公众个人虽有利益但缺乏能力，行政机关即便有能力但未必有兴趣。依法成立的以环保为宗旨的民间组织，不仅有兴趣（环保宗旨），也有一定能力提起环境公益诉讼。其他相关人特别是环境违法行为的举报人，也应当承认其原告资格。对环保组织或者举报人提起的公益诉讼，国家应当予以鼓励、引导和规范。

2. 关于诉讼标的和目的

它主要是以处于继续或者连续状态的环境污染或者生态破坏行为为对象，并以请求法院发布裁判，责令行为人停止环境侵害、修复环境原状或者支付修复费用为主要诉讼目的。

国外实践也表明，环境公益诉讼基本上是以停止侵害、恢复原状为责任的承担方式，

而赔偿损失并非主要的责任方式，正因如此，环境公益诉讼的公益性也更强。在某些具体情况下，诉讼请求也可能包括请求法院判决行为人赔偿由于其环境污染或者生态破坏行为导致的损失。

对环境公益性质的赔偿金，或者受害人数众多情形下的环境损害赔偿金，可以参考国际油污损害赔偿基金机制，由环保组织设置专项基金或者账户，并报经法院认可后，负责管理赔偿金的具体赔付或者支出。

3. 关于起诉条件：公益诉讼应当遵循一定的前置程序

环保组织对其调查发现的侵犯环境公益的事实，有权向环保等有关行政主管部门举报，并可同时向其调查认定的侵害环境公益的行为人，发送专门的书面通报。该类举报或者通报，应当尽可能详细地描述其发现的环境污染或者生态破坏事实和有关证据，请求行政主管部门依法行使监管职能。

环保组织还可在通报中要求其所认定的环境侵害行为人在一定期限内（比如60天或者30天）之内改正环境侵害行为。环保组织的此类举报或者通报还应明确地表明其诉讼意图：如果有关行政部门或者环境侵害行为人逾期置之不理，环保组织将向法院提起公益诉讼。

4. 改造环境举报制度，完善环境行政诉讼

根据我国现行环保法律法规，公众有权举报环境违法行为。为了创新公众参与监督环境违法行为的机制，有必要在现行环境举报制度基础上，建立公众环境举报与环境行政诉讼的"法律连接"。这虽然是一种略显谨慎的制度设计，但可以为公众提供通过诉讼有效监督环境违法行为的"切入点"。我们设计，可以通过制定或者修订有关环境法律，明确规定以下基本程序：

（1）规定公众可以举报环境违法行为；（2）受理举报并赋予查处职责的环保部门应当在一定时限（30日、60日或者90日）内，对被举报的环境违法行为进行调查和处理，并可酌情公告或者告知举报人；（3）环保部门对被举报的环境违法行为，超过规定时限没有调查的，举报人可以起诉环保部门，要求其依法履行其职责。

5. 关于诉讼性质：因为被告身份的不同存在两种类型

如果受理举报的行政部门对被举报行为依法不具有行政监管职能等情形下，环保组织应以环境侵害行为人为被告提起诉讼。这属于环境民事公益诉讼。

如果受理举报的行政主管部门依法承担监管职能但表现出环境行政不作为，环保组织可以有关行政部门为被告提起诉讼。这属于环境行政公益诉讼。

6. 关于环境公益诉讼的制度化形式：存在三种方式或步骤

——由最高司法机关制定专门的司法解释，规定环境公益诉讼的基本程序。

——通过《水污染防治法》、《大气污染防治法》等环保单项法律的修订，设立专门的环境公益诉讼条款。

——通过《民事诉讼法》、《行政诉讼法》的修改，设定包括环境公益诉讼在内的公益

诉讼程序。

不可否认，设置环境公益诉讼程序，会在一定程度上增加法院案件负荷。但是，从维护环境公平，构建和谐社会的角度看，这是人民法院的重要职能。

7. 环境公诉

除了公民或者民间组织外，国家公诉机关在一定情形下（如行政机关依法没有职能、个人或者组织确实没有能力），为了公共环境利益，也应当可以提起环境民事或者行政公诉。大陆法系国家如法国、意大利检察机关可以提起环境公诉，英美法系一般通过私人来救济，但是也有大量的检察机关提起环境公诉的法律规定和诉讼实例。我国山东、四川等地方的实践也证明，通过环境公诉，及时制止了侵害环境公益的行为，对国家环境法律的实施发挥了积极的监督作用。

十一、关于环境公益诉讼的立法设计

笔者设想，在中国现行民主法制框架下，可以通过改造现行环境公众举报制度，并将公众举报和对举报的反应作为诉讼的前置程序，使环境公众举报与环境公益诉讼衔接起来，在此基础上建立符合中国现阶段民主法制国情的公众通过诉讼参与环境监督的程序制度。具体设想如下：

（一）一般环境民事诉讼——由直接受害人提起

一般环境民事责任：造成环境污染危害的单位和个人，有责任停止侵害行为，排除危害，赔偿损失，并采取措施恢复环境原状。

普通环境民事诉讼：因为他人的环境侵害行为直接受到损害的单位或者个人，可以依法提起诉讼，请求人民法院判决侵害行为人停止侵害行为，排除危害，赔偿损失，并采取措施恢复环境原状。

举证责任：因污染环境引起的损害赔偿诉讼，由加害人就法律规定的免责事由及其行为与损害结果之间不存在因果关系承担举证责任。

国家支持受害人诉讼：国家鼓励法律服务机构对污染诉讼中的受害人依法提供法律援助。

污染环境的损害赔偿责任和赔偿金额的纠纷，当事人可以委托国家设立的环境监测机构提供监测数据。环境监测机构应当接受委托，如实提供有关监测数据。

（二）环境行政诉讼——由相对人和其他相关人提起

行政相对人提起的一般环境行政诉讼：公民、法人或者其他组织认为行政机关和行政机关工作人员的具体行政行为侵犯其合法权益，有权依照本法向人民法院提起诉讼。

与具体行政行为有法律上利害关系的公民、法人或者其他组织对该行为不服的，可以依法提起行政诉讼。

公益性质的环境行政诉讼：有下列情形之一的，公民、法人或者其他组织可以依法提起行政诉讼：（1）被诉的具体行政行为涉及其相邻权的；（2）被诉的具体行政行为涉及其公平竞争权的；（3）通过举报等方式要求主管行政机关依法追究加害人法律责任，而主管行政机关逾期未予查处的。

（三）环境民事和行政公益诉讼——由环境保护民间组织提起

环境公益诉讼的前置程序：直接受到损害的单位或者个人之外的公民或者依法登记的环境保护民间组织，经过调查发现处于继续或者连续状态的污染环境或者破坏生态的行为，可以向其调查认定的侵害环境公益行为人发出书面通知，要求停止环境侵害行为，排除危害，并采取措施恢复环境原状；也可以向环境保护行政主管部门或者其他依法负有环境监管职责的部门提出书面举报，建议其依法履行查处职责。

通知和举报：公民或者依法登记的环境保护民间组织的书面通知或者举报，应当叙述其调查发现的污染环境或者破坏生态行为的事实，提供有关证据，明确其所认定的侵害环境公益行为人停止侵害行为的具体要求，并表明其诉讼意图。

环境民事公益诉讼：侵害环境公益行为人收到书面通知后超过 60 日未停止侵害环境公益行为的，发出通知的公民或者依法登记的环境保护民间组织，可以向人民法院提起诉讼，请求人民法院责令侵害环境公益行为人停止侵害行为，排除危害，并采取措施恢复环境原状。

直接受到损害的单位或者个人之外的公民或者依法登记的环境保护民间组织，不能提起损害赔偿诉讼。

环境行政公益诉讼：环境保护行政主管部门或者其他依法负有环境监管职责的部门，收到关于污染环境或者破坏生态行为的书面举报后超过 60 日未实施查处行为的，提出举报的公民或者依法登记的环境保护民间组织，可以向人民法院提起诉讼，请求人民法院责令其依法履行查处职责。

（四）环境民事和行政公诉——由检察机关提起

环境民事和行政公诉的前置程序：对处于继续或者连续状态的污染环境或者破坏生态的行为，环境保护行政主管部门或者其他依法负有环境监管职责的部门未依法行使监管职责，或者直接受到环境侵害行为损害的个人或者组织确实没有能力提起诉讼的，人民检察院可以向其调查认定的侵害环境公益行为人发出检察建议书，要求停止环境侵害行为，排除危害，并采取措施恢复环境原状；也可以向环境保护行政主管部门或者其他依法负有环境监管职责的部门发出检察建议书，建议其依法履行查处职责。

检察建议书：人民检察院发出的检察建议书，应当叙述其调查发现的污染环境或者破坏生态行为的事实，提供有关证据，明确其所认定的侵害环境公益行为人停止侵害行为的具体要求，并表明其诉讼意图。

环境民事公诉：侵害环境公益行为人收到检察建议书后超过 60 日未停止侵害环境公益行为的，发出检察建议书的人民检察院可以向人民法院提起诉讼，请求人民法院责令侵害环境公益行为人停止侵害行为，排除危害，赔偿损失，并采取措施恢复环境原状。

环境行政公诉：环境保护行政主管部门或者其他依法负有环境监管职责的部门，收到检察建议书后超过60日未实施查处行为的，发出检察建议书的人民检察院可以向人民法院提起诉讼，请求人民法院责令其依法履行查处职责。

【推荐阅读文献】

1. 蔡守秋. 环境行政执法和环境行政诉讼. 武汉：武汉大学出版社，1992

2. 王明远. 环境侵权救济法律制度. 北京：中国法制出版社，2001

3. 王曦. 美国环境法概论. 武汉：武汉大学出版社，1992

4. 高家伟. 欧洲环境法. 北京：工商出版社，2000

5. 罗豪才，应松年主编. 行政诉讼法学. 北京：中国政法大学出版社，1990

6. 刘宗琛. 诉讼及其价值论. 北京：北京师范大学出版社，1993

第十三专题

排污总量控制制度研究

一、排污总量控制制度的概念及特征

（一）排污总量控制的概念

总量控制制度是污染物排放总量控制制度的简称，它将某一控制区域（如行政区、流域、环境功能区等）作为一个完整的系统，采取措施将排入这一区域内的污染物总量（环境可以容纳污染物质以及有毒有害物质的全部数量）控制在一定数量之内，以满足该区域的环境质量要求的环境管理制度。

（二）排污总量控制的特征

相比排污浓度控制而言，排污总量控制有如下特征：

1. 管理对象是企业

浓度控制管理的对象是污染源，而且是对污染源的部分控制。排放标准与环境质量不是完全对应的关系。例如，只从排放源角度看，影响环境质量的因素除排放浓度外，还有持续排放时间。由于浓度控制缺少排放时间的规定，因此，不能控制每个源的长期排放量（如年排放量）。

总量控制管理的对象是企业，是对污染源的整体控制。即总量控制只控制企业的排放总量，而不规定每个污染源的排放总量。从污染源角度看，总量控制隐含着对污染源排放浓度的控制。例如，只有一个污染源的企业，它的总量指标等于它的排放浓度乘以排放量，由于生产时间是确定的，因此，排放浓度也是被控制的。

2. 排污指标量化到企业，可执行性较强

浓度控制的指标有排放浓度（一般以 mg/m^3 或 mg/L 表示）、排放量（一般以 kg/h 表示）或排放率、单位产品排放量（一般以 kg/t 产品表示），标准的要求一般为最高容许排放量、最高容许排放浓度、日平均值和月平均值等。可以看出，浓度指标是非常严格的。最严格的浓度标准甚至没有规定超标的频率，即在一定时间间隔内，超过标准的次数的最高限度。或者说，任何一次持续一秒钟的超标排放也是违法的。但是，这在实际执行中是困难的，如何确定污染源的最高排放浓度时刻是难以解决的问题。除非安装连续监测装置，否则很难知道污染源最高排放浓度时刻是否超标。另外，即使监测到了最高排放浓度，如何处理也还是有很多问题。例如，检测到的排放浓度超过最高容许浓度，但时间较短，比如全年中只1小时，按全年超标明显不合理。有的标准同时给出日平均值和月平均值，实际上是既限定平均值又限定峰值，如果日均值超标，月平均值不超，如何处罚？即使有处罚办法，执行起来也会由于太复杂，而难于执行。我国当前的实际情况是，污染源连续监测极少，一般都是瞬时抽测，而且，抽测的频率很低，每次采样的时间也很短，也就是说，很难掌握污染源实际的排放状况。往往会出现企业监测的数据与环保部门监测的数据不一致而致使企业拒绝缴纳排污费，排放标准与我们的实际执行能力相差太远，这样，就会产生很多的诉讼，也会产生很多的"协商"，也就是说排放标准本身就造成了执法不严的条件。

总量控制指标一般以吨/年为单位，并且，总量控制指标只控制到法人单位（一般为企业）。总量控制指标是可分的，如测算出的该区域的排污总量控制指标是可以将其再分配给排污单位，划给单位拥有的总量控制指标数就是单位总量控制指标。这样，执行尺度的放宽必然会增加可执行性，同时，降低执行成本。排污者有了一定的履行排污削减责任的灵活性，减少了诉讼，提高了法律、法规的遵守程度。

3. 污染源治理的主动性

不同污染源削减污染物的边际费用往往有相当大的差别。在浓度控制下，要求达到统一的排放限制，这样将不能实现污染源治理投资的最优配置。因为统一的污染源排放标准，造成了资金配置的不合理，降低了资金使用效率。浓度控制还忽视了污染源的排污行为在空间（地点、高度）、时间和排放方式上的差异。另外，浓度控制还忽视了不同外部环境如气象、地形、水文等因素对污染物的不同吸纳和降解能力，即环境容量是不同的。因此，统一的浓度排放标准可能造成有的地区过度保护，有的地区保护不足，造成了资源配置不合理。

总量控制以控制区域污染物排放总量为目标，排污者拥有了污染控制决策权，因此会积极选择成本较低的排污削减方案。由于把选择治理污染的行动范围放宽了，所以选择污染削减方案的机会大大增加。这样，企业就会以较低的成本履行污染治理责任，降低区域总量控制的费用。[①]

二、总量控制制度的实施现状

总量控制制度是国际上广泛采用的污染控制方式，具有较强的实用性和科学性。西方国家从 60 年代开始研究污染物排放总量控制，制定出一整套总量控制制度及其实施机制。排污总量控制制度是与浓度控制制度相对应的一种环境管理制度，是控制污染管理的主要制度之一。目前我国关于环境污染的管理制度主要有排污收费制度和排污许可证制度。鉴于排污收费制度中浓度控制的弊端，国家的环境政策和环境管理进行了改革，从浓度控制转向总量控制。开始了总量控制制度的管理实践。排污许可证是以改善环境质量为目标，以污染物排放总量控制为基础的一项环境管理制度，包括排污单位申报登记、排污指标规划分配、许可证申请颁发、执行情况监督检查四项内容。排污许可证制度在中国的实践，推动了总量控制的开展。最早在 1985 年上海市颁布了《上海市黄浦江上游水源保护条例》，确定在黄浦江上游水源保护区内实行污染物排放总量控制与浓度控制相结合的管理办法。"八五"期间，上海市在全市范围内实行污染物排放总量控制。1988 年，国家环保局召开"水污染物排放许可证试点城市工作会议"。会议后在上海、北京等 17 个城市和山东小清河流域开展《水污染物排放许可证》的试点工作。1989 年，上海完成了总量控制和排污许可

---

① 参见［美］杜丹德主编，马中译：《总量控制与环境权交易》，57～58 页，北京，中国环境科学出版社，1999。

证的试点工作全部结束。1993 年，国家环保局提出，污染控制"从单纯浓度控制向浓度控制与总量控制相结合转变"。

1996 年全国人大通过的《中华人民共和国国民经济和社会发展"九五"计划和 2010 年远景目标纲要》里建立了污染物排放总量控制管理制度。规定了全国主要污染物排放总量控制计划，希望通过该计划的实施来保证实现"九五"环境保护目标。国家结合不同地区的情况，给各省（自治区、直辖市）下达了 12 种主要污染物排放总量控制目标，建立了从国家到地方各级人民政府的总量指标分配、控制、考核的运行机制。在国务院通过的《"九五"期间全国主要污染物排放总量控制计划》里，国务院要求：要根据不同时期、不同地区的情况，制定相应的控制指标；要抓紧制定污染物排放总量控制指标体系和管理办法，建立定期公布制度。从此，总量控制开始在全国范围内推行。几年的实践证明，总量控制制度能够促使排污单位加强管理，节约资源，减少排污，同时还能加快环保资金筹集，增强城市环境综合整治能力，有利于改善环境质量和促进经济可持续发展。2000 年 4 月 29 日修订的《大气污染防治法》第 3 条提出了国家实施总量控制的原则要求，即国家采取措施有计划地控制或者逐步削减地方主要大气污染物的排放总量。该法 14 条规定了将超标排污收费制改为排污收费制，国家实行按照向大气排放污染物的种类和数量征收排污费，这意味着今后排污收费是按照排污总量收费而不只是超标收费。新法第 15 条规定：国务院和省、自治区、直辖市人民政府对尚未达到规定的大气环境质量标准的区域和国务院批准划定的酸雨控制区、二氧化硫污染控制区，可以划定为主要大气污染物排放总量控制区；主要大气污染物排放总量控制的具体办法由国务院规定；大气污染物总量控制区内有关地方人民政府依照国务院规定的条件和程序，按照公开、公平、公正的原则，核定企业事业单位的主要大气污染物排放总量，核发主要大气污染物排放许可证；有大气污染物总量控制任务的企业事业单位，必须按照核定的主要大气污染物排放总量和许可证规定的排放条件排放污染物。《国务院关于环境保护若干问题的决定》明确规定：要实施污染物排放总量控制，抓紧建立全国主要污染物的排放总量控制指标体系和定期公布制度，到 2000 年，各省、自治区、直辖市要使本辖区主要污染物排放总量控制在国家规定的排放总量指标内，环境污染和生态破坏加剧的趋势得到基本控制。此外我国在《中华人民共和国水污染防治法实施细则》、《淮河流域水污染防治条例》、《水污染防治法》、《海洋环境法》等法律法规中，对总量控制制度皆作了初步规定。此外地方性环境保护法规和规章也有关于总量控制的规定。这些规定对我国进行总量控制制度立法奠定了基础，对克服浓度控制在污染防治方面的弊端、进行产业结构的调整、促进产业升级等发挥了积极作用。

经过多年的准备和实践，中国已经基本具备在全国范围内实施总量控制的管理、技术条件。中国的环境管理部门已经建立了一支初具规模的环境统计队伍，建立了较为规范的环境统计制度。目前的环境统计不包括乡镇企业和市政生活排污，但是新的环境统计报表制度将解决这一问题，以满足实施总量控制的需要。初步建成全国环境监测网络，具备了环境质量监测和污染源监测的基本能力。中国的环境监测网络由一级（国家）网、二级网和三级网组成。一级网由国家级、各省环境监测中心站、国务院有关部的环境监测中心站组成；二级网由各省环境监测中心站、省辖市环境监测站、各省有关厅局的环境监测站组成；三级网由各省辖市的环境监测站、各县环境监测站、市辖范围内有关部门（大中型企业）的环境监测站组成。

三、总量控制制度的完善

（一）总量控制与排污许可证制度

1. 许可证制度的概念和立法现状

许可证是政府颁发的允许特定主体从事特定行为的凭证，包括各种执照、特许证、批准书等。环境资源法中的许可证制度是指从事可能对环境造成不良影响的各种规划、开发、建设项目或经营活动，必须向有关管理机关提出申请，经审查批准发给许可证后才能从事该项活动的一系列管理制度。

许可证制度是国家为加强对环境的保护与管理而采取的一种行政审批和监督管理制度，是环境行政许可的法律化，它把可能影响环境的各种规划、开发、建设、排污活动都纳入国家统一管理的轨道，并严格限制在国家规定的范围内，便于对持证者实行有效的行政监督和管理，是国家环境管理制度里一种卓有成效的行政管理制度。国外学者中有人将环境法分为预防法和规章法两大类，环境许可证制度在规章法中占有重要的地位，它被称为污染控制法的"支柱"而在环境资源法中被广泛采用。

我国环境法律、法规中规定了较多的许可证制度：《城市规划法》、《海洋环境保护法》、《海洋倾废管理条例》、《农药登记规定》、《放射性同位素与射线装置放射保护条例》及《民用核设施安全监督管理条例》、《猎枪、弹药管理办法》、《文物保护法》、《水污染防治法实施细则》、《固体废物污染环境防治法》、《水污染防治法》、《森林法》、《矿产资源法》、《野生动物保护法》等一系列法律法规中规定了许可证制度。概括起来大致可以分为三类：第一类是防止环境污染许可证，如排污许可证，海洋倾废许可证，危险废物收集、贮存、处置许可证，放射性同位素与射线装置的生产、使用、销售许可证，化学危险物品生产、经营许可证，废物进口许可证等。第二类是防止环境破坏许可证，如林木采伐许可证、采矿许可证、渔业捕捞许可证、取水许可证、野生动物特许猎捕证、狩猎证、驯养繁殖许可证等。第三类是整体环境保护许可证，如建设规划许可证等。在同一种许可证中根据不同的标准又可以进行不同的分类，如根据倾废物的毒性、有害物质含量和对海洋的影响可分为紧急许可证、特别许可证和普通许可证，又如林木采伐许可证，根据使用时效的长短，可分为一次性使用的临时许可证，一定时期使用的许可证和长期许可证。

2. 排污许可证制度

排污许可证制度是指凡需要向环境排放各种污染物的单位或个人，皆必须经过环境保护主管部门批准获得排放许可证后方能从事排污行为的一系列环境行政过程的总称。排污行为的一系列环境行政过程是指有关排污许可证的申请、审核、颁发、中止、吊销、监督管理等方面的管理程序。

　　环境管理中最广泛使用的、最重要的是排污许可证。世界上较早实行排污许可证的国家有澳大利亚、美国等，1970 年澳大利亚就把排污许可证制度列为废物污染控制的核心。我国于 1987 年开始在水污染防治领域实行排污许可证制度。20 世纪 90 年代以来正逐步推行污染物排放总量控制和排污许可证制度。国家环保局还发布了《水污染物排放许可证管理暂行办法》使排污许可证制度由水污染防治领域向多个领域拓展。排污许可证制度是一项复杂系统的行政管理活动，具体包括排污的申报登记、排污指标的核定、排污许可证的审批与发放、排污许可证的监督管理等内容。

　　关于排污指标的核定是许可证制度管理的核心。核实排污单位的排污分配指标，这就需要将排污许可证制度与污染物的控制方式结合起来，确定排污的分配指标。防治环境污染和其他公害最根本的方法就是要使排污者减少向社会排放的污染物。长期以来，我国采用浓度控制的方式控制污染物，浓度控制的方式是指以污染物的排放标准为依据，要求排污者将其排放的各项污染物质的浓度控制在一定的数值内，使排入环境的污染物质浓度不超过环境的自净能力以达到保护环境的目的。但浓度控制最大的弊端在于只控制单个排污口的限量，如在工业密集的地区就会造成一定环境面积内污染物的总量增大超过环境的容量，仍然造成环境的污染。再者企业为了达到污染物排放的浓度标准，常采取稀释污染物浓度增加排放数量的方法排放污染物，其结果仍然造成环境的污染。因此总量控制的方式就应运而生，总量控制的方法是指在一定区域环境内环境可以容纳污染物质以及有毒有害物质的全部数量，它是以定量化的数值来表示的。此方法实际上是将环境可以容纳有毒物质的全部数量予以定量化的基础上对排污者的污染物排放进行定量控制。例如美国在大气环境质量和水环境质量的控制方面，实行一种控制污染物排放的"泡泡政策"。它实际上就是根据环境的容量，由环境当局对环境内可以容纳的污染物总量（大泡泡）事先作出计算。当这个总量被确定后便将其分成若干份（小泡泡），然后将这若干份的分量再卖给企业，并许可企业在"小泡泡"的容量内排放污染物。如果企业通过技术革新减少了污染物的排放，企业就可以将节余的"小泡泡"通过排放权交易市场出让给其他拟在"大泡泡"范围内建立的新工厂或企业。这样环境保护局只需要对污染物的排放总量实行控制就可以达到环境保护的目的。① 因此，在核定排污指标时，应将排污许可证制度与污染物总量控制结合起来，首先应确定本地区污染物总量控制目标，即依据环境标准的要求计算出允许污染的总量，然后再计算出本区域内各种污染的排污分配指标。但要注意，此分配指标要逐年削减，因常态下各污染的排污分配指标同现实污染源的实际排放量存在很大差距。排污指标核定后，实际上就确定了单位排污权，在核定的排污指标范围内排污。

　　关于排污指标问题，国外将其排污指标（排污权）市场交易化，实行排污指标的有偿

---

① 参见汪劲：《中国环境法原理》，155 页，北京，北京大学出版社，2000。

转让。在美国等发达国家，在许可证制度中实行了"污染权交易"的方式，即通过排污权交易市场，使污染指标通过供求关系形成合理价格以实现污染指标的再分配和使用权的转移。我国目前全国还未形成污染权交易市场，但在经济发达地区如上海在实行排污许可证的过程中，对污染物排放总量指标实行了地区综合平衡、调解余额和有偿转让的办法。企业将自身有效削减排污量或停止部分生产量后多余的指标有偿转让给其他企业，或提供资金帮助企业削减排污量，在不增加排污总量的情况下调动企业治污积极性，使排污权在市场上流转，达到了经济效益与环境效益双赢的效果。

（二）排污总量控制制度与排污权交易制度

1. 排污权交易制度的概念

排污权交易制度是指在污染物排放总量控制指标确定的条件下，利用市场机制，通过污染者之间交易排污权，实现低成本污染治理，使环境容量资源得以重新分配，实现环境资源的优化配置。

基本内涵包括：（1）在市场上交易排污权，实现外部成本内部化，实现环境资源的优化配置。排污权交易是一种以市场为基础的经济政策和经济刺激手段，排污权的卖方由于减排而剩余排污权，出售剩余排污权获得的经济回报实质上是市场对有利于环境的外部经济性的补偿；无法按照政府规定减排或因减排代价过高而不愿减排的企业购买其必须减排的排污权，其支出的费用实质上是为其外部不经济性而付出的代价。排污权交易与排污收费都是基于市场的经济手段，但排污收费是先确定价格然后让市场确定总排放水平，而排污权交易则是先确定排污总量后再让市场确定价格。市场确定价格的过程也就是优化资源配置的过程。在满足环境要求的条件下，建立合法的污染物排放权即排污权（环境容量资源权），并允许这种权利像商品一样被买卖，以此控制污染物的排放。只要污染源单位（或排污企业）之间存在着污染治理成本的差异，排污权交易就可以使交易双方受益，即治理成本低于交易价格的企业会削减剩余的排污权用于出售，而治理成本高于交易价格的企业则会通过购买排污权实现少削减、多排放。市场交易使排污权从治理成本低的污染者流向治理成本高的污染者，以此控制污染物的排放总量和降低污染物治理的总体费用，以最低成本实现了污染物的削减，实现环境资源的优化配置。可见，排污权交易是为了控制一定区域、一定时期内的污染排放总量、充分有效地使用该地区的环境容量资源、鼓励企业通过技术进步治理污染和企业间相互购销排污许可、提高治理污染费用的效率、最大限度地节约防治污染费用的一种以市场为基础、以政府有偿分配排污指标为前提的经济政策和市场调节手段。

（2）排污权交易的实质是环境容量资源使用权交易。环境容量是环境本身所具有的对污染自净能力的极限，是指在一定时间、空间（区域）范围内，环境能够容纳、承载污染物的数量和种类。这种容纳和净化污染物的自净能力对单位和个人来讲是一种资源，称之为环境容量资源。由于环境容量的存在，人们在环境的范围内排放污染物是被允许的，也是经济的。环境容量作为日益稀缺的自然资源，由于产权的不确定性以及由此产生的资源使用的外部不经济性，导致传统市场在配置资源时失效（表现为污染和环境质量恶化），为了控制污染、制止环境恶化的趋势，需要在法律上确定环境容量资源使用权并允许在市场上交易。向环境排放废弃物的权利，本质上是环境容量资源使用权的一种表现方式。环境容量资源使用权是指对环境容量资源依法占有、使用、处置和收益的权利。其内容包括：第一，占有、利用权。排污者通过合法占有如获得排污许可证后，便可以行使向环境排放废水、废气等污染物的权利。第二，处置和收益权。指排污权人可利用已获得的排污权获取正当利益。如转让交易所获得的、剩余的环境容量资源使用权得到正常生产所获利益或转让排污许可证获取收益等。"排污权交易实质是环境容量使用交易，是环境保护经济手段的运用，是一种典型的私法手段。它以追求最大的成本效益为原则，在价值取向上较好地把握了公平与效益这一对矛盾的衡平，可以刺激环境保护工作的进展"①。获得排污许可的企业通过行使处置权从而转让对环境容量资源的使用权，同时停止相应种类数量的排污行为，并获得相应的补偿性收益；购买者则在支付对价后，获得相应的排污许可，即购得了相应数量的环境容量资源，从而可以开展正常的生产排污活动，通过生产的收益来弥补对环境容量资源的消费所支付的代价。概言之，排污权交易的实质便是以市场手段对环境容量资源进行再分配，排污权交易的标的物是环境容量资源，其表现形式是排污许可证。

（3）运用市场机制控制和治理污染，降低治污成本。排污权交易较好地协调了经济发展与环境保护的矛盾。采用行政命令的方式硬性规定企业治理污染、削减排污量，或硬性规定不准新建、扩建、改建企业以防止增加环境中污染物浓度，往往会束缚地区经济的发展。而排污权交易的实施为新建、扩建、改建企业提供了出路，可以通过在市场上购买排污权而不必通过对新污染源的审查程序，较好地协调了经济发展与环境保护的矛盾。排污权交易充分发挥了政府环境管理部门和排污企业两个方面治污的积极性，在控制环境污染的过程中，主要有两类参与者：一是政府环境管理部门，其主要职责是依法制定并实施管理规则；二是污染源单位和个人，其主要责任是采取措施防治污染。传统的做法是，政府环境管理部门以"指令控制的方式"为污染源制定排放标准、分配治理责任，这种方式在防治环境污染方面曾经发挥过重要作用，但存在的主要问题是能力与责任不协调。通过排污权交易这种经济刺激的方式，可以发挥政府环境管理部门和排污企业两方面的积极作用，使防治污染活动的各参加者扮演自己最擅长的角色，解决了指令控制方式所造成的信息与动机之间的矛盾，极大地调动了排污企业选择有利于自身发展的方式削减排污总量的积极性；各污染源单位和个人注意降低自己的污染治理费用，政府环境管理部门注意控制排污权交易使之与达到排污标准的目标相一致，最终降低整个社会治理污染的费用。

2. 排污权交易制度实施的现状

世界多数国家长期以来主要采用具有强制性的、行政命令的控制手段来控制、治理污

① 蔡守秋：《论排污权交易的法律问题》，载《2002 年中国环境资源法学研讨会（西安）论文集》。

染以达到环境保护的目的，产生了有益的效果；但却忽略了经济成本和效益。由于经济手段具有经济效率高、风险少、与市场机制紧密结合、能提供稳定的财政来源等特点，人们开始寻找用经济刺激的手段来实现环境和资源的保护目标。20 世纪 80 年代以来，经济刺激手段在环境法中的运用越来越广，以美国为代表的排污权交易法律制度的建立就是其中的典范。排污权交易制度首先由美国经济学家戴尔斯（J. H. Dales）于 1970 年代提出。美国是排污权交易的发源地，从 20 世纪 70 年代开始，通过《清洁空气法》将排污权交易政策用于大气污染源的管理。美国环保局尝试将排污权交易用于对大气污染源和水污染源的管理，逐步建立起利用经济手段解决环境问题的有效方法。美国排污权交易制度主要通过以泡泡、抵消、银行、总量控制、排放减少信用等政策工具为核心内容建立了排污权交易法律和政策体系。目前许多国家不同程度地采用了美国的排污权交易政策。例如，澳大利亚的新南威尔士州等，已经实施可交易的排放行动计划。为了有效地削减二氧化碳等温室气体的排放，英国政府决定从 2002 年开始，在国内各企业间实行自由买卖的二氧化碳排放量交易制度。[①] 根据智利的《环境大法》，智利鼓励采用包括"可交易的排放许可证"、"可交易的水权"等经济刺激手段治理环境。哥斯达黎加《环境资源法》引入了生物多样性勘探权和可交易的再造林赋税优惠政策。

第一次规定经济手段的全球性多边环境公约是 1987 年《关于消耗臭氧层物质的蒙特利尔议定书》，该议定书第 2 条第 8 款第 a 项规定：作为公约第 1 条第 6 款规定的一个区域经济一体化组织成员国的任何缔约国，可以协议联合履行本条约内规定的关于（受控物质）消费的义务，只要联合消费受控物质的总量不超过本议定书规定的数量。[②] 这一联合履约的规定，实际上创造了一种市场机制。经济合作与发展组织理事会于 1991 年 1 月提出的《关于在环境政策中使用经济手段的建议》，建议成员国更加广泛、坚定地采用经济手段，以作为其他政策手段的补充或替代。该建议提出了 4 类经济手段供成员国参考：第一是收费和收税；第二是可交易的许可证；第三是押金制度；第四是财政补贴。该建议推动了经济手段在欧美国家的应用。1992 年联合国环境与发展会议通过的《里约宣言》指出："考虑到污染者原则上应承担污染费用的观点，国家当局应该努力促进环境成本内部化和利用经济手段，并且适当地照顾到公众利益，而不歪曲国际贸易和投资。"这次会议通过的《21 世纪议程》第 8 章强调："需要做出适当努力，更有效和更广泛地使用经济手段"；"各国政府应考虑逐步积累经济手段和市场机制的经验……以建立经济手段、直接管制手段和自愿手段的有效组合。"[③] 这标志着国际环境政策进入到以环境经济政策为代表的新时代。

《联合国气候变化框架公约》（1992 年）第 4 条第 2 款规定：附件一所列的发达国家缔

---

① 参见吴铭：《欧洲议会通过减排交易方案》，载《中国环境报》，2002-10-16。

② 参见全国人大环境保护委员会办公室编：《国际环境与资源保护条约汇编》，北京，中国环境科学出版社，1993。

③ 《21 世纪议程》，北京，中国环境科学出版社，1993。

约方和其他缔约方可以根据本公约共同执行减少温室气体排放的政策和措施，也可以协助其他缔约方为实现本公约的目标作出贡献。[①] 1997年11月在日本召开的《气候变化框架公约》首脑会议通过了一项允许发展中国家向富国"出售"吸收二氧化碳的森林能力的规定，这种"出售"吸收二氧化碳的森林能力（又叫出售"环境服务"）的交易构成了一个新的市场。[②]《京都议定书》的签订，明确了发达国家在率先削减温室气体排放中负有的主要责任，使二氧化碳削减量的交易在国际社会广泛进行，美国认为对排放量进行交易是《京都议定书》最令人推崇的部分。

排污权交易在中国已经有了一些成功的尝试和经验。由于排污许可证制度和污染物总量控制制度是排污权交易的基础和重要组成部分，国家法律法规已建立了排污许可证制度和污染物总量控制制度，为排污权交易制度的推行奠定了法律基础。自1980年代中期以来，中国已经至少在10个城市进行过排污权交易试点工作，主要在大气污染和水污染领域。1987年上海市闵行区环保局开始进行排污权交易试点，并就排污的确认、排污交易程序和排污交易费用的使用管理制定了相应的管理办法。自1997年起，在国家环保局的大力支持下，美国环境保护协会与北京环境与发展研究会开始了在总量控制条件下实施排污权交易的理论研究，并在本溪和南通两个城市进行了试点工作。还探索建立了一部总量控制与排污权交易的地方法规——《本溪市大气污染物排放总量控制管理条例》。1999年朱镕基总理访问美国期间，中美两国签署了"在中国运用市场机制减少二氧化硫排放的可行性研究意向书"，该项目被国家环保总局正式确定为此意向书的组成部分。2001年南通天生港发电有限公司出售二氧化硫排污权，标志着我国运用市场机制控制二氧化硫排放取得开拓性成果。从2003年至2005年，太仓港环保发电有限公司每年从下关发电厂买回1 700吨的二氧化硫排污权。江苏省在推行二氧化硫排污权交易中还制定了《江苏省二氧化硫排污权交易管理暂行办法》。目前，国家环保总局在山东、陕西、江苏、河南、上海、天津、柳州等开展七省市二氧化硫排放总量控制及排污交易政策的示范工作。此外，在水污染领域，我国也在积极进行排污权交易制度的探索，在上海的企业中开始了水污染权交易。总的看来，我国有关排污权交易的政策和法律相当滞后，迄今还没有法律规定排污权交易计划。但是，值得指出的是，我国一些地方法规在采用社会主义市场经济的经济政策和经济措施方面却相当积极，制定了一些地方法规，甚至已经规定"排污权转让和抵消"等在国家环境资源法律中没有规定的经济政策和市场机制，如早在1990年《海南省环境保护条例》已规定：在实行污染物总量控制区域内，排污者可将结余的排放限量用于抵消其新建污染源的污染物排放量或转让他人。抵消和转让的方法由省人民政府环境保护行政主管部门制定。但由于种种原因，这一地方法规规定的排污权交易政策并没得到真正实现。

---

①　参见全国人大环境保护委员会办公室编：《国际环境与资源保护条约汇编》，北京，中国环境科学出版社，1993。

②　参见蔡守秋、张建伟：《论排污权交易的法律问题》，载《河南大学学报》（社会科学版），2003（5）。

3. 构建排污权交易制度的基础条件

在我国，要顺利实施排污权交易存在着一系列亟待解决的法律问题，除了必须克服大量来自行政部门的行政障碍和来自企业界的企业障碍外，还必须注意中国特有并在不断变化的司法和立法要求，参考国外和我国试点城市的经验，为了实行排污权交易、建立排污权转让市场，我国法律必须创造如下基本条件：

（1）总量控制制度是构建排污权交易制度的基础。

排污权交易是近年来出现的基于总量控制，以市场为主要调控手段的环境管理方法。它是指在一定区域内，在污染物排放总量不超过允许排放量的前提下，各污染源之间通过货币交换的方式相互调剂排污量，从而达到减少排放量、保护环境的目的。排污权交易的基本思路是：在实施排污许可证管理及总量控制的前提下，由政府建立合法的污染排放权利即排污权，并允许这种权利像商品那样买卖，以此来进行污染物的排放控制。通常的操作方法是：首先由政府确定一定区域的环境质量目标，并据此评估该区域的环境容量，然后推算出污染物的最大允许排放量，将最大允许排放量分割成若干规定的排放量，即若干排污权。政府通过拍卖、定价出售或无偿分配等方式分配这些权利，并通过建立排污权交易市场使这种权利能合理地买卖。不难看出，排污权交易制度建立的基础是：总量控制。总量控制是行之有效的环境容量资源保护措施。从制度理念角度讲，排污权交易制度反映了污染治理思想由浓度控制到总量控制的巨大变迁。总量控制是相对于浓度控制而言的，是将某一区域或环境单元作为一个完整的系统，采取有关措施将排入这一区域内的污染物总量控制在一定数量之内，以满足该区域的环境质量要求。总量控制对污染物的排放总量（全国或区域总量）规定了上限，从经济学角度上说，就是明确指明了净化污染物的环境容量资源是有限的或是稀缺的。而浓度控制就没有规定污染物排放总量的上限，实际上是没有把环境容量资源定量化，至少是没有明确环境容量资源的稀缺性。另外，污染物排放总量指标是逐渐削减的指标，即随着人类文明的发展，污染物排放量是必须削减的，这相对于工业和经济的发展来讲，总量控制指标是越来越稀缺的，总量控制明确了环境容量资源的稀缺性。总量控制明确了环境容量资源的稀有性，并通过许可证的方式将其确认为环境容量资源使用权，再将市场机制引入，使其成为排污权交易的标底，使总量控制在排污权交易中的基础地位突显。1989 年我国《环境保护法》并没有将总量控制制度作为独立的污染物排放控制制度规定下来，但在随后的多部单行法如《水污染防治法》、《海洋环境保护法》和《大气污染防治法》中都确立了污染物排放的总量控制制度。可见，我国环保工作已从点源达标排放向污染物排放总量控制进行转移。

（2）排污许可证的可转让性是排污权交易的条件。

排污许可证制度是以污染物总量控制为基础，规定污染源许可排放污染物的种类、数量和去向的制度，是环保部门在一定区域内依据该区域内环境质量要求，确定一个时期内污染物排放总量及浓度控制指标，通过许可证的形式分配给区域内的排污者。该制度具有诸多优点：便于将排污活动限制在国家规范的范围内并纳入国家统一管理；便于主管部门对排污活动进行事先审查和控制，使之能及时制止或者纠正危害环境的活动；便于主管部门分解总量控制指标，加强对企业个体排污行为的监控，避免"公地悲剧"的发生等。因此，排污许可证制度目前已成为各国的重要环境法律制度之一。

（3）法律上确认排污权，完成排污权的初始分配。

为了实行排污权交易，建立排污权转让市场，实现排污权使用权和经营权的市场化，推进环境产权市场规范化建设，我国必须首先从法律上确认排污权，如果法律没有确认排污权，要推行排污权交易是不可能的。必须指出的是，目前我国法律并没有承认和确认排污权。法律确认的排污权是指单位和个人在正常的生产和生活过程中向环境排放必须（即符合生产和生活规律）和适量（即不超过环境容量的）污染物的权利（环境容量使用权）。不能把排污权片面地理解为向环境任意排放污染物或污染环境的权利。排污权是环境权的一项重要内容，是有限制的、有偿使用的一项权利。向环境排放适量的污染物不但不会污染破坏环境，而且是合理利用环境容量资源的合理行为。人类在正常的生产和生活过程中必会产生废水废物，完全禁止排放，正常的生产和生活将无以为继。因此，人们合理利用环境容量资源，合理适当地向环境排污的权利应得到法律的确认和保护。作为一项合法的排污权应是所有权者可以依法占有、利用、收益和处分的权利，应明确权利的主体和客体，其客体应有量的概念和时间概念，可进行拆分并得到国家环境行政主管部门的登记和确认，应该充分利用现行法律规定的排污许可证制度。将排污许可证规定排放污染物的主体、种类、浓度、数量、期限、地点和方式，通过国家法律将排污许可证中规定的行政性排污权转化为私权性排污权，即将排污许可证中规定的排污量或部分排污量转化为可以转让或交易的排污权，以排污许可证的形式表现出来。排污权在法律上得以确认之后，其已成为企业生产的必要资源，是企业的投入要素之一。这种投入要素同其他稀缺要素一样，必须付出一定的价格，这便涉及排污权的初始分配，即每个排污者可向环境排放污染物的种类、浓度、数量、期限、地点和方式的配置问题。

（4）确认排放减少量或排放减少信用。

在美国，排放减少信用又称为排放减少量，是指排污单位通过治理污染，其减少的排污量超过了法定责任规定的水平，该排污单位可以向主管机构申请超量治理证明，这种超量被称为"排放减少信用"（等于允许排放量与实际排放量之间的差额），排污单位可以将其存入银行，以备以后在排污权交易计划中使用。"排放减少信用"被认为是美国环境政策改革中心。

我国要建立排污权交易的法律制度，必须把有关排污权交易活动的法律与现行《环境法》中控制排污活动的法律有机地结合起来。根据我国现行环境法的规定，在实行污染物总量控制的地区，所有污染源单位都有义务防治污染，使其排放的污染物达到国家或地方规定的总量排放标准即许可或分配的排污总量。按照这一政策，污染源单位超额治理污染、多减少污染物是对国家多作贡献，这种超额减少的排污量不归污染源治理单位所有，而是无偿地交给了国家（充公），即无偿地交给了包括多排污染物单位在内的整个社会，这不但是不公平的，也不利于调动污染源单位超额治理污染、努力减少排污量。如果没有超额减少的排污量即"排放减少信用"，排污权交易就会成为无米之炊。为了保证排污权交易成为"有米之炊"，必须从法律上确认超额减少的排污量即"排放减少信用"，并从法律上确立超额治理污染的单位和个人对超额减少的排污量即"排放减少信用"拥有所有权、使用权、收益权和处分权（包括转让权）。另外，为了保障企业在达到国家规定的排污总量后超额减少的排污量即排放减少量或"排放减少信用"的顺利转让和交易，国家环保行政管理部门应该为企业建立排放减少量或"排放减少信用"的账户，加强对该账户的监督和管理。①

【推荐阅读文献】

1. ［美］杜丹德主编，马中译. 总量控制与环境权交易. 北京：中国环境科学出版社出版，1999

2. 蔡守秋，张建伟. 论排污权交易的法律问题. 河南大学学报（社会科学版），2003（5）

3. 陈舒舒. 试论完善我国排污权交易的若干问题. 内蒙古社会科学（汉文版），2004（3）

4. 全国人大环境保护委员会办公室编. 国际环境与资源保护条约汇编. 北京：中国环境科学出版社，1993

5. 张璐. 论排污权交易法律制度. 河南省政法管理干部学院学报，2000（1）

---

① 参见蔡守秋、张建伟：《论排污权交易的法律问题》，载《河南大学学报》（社会科学版），2003（5）。

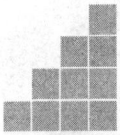

第十四专题

公司的环境责任研究

一、公司的社会责任理论

（一）概念诠释

关于公司的社会责任，学者们有着不同的表述：

所谓公司的社会责任，是指公司不能仅仅以最大限度地为股东营利或赚钱作为自己的唯一存在目的，而应当最大限度地增进股东利益以外的其他所有利益。[1]

公司在谋取自身及其股东最大经济利益的同时，从促进国民经济和社会发展的目标出发，为其他利害关系人履行某方面的社会义务。[2]

公司的社会责任从广义上讲，是指公司应对股东这一利益群体以外的与公司发生各种联系的其他相关利益群体和政府代表的公共利益负有一定的责任，即维护公司债权人、雇员、供应商、用户、消费者、当地住民的利益以及政府代表的税收利益、环保利益等。[3]

公司社会责任本位其要旨不外在于：在现代社会中，公司不应仅仅作为谋求股东利润最大化的工具，而应视为最大限度顾及和实现包括股东在内的公司所有利益相关者利益的组织体系或制度安排；公司的权利来源于公司所有利益相关者的委托，而不只是植根于股东的授予；公司的所有者应对公司所有利益相关者负责，而不限于仅对股东负责。[4]

美国法律研究院关于公司治理的原则、分析与建议中的相关规定最具合理性，"商业公司从事商业行为，应以提升公司利润与股东利得为目标。唯有下述情形之一者，则不问公司利润与股东利得是否因此提升：

（1）应与自然人在同一程度内，受法律约束而为行为；

（2）得考虑一般认为系适当之伦理因素，以从事负责任之营业行为；

（3）得为公众福祉、人道主义、教育与慈善之目的，捐献合理数目之公司资源"[5]。

现代公司以营利为宗旨，但是营利与社会责任并非必定发生冲突，冲突并非必定不可调和，公司在谋求股东利益最大化的基础上，应当考虑增进股东利益以外的其他社会公益。

（二）国外的理论与实践

公司的社会责任一词来源于美国。早在20世纪30年代，哈佛大学法学院多德教授针对美国大萧条时期的种种社会问题指出："公司对雇员、消费者和公众负有社会责任，尽管这些社会责任未必见诸法律而成为公司的法定义务，但应当成为公司管理人遵守的职业道德。"[6] 20世纪70年代，公司社会责任的观点以体现"社会正义"的章程修改的形式表现出来。20世纪80年代，则集中体现在公司对所谓非股东的其他利害关系人承担责任的

---

① 参见刘俊海：《强化公司的社会责任》，载《商事法论集（第二卷）》，59页。
② 参见张士元等：《论公司的社会责任》，载《法商研究》，2001（6）。
③ 参见朱慈蕴：《公司法人人格否认法理与公司的社会责任》，载《法学研究》，1998（5）。
④ 参见卢代富：《公司社会责任与公司治理结构的创新》，载《公司法律评论（2002年卷）》，34页。
⑤ 刘连煜：《公司治理与公司社会责任》，68页，北京，中国政法大学出版社，2001。
⑥ 刘连煜：《公司治理与公司社会责任》，序言，1～2页，北京，中国政法大学出版社，2001。

问题。

美国公司法律实践对此也有一个发展过程。最初法院认为董事的义务就是给公司赚钱，后来这一领域的判例大多采取一种实用主义态度，凡有利于股东之外第三人利益的行为是否可以对抗股东的异议，是看该行为是否有利于维护股东的利益，特别是长远利益。著名的史密斯公司诉巴楼一案中，法院认为：现代条件要求公司认识到，并且履行其作为经营所在地社区的一员所应承担的社会责任和私人责任。①

自 1983 年底，美国宾夕法尼亚州首创以制定法的方式，特别授权公司董事决策时得考虑股东以外之团体利益，截至 1990 年，总计有 25 个州（含宾夕法尼亚州）订定有类似法律。②

欧洲学者主要从公司经营管理结构入手，注重劳动者的保护。以德国为代表的欧陆国家，尽管并不经常使用"公司的社会责任"一词，但具有实质性强化公司社会责任的具体制度，如职工参与制度，目的在于协调股东与劳动者之间的矛盾，最大限度的预防和减少劳资冲突。

日本在 1956 年也指出了企业的社会责任问题，把承担社会责任视为现代企业的基本特征。认为如果一个企业仍像过去那样，只追求企业的个别利益而无视企业个别利益与社会利益的协调发展，则会影响国民经济的繁荣和稳定。③

2000 年 6 月 27 日举行的经济合作与发展组织部长级会议上，通过了关于跨国公司的指导方针（以下简称指南），指南旨在保障这些公司的运营与当地政府的政策相协调，巩固他们与当地社会之间的相互信任，以改善对外投资，增进跨国公司对可持续发展的贡献。④

（三）我国的公司社会责任理论

我国社会主义市场经济下的公司社会责任理论具有自身特色：在计划经济体制下，政府与国有企业功能错位，企业承担了本来应该由政府承担的社会保障功能，而不能作为独立的民事主体自主地追求自身利益，这是我国实现社会主义市场经济的一大阻碍。因此，经济体制改革的目标之一就是建立自主经营、自负盈亏、管理科学、权责明确的现代企业制度。然而，当公司成为独立的民事主体以后，作为社会的组成部分，必定要面对如何处理追求利润、实现股东利益最大化的目标与社会整体利益协调的问题，也即公司社会责任的问题。从企业改革的历程来看，公司承担社会责任是公司发展的否定之否定的前进道路。应当借鉴西方国家的公司社会责任理论来指导实践，推进现代企业制度的建立。

（四）公司承担社会责任的一般依据

公司承担包括环境保护在内的社会责任并非偶然，而有着深刻的理论与现实依据。

---

① 参见刘俊海：《强化公司的社会责任》，载《商事法论集（第二卷）》，88 页。
② 参见刘连煜：《公司治理与公司社会责任》，160 页，北京，中国政法大学出版社，2001。
③ 参见朱慈蕴：《公司法人人格否认法理与公司的社会责任》，载《法学研究》，1998（5）。
④ 参见姚岚秋译：《OECD 关于跨国公司社会责任的指南》，载《公司法律评论（2002年卷）》，210 页。

　　传统的公司法强调尊重股东私人财产权，要求有效地贯彻公司的营利性目标以确保股东运用公司组织追求利益最大化，这种理念建立在自由市场经济理论基础之上。

　　亚当·斯密"看不见的手"的理论认为：市场竞争会使社会个体有效利用资产以维持自身的存续与发展；优胜劣汰的淘汰机制会促进社会资源的优化配置。人们在意思自治的基础上实现各自利益的最大化，自发的促成社会整体利益的实现。

　　市场机制并非是万能的，对诸如宏观经济稳定、总量平衡、垄断、提供公共产品等一系列问题无能为力。市场经济发展所产生的经济集中与垄断，导致社会经济关系发生深刻变革。单纯的市场调节并不能维护社会整体利益，国家开始介入经济生活以解决"市场失灵"的问题。"市场之手"和"国家之手"同时对经济生活进行调节，社会个体注重个体利益与社会整体利益相协调，这是现代市场经济的主要特征，也是公司社会责任理论的经济基础。

　　法学领域中个人权利本位向社会本位的过渡，为公司承担社会责任提供了法学依据。

　　民法作为传统的私法部门，其发展经历了义务本位、权利本位、社会本位的转变。权利本位是指权利成为法律的中心观念，集中体现为意思自治、契约自由、私有财产神圣不可侵犯、自己责任即过失责任等私法原则。权利本位立法，对人类社会的发展作出了巨大贡献，促成自由资本主义市场经济的发展。但也带来了一系列的社会问题，如劳资对立，贫富悬殊，垄断等。[①] 如今民法已经实现了从个人本位到社会本位的转变，以公共利益、诚实信用和公序良俗等原则约束的社会本位成为民法的价值取向：限制绝对所有权，禁止权利滥用，对契约自由加以公法上的限制，采用无过错原则等，表明了国家对私权的限制。

　　以公私法交融为特征、调整涉及社会整体利益的经济关系的经济法，更加坚持社会责任本位，强调无论国家还是企业，都必须对社会负责，亦即都对发展社会生产力，提高社会经济效益负责。在对社会共同尽责的基础上，处理和协调好彼此之间的关系。[②]

　　公司自身的发展，则从另一角度说明了承担社会责任的必要性。

　　市场经济条件下的公司是对经济资源予以配置的最主要的社会主体，公司经济力量逐步加强，社会财富也越来越向公司集中。公司不但决定了经济领域中市场行情的变化，其影响力还广泛地深入到政治生活、科学技术、教育文化、体育等其他社会领域。公司企业在现代社会中成为多种社会主体利益的交汇点，设立和活动远远超出了股东个人利益的范围。经营决策通常涉及消费者、劳工利益乃至社会公益，直接影响到社会的稳定与发展。现代社会对公司的要求，已经从单纯的营利性组织发展到具有社会性使命。而公司承担社会责任，可以改善公司所处的环境，有助于自身形象的提高，避免政府的管制，从而有利于公司长期发展。

────────────────

　　① 参见梁慧星：《民法总论》，43 页，北京，法律出版社，2001。
　　② 参见潘静成、刘文华主编：《中国经济法教程》，3 版，43 页，北京，中国人民大学出版社，1999。

二、公司承担绿色社会责任的理论分析

公司承担绿色社会责任是公司社会责任理论在环保领域的延伸，适用公司社会责任的一般依据应属当然。作为营利性社团法人，为协调经济和环境目标的一致、实现自身可持续发展，公司承担绿色社会责任是对公司社会责任理论的新发展。

（一）环境意识的变革

公司是社团法人，存在的基础在于人的集合。作为社会组织体的公司，无论股东亲自经营，还是委任董事经理经营，公司意志背后总是反映着具体的自然人的意志。公司承担绿色社会责任是伴随着包括公司股东、董事经理在内全体社会成员环境观念的变革而实现的。只有在全社会范围内形成正确的环境观，社会个体对环境保护全力支持，公司承担绿色社会责任才会有坚实的思想基础。而伴随着社会的发展，公众的环境意识已经发生了深刻变化：

过去，人类认为自己是自然的主人，机器大工业使人类对自然的征服达到空前的程度。盲目对自然进行掠夺性利用和征服使人类受到了自然界的报复。恩格斯在《自然辩证法》一书中指出："我们不要过分陶醉于我们人类对自然界的胜利。对于每一次这样的胜利，自然界都对我们进行了报复。每一次胜利，起初确实取得了我们预期的结果，但是往后和再往后却发生完全不同的、出乎预料的影响，常常把最初结果又消除了。美索不达米亚、希腊、小亚细亚以及其他各地的居民，为了得到耕地，毁灭了森林，但是他们做梦也想不到，这些地方今天竟因此而成为不毛之地，因为他们使这些地方失去了森林，也失去了水分的积聚中心和贮藏库。"[①]

现在，人们越来越认识到：人类是自然界生命演化到一定阶段的产物。人类需要通过新陈代谢与环境进行物质和能量交换，与自然界保持平衡关系。人类—环境系统是相互作用和相互制约的关系。经济活动和改造自然的活动必须不超过两个界限：从自然界取出的各种资源，不应超过自然界的再生增殖能力；向自然环境中排放的废弃物，不应超过环境的自净能力。人类不应以耗竭资源、破坏生态和污染环境的方式来追求发展，当代人不应为了自己的发展而对后代人的发展和需要能力构成危害。必须寻求一条人口、经济、社会、环境和资源相互协调的，既能满足当代人的需求而又不对满足后代人需求的能力构成危害的可持续发展道路。

新的环境观被社会各界普遍接受，这必然促使公司股东、经营者们增强环保意识，转变经营理念，为公司承担绿色社会责任提供了强有力的观念支持。

（二）营利性目标的修正

公司作为营利性组织，生产经营必然要考虑成本核算。对环境消耗支付代偿，增加了

---

① 《马克思恩格斯选集》，2版，第4卷，383页，北京，人民出版社，1995。

公司的经营成本，似乎会降低公司的竞争力而不利于公司的发展。理查德-波斯曼法官在《法律的经济分析》中指出：在竞争性市场中，利润用于污染防治的公司，并不能从消费者那里得到补偿。因为经营成本增加、价格上涨，消费者会选择不从事环境保护而产品价格较低的公司。这样，承担绿色社会责任的公司不得不独自承担治理环境污染的全部费用而丧失竞争力，被市场所淘汰。而其他"搭便车"享受环境利益的公司企业却在竞争中如鱼得水。①

营利性目标与公司承担绿色社会责任并非水火不容。承担绿色社会责任客观上会增加经营支出，短期内影响公司的业绩。但另一方面却有利于改善公司的经济、社会和文化环境，有利于树立公司的良好形象、在市场上打响知名度而获得消费者的认同，进而占据更多的市场份额。公司承担绿色社会责任容易获得公司所在地的政府和社会公益团体的支持，这种无形收益更有利于公司的长远发展。

随着现代市场经济的逐步完善，公正可行的市场规则开始建立，环境成本内在化与环境问题的外部不经济性内部化问题成为人们关注的焦点，传统的财务报表式的经济核算方式并不能真实反映现代公司企业的营利状况。

所谓环境成本是指包括原料本身价值以及开采、生产、运输、使用、处理产品时为避免环境污染、生态破坏所需费用。总体上看，环境成本由三部分组成：一是正常的资源开发获取而应支付的成本；二是同资源开采、获取、使用及产品使用回收相关的环境净化成本和环境损害成本；三是由于当代人使用了这一部分资源而不能为后代人使用的效益损失。

传统的经济理论把自然资源的费用以及没有体现在市场交易中的环境保护费用（即环境成本）排除在商品价格之外，导致现实生活中出现了资源无价、原料低价、产品高价的不合理现象。环境成本内在化的出现改变了这种市场价格扭曲的现象。根据"谁污染谁付费"的原则，环境与资源费用计算到商品成本中，生产过程中消耗的成本价值与环境成本共同转化为商品的价格。环境因素以成本的形式体现在商品的交换中，迫使公司在追求营利性目标时，不得不考虑承担绿色社会责任的费用。

从事环境公益事业的公司所担心的其他企业在环境保护中"搭便车"、造成自己市场竞争力下降的问题，则通过环境问题外部不经济性的内部化得以解决。

外部性是西方福利经济学的重要概念，基本含义是指个人的行为会影响到另一个人的福利。外部性分为正的外部性和负的外部性：正的外部性是指个人的行为对别人产生的有益影响，即有利因素；负的外部性是指个人的行为对别人产生了不利影响，即不利因素。就环境问题而言，外部性往往表现在生产和消费的外部不经济性上。市场经济中寻求利益最大化的厂商只关心边际私人净产出。由于各种客观因素的存在，污染活动产生的环境负

---

① 参见王红一：《公司法功能与结构法社会学分析》，131~132 页，北京，北京大学出版社，2002。

担计入到社会净产出中而不计入到私人净产出中，从私人角度看是盈利的，但从社会角度看却是亏损的。

环境领域中的外部不经济性内部化，是指由产生环境外部影响的一方来承担消除影响的所有费用以实现社会公平。政府对环境保护的积极干预、"污染者负担"原则的实施，以及近些年环保领域中逐步实施的市场化机制，都在很大程度上消除了环境问题的外部不经济性现象。

（三）公司治理结构的完善

公司是多种社会主体利益的交汇点，承担绿色社会责任必然会涉及公司治理结构的问题。股东利益的保护、经营者（主要是董事）的约束以及环境公益主体的参与，是公司承担绿色社会责任时必须面对的现实问题。

1. 股东利益的保护

保护股东合法的财产权益，是法治国家必须遵循的基本原则，也是公司法理论的中心问题。传统的公司法通过股东的有限责任、股东中心主义以及股东种种利益规定的方式来保护股东的合法权益。公司承担绿色社会责任是指公司在谋求股东利益最大化的基础上，考虑增进股东利益以外的环境公益。股东利益与环境公益并不对立，追求环境公益在一定程度上就是实现股东利益的最大化。

股东投资追求的利益并不完全相同，以股份有限公司为例，大股东追求其投资长期稳定地获得收益，希望将利润留在企业，追求企业的长期发展；而小股东的投资类似于储蓄，较多考虑眼前利益，而较少关心企业长远发展，企业效益不好，他会立即转移投资。根据"资本多数决定"的原则，公司的经营主要由大股东决定，但大股东不得侵犯小股东合法的财产权利。小股东可以通过转移投资以及少数股东保护制度维护自己的合法权益。公司的股东利益体现为一种长远利益与短期利益的结合，追求股东利益最大化，应当正确处理好短期利益与长期利益的关系。

股东的利益与公司的经营状况息息相关。公司以营利为目标，应当考虑交易的风险，但这并不意味着公司必须在每一笔交易、每一次法律行为中都获利。如果公司的目标在于自身的生存以及良好的发展前景，实现长期的利益最大化，就应该承担保护环境的社会义务和由此产生的社会成本。随着环保观念的深入人心，绿色消费运动的兴起，市场上的消费者关注的不再仅仅是产品的质量和价格，同样关注产品的环保水平和公司在环境保护中的表现。主动承担绿色社会责任，牺牲公司的一时利益，可以改善公司所处的外部环境，增强市场竞争力，进而提升公司的利润和股东所得，符合公司股东群体的合理期待。公司从事环境公益事业，帮助政府实现环境政策还会获得政府的支持以及社会公众的认可，有助于公司的长期发展，会给公司股东带来长远利益。

2. 经营者的约束——董事的义务

公司是法人，其行为需要通过公司机关来实现。依照我国现行的公司治理结构：股东具有资产收益、重大决策和选择管理者的权利，通过股东大会选举董事组成董事会；董事会对股东负责，选用经理人或高级职员从事日常经营管理活动；监事会则负责对经营者的监督职能。公司的董事会具有广泛的自由裁量权，落实公司的绿色社会责任，必须得到董事的支持。传统的公司法要求董事承担实现股东利益最大化的义务，那么如何看待董事在公司经营中考虑环境公益的问题？

公司经营者（主要指董事）的职责，主要是实现股东利益最大化。正如前文所论证的，现代社会股东利益与环境公益相辅相成，追求环境公益在一定意义上就是实现股东利益最大化。经营者决定把公司的资金用于促进环境公益，并没有超越股东对其的授权范围，也没有违反自身的委任义务（大陆法系）或信托义务（英美法系）。

判断董事在实际协调环境公益与股东利益时，是否假借履行公司绿色社会责任而行使侵害股东利益之实，需要引入英美法的经营判断法则。所谓经营判断法则，是指推定经营公司的人（包括董事、经理人）在经营决策时，已尽调查之能事，并且基于诚信的判断，认为所采取的决策，符合公司的利益。除非对方提出反证，否则交易的合法性将被维持。经营判断法则既能维护经营者的决策弹性，又能限制自由裁量权的滥用。

董事在谋求股东利益最大化的基础上承担绿色社会责任，是重视股东利益、改善公司经营管理以适应环保时代的表现，符合法律对公司董事义务的要求。

3. 环境公益主体的参与

公司的行为在涉及债权人、雇员、供应商、用户、消费者以及政府利益时，会有当事人出面主动来维护自己的利益，而公司对环境利益造成影响时，由于缺乏明确的利益关心者，往往多数人只会去分享而不会积极地维护；另一方面，环境利益涉及的人数众多，具体个体的利益又各不相同，协调环境公益与股东利益在具体操作上存在着现实的困难。

首先是与股东财产权协调的问题，过分强调追求环境公益，会损害股东合法的财产权益，而环境利益与经济利益相冲突时，公司往往会片面追求股东利益而损害环境。其次是环境公益主体的范围问题。代表环境利益的主体众多，具有不确定性，这对参与公司治理造成了困难。再次，即使所有代表环境利益的主体都能参与公司治理，由于其利益各不相同，会给公司的经营决策带来困难，董事会上各种相关利益的争论会减损董事会的效率。

政府作为环境公益代表在环境保护领域发挥作用是现实的选择。政府的外部控制对环境保护来讲必不可少，政府法令的一般普适性效力，会遏制公司的环境污染问题；政府通过财政支持如低息贷款等经济手段支持公司承担社会责任，严厉处罚造成环境污染的企业以引导公司的决策，要比在公司的治理结构中引入环境公益人士更为有效。

时代要求公司承担起绿色社会责任，但要慎重处理环境公益主体参与的问题。否则将会妨碍公司的正常经营，甚至改变公司的性质而不符合现阶段资本市场的规律，这也与我国公司企业改革的要求背道而驰。

三、公司绿色社会责任的实施

（一）立法依据

有人认为，公司承担绿色社会责任没有法律依据，这只是公司的一种道德责任，理由是《公司法》中并没有对此具体规定。另有学者提出，"为了建设公司民主，强化公司社会责任，就需要改革传统的法律体系，对涉及公司与公司利害关系人的私法关系（民商法）和行政法律关系的内容进行再调整"①。

公司承担绿色社会责任是否仅仅是一种道德责任？1993 年的《公司法》确实没有相关的明确法律规定。《公司法》出台的时代背景，一是针对兴办公司的热潮，对形形色色公司进行整顿规范的需要；二是针对国有企业改革，规范企业组织形式和财产权关系的需要。因此该法第 1 条规定立法宗旨为"适应建立现代企业制度的需要，规范公司的组织和行为，保护公司、股东和债权人的合法权益，维护社会经济秩序，促进社会主义市场经济的发展"。第 5 条第 2 款规定了公司的目的，"提高经济效益、劳动生产率和实现资产保值增值"。这些规定强调了公司的营利性特征。

然而 1993 年《公司法》第 14 条第 1 款同时规定，"公司从事经营活动，必须遵守法律，遵守职业道德，加强社会主义精神文明建设，接受政府和社会公众的监督"。这条约束性条款规定了公司的一项严格的法律义务，即加强社会主义精神文明建设，这里当然蕴含了保护环境、防治污染的绿色社会责任的内容。从公司法规定的效力来看，承担社会责任的条款是强行性规定，对营利性目的条款具有制约作用。

从法律体系系统性的角度出发，公司承担绿色社会责任的立法，并不意味着一定要全部规定在《公司法》中，只要在整个法律体系中贯穿这一公共政策就能达到同样的法律效果。公司承担绿色社会责任的法律依据，除了《公司法》，还应当包括所有相关的环境保护法律、法规。事实上《宪法》中有关环境保护的原则性规定、《民法通则》中的公序良俗条款、《环境保护法》和诸多环境单行法规中的内容，以及 1993 年《公司法》中的第 14 条规定等法律条款，组成了有机的体系，已经为公司承担绿色社会责任提供了法律依据。

公司承担绿色社会责任是在追求股东利益最大化基础上进行的，我国公司企业改革的现状是国企社会负担过重的现象并没有得到切实缓解，所以《公司法》在公司治理结构方面过多地规定实施绿色社会责任的条款是不可取的。至于流行于美国的"其他利害关系人条款"，由于内容过于宽泛，容易造成董事权利的滥用，是否引入，有待研究。

只要全社会树立公司企业应当承担保护环境的绿色社会责任理念，在《公司法》总则中确立公司社会责任的原则性条款，依据现有的法律规定完全能够处理公司的相关行为。

（二）实施措施

国内、国际经济环境的重大变化也对公司的生产经营提出了更高的要求：过去，我国

---

① 刘俊海：《公司的社会责任》，11 页，北京，法律出版社，1999。

实行的"高资本投入、高资源消耗、高污染排放"的经济发展模式，造成了资金、能源的巨大浪费，付出了生态环境严重破坏的高昂代价。现阶段，政府依靠经济杠杆与市场机制实现环保成本内在化，推行绿色税收、排污权交易等制度，促使企业采用先进技术工艺、推行清洁生产。在国际贸易领域，发达国家凭借其强大的经济实力和较高的科技水平，制定严于发展中国家的环境法规与环保标准，由此产生了绿色壁垒，给发展中国家的出口产品进入国际市场设置了重重障碍。为增强环境竞争力，积极参与国际市场竞争，公司必须树立承担绿色社会责任的理念，平衡协调股东利益与环境公益的关系，在经济发展上转变以牺牲环境为代价的粗放型发展模式，走可持续发展之路。

环保时代的公司应当同国际上 ISO14000，环境标志、绿色产品、清洁生产等要求接轨，进行生产经营管理机制的创新，实施绿色发展战略，生产出适销对路的绿色个性化产品。在市场竞争策略定位上，企业应清楚未来消费者关注的不仅仅是产品的质量和价格，同样关注产品的环保水平，政府、用户和公众将优先购买符合环境要求的产品；在经营战略创立上，不仅要考虑到企业的利益、消费者的需求，还要考虑到公共利益及其对环境的影响；在经营行为对策上，企业切实要将环境保护、自我环境管理自愿纳入企业的决策要素之中，将新产品开发、设计、包装、使用服务等环节都纳入保护人类健康、生态安全的轨道；在利益价值追求上，不仅要谋求经济效益的最优化，而且要谋求经济利益与环境利益的最佳结合，实现经济与环境的协调发展，协同企业自身可持续发展目标与社会经济可持续发展目标的一致化。

实践中公司实施的经营管理的新措施应当包括：建立和维持适当的环境管理系统；重视成本、商誉和知识产权的保护，加强与社会的交流；在决策过程中评估并陈述可以预见的企业的生产过程、产品和服务可能对环境、人体健康与安全造成的影响，其范围应当涉及企业的整个生命周期；从科学和技术的角度来理解对环境或人体健康与安全可能造成的损害并及时采取措施降低损失；制定应急计划针对经营行为对环境造成的破坏；提高公司的环境保护业绩；对雇员提供教育和培训；促进环境公共政策的发展等。①

四、结束语

传统的公司法理论认为，公司是营利性社团法人，通过自身财产的增加进而实现股东利益的最大化。随着世界范围内环保浪潮的兴起，绿色观念逐步深入人心，公司的经营管理不能再墨守成规、片面追求股东利益最大化而放任公司破坏生态环境，相反，应该与时俱进、树立承担绿色社会责任的新理念。鉴于现代社会的公司在经济生活中处于重要地位，掌握着重要的社会资源，主动对环境公益尽力，协助完成政府的环境政策，符合公司股东群体的合理期待，会赢得社会公众的认可，有利于公司的长远发展，最终实现股东利

---

① 参见姚岚秋译：《OECD 关于跨国公司社会责任的指南》，载《公司法律评论（2002 年卷）》，214 页。

益与环境公益双赢的局面。

　　中国已经加入了WTO，这意味着国内市场的国际化，意味着必须按照国际统一规则搞市场经济。应对"入世"后国内外市场的环保挑战，中国的公司企业必须树立绿色社会责任的理念、提升环境竞争力、走可持续发展之路，这既是环保时代社会主义市场经济的内在要求，也是现代社会公司生存与发展的必然选择。

【推荐阅读文献】

1. 刘俊海. 公司的社会责任. 北京：法律出版社，1999
2. 王红一. 公司法功能与结构法社会学分析. 北京：北京大学出版社，2002
3. 张士元等. 论公司的社会责任. 法商研究，2001（6）
4. 朱慈蕴. 公司法人人格否认法理与公司的社会责任. 法学研究，1998（5）
5. 刘连煜. 公司治理与公司社会责任. 北京：中国政法大学出版社，2001

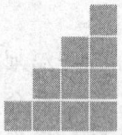

第十五专题

我国防治土地退化的法律框架及其完善

防治土地退化是我国环境资源保护的优先行动领域。在中国，保护和合理利用自然资源被称为基本国策，而这项国策在 20 世纪 80 年代和 90 年代曾被表述为保护和合理利用土地资源。自 20 世纪 90 年代起，我国已经开始并受益于以可持续发展原则为指导的包括防治土地退化在内的环境与资源立法改革。中国部分西部省份实施的"中国—全球环境基金干旱生态系统土地退化防治伙伴关系项目"（以下简称 CI 项目），是中国政府与全球环境基金在生态领域第一次以长期规划的形式合作。这个项目的最重要特点之一是将综合生态管理理念引入土地退化治理之中①，完善防治土地退化的法律法规是其中的重要组成部分。

一、我国防治土地退化法律体系及其分类

由于土地退化的影响范围不仅涉及耕地，而且也涉及草原、牧场、森林和林地等所有具有一定生产能力的土地，因此，中国与防治土地退化有关的法律法规数量多，范围广，形成了由宪法、法律、行政法规、部门规章组成的防治土地退化的法律规范体系。据 CI 项目组统计，中国中央立法层面与防治土地退化相关的法律法规共有 96 件，其中法律 17 件、行政法规 29 件、部委规章 50 件。然而这个体系比较杂乱，事实上以往人们也并未将其作为一个独立的法律体系对待，而是将其附属于各部门职能的立法，即在各部门立法中规定防治土地退化功能的规范，而这些规范之间基本上没有联系。CI 项目第一次在中国对这个法律体系进行法律领域的分类，分类的基本标准是根据法律规范最具关联性的自然资源属性，体现了综合生态管理的理念。在中央层面，除宪法外，这个新型的分类体系大致包括九个法律领域，分别是：国土资源、防沙治沙、水土保持、草原资源、森林资源、水资源、农业、野生动植物、环境保护法律领域。

上述 9 个法律领域与宪法一起，共同构成了中国在中央层面的防治土地退化环境管理的法律框架。在中国的各省区，因地理气候的不同而在各领域立法上有不同侧重，例如内蒙古、青海比较重视草原立法，甘肃和宁夏则更重视水土保持。中国传统的自然资源保护立法强调全国统一的立法，地方结合本地生态系统状况的立法较为薄弱，而且各地方的立法相互之间隔离。CI 项目以中央九个领域法框架引导地方的领域法分类，更重要的是项目成为相邻省区互动性法律分析研究的平台，这个平台的基础主要的不是传统的行政管理法则，而是生态综合系统的方法和原则，这在以往是从未有过的。

二、我国土地退化的现状及原因

（一）我国土地退化的现状

在中国，土地退化呈多样化，无论从成因还是从结果，都应当重视综合生态系统的影响，这也是立法完善的重要前提。中国土地退化的形式主要有：水土流失、土地沙化或荒

---

① 参见雷敏、董峻：《我国将加强跨部门合作防治西部土地退化》，载http://www.hebei.com.cn/node2/node4/node6/userobject1ai272287.html，2006 年 11 月 18 日访问。

漠化、土地次生盐碱化、土壤污染和肥力下降、土地的非农业占用等。① 与水蚀相关联的土地退化主要是水土流失，多发生在中国东部、南部和西南部地区；与风蚀相关联的土地退化主要是土地荒漠化或沙漠化，多发生在中国北部、西北部地区。② 土地荒漠化是由于生态系统破坏，造成干旱、半干旱以至半湿润地区的土地质量下降、生态环境恶化甚至土地生产力完全丧失的土地退化过程。它不仅包括已经荒漠化的土地，而且包括正在荒漠化过程中的土地。③ 在过去的几十年间，中国遭受水蚀和风蚀的土地显著增加，这种增长幅度大约为20%～30%。从全国整体角度，遭受水蚀的土地从20世纪50年代的153万平方公里上升到90年代的大约179.6万平方公里。④ 总之，中国的土地退化特别是西部地区的形势相当严峻，已经导致生态、经济和社会的负面影响，包括农村地区的长期贫困和生活环境恶化等。

（二）造成中国土地退化的原因

中国的土地退化既有自然的原因，也有人为的因素。自然原因包括气候变异、水蚀、风蚀等的影响。人为因素被认为是当今中国土地退化的主要原因，它既包括人们在生产经营活动中造成的土地污染行为，也包括对土地、森林、草地、野生动植物等自然资源的破坏性、掠夺性开采行为，并且通常是多种因素同时作用，使中国的土地退化趋势日益扩大。⑤ 而长期以来中国自然资源管理体制存在的缺陷是造成土地退化人为因素的一大主因。中国长期以来实行部门经济管理，大体上每个主管部门的基本职能与一个或数个生态要素相关联，当国家强调发展经济时，部门管理会促进相关生态要素的开发而导致该生态要素的破坏并进而对整个生态系统的破坏，例如林业对森林资源的过度采伐导致森林资源锐减，并加剧水土流失等生态问题；而当国家强调对某一自然资源要素的保护时，因缺乏相关部门的配合，这种保护往往是低效率的。在中国，与防治土地退化环境立法相关联的自然资源管理部门涉及国土资源、农业、林业、水资源管理、环境保护、防洪抗旱组织、国家发改委、财政部等。防治土地退化是一项综合系统工程，要求上述部门对土地等自然资源实行有机协调、综合管理。然而，实际工作中各管理机构独立管理、分工明显，但协调和合作不足。主要表现为：一是对土地等自然资源的管理，各部门行政职责既存在重叠又存在缺失；二是政出多门、职责不清。⑥ 行政职责重叠往往发生在资源丰富且利用条件好的区域，比如宜林

① 参见刘连成、张国庆：《中国土地退化与法律保障对策》，载《国土资源科技管理》，2000（1）。
② 参见杜群：《防治土地荒漠化的资源法律问题及其对策：以甘肃省石羊河流域为例》，载《法学评论》，2004（1）（总第123期）。
③ 参见刘嘉俊、范雪蓉：《论中国土地荒漠化的类型、特点及防治对策》，载《土壤侵蚀与水土保持学报》，1999年6月，第5卷第5期。
④ 参见黄季煜：《中国土地退化：水土流失与盐渍化》，载http://www.nmgland.cn/nmgland/zhjgd/zhjgd/3925.html，2006年11月16日访问。
⑤ 参见陈小清：《专家谈中国荒漠化成因和防治》，载海峡之声网，2003-06-25。
⑥ 参见卢琦、刘力群：《中国防治荒漠化对策》，载《生态环境与保护》，2003（5）。

宜牧宜草的区域往往成为有权部门争相管辖的对象，而那些资源贫瘠的区域，就形成行政执法权缺失与资源管理的真空地带，如依据法律，土地行政管理部门、农业（牧畜业）和环境保护部门对国有荒（草）地都有行政执法监督权，但实际上没有一个部门真正履行管理权。[①] 此外，中国对土地资源重行政管制而轻经济激励机制、漠视利益关联机构与公众参与的作用等，也是土地退化的深层次原因。[②] 在中国，长期以来，当谈到自然资源保护时，往往被解读为加强行政管理的权力和限制土地使用者的利益，在经济发展水平极低的状态下尤为如此，政府也确实无力为经济激励埋单。近十年来，这种情况开始有所改变，国家加大了对自然资源保护特别是对土地资源保护的投入，在退耕还林中率先建立了生态补偿机制，同时也在探索自然资源保护与土地使用者利益增长双赢的途径。近十年来国家林业局集体林权改革的成功（这一改革的核心是把集体林地长期承包给林农个人，同时要求林农的承包责任中要保证实现林地的生态功能），并扩大到国有林权的改革就是一个成功的范例。[③] 这些改革的成果与 CI 项目强调的综合生态管理理念具有相当的一致性。

三、评价中国防治土地退化法律法规的基本方法

CI 项目评价中国防治土地退化法律法规时使用的基本方法，是将综合生态系统管理（IEM，integrated ecosystem management）的理念融入一套完整的法律要素评价指标体系中，来对中国防治土地退化的法律法规分别进行分析与能力评价。

（一）综合生态系统管理（IEM）原则

生态系统是指一定地理空间范围内具有一定机能的生态单元，它是由相互联系的生命有机体（植物、动物及其他生物），以及这些有机体与其物理环境（气候、土壤、水、地形）相互作用所组成的。生态系统可以按照环境的自然特征、人类活动的影响来识别和分类，人类活动干扰会导致不同的群落类型的演化和生物有机体组成成分的变化。综合生态系统管理需要识别和描述那些在管理上采取不同方式的生态系统，即在保护和恢复生态系统的生产力、各种功能和服务方面应当采取不同管理方式的生态系统。

综合生态系统管理方法为规划和管理自然资源（土壤、水、植被、野生动物等）提供了新的方式，它包括采用多学科的知识，因此，综合生态系统管理需要不同部门机构的协调和合作，特别是负责林业、农业、畜牧业、水利、环保、国土、科技、财政、规划以及立法的机构。综合生态系统管理提供了综合的规划方法，通过完善法律、政策、机构和社会经济体制来支持可持续地利用生态系统的自然资源。综合生态系统管理方法为更加有效

---

① 参见杜群：《防治土地荒漠化的资源法律问题及其对策：以甘肃省石羊河流域为例》，载《法学评论》，2004（1）（总第 123 期）。

② 行政管制、经济激励机制、利益关联机构与公众参与的作用等，是评价与防治土地退化相关的法律法规的几个基本法律要素。在中国，法律法规对行政管制的规定相对而言要具体一些，条款要多一些，内容要丰富一些。而对经济激励机制、利益关联机构与公众参与的作用等法律要素的规定则要逊色一些。下面还有涉及。

③ 参见《国家林业局关于全面推进依法治林实施纲要》，2004 年 11 月 5 日，林策发〔2004〕196 号。

地、可持续地利用生态系统的自然资源提供了基础。1995 年在非洲马拉维共和国召开的生物多样性公约大会的一个专家组会议上，提出了综合生态系统管理 12 条基本原则，2003 年 10 月 10 日至 14 日这 12 条基本原则及其操作指导方针在加拿大蒙特利尔召开的生物多样性公约大会（科技咨询辅助机构的第九次会议）上获得通过。综合生态系统管理（IEM）12 原则分别是：

原则 1：土地、水及其他生命资源管理的目标是通过社会选择确立的。

原则 2：管理必须非中心化，到达最低的适当层级。

原则 3：生态系统管理者必须考虑他们的活动给邻接的和其他的生态系统带来的影响（事实上的或潜在的影响）。

原则 4：为了了解管理活动具有的潜在收益，通常需要从经济学的角度来理解和管理生态系统。任何类似的生态系统管理项目必须：（1）降低给生物多样性造成不良影响的市场扭曲作用；（2）通过合并动机加强生物多样性的保护和可持续利用；（3）将特定的生态系统的成本和惠益在可行范围内内部化。

原则 5：为了保持生态系统服务的提供，保护生态系统结构和功能应作为生态系统方法的一个优先目标。

原则 6：必须在生态系统功能极限内进行生态系统管理。

原则 7：必须在恰当的时空范围内采用生态系统方法。

原则 8：认识到生态系统过程在时间范围上的可变性和结构滞后性，生态系统管理目标的设定必须是长期性的。

原则 9：对生态系统进行管理时必须意识到生态环境的变化是不可避免的。

原则 10：生态系统方法须在生物多样性的整合、保护和利用之间寻求适当平衡。

原则 11：生态系统方法须顾及一切形式的相关信息，包括科学的、土著居民和当地居民的知识、创新和传统方法。

原则 12：生态系统方法必须涉及所有社会相关部门和学科。鉴于综合生态系统管理（IEM）在规划和管理自然资源方面其方法的科学性与理念的先进性，因此，它也被 CI 项目采用并作为评价中国防治土地退化法律法规的一个方法。目前，中国政府正在努力通过推进综合生态系统管理（IEM）理念来防治土地退化。

（二）评价防治土地退化法律法规的基本法律要素

基本法律要素是指评估防治土地退化的相关法律法规在实施综合生态系统管理能力方面的 17 个要素①，它是在考察地区和国际的环境立法基础上，并对各个层次的环境法律体系在可持续管理土地、生态管理、生态系统可持续发展方面的规范进行分析研究的基础上

---

① 这 17 个基本法律要素被应用于亚洲开发银行 3548 号中国技术援助中，用以分析法律政策在土地退化防治方面的能力；以及亚洲开发银行 3708 号中国技术援助中，用以分析法律政策体系在黄河流域综合管理中的能力。

总结概括得出的。这些法律要素在以下两方面发挥作用：一是帮助评估现存的法律文件在防治土地退化上是否发挥了应有的功能。二是指导对现行法律的修改或是新的防治土地退化立法。每一项法律要素都应当在一定水平上达到既定的生态管理目标。①

根据中国国情，CI项目中央法律政策顾问组与国内咨询机构专家、项目省工作组和亚洲开发银行专家在17个基本法律要素的基础上，共同确定了适合中国的20个基本法律要素。这20个要素构成了中国防治土地退化的法律要素评价指标体系，是评价中国相关法律法规能否有效防治土地退化及调整水土管理问题的依据，也是评价综合生态系统管理（IEM）原则被法律所认可并应用到具体的防治土地退化实践的依据。

这20个法律要素分别为：（1）立法目的、依据；（2）适用范围、对象；（3）社会主体关于自然资源可持续开发、利用和管理的权利和义务；（4）农村土地权益的保障和土地质量的保护；（5）主要的名词术语界定；（6）立法目的与国家和地方相关政策及其他措施的一致性；（7）共同管护义务；（8）政府和行政机关的职能；（9）利益关联机构（或组织）的设置和作用；（10）行政管制；（11）教育、科研、宣传；（12）调查、监测、评价和统计；（13）公众和社区参与；（14）资源可持续利用或生态保护区划、规划、计划；（15）资源生态、生态系统管理；（16）财政投入和市场激励机制；（17）遵守和执行；（18）纠纷解决机制；（19）法律责任；（20）其他。

（三）评价中国与防治土地退化相关法律法规的具体操作方法

在前面所述的九个法律领域中，对于其中任何一件与防治土地退化相关的单项法律或法规，要评价其在实施综合生态系统管理能力方面是否体现了20个法律要素？程度如何？具体做法是：把每一件单项法律或法规的条款进行分解，按照其内容的不同分别归入不同的法律要素中，从要素呈现性、内容表达性和内容实施性三个方面进行分析与评估，每个方面都设计了A、B、C、D、E五个等级。分别是：

要素呈现性考察的是该件法律或法规对20个法律要素是否有明文规定：A. 该法明文有规定；B. 明文规定该要素内容被其他法律法规所指引；C. 该要素规定被其他法法律法规所支持；D. 该要素内容没有被法律法规所体现，但在其他规范性文件中有体现；E. 该要素内容没有出现在规范性文件中。

内容表达性考察的是该件法律或法规所表达的内容与IEM原则和要素指标是否相符合以及符合程度是多少：A. 覆盖比较全，且所反映的内容与IEM原则和要素指标比较相符；B. 覆盖比较全，但所反映的内容与IEM原则和要素指标尚有差距；C. 有涉及，且所反映的内容与IEM原则和要素指标比较相符；D. 有涉及，但所反映的内容与IEM原则和要素指标尚有差距；E. 没有表达。

内容实施性考察的是该件法律或法规在实践中实施的效果如何：A. 经常性适用，实施成效好；B. 一般性适用，实施成效好；C. 经常性适用，实施成效一般；D. 一般性适用，实施成效一般；E. 基本上不适用。

评价法律领域的方法同此理。

（四）中国防治土地退化法律框架的能力评估结论

按照上述方法从要素呈现性、内容表达性和内容实施性三个方面对中国防治土地退化法律框架进行能力评价，可以客观地得出以下结论：

第一，中国防治土地退化的法律与行政法规相比，对 20 个法律要素和 IEM 原则的体现与表达要好一些。其原因在于，法律和行政法规的功能本来就有所不同，只有法律才能解决涉及基本权利的利益关系调整，而行政法规并不直接地具有这种功能。这个原因要求立法者对防治土地退化立法的根本目的进行反思，这类立法根本上不应当仅仅是管理问题，而是必须把利益关系的调整与管理紧密结合，才能保证法律规范的科学有效。此外，较之部门规章，法律的条款较多，规范的内容广，涉及面大一些。例如，中国《土地管理法》（1986 年，2004 年修正）共有 86 个条款，包括总则、土地的所有权和使用权、土地利用总体规划、耕地保护、建设用地、监督检查、法律责任和附则等八章内容，几乎覆盖了所有 20 项法律要素。部门规章往往是国家部委为了解决某一两个具体问题而制定的，条款数量少，涵盖内容窄，如《建设项目用地预审管理办法》（国土资源部 2004 年修正）只有 16 个条款，其内容表达性也没有被其他法律文件所指引或支持，因此这些法律要素的表达性与体现性存在"先天不足"。评价的结果表明，行政法规规范类型决定了其功能的局限，中国防治土地退化在法律规范类型上，应当更加强调法律的作用而限制行政法规的作用，要向法典化的方向进化，提高法律规范的等级。而行政法规也应针对存在的差距并运用综合生态系统管理的理念逐步完善，提高立法质量。

第二，中国自 20 世纪 90 年代初实施可持续发展战略是一个时间上的分水岭，立法上 20 个法律要素和 IEM 原则的体现与表达有明显的区别。1979 年中国改革开放之初是以经济建设为国家的中心任务，环境资源保护被放在很次要的位置。然而当时制定的法律法规有些现在仍然有效，与 90 年代以来的立法有明显的差异，与 21 世纪才引入中国的综合生态管理理念更不相适应。例如，1985 年 6 月 7 日中国国务院发布了《风景名胜区环境管理暂行条例》，该条例只有 17 个条款，内容疏漏明显，既没有规定"调查、监测、评价和统计"，也没有规定"资源生态、生态系统管理"等法律要素，并且，其对于责任承担的内容也规定过于简单。而中国的《草原法》虽然是 1985 年颁行，但该法于 2002 年 12 月 28 日进行了修订，其修订的目的之一就是为了保护、建设和合理利用草原，改善生态环境，维护生物多样性。① 可见，这基本符合综合生态系统管理的理念与要求。新《草原法》分为总则、草原权属、规划、建设、利用、保护、监督检查、法律责任、附

---

① 参见《草原法》第 1 条。

则共九章，75 个条款，基本涵盖了 20 项法律要素。这种差距在未进行评价前往往会被忽视。

第三，在 20 个法律要素中，中国防治土地退化的法律法规对立法目的、使用范围、主要名词术语界定、政府和行政机关的职能、行政管制、法律责任等法律要素的体现与表达要充分一些。例如，中国的《环境影响评价法》（2002 年）共有 38 个条款，其中第 1 条规定了"立法目的"，第 2 条规定了"主要名词术语界定"，第 3 条规定了"适用范围"，第 6、7、8、9、23 条共有 5 个条款规定了"政府和行政机关的职能"，第 10、12、13、14、15、16、17、18、22、25、27 条共 11 个条款对"行政管制"作了规定，第 28、29、30、31、32、33、34、35 条共 8 个条款对"法律责任"作出了规定。而对妇女的地位和权利、少数民族权益的保护，以及对生态移民中农民权益的保护，对共同管护义务，对资源可持续利用或生态保护区划、规划和计划等法律要素的体现与表达则要差一些。例如，作为近年来中国环境保护最具影响力的立法之一——《环境影响评价法》（2002 年公布），其中对"妇女的地位和权利"、"少数民族权益的保护"、"生态移民中农民权益的保护"、"共同管护义务"，以及对"资源可持续利用或生态保护区划、规划和计划"等法律要素尚没有明文规定，其他法律文件在这方面的表现更是差强人意。究其原因，一是中国对妇女权益保护和少数民族权益保护历来非常重视，而且有专门的机构负责，但这些机构的性质不是经济管理，其行为规范更重视的是政策而非法律，在立法方面与经济部门较少沟通，而经济部门的立法对非经济领域的问题往往不再专门作出规定；二是这些规定涉及公民基本权利和社会利益的重新分配，行政法规层面难以作出制度设计，而需要法律作出直接的规定。

四、中国防治土地退化法律框架的完善

CI 项目组对完善中国防治土地退化法律框架最主要的建议是，立法机构与政府部门按照 20 个法律要素与综合生态系统管理（IEM）理念，全面梳理中国现行的与防治土地退化相关的法律法规，并进行系统的立法与法律法规的修订活动。就上述九个法律领域来说，每个领域法都存在需要立法或修订法律法规的工作，但是就重要性而言，立法的重点在国土资源与防沙治沙两个法律领域，修订法律法规的重点在环境保护领域。

（一）加强相关立法，填补法律空白

CI 项目研究结果表明，土壤污染是中国土地退化的一个重要原因，但无论是中国现行法律体系还是国际土地退化理论与实践，这类问题尚未引起足够重视和体现。为此，CI 项目组也将考虑向国际合作伙伴建议，在其他国家的项目中增加这类问题的研究。

CI 项目组建议，在国土资源法律领域，制定中国的"土壤污染防治法"是当务之急。中国土地退化的一个重要特点是土壤污染，这是与其他国家的最大不同。原国家环保总局周生贤局长在 2006 年全国土壤污染状况调查视频会议上强调采取有效措施，保障土壤环境安全和人体健康。这个会议透露，中国土壤污染的总体形势相当严峻。一是土壤污染程度

加剧。据不完全调查，目前全国受污染的耕地约有 1.5 亿亩，污水灌溉污染耕地 3 250 万亩，固体废弃物堆存占地和毁田 200 万亩，合计约占耕地总面积的 1/10 以上，其中多数集中在经济较发达的地区。二是土壤污染危害巨大。据估算，全国每年因重金属污染的粮食达 1 200 万吨，造成的直接经济损失超过 200 亿元。土壤污染造成有害物质在农作物中积累，并通过食物链进入人体，引发各种疾病，最终危害人体健康。土壤污染直接影响土壤生态系统的结构和功能，最终将对生态安全构成威胁。三是土壤污染防治基础薄弱。目前，全国土壤污染的面积、分布和程度不清，导致防治措施缺乏针对性。防治土壤污染的法律还是空白，土壤环境标准体系也未形成。资金投入有限，土壤科学研究难以深入进行。有相当部分的干部群众和企业界对土壤污染的严重性和危害性缺乏认识，土壤污染日趋严重。为此，国家环保总局 2007 年第 37 号文件《关于进一步加强生态保护工作的意见》第九项任务规定："以土壤污染状况调查与监测为基础，全面加强土壤环境保护工作。开展全国土壤污染状况调查，逐步完善土壤环境质量标准体系，建立土壤环境质量监测和评价制度，开展污染土壤修复与综合治理试点；加强对污灌区域、工业用地及工业园区周边地区土壤污染的监管，严格控制主要粮食产地和蔬菜基地的污水灌溉，确保农产品质量安全；积极发展生态农业、有机农业，严格对无公害、绿色、有机农产品生产基地的环境监管。"因此，中国防治土地退化，防治土壤污染是重中之重，而这其中最根本的是要在法律方面有所突破，完善我国的土壤污染防治立法。

虽然中国的《环境保护法》、《水污染防治法》、《大气污染防治法》、《固体废物污染环境防治法》等法律从不同侧面、不同途径对土壤污染的防治问题作了一些规定，但规定得很不全面，且规定的侧重面并不在土壤污染防治。现阶段，中国土壤污染处于多头管理，涉及环保、农业、国土资源、林业、地矿等部门，各部门都管一点，但又管得不多，有的部门几乎不管。这显然大大减低了土壤污染案件的处理效率，对于防治土地退化无疑极为不利。再者，针对上述污染源的不同，需要制定有针对性的防治措施。这些问题都需要在"土壤污染防治法"中作出统一规定。

在防沙治沙法律领域，该领域现有法规数量少，法律体系仍不健全。虽然中国独创性地制定了防治荒漠化的专门法律《防沙治沙法》，但是其中体现综合生态系统管理理念的内容特别是有关权益保护、利益关系协调、共同管护义务等方面重视程度和功能有限，而且至今该领域没有一部行政法规，这样《防沙治沙法》的贯彻执行受到影响，其可操作性也打了折扣。在中国行政权力占主导地位的特殊体制下，授权立法具有特殊的约束力，行政法规的作用非常大，因此本领域有必要完善这方面的立法，制定一部诸如防沙治沙法实施条例或细则一样的行政法规。虽然防沙治沙法律领域的《营利性治沙管理办法》对从事营利性治理沙化土地活动作出了明确规定，可以说是一个很好的尝试。然而，治理沙化土地不能完全依靠营利性行为，公益性治沙也是不可或缺的。《防沙治沙法》虽然鼓励单位和个人在自愿的前提下，捐资或者以其他形式开展公益性的治沙活动，并规定地方政府行政主管部门应当为公益性治沙活动提供治理地点和无偿技术指导①，但是，这种规定过于原则，不好操作。中国至今没有制定一个对公益性治沙活动进行专门规范的法规，以支持、鼓励这种治理方式和活动。

（二）把综合生态系统管理的理念引入法律法规的修订工作

CI项目组的评价结果表明，在环境保护领域，一些重要的法律法规制定的时间都较早，修订任务艰巨。以《中华人民共和国环境保护法》为例，该法于1979年制定，1989年修订，被称为中国环境保护的基本法，然而该法实施了18年，却未修改过，已经严重落后于时代的发展和形势的要求，体现出严重的不适应性。这是一部由全国人大常务委员会审议通过的法律，而非全国人民代表大会制定的法律，其法律位阶尚不足以具备环境保护基本法的地位。其次，这部法的主要条文业已被后来制定的新法所重申或者修改：在环境污染方面，单项污染防治立法的规定更有针对性、更为具体；在自然（生态）环境方面，保护性规范要么存在着大量空白、要么还不如自然资源立法的有关规定。再次，这部法律的目标定位偏低，没有体现可持续发展的思想内涵；对于公民参与，法律只原则性规定了公众享有检举权、控告权等，而环境知情权、环境请求权、公众监督权、公益诉讼权等却没有得到体现；由于缺少对行政管理部门管理者不履行其职责规定应承担的法律责任的规定，使得一遇到经济发展与环境保护冲突，往往是环保让位于发展。②目前，中国《环境保护法》的修订正面临历史转型，即借鉴世界上各主要经济发达国家在不同程度上已成功实现的环境法转型的经验，引入综合生态系统管理理念，重构环境基本法律原则与制度，使污染防治与生态保护建设相结合，把《环境保护法》打造成为一部名副其实的环境保护基本法。③

而以现行《环境保护法》为核心形成的环境保护法体系忽视了区域环境的综合性法律调整，在专门法律调整方面，侧重于污染防治，在自然资源的保护方面缺乏基本的规定，对环境改善的立法规制设计的重视程度不够等，这些不足之处也是造成我国土地退化防治成效不大的重要原因之一。从此方面而言，中国也应及早修改现行《环境保护法》，并通过制定"生态保护法"、"土壤污染防治法"、"生物安全法"、"农村环境保护条例"等生态保护法律法规及完善现有污染防治法律法规，构建比较完善的生态保护与污染防治并重的法律框架。这是防治土地退化有力的法治保障。

在环境保护法律领域，还有其他的一些环境法规有待修订。如《水污染防治法》是1984年颁布的，虽然1996年有过修订，之后也有《水污染防治法实施细则》作为补充，但是很多标准已经明显过时，不能适应现实的发展需要，需要修订。还有，随着自然保护

---

① 参见《中华人民共和国防沙治沙法》第24条。

② 参见《关于尽快修改我国〈环境保护法〉的议案》，载http://news.sohu.com/20070310/n248638052.shtml。

③ 参见周珂、竺效：《环境法的修改与历史转型》，载王树义主编：《可持续发展与中国环境法治——〈中华人民共和国环境保护法〉修改专题研究》，96~108页，北京，科学出版社，2005。

区在环境保护中作用的上升，其重要性也已经显现出来，现有的《自然保护区条例》
（1994 年）立法层次偏低，应及早制定"自然保护区法"。

(三) 中国的土地利用规划及其分类体系问题

中国现行的土地利用规划由土地利用总体规划、土地利用详细规划和土地利用专项规
划三个层次组成，形成了全国、省、市、县、乡五级土地利用。这是一个相当独立与完整
的规划体系，对于促进中国国民经济的发展和保障国家的耕地安全和防治土地退化发挥了
重要作用，它的主要特点是层次性强，结构严谨，赋有明显的行政色彩，非常便于实施与
落实。但由于受到整个国家经济体制的影响，再加上其规划本身的针对性和时效性，难免
也存在一定的局限性，主要表现在各级规划的职责分工不够明确，规划体系的不够灵活和
规划的协调与衔接性差。[①]

中国土地利用现状分类体系中影响最大、最具代表性的主要是土地管理部门曾经使用
和正在使用的三个分类系统。第一个分类系统是 1984 年 9 月由原全国农业区划委员会在
《土地利用现状调查技术规程》中制定的，第二个分类系统是 1997 年在全国县级土地利用
总体规划及规划修编过程中新使用的系统，第三个分类系统则是于 2002 年 1 月 1 日起开始
试行的"全国土地分类（试行）"。不论上述何种体系均列出"未利用地"一类，体现了中
国土地利用分类体系中存在的问题，即上述分类仅局限于将人类直接利用并在空间上对其
占有或对其直接施加重要影响的土地作为"已利用土地"，将除此之外的其他土地均视作
"未利用地"。无论从哪种角度来说，设置"未利用地"这一类型以及将"土地利用"仅仅
理解为"人类对土地的利用"或"人类对土地的直接利用"都是欠妥当的。随着中国社会
经济的发展，土地利用中的生态环境问题日益突出，许多"未被利用"的土地资源越来越
成为地球生态系统的重要组成部分。而中国对"土地利用"这一概念在理解上过于传统和
狭隘，基本上忽视或否定了"生态用地"的存在。国外发达国家对于土地利用分类的研究
已经比较成熟，如美国、欧洲、日本、韩国等发达国家和地区的土地利用分类都在关注土
地利用中的生态环境问题，未曾列出"未利用地"一类。因此，就中国而言，用"生态用
地"这一名称和概念来取代"未利用地"，将能够有效地解决"未利用地"这种类型划分
所存在的问题。[②]

与此相适应，中国应该对《土地管理法》作相应的修改：《土地管理法》将土地分为
农用地、建设用地和未利用地，因此，可修改为：将全国土地利用划分为农用地、建设用
地和生态用地这三大类型。"未利用地"并非是物理意义上真正的"未利用"，而是指在社
会经济上的未直接利用。"未利用地"的价值主要在于其生态价值。因此，建议废除现行

---

① 参见汤江龙、赵小敏、夏敏：《我国土地利用规划体系的优化与完善》，载《东北农业大学学报》（社会科学版），2004（9）。

② 参见岳健、张雪梅：《关于我国土地利用分类问题的讨论》，载《干旱区地理》第 26 卷，2003（3）。

土地利用分类体系中的"未利用地"、"未利用土地"等名称。①

另外，中国的土地利用规划最根本的问题是在市场经济的制度背景下采用了计划经济的规划模式，它仍以国家计划作为土地资源的基本配置者，对此相关法律法规应作相应的修改。而且，《土地管理法》修改时应当进行土地利用生态功能警戒区划，保持耕地总量平衡的耕地复垦必须附设生态保护的要求和义务，土地统计和土地监测应当加强针对土地质量（包括生态质量）的内容。②

（四）中国防治土地退化法律责任的完善

中国防治土地退化的法律责任包括民事法律责任、行政法律责任与刑事法律责任。然而，这三类法律责任在法律法规之间还存在其规定不协调、不配套的情形。例如，虽然中国在2002年底对1985年《草原法》作了修订，但是草原资源法律领域仍存在一些不尽如人意之处，如在《草原法》中许多条款都规定了对破坏草原违法活动要依法追究刑事责任的内容，而在《刑法》和刑法的司法解释中均未给予明确的规定和解释，形成了目前破坏草原违法，但很难追究和定罪的局面；还有，现行的草原法律法规与林业法律法规也存在衔接问题，在中国，农牧草地都列入农业用地，并按照草原证或是林业证的发放顺序来确定土地权属。按照中国《草原法》规定，国家对草原保护、建设、利用实行统一规划制度。但是在实际操作中，林业部门与牧业部门对林草权属仍然存在争议。如就生长植被来说，林业部门认为是灌木，牧业部门就认为是灌草。而有的地方政府为了提高森林覆盖率，硬性要求基本农田和草牧场要实现林网化。③ 这就在部门监管和行政执法中出现了林草矛盾、林牧矛盾，造成执法困难。

另外，中国对破坏生态与土地等自然资源的行为，偏重于追究行为者的行政责任，而忽视了发挥民事法律责任的积极作用。再者，违法者承担的法律责任与其危害程度相比较，处罚普遍偏轻，对土地资源破坏者的震慑作用不大，难以发挥法律责任在防治土地退化中应有的作用。

【推荐阅读文献】

1. 刘连成，张国庆. 中国土地退化与法律保障对策. 国土资源科技管理，2000（1）
2. 杜群. 防治土地荒漠化的资源法律问题及其对策：以甘肃省石羊河流域为例. 法学评论.

---

① 参见徐健等：《基于生态保护对土地利用分类系统未利用地的探讨》，载《资源科学》，29卷第2期，2007（3）。

② 参见杜群：《我国国土资源立法在生态保护方面的局限》，载《环境保护》，2005（6）。

③ 参见王蓉：《圈地造林运动真相调查 谁在内蒙古抢草造林》，载http://finance.sina.com.cn/g/20041111/07581147034.shtml。

2004（1）（总第123期）

3. 刘嘉俊，范雪蓉. 论中国土地荒漠化的类型、特点及防治对策. 土壤侵蚀与水土保持学报，1999年6月，第5卷第5期

4. 卢琦，刘力群. 中国防治荒漠化对策. 生态环境与保护，2003（5）

5. 岳健，张雪梅. 关于我国土地利用分类问题的讨论. 干旱区地理. 第26卷，2003（3）

6. 徐健等. 基于生态保护对土地利用分类系统未利用地的探讨. 资源科学，29卷第2期，2007（3）

7. 戚道孟主编. 自然资源法. 北京：中国方正出版社，2005

第十六专题

海域物权立法分析

一、海域物权立法的历史沿革

海域属于海洋国土的范畴。根据《联合国海洋法公约》和《中华人民共和国领海及毗连区法》的规定，国家对内水和领海享有主权。然而，海域物权并非简单等同于国家主权。主权是公法上的权利，而海域物权，则是一国行使主权、通过财产法制度对海域实施支配与安排的结果，基本属于私权的范畴。

对于海域的私法调整，可以追溯至罗马法时代。罗马法最早确立了公有物和私有物的划分。公有物是指不为任何个人所有，而为某个社会共同体的全体成员所共有的物。海洋属于公有物的范畴，任何人皆可利用。由于公有物的客体不能处分，其往往被排除在民法规范调整之外。因此，国家对于海域的所有权，并不具有实际意义。此时，国家更多充当的是管理者而非所有者的角色。

罗马法中关于公有物与私有物的划分，对大陆法系的许多国家产生了深远影响。①

《法国民法典》538 条规定，国家负责管理的道路、公路与街道，可航运或可漂流的江河、海岸、海滩、港口与小港口、停靠锚地，广而言之，不得具有私有财产性质的法国领土之任何部分，均视为公有财产的不可分割之部分。其 537 条第 2 款指出，不属于个人所有的财产的管理与让与，仅得按照与之相关的特别形式与规则进行。② 根据法国的判例法，公用财产是不适用私法规定的。因为，国家不是该财产的所有人，只是对财产享有主权或管理权。③ 因此，可以认为，在《法国民法典》中，海域属于公用物的范畴。国家对海域享有的是公共所有权，其法律调整，通常借助于行政法或公法规范进行。

在《法国民法典》颁布之后，其他大陆法系国家，民法典中亦有类似的规定。④

然而，随着海域开发利用的逐步深入，不少国家对于海域的民事调整模式开始有所突破。

1857 年的《智利民法典》，明确提出了海洋属于国家所有的观点。其第 589 条规定，国有财产是指所有权属于整个国家的财产。其中，近海及其海滩的使用属于全体国民，为公用国有财产或公共财产。并在第 593、594 条对近海，海滩作出界定，第 596 条则扩展到专属经济区和大陆架的范围。尤其值得注意的是，《智利民法典》第 598 条针对私人使用、受益包括海洋、沙滩在内的公用国有财产时，规定必须接受民法典以及就该事项颁行的一般性或地方性法规的约束。此时，业已涉及私人使用、收益海域的问题。⑤

---

① 英美法系没有严格意义上的物权概念，对应的概念为财产权。本专题着重考察的是大陆法系的成文法典。

② 参见罗结珍译：《法国民法典》，171 页，北京，中国法制出版社，1999。

③ 参见王利明主编：《中国物权法草案建议稿及说明》，272 页，北京，中国法制出版社，2001。

④ 例如，《比利时民法典》第 537、538 条；《瑞士民法典》第 664 条；以及泰国、伊朗、墨西哥、意大利等国的民法典，引自梁慧星主编：《中国物权法草案建议稿》，219~224 页，北京，社会科学文献出版社，2000。

⑤ 例如，《比利时民法典》第 537、538 条；《瑞士民法典》第 664 条；以及泰国、伊朗、墨西哥、意大利等国的民法典，引自梁慧星主编：《中国物权法草案建议稿》，219~224 页，北京，社会科学文献出版社，2000。

20世纪90年代末制定的《俄罗斯民法典》第214条规定，不属于公民、法人或任何地方自治组织所有的土地和其他自然资源，是国有财产。第209条规定，财产所有人可以在法律允许的范围内，向他人移转财产的占有、使用和处分权，并以其他方式处分财产。此外，土地和其他自然资源的占有、使用和处分，可以在法律允许流通的限度内，自由行使，但不得对环境造成损失，也不得损害他人权利和合法利益。[①] 由于海域属于自然资源的一种，因此，《俄罗斯民法典》中存在着关于海域所有权与使用权的间接规定。

以上历史分析表明，民法一直给予海域物权立法留有充足的发展空间，尽管发展缓慢，但总的趋势是由非法定所有权（罗马法）到法定所有权（智利等），由所有权逐步扩展到使用权（俄罗斯等），由非法定使用权扩展到法定使用权（中国），由实质意义上的物权扩展到形式意义的物权，由特别单行立法扩展到与物权立法相配合。

如果撇开实质意义上的民法，民法典中（形式意义上的民法）明确规定海域所有权与使用权制度的国家尚不存在。正如王家福先生指出的，把海域当做一项财产，甚至是一项不动产来设立物权制度，即国家的海域所有权和单位与个人的海域使用权，从外国法律来看是没有先例的。[②] 因此，作为我国物权制度的重要理论创新，海域物权具有重要理论与现实意义，同时也面临着诸多挑战。

二、我国海域物权创设的必要性和可行性分析

民法上物权的设定一是取决于必要性。对于取之不尽、用之不竭的物质尤其是一些自然资源，民法上不必设立物权，如太阳能、大气、海水等，而主要是对稀缺的资源设定物权，以定纷止争。随着人类经济社会的发展，一些自然资源由以往的不稀缺变为稀缺，客观上需要物权立法及时予以规范。历史上海域长期以来不具有稀缺性，但近年来随着海水养殖、海上旅游、海岛开发等活动的迅速发展，海域资源在我国的稀缺性日渐突显。二是取决于可行性。人类对于不可控制的资源和财富不可能设定物权，如阳光、降水、海水等，长期以来人类对于海域基本上也是处于难以控制或处置的状态，海域物权也难以设定。随着人类科学技术的进步，控制自然能力的增长，越来越多的自然资源具有了物权或准物权的性质，如水权、狩猎权、渔业权等。人类对海域的控制能力长期以来进展较缓慢，表现在海域物权在各国立法上的进展不明显，但近年来人类对海域的控制能力大大增强，在我国海域使用的特定类型登记、海上执法均已成为现实，海域物权的可行性是不争的事实。

（一）海域物权化的必要性

1. 开发利用海洋资源的必要前提。一般认为，海域是指内水、领海的水面、水体海床和底土[③]，属于海洋国土的范畴。与土地资源类似，海域本身既是一种自然资源，又是其

---

① 参见黄道秀等译：《俄罗斯联邦民法典》，北京，中国大百科全书出版社，1999。

② 参见王家福：《关于海洋物权管理的问题》，载《学习贯彻〈海域使用管理法〉座谈会材料汇编》。

③ 参见《中华人民共和国海域使用管理法》第2条。

他自然资源的载体。由于海域空间分布和存在介质条件的特殊性，多种资源共处于一个空间区域内，具有很强的复合性。因此，开发利用海域资源，首先需要明确海域的权属问题。

2. 维持社会安定的迫切需要。随着海域开发利用的深入，海域的资产属性开始日渐突出。实践中，由于各种产业竞争发展，在资源有限的情况下，出现了海域使用的无序无度的现象。各行业用海矛盾突出，甚至引发社会动荡。此类现象的产生，根源在于海域产权制度的不健全。因此，为定纷止争，创造海域利用的有序环境，同样需要明晰海域物权制度。

3. 发展社会主义市场经济的必然要求。海域物权制度，也是海域资源市场化运营的前提条件。为了有效实现海域的财产价值，市场机制的引入必不可少。所谓市场，是一系列交易的总和。而权利的界定，是交易的前提与基础。因此，海域开发利用的市场化运营，需要以海域物权为其制度前提。

4. 完善公有制经济的重要方面。我国海域属于国家所有。由于海洋资源具有的公益性，与国家主权和国家利益密切相关。因此，国家所有并管理海域资源理所应当。然而，作为抽象的民事主体，国家并不能直接开发利用海域资源。需要借助海域使用权制度，通过他物权的模式，建立起类似于财产所有权的约束机制。将抽象的所有权落实到具体的民事主体之上，创设出可流转的海域使用权，使之成为市场化经营的基石。因此，海域物权制度（包括海域所有权制度与海域使用权制度），是有效利用国有海域资源的必然选择。

5. 维护合法权益的法制保障。海域物权制度还扮演着海域使用者合法利益保护者的角色。遵循物权法原理创设的海域使用权，通过权利分配的契约化与权利义务的法定化，赋予海域使用权人占有、使用、收益海域的权利。此种权利，使非所有人获得了一种独立的支配权，可以对抗其他市场主体，也可排除行政机关的非法干涉。因而有效维护了海域使用权人的合法利益。

法律本身不能创造财富，但可以通过确认和保护财产来鼓励财富的创造。完善的海域物权制度，通过规范海域所有人（国家）与海域使用权人之间，以及海域使用权人相互之间的法律关系，为权利人提供了合理的制度预期。因此，成为吸引个人、集体、企业从事海域开发利用的法治保障。

（二）海域物权化的可行性

1. 有法理基础。海域作为物权的调整对象有其客观依据。海域具有特定的立体物质形态，能为人力所控制，具备独立的经济价值，而且具体海域的地理位置固定，可以通过登记制度标明经纬度加以特定化。因此，海域符合民法中物的条件，具有类似于不动产的法律特征。

2. 有宪法依据。按照通行的观点，权利是由法律认可和保护的主体的行为选择自由。因此，权利的一个重要特征在于法律的确认。在我国的法律体系中，《宪法》中的规定："矿藏、水流、森林、山岭、草原、荒地、滩涂等自然资源，都属于国家所有，即全民所有；由法律规定属于集体所有的森林、山岭、草原、荒地、滩涂除外。"该条款为海域所有权提供了宪法依据。

3. 有专门立法。我国《物权法》第46条中规定，矿藏、水流、海域属于国家所有。第118条、122条规定，国家所有或者国家所有由集体使用以及法律规定属于集体所有的自然资源，单位、个人依法可以占有、使用和收益。依法取得的海域使用权受法律保护。考虑到海域物权的重要性，《物权法》中应当对海域物权的基本问题作出更为详细的规定，例如：明确规定将海域作为不动产，适用相邻关系、共有、抵押等方面的物权法规则；在用益物权中，增加海域使用权的有关规定，以及相关的制度设计；等等。我国《海域使用管理法》根据《宪法》的上述规定，明确了"海域属于国家所有，国务院代表国家行使所有权"。同时，根据所有权与使用权分离的原则，确立了海域使用权制度。"单位和个人使用海域，必须依法取得海域使用权。"①并且规定了海域使用权的取得方式以及有偿使用制度。因此，可以认为，我国业已确定了海域物权制度。

4. 有实践标准。实践中，为推进海域物权制度的实施，从中央到地方建立了比较完善的海域使用法律体系。其中，较为重要的有：《海域使用管理法》、《海域使用申请审批暂行办法》、《海域使用权登记办法》以及《海籍调查规程》等等。同时，各地通过海域确权、登记和发证等实际工作，具体实现了海域物权制度。

三、海域物权的法律属性分析

当前我国对自然资源开发利用的广度和深度不断拓展，亟待建立自然资源要素市场体系。为此，及时发展传统的民法物权理论，在物权立法中对海域物权给予充分的重视与考虑，已经势在必行。

对海域物权的法律属性分析应首先将其置于自然资源物权的理论背景之中，这涉及基本的研究思路问题。从实质上来说，传统民法的物权理论与实践对海域物权的接受程度是非常有限的，其根本原因在于海域作为一种典型的自然资源，在很多方面都根本无法吻合传统物权理论对作为权利客体的物的基本要求，因此导致了传统民法物权对海域物权在根本上的拒绝和排斥。这种局面的形成绝非偶然，它实际上反映的是传统民法物权理论与自然资源立法需求的不兼容，对这个问题的解决如果仅从海域自身出发势必事倍功半，因此，必须着眼于自然资源物权在整体上与传统民法物权理论的衔接与协调，以共性问题的解决为基础，再结合海域自身的特殊属性进行类型化的个性研究，从而对海域物权的法律属性进行合理的理论定位。

（一）自然资源物权的发展及现状

建立和完善适于市场流转的自然资源权益，是我国在市场化条件下自然资源要素市场

---

① 《中华人民共和国海域使用管理法》第3条。

形成和发育的重要前提条件，物权作为法学研究的基本范畴，在此方面应该发挥的作用是不可替代的。尤其当前我国的物权法正在制定过程之中，进一步丰富和完善自然资源的理论与实践，无论从哪个角度而言无疑都是十分必要的。

　　然而，尽管在产生和形成的初期，自然资源法从表现形态上经历了最初的特别物权法时期①，但在后来自然资源法现代化的发展进程中，有关自然资源的物权法律制度建构一直没有形成完整的体系，不仅在理论上存在有明显的分歧，有关的法律实践未达成完全的一致。从根本上来说，这种局面的形成主要决定于三方面的基本原因：首先，就自然资源自身而言，其赋存形态的不确定性及自身的不可衡量性，决定了自然资源在根本上无法满足传统民法物权理论中对物的特定化要求；其次，就对自然资源的社会定位而言，在社会的不同发展阶段，自然资源也经历了"自然物—私有财产—社会资源"的不同社会定位②，以社会资源的定位为前提，围绕自然资源的权利构建难免与人们观念中固有的物权的私的属性相冲突；最后，就我国现实情况而言，新中国成立之后我国经历了近四十年计划经济体制模式，强调从管理的角度而非交易的途径去配置社会资源，这就在很大程度上决定了自然资源只能作为行政管理的对象，而难以进入物权法的调整范围。

　　上述诸多因素决定了直到目前为止，自然资源物权在我国一直没有得到十分完全和充分的发展。但从另外一个角度来说，对法律制度的现实需求往往是领先于理论研究及其有关立法实践的，自然资源物权法律制度的不完善并不能证明现实需求的不足，尤其是在当前对自然资源开发利用的广度和深度不断拓展，而且在我国市场化条件下亟待建立自然资源要素市场体系的情况下，及时发展传统的民法物权理论，在物权立法中对自然资源物权给予充分的重视与考虑，已经势在必行。

　　（二）有关自然资源物权的理论解释

　　目前，在对自然资源物权的认识和理解方面，存在着较大的理论分歧和争议，学者们针对该问题见仁见智，提出了不同的学术观点。

　　从研究的角度来看，有学者为更加强调围绕自然资源所进行的财产性权益制度设计的特殊属性，在一定程度上摆脱传统民法物权理论的束缚，采用了产权的理论研究模式并以此为基础构建了自然资源产权制度，并从资源产权、投资产权和交易产权三个方面确定了自然资源产权制度的基本结构。③ 该学说认为："自然资源产权制度是自然资源法律规范安排与实施的厂商从事自然资源开发利用的产权法律制度，它是法律制度安排与操作的厂商从事自然资源开发利用博弈规则的总和及其运作。此项制度的初衷是有效率地开发利用自

---

　　① 有学者将自然资源法的演变和进化分为三个时期：19世纪以前的特别物权法时期、19世纪初期到20世纪50年代的单行法时期、20世纪60年代以后的体系化时期。有关该方面的问题可参见肖乾刚主编：《自然资源法》，17页，北京，法律出版社，1992。

　　② 参见张梓太主编：《自然资源法》，44页，北京，科学出版社，2004。

　　③ 参见肖国兴、肖乾刚编著：《自然资源法》，62～86页，北京，法律出版社，1999。

然资源。"① 应该说，该学说最大的价值在于丰富了对自然资源物权的研究视角，为对传统民法物权理论的拓展研究提供了某些可供借鉴的思路，但过多地集中于从经济学角度所做的应然性研究，对于现实物权立法的实践意义而言，似乎并不明确。

目前国内法学界在自然资源物权理论研究方面较为一致的做法是，将自然资源物权分为自然资源所有权和其他用益性权利两大部分，学者们在自然资源的所有权方面并不存在过多争论，但在对除自然资源所有权之外的其他用益性权利认识角度和研究思路方面，存在着较为明显的差异，目前有代表性的学说主要有"准物权"说和"特别法上的物权"说。

有学者指出："特别法上的物权，是公民、法人经过行政特别许可而享有的可以从事某种国有自然资源开发或作某种特定的利用的权利，如取水权、采矿权、养殖权等。"② 该理论认为这些物权主要是由矿产资源法、水法、渔业法等特别作出规定的，因此，可以将这些权利统称为特别法上的物权。该理论同时还指出，对于自然资源的开发利用行为不仅涉及民事主体的私人权益、国计民生和社会经济发展的问题，而且还涉及生态环境的保护和整个社会的可持续发展，这些权利不仅要物权法来确认，而且还要由特别法作出相应的规制。

也有学者是从准物权的角度去认识和理解有关自然资源开发利用的权利类型，指出："准物权不是属性相同的单一权利称谓，而是一组性质有别的权利的总称。按照通说，它由矿业权、水权、渔业权和狩猎权等组成。"③ 在这些权利性质的认识方面，该学说认为，准物权种种个性只是在符合物权基本属性前提下的特殊性，矿业权、水权、渔业权、狩猎权与典型物权的共性处于更为重要的地位，该共性更应该受到法律的重视和评价，因此，准物权仍然属于物权的范畴。

不难看出，上述两种学说在对有关自然资源开发利用有关权利的性质的基本认识上是比较一致的，尽管说法不同，但都认为这些权利应该属于物权的范畴，甚至有学者认为特别物权就是准物权。④ 但是，在基本性质认识相同的基础上，持不同学说的学者在这类权利应该包括的范围上还是存在有比较明显的差异的，有学者将围绕自然资源开发利用的具有物权性质的权利基本上限定于水资源使用权、养殖权、采矿权等为数不多的权利类型，但也有学者是从更为广泛的意义上认识这类权利的，认为渔业权、矿业权、水权、狩猎权等权利类型都应该包括在内。这种分歧实际上反映了在该领域研究中一个非常突出的问题，即传统的民法物权理论对自然资源物权的接受程度问题。

从根本上来说，上述这些有关自然资源物权的学说都是在民法帝国的思维模式中形成

---

① 肖国兴、肖乾刚编著：《自然资源法》，62～86页，北京，法律出版社，1999。

② 王利明：《物权法研究》，610页，北京，中国人民大学出版社，2002。除了"特别法上的物权"之外，也有"特别物权"、"特许物权"等类似的说法，但其基本内涵是一致的，都主要是从这些物权产生的法律依据而言的。

③ 崔建远：《准物权研究》，26页，北京，法律出版社，2003。

④ 参见陈华彬：《物权法》，87页，北京，法律出版社，2004。

的，它们体现出来的一个基本研究思路在于，在传统民法理论可接受的程度内，对有关自然资源开发利用所涉及的一些支配性和排他性的权利类型进行合理化的解释和论证，由于各个学者在对传统民法物权理论理解和认识的角度不同，导致了在理论研究中对自然资源物权接受程度的差异。尽管民法在整个法学理论与实践中基础性地位和重要性不容质疑，而且这种目前占据主流的研究模式在一定程度上满足了某些自然资源开发利用活动对权利设计的现实需求，也在一定程度上丰富和发展民法物权的理论和实践，然而，该研究模式在自然资源物权理论研究中的局限性也是十分明显的。

上述研究模式最大的不足在于其缺乏理论研究的系统性和针对性，缺乏在自然资源物权研究中所应具有的整体观念。对于自然资源物权的研究，应首先将自然资源在整体上作为一个研究对象，针对自然资源的特殊属性，总结和归纳自然资源物权应具备的共性理论特征，在此基础之上再根据各种具体的自然资源类型所表现出来的个性特点，进行类型化分析。而上文中大多民法学者所提出来的有关自然资源物权的学说，至少从以下两个方面不能满足自然资源物权理论自身发展的要求：第一，无法对自然资源物权进行全面的概括。从目前的研究现状而言，在民法思维先入为主的思维定势影响下，至少缺乏对土地权利从自然资源角度的研究和分析。第二，缺乏理论研究的前瞻性，无法满足自然资源物权某些新兴权利类型形成和发展的需要。原有在该方面的理论研究基本上集中于采矿权、养殖权等已经在现实生活中大量存在的权利类型，而对于像海域物权这样形成较晚但已经在事实上存在的新兴权利形态，则基本上属于研究中的空白领域，而且由于系统性基础理论的缺乏，权利的形成和发展无所依托。

因此，目前对有关自然资源物权理论的研究，有必要在原有研究成果的基础上，转换研究视角，以自然资源的特殊属性为起点，从整体上对系统化的自然资源物权理论体系展开探索性的研究。

（三）海域物权的基本理论特征

1. 海域物权是与土地物权并列的一类不动产物权类型

民法上历来都存在着动产与不动产的区分，尽管各国法律对区分动产和不动产的标准有着不尽相同的规定，但不动产一直是各国物权制度规范的重点所在。根据我国《担保法》第92条的规定，我国法律上的不动产包括：土地、房屋和林木等地上定着物。从现实中来看，土地因其特殊的经济和社会功能，从一开始就受到物权制度设计的重视，成为历来物权立法之中的重中之重，并以土地物权为核心，构建了物权法律之中不动产物权的权利体系。

土地实际上是一类非常重要的自然资源，而且是众多自然资源类型中最早进入法律调整的范围，并且一直受到民事立法尤其是物权法的青睐，这种局面的形成，其原因是多方面的。首先，就社会发展对土地的需求而言，自从原始社会以来，人类社会几乎所有的经济活动包括人自身的生存繁衍在内，几乎一时一刻都离不开土地，土地一直是人类社会生存和发展最具基础性的物质资料。但是，土地总量是稀缺的，而且土地又是在诸多自然资源类型中最为易于被人为方式划分的，这两方面不仅决定了必须对土地进行分配的社会现实需求，同时也使土地满足了物权法对其的特定性要求，因此，土地物权的最早产生也就顺理成章。其次，从土地自身的社会功能来说，土地是一种基础性的自然资源类型，其具有物质承载性，为社会的生产生活提供了必要的场所，土地同时具有的生产能力又使其成为广义上农业生产的必需，另外，土地中还蕴涵有大量其他类型的自然资源，决定了大多数"以物的采掘"为目的的社会经济活动也必须以土地的利用为基本的前提条件。承载如此复杂的社会功能，基于利益分配与协调的现实需求，土地成为物权制度设计关注的焦点也就不足为奇。

尽管土地的重要性显而易见，但就目前不动产物权的理论和实践而言，存在着明显的结构性缺陷，即忽略了对围绕海域所进行的物权制度设计的理论分析和立法实践，这种局面的形成主要产生于以下两方面的原因：首先，农耕社会作为社会文明进化的起点，在人类社会的发展过程中占据了很大的比重，而在农耕社会中，社会基本的生产生活方式与海域的利用无直接的相关性，再加上受技术条件的限制，除了极有限的"舟楫之利"和零星的养殖和捕捞活动之外，对海域的水需求并无更多表现，这就在一定程度上使海域在特定社会发展阶段缺乏成为物权关注对象的现实基础。其次，长期以来社会对海域资源的定位也在很大程度上阻碍了海域物权的出现。基于历史和现实的原因，包括我国在内的世界各国一般都是从国际法的意义上去认识海域的，即便是从国内法的角度出发，也更多是仅就公法意义而言，因此，法律对海域规范的重点在于与国家安全及国家利益密切相关的界限划分、防务等问题，其中也涉及一些社会性的经济开发活动，但基本上还是以行政管理为重点，海域资源的财产属性一直没有得到充分的重视。

虽然基于上述原因，海域物权的成长先天不足，但不容否认的是，随着基本社会情势的发展变化，海域已经逐渐取得了类似于土地的不动产地位，必须对此引起充分的重视，并及时在相关的物权理论和实践中有所回应。首先，进入 21 世纪之后，随着科技的飞速发展，再加之陆上资源的日趋枯竭，世界各国必须逐步实现从陆地向海洋的战略重点转移，海洋将成为与土地并存的人类生产和生活的重要场所和基本物质资料，除了国防和日常行政管理的需要之外，围绕各种海洋开发活动的权利边界及利益冲突必然需要体系化的制度安排予以解决，以海域为主要规范对象的物权权利体系应成为相关制度安排核心和基础。其次，就目前的科学技术水平及其发展趋势来看，对海域的利用方式和途径将逐步拓展，使海域将成为类似于土地的一类具有基础性的自然资源类型。目前，交通航运用海、养殖用海、捕捞用海、矿业用海、盐业用海、旅游用海等海域开发利用的规模和程度不断拓展，甚至已经有人提出构建"海底城市"的设想，所有这些都再明确不过地说明，随着社会的发展进步，海域所承载的社会功能以远非往昔可同日而语，其已经具备物权制度生成和发展的社会现实基础。最后，海域资源同土地资源类似，同样具备特定化的前提。对于土地资源的特定化问题，学者们一般认为："绵延无垠之土地，在形式上或物理上本非独立之物，但依社会经济观念，仍可依人为方式予以划分，而按宗登记，赋予地号，则各该地号之土地自得分别成立物权。"① 同样思路可以适用于海域，通过目前已经完全达到的一些技术手段，完全可以对海域的位置、界址、面积、使用期限、海域等级等指标进行人为确定，完全可以满足物权的特定化要求。

物权制度应该是一个不断发展和更新的权利体系，因为"物权制度既是因人类为生活，必须支配外界物资而存在，与人类之存续，攸息相关，则其内容与构造，自与人类各时代之发展，以及社会背景之不同而有异"。目前，我们所面临的基本社会情势是，海域已经逐渐取得了类似于土地的不动产地位，那么，围绕海域的开发利用构建不同产物权的权利体系已经势在必行。

2. 海域物权受民事立法和特别立法的共同规范

同样作为物权的客体，海域和一般的物有很大的不同，它们最大的区别在于，对一般的物的支配主要是为了满足社会个体对物的实用性要求，而以各种开发利用方式为主要表现方式的对海域的支配和使用，不仅要满足各开发利用主体的个体利益需求，同时也必须满足社会公共利益和海洋生态保护的要求。所以，海域物权所包含的价值判断是多元的，它虽然借用了物权的表现形式，但其作为一种新兴的特殊物权类型，已经超越了传统物权"私"的思维定势，在肯定其一定的私权属性的同时，其中所包含的公共的因素已然和权利本身不可分离。这一点反映到立法上，海域物权必然要受到民事立法中的物权法和专门针对海域的特别立法的共同规范，其中在物权法中主要是规定海域物权与其他类型物权具有共性的一些问题，包括权利的特定性、权利的财产属性、权利的可流转性等问题，而在专门针对海域的特别立法中，则需要从对海域的公共管理角度出发，对海域物权在实际运作中的一些国家的干预措施及其方式和途径作出明确的界定。海域物权的这一特点，充分表明了在自然资源物权领域私权公权化和公权私权化的发展趋势，同时也是海域物权包含有多元价值判断的具体体现。

3. 海域物权不以"对物的采掘"为目的

尽管对自然资源开发利用的方式和途径千差万别，但正如前文所述，可以大致将其分为三类：将自然资源作为物质载体的、利用自然资源自身的生产能力的、直接获取自然资源的，其中最后一种在学理上被称为"对物的采掘"。在这三中基本的分类中，"对物的采掘"与前两种最根本的区别在于，"对物的采掘"只直接将处于自然赋存状态下的自然资源转化为资源产品，而前两种利用方式则是以特定的自然资源为媒介完成一定的社会经济活动，如果说"对物的采掘"是一种消耗性的利用方式，那么前两种对自然资源的利用方式则在更大程度上能够保持自然资源原有赋存状态的不变。

一般而言，适用于前两类利用方式的，只能是那些具有基础性地位的自然资源类型，最为典型的即为土地和海域。因此，在这个方面，海域物权和土地物权是一样的，都不以

① 谢在全：《民法物权论》，20 页，北京，中国政法大学出版社，1999。

"对物的采掘为目的"，除了所有权之外，土地物权还包括地上权、永佃权、地役权等以用益为目的的权利类型，而采矿权、地下水的取水权等一般不列入土地物权，海域物权的权利体系设计也应如此。对这个方面的强调，其理论和实践意义在于，厘清海域物权的内涵和外延，不能因为海域对其他类型自然资源的承载，就想当然地把那些以对其他类型自然资源的采掘为目的的权利设计也作为海域物权看待，这不仅在理论上无法自圆其说，更会在实践中导致严重的权利冲突。

从与传统民法物权理论衔接的角度来说，海域物权不以"对物的采掘"为目的，这也就在一定程度上决定了对海域的开发利用保持了其原有赋存状态的不变，基本吻合传统民法物权理论中对用益物权的要求。因此，除所有权之外，围绕海域开发利用所产生的海域使用权是符合用益物权的理论特征的，无论从理论上还是在实践中都完全可以将其归纳到用益物权的基本范畴之中。

【推荐阅读文献】

1. 王利明. 物权法研究. 北京：中国人民大学出版社，2002
2. 崔建远. 准物权研究. 北京：法律出版社，2003
3. 徐涤宇. 环境观念的变迁和物权制度的重构. 法学，2003（9）
4. 尹田主编. 中国海域物权制度研究. 北京：中国法制出版社，2004

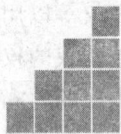

第十七专题

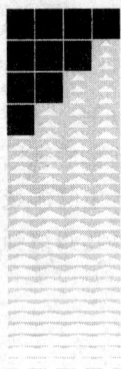

我国海岛管理的法律问题研究

海岛是我国经济社会发展中一个非常特殊的区域，具有很高的资源、生态、经济和军事价值，对维护国家海洋权益具有重大意义。由于海岛具有独立、封闭、生态系统脆弱、土地资源有限等特点，且其分布范围广，地区跨度大，加之海岛的利用要求和保护条件因岛而异，因此，针对海岛的管理制度应该既不同于陆地资源的管理制度，甚至也有别于针对海域的管理制度（尽管从广义上说，海岛也是海域的组成部分）。多年来我国在海岛管理方面已经积累了许多宝贵的经验，特别是 2003 年《无居民海岛保护与利用管理规定》颁布实施以后，我国海岛管理制度日趋完善，但不可否认的是，我国在海岛权属管理、海岛规划、海岛保护与利用的利益分配以及海岛管理行政体制等方面还存在诸多缺陷，这些不足之处有待于在海岛立法过程中予以弥补，使我国海岛管理法律制度更趋完善。

一、清晰海岛权属关系是实施海岛管理的前提条件

关于我国海岛的权属问题，由于在我国宪法与法律、行政法规中都没有作出具体明确的文字表述，因此，人们在理论上和实践中的认识都较为混乱。有的地方认为其毗邻海域中的海岛属于本地所有，天经地义，甚至由当地土地部门颁发了集体土地所有权证书，这种错误的确权不仅侵害了国家的海岛所有权制度，而且混淆了有居民海岛和无居民海岛的权利属性；还有的地方认为公民个人可以成为岛主，海岛可以由个人来行使所有权。虽然有一些学者原则性地说明了海岛的权属问题，但争议仍然较大。

1. 有关海岛所有权归属的宪法依据

其实，海岛的所有权归属从现行宪法的规定中还是可以合理推导出来的。我国现行宪法虽然没有对海岛的权利归属关系作出直接的规定，但对自然资源权属问题的规定同样适用于海岛及其资源。从我国《宪法》的规定可以看出，我国宪法对自然资源权属问题的规定是较为清楚的，即没有明确规定私人对自然资源的所有权，自然资源的所有权归属主要包括两个方面：一是国家所有，即全民所有；二是集体所有。[①] 宪法条文除了对矿藏、水流、土地、森林、山岭、草原、荒地、滩涂、宅基地、自留地、自留山的权利属性作了明确规定之外，对于未列明的其他自然资源即"等自然资源"，均应归于国家所有。[②]

由于有居民海岛既包括土地资源，又包括森林、山岭、滩涂、草原、荒地等资源类型。因此，理论上与实践中都很难把有居民海岛视为一种独立的资源种类。依据上文对我国宪法规定的分析，我们可以合理得知，有居民海岛存在国家所有和集体所有两种形式，具体而言：（1）对于有居民海岛中的土地资源，存在国家所有和集体所有两种形式，国家对有居民海岛土地资源的所有权，需要有一个"由法律规定属于国家所有的"前提条件，其他的均为集体所有；（2）有居民海岛上的森林、山岭、滩涂、草原、荒地等资源，也包

---

① 参见《中华人民共和国宪法》第 9、10 条。

② 参见蒋承菘、翟勇：《自然资源法律规范的宪法原则》，载《北京市法学会环境资源法研究会第一届学术研究会论文集》，2004。

括国家所有和集体所有两种形式，但集体所有需要有一个"由法律规定属于集体所有的"前提条件，其他的均为国家所有。（3）对于有居民海岛其他未予明确的资源，完全应当包含在宪法"等自然资源"的范围中，属于国家所有。

对于无居民海岛而言，国家应该是无居民海岛所有权的唯一权利主体，这既合法又合理。一方面，通过上文对现行宪法规定的分析可以推出：无居民海岛只能归入宪法未予明确的其他自然资源，即"等自然资源"之列，归于国家所有。另一方面，因为无居民海岛一般距离大陆较远，其地理位置决定其所有权不宜由管辖能力较差的集体组织来行使。同时，无居民海岛的利用特点是投入大，回报低，缺乏对集体组织成员的利益诱因，这也决定了无居民海岛不适合采用集体土地所有权制度。更有甚者，无居民海岛往往事关国家重大的政治、经济和国防利益，对无居民海岛的利用将会受到大量的禁止性规范和义务性规范的限制。因此，实行对无居民海岛的国家所有，有利于国家出于公共利益的考量对无居民海岛进行统一规划和长远建设。何况，确定无居民海岛归属国家所有，并不会影响对无居民海岛的合理利用。故此，无居民海岛国家所有权制度是一种比集体所有权制度更为合理的制度选择。虽然我国《无居民海岛保护与利用管理规定》宣布无居民海岛属于国家所有①，但其效力层次较低，说服力不足，我国今后的海岛基本法必须予以明确宣示。

2. 海岛使用权的分类及其特殊性

海岛使用权是指非所有权人对海岛进行使用并收益的权利，其权能包括对海岛资源的占有、使用、收益和部分处分权。与海岛的分类相适应，海岛使用权可分为有居民海岛使用权和无居民海岛使用权。海岛使用权因为类型的不同，与陆地上的土地使用权既有联系也有区别。

有居民海岛使用权包括对海岛土地的用益权，在海岛上进行耕作、畜牧的永佃权，在海岛上兴建建筑物、工作物或种植植物而使用海岛的地上权，这些权利在民法上可归属于用益物权。此外，有居民海岛使用权还包括取水权、采矿权与狩猎权等准物权。依此，有居民海岛使用权与陆地上的土地使用权是同一类型的权利。

无居民海岛使用权作为我国自然资源法体系中的一项权利，既具有土地使用权、采矿权等自然资源权利的共性，又具有一定的区别于其他自然资源权利的特殊性。无居民海岛使用权与有居民海岛使用权的内涵不同，其区别体现在：（1）两者的权源不同。前者的权源是无居民海岛的国家所有权；而后者的权源是有居民海岛的国家所有权与集体所有权。（2）两者使用的主要目的不同。除了有特殊用途的海岛之外，使用无居民海岛的主要目的不在于海岛本身，而在于获得滩涂及附近海域的海产品养殖权；而对于有居民海岛的使用与对于陆地上自然资源的使用相比，两者并无实质性的差别。（3）两者的功能及使用价值不同。与有居民海岛的功能及使用价值相比，无居民海岛不仅是国家所有的财产，具有经

---

① 参见《无居民海岛保护与利用管理规定》第3条。

济利益，而且还承担着生态保护、国防安全、领土确定、科学研究等多方面的功能。无居民海岛的经济价值与其他价值相比处于次要地位，因此，在设定无居民海岛使用权时，经济因素并不是首要衡量和考虑的问题。国家可以对特殊用岛的使用权人不征收使用金，但应当加强管理和控制，采取申请审批方式。因此有学者指出，无居民海岛使用权是一种具有借助某种私法形式实现的公共性权利（力），是权利与权力的复合体。来源于无居民海岛国家所有权，由国家行政权力为主导而设定的无居民海岛使用权，充分体现出对无居民海岛这种关系到生态保护、国防安全、社会公正等资源进行初始分配的性质，这自然不同于有居民海岛使用权。（4）两者的内容略有差别。两者虽然都不是单一和简单的权利，而是一系列子权利的集合，如取水权、土地使用权、渔业权等，甚至在观念上和实践中还包含附近海域使用权的内容。但一般情况下，无居民海岛使用权是以整体无居民海岛资源作为客体，包括岛上的建筑物、构筑物、土壤、砂石、动物、植被、淡水以及海岛周围海域等，如此更有利于海岛生态的维护。这方面与有居民海岛使用权存在不同。

3. 海岛使用权登记制度的完善

海岛使用权的取得、变更与丧失必须申请登记，便于管理，也有利于交易。海岛使用权一经登记，即具有法律效力，权利登记者的权利受法律保护，任何单位和个人不得侵犯。并且，任何单位和个人不得就相同的此项权利再次向有关机关申请登记，即使申请也得不到批准。而且，信赖此项登记的善意第三人，也受到法律的保护，即该项登记具有公示力和公信力。根据我国的实际情况，应该要求对海岛使用权实行强行登记制度，即不采自愿原则。

海岛使用权的登记机关是谁？笔者认为，这要结合海岛分类的情况及实际中的做法区别对待。有居民海岛的使用权登记机关应该与《土地管理法》以及《森林法》、《草原法》等其他自然资源法律法规相配套，不宜更改。如我国《土地管理法》及其实施条例规定，土地由人民政府国土行政主管部门登记造册，核发证书。① 因此，对于有居民海岛的土地使用权，也应该明确规定政府的土地管理部门为登记机关，即由人民政府的国土资源行政管理部门负责陆地和有居民海岛土地使用权的统一登记发证工作。但是，有居民海岛的土地使用权证书应该在海洋行政主管部门备案。

而对于无居民海岛的使用权登记机关，无疑只能归属于人民政府海洋行政主管部门。这既有执法手段、监管成本等的考虑，也是海岛本身的特点以及自然资源行业管理的特点使然。由于我国无居民海岛的面积小②，资源有限，基础设施差且往往远离大陆，因此其本身使用价值不大。在实践中，单位或个人取得无居民海岛的使用权，主要还是也必须是利用无居民海岛的滩涂及其毗邻的海域从事养殖业或从事对海岛生态环境不产生破坏影响

---

① 参见我国《土地管理法》第 11、12 条；《土地管理法实施条例》第 4、5、6 条。
② 我国的无居民海岛虽然其数量占全部海岛数量的 94%，但面积却只占全部海岛面积的 2%。这说明，我国绝大多数的无居民海岛面积都很小（1 平方千米以下）。

的诸如观光休闲等其他经营活动。并且无居民海岛本身也只能作为一种独立的自然资源类型进行整体利用，而不适宜于把无居民海岛的自然资源进行分解，分别设定使用权。因此，无居民海岛应该以其整体利用的方式向人民政府海洋行政主管部门申请使用权。海洋行政主管部门的监管重点应是无居民海岛，对无居民海岛使用权的登记制度是其行使监管权的主要方面。

4. 海岛使用权期限的划定

关于海岛最长使用期限的问题，应该具体问题具体分析。笔者认为，对于有居民海岛，可以参照我国《城镇国有土地使用权出让和转让暂行条例》的规定，如规定有居民海岛居住用地的最长使用期为 70 年，其他用地可适用 40 年、50 年的标准。

对于无居民海岛的使用权期限，根据《无居民海岛保护与利用管理规定》，无居民海岛利用期限最长不得超过 50 年。① 这一标准是依据《海域使用管理法》中有关海域使用权最高期限制定的，体现海岛开发与海域使用的密切关系。在实际操作中，有的地方不论海岛利用类别，一律以 50 年作为无居民海岛使用权的期限；有的地方则按海岛用途划分不同的使用期限。② 然而，《无居民海岛保护与利用管理规定》制定的 50 年期限是否合理尚存异议。由于海岛生态系统极为脆弱，其生物多样性指数小、稳定性差，极易遭到损害而产生严重的生态环境问题，而海域环境因其自身具有一定程度的自净能力，相对海岛环境来说较为稳定。因此，比较海域的最长使用期限而制定的无居民海岛最长使用期限缺乏科学依据。

此外，海岛可以进行多种用途的经营使用。用途不同，海岛的环境污染情况不同，对海岛的生态破坏程度也不一样。如生态旅游、能源生产等的污染较小，而港口、养殖等的污染较大。因此，应该针对海岛的用途类别分别制定不同的最长使用期限。我国《无居民海岛保护与利用管理规定》仅指出海岛使用的最高期限，并未根据项目类别规定使用年限，这是其不足之处，海岛立法可考虑予以纠正。

二、海岛规划编制应遵循的法律原则

我国的海岛管理缺乏综合考虑和长远政策，存在多头审批、盲目开发现象，各行业规划在海岛上相互重叠和冲突，海岛利用活动盲目性大，大部分海岛利用程度不高，海岛资源未能得到合理利用，国家海洋权益和国防安全受到威胁。上述现象说明一点，我国缺少科学的海岛规划。因此，编制科学的海岛规划并使之成为海岛管理的行为依据是非常必要的。

编制海岛规划应从海岛的自然属性和资源条件出发，划定海岛的功能并进行分类，确

---

① 参见《无居民海岛保护与利用管理规定》第 15 条。
② 如宁波市规定，旅游、娱乐项目的无居民海岛使用权最高期限为 40 年，其他项目为 50 年。参见《宁波市无居民海岛管理条例》第 12 条。

定海岛的主导功能、利用方向和重点利用项目，把海岛资源利用寓于海岛生态建设之中。[①]为此，编制海岛规划应遵循以下法律原则：一是海岛生态价值保护优先原则；二是海岛的适度利用原则；三是维护国家海洋权益的原则。

1. 海岛生态价值保护优先原则

海岛具有无可估量的军事价值、政治价值、经济价值、科研价值和生态价值，对海岛的利用最理想的结果是，使海岛拥有的这些价值都得到最大化的发挥。但是，实践中人们在海岛的诸多价值选择上往往很难兼顾，实际上都是最大程度地追求海岛的经济价值，而漠视或损害了海岛的生态价值。

保护海岛的生态价值是编制海岛规划的首要任务。不能忽视海岛经济价值的利用及保护，同时更重要的，由于海岛的自身特殊性，更要注重其生态价值的保护。

保护虽然是一种较为极端的利益主张，但对于海岛生态来说，却有着非同寻常的意义。近年来，我国沿海地区在发展经济的旗号下，一味提倡海岛开发，在海岛特别是无居民海岛上随意炸山采石、倾倒垃圾、围海造田、采挖珊瑚等，已经造成了海岛生态系统大规模的退化和破坏[②]，甚至工程项目的大规模围填还造成了许多珍贵海岛的整体灭失。海岛一般有大量裸露的岩石，缺乏淡水资源和土壤资源，这样的生态系统一旦破坏，退化生态系统的土壤和水分很难支撑重建或恢复其生态系统过程。因此，破坏后的海岛生态系统很难恢复。尤其是无居民海岛，由于生态系统过程不能在小尺度上维持，因而无居民小岛的生态恢复目前还无成功的先例。[③] 可见，海岛的生态价值要优先得到保护是非常必要的。

2. 海岛的适度利用原则

在人类的生活、生态、生产三方面的利益主张的基本排序上，应该秉持"以人为本，生态优先"的理念。[④] 保护海岛生态与发展海岛经济是两种不同的利益主张，倡导海岛生态价值优先保护正是这种理念在海岛规划中的反映，虽然排序先后有别，但两者并不矛盾。优先保护海岛的生态价值并不是纯粹的保护其原有状态，不是说不能利用海岛资源，而是强调对海岛资源要合理加以利用，这种利用必须是适度的，不能损害或破坏海岛的生态系统。优先保护海岛生态，其最终目的还是为了确保海岛资源的可持续利用。从此意义上讲，海岛生态保护与海岛适度利用是一个问题的两个方面，因此，在编制海岛规划时就要从整体上进行规划，正确处理海岛生态保护与海岛利用两者之间的关系。

当然，海岛规划应该既包括保护规划又包括利用规划，而利用规划中又包括依据海域环境功能区划对具体的海岛或一定区域海岛的某种形式的利用的禁止等。

---

① 参见顾世显：《试论海岛的持续性生态系统建设》，载《海洋环境科学》第 16 卷，1997 (4)。

② 参见李巧稚：《无居民海岛管理的关键问题研究》，载《海洋管理》，2004 (4)。

③ 参见任海等：《海岛退化生态系统的恢复》，载《生态科学》第 20 卷，2001 年 6 月第 1、2 期。

④ 参见龙翼飞、周珂：《海域物权与相关物权的立法考量》，载尹田主编：《物权法中海域物权的立法安排》，47～48 页，北京，法律出版社，2005 (12)。

3. 维护国家海洋权益的原则

编制海岛规划，必须遵循维护国家海洋权益的原则。海岛不仅构成了我国海上的第一道国防屏障，而且海岛在确定国家领海基线，划分内水、领海、毗连区和专属经济区时具有关键作用。因此，海岛的重要性已不仅仅局限于海岛本身的经济价值，而且直接关系到沿海各国管辖海域的划分，海洋法律制度和海洋权益的确立。在我国已经公布的 77 个领海基点中，位于海岛上的就有 75 个，有些海岛还是重力点、天文点、水准点、全球卫星定位控制点，而目前这些岛屿普遍存在着安全隐患。① 因此，在编制海岛规划时必须把领海基点等特殊用途海岛划定为最严格保护的对象，根据需要，严禁或限制任何挖沙、采石、仓储等经营性行为。

众所周知，有居民海岛和无居民海岛在管理方面有很大的差别，当然海岛规划的内容也自然不同。由于我国对有居民海岛的利用程度几近极限，甚至已超过极限，因此有居民海岛的规划内容不应该是怎样利用的问题，而是如何保护，如何恢复其原有生态的问题；而对于无居民海岛的规划内容，自然也应该把保护其生态系统放在首位，在保护的基础上再根据实际需要规划合理的利用项目。鉴于海岛一旦成为居民永久居住地，其原有生态则很难加以保护。所以，有学者呼吁，从维护海岛生态系统的目的出发，禁止把无居民海岛改变为有居民的海岛。建议在海岛基本法中规定，无居民海岛不得作为公民户籍所在地和法人所在地登记注册，任何人不得申请成为无居民海岛的永久居民。②

三、对特殊用途海岛的保护措施

根据海岛是否具有特殊用途，可把海岛分为一般用途海岛和特殊用途海岛。对特殊用途海岛的保护和管理需要纳入国家法律的保护范围，给予最严格的保护。

1. 我国海岛保护级别的分类

就海岛的自然环境、生态特征以及目前开发利用情况进行综合分析，海岛的保护级别可分为三大类：（1）保护利用类。部分离岸较近、交通便利的海岛由于开发利用较早，目前多已开发过度，对周围环境和生态造成严重影响和破坏，这些海岛可归入保护利用类。对于该类海岛，应当采取"先保护后利用"的原则，采取措施进行整治，并定期监督检查，以期海岛生态和周围海域环境得以恢复后，再根据统一的规划与功能区划，制定合理的利用计划。（2）适度利用类。部分偏远的海岛，至今未有任何开发利用活动的，可归入适度利用类。部分近岸的海岛已有开发利用活动，尚未对海岛生态造成恶劣影响的，也可归入适度利用类。对于该类海岛，海洋行政管理部门应加强监督检查，及时采取措施，严防出现过度开发利用的后果。（3）严格保护类。建有领海基点标志、各种测量标

---

① 参见林英、向畅：《我国加强海岛建设管理》，载《光明日报》，2007-07-28。

② 参见徐祥民、李海清、李懋宁：《生态保护优先：制定海岛法应贯彻的基本原则》，载《海洋开发与管理》，2006（2）。

志、观测台站、验潮站以及导航设施的海岛，即为特殊用途海岛，归入严格保护类。在国家级自然保护区、海洋特别保护区以及国家级、省级风景名胜区的核心区以及缓冲区内的海岛，也可归入严格保护类。对于该类海岛，应严格禁止或限制任何形式的开发利用活动。

2. 特殊用途海岛的严格保护措施

国家根据生态安全、海洋权益、国防安全和科学研究等的需要，设立有特殊用途的海岛，这类海岛包括领海基点所在海岛、国防用途海岛、保护区所在海岛、科学用途海岛等。可见，特殊用途海岛事关国家整体利益和社会公共利益。例如，领海基点所在海岛对于维护国家海洋权益至关重要；有的海岛上设有各种等级的重力点、天文点、水准点、全球卫星定位控制点等设施和标志，具有国防用途、科研用途，对于保障国家安全具有重大意义；有的海岛具有典型性、代表性的生态系统，有的海岛拥有重要的历史遗迹和自然景观，具有特殊的保护价值等。因此，对这些特殊用途海岛必须实行严格的保护制度。根据海岛特殊用途的不同，保护措施也各不相同。

(1) 领海基点作为永久性的国家领域疆界的标志物，对其现状、地位、功能的确立，及其变化过程和结果等，都应当有确切的记录。这样既有利于后来者的查证和考证，更重要的是有利于对其实施有效的保护与管理。当务之急是，要开展我国领海基点海岛的专项调查，以进一步满足领海基点海岛保护与管理的需要，建立领海基点国家档案。开展领海基点的日常性监督管理。在当前海岛法律制度不健全、管理体制不清晰的情况下，海洋行政主管部门应当依据现有政策与规定，对领海基点所在海岛实施监视监测和执法监察，纳入其日常管理事务范围，保证我国海洋主权权益不受损害。对于领海基点所在的海岛，应严格禁止在岛上从事采石、挖沙、砍伐、爆破、射击等破坏活动，对受到破坏的领海基点标志以及保护范围内的地形地貌，应当及时修复。

(2) 对于国防用途的无人海岛，任何单位和个人不得非法登临、占用、破坏，不得用于与国防无关的目的，有居民海岛上的国防用途区域不得非法进入。由于地方经济的发展，对海岛资源的需求也不断增加，国防军事用海与地方经济发展之间的矛盾逐渐显现出来。我国有些地方的原来用于国防的海岛，占据了大量海域和用地，但近年国际形势的变化，军队进行了裁军，空置了大量营房和土地，部分军事用途的海岛实际已被废弃，不再具有军事用途，但仍不由地方支配。这些海岛或军事区域能否转让给地方利用，值得探讨。

(3) 根据海岛生态、自然景观和历史、人文遗迹保护的需要，对具有特殊保护价值的海岛及其周围海域，应建立海岛自然保护区或者海岛特别保护区。对于海岛自然保护区或者海岛特别保护区必须严格保护。

海岛自然保护区是海洋自然保护区的重要组成部分，其主要功能是通过建立海岛自然保护区使人类认识和掌握海洋环境与资源变化的规律及人和自然环境之间的协调关系，以便更合理地利用海洋自然资源，实现海洋环境、资源的可持续发展。[①] 如今人们把海岛自然保护区称为活的海岛自然保护馆、海岛自然资源仓库或自然生态系统和生物种源的集中分布区。越来越多的沿海国通过建立海洋自然保护区使很多濒危物种和资源得到保护。

我国海岛自然保护区可根据自然环境、自然资源状况和保护需要划为核心区、缓冲区、实验区。核心区内禁止一切可能对保护区造成危害或者不良影响的活动。因科学研究的需要，必须进入核心区从事科学研究探测、调查活动的应当事先向保护区管理机构提出申请，并经省级以上人民政府批准；其中，进入国家级海岛自然保护区核心区的必须经国务院有关海洋自然保护区行政主管部门批准。缓冲区内，在保护对象不遭人为破坏和污染的前提下，经保护区管理机构批准，可在限定时间和范围内适当进行观光考察、科学研究、教学实习等活动。实验区内，在保护区管理机构统一规划和指导的前提下，可有计划地进行适度开发活动。

海岛特别保护区在保护的宗旨、目标与对象、选划标准、保护内容及范围、保护的任务和管理方式等方面，都不同于海岛自然保护区。海岛特别保护区是对具有特殊地理条件、生态系统、生物与非生物资源及海岛利用特殊需要划定的区域，应当采取有效保护措施和科学开发方式进行特殊管理。海岛特别保护区主要依据区域的特殊性和该区域及周围区域社会经济发展的需要选划。

（4）在科学用途海岛或者海岛科研区域内，不得从事与科研无关的利用活动，海岛科研区域不得非法进入，科研活动不受妨碍。

四、关于我国海岛管理体制的完善

海岛资源是海洋资源的重要类型，管理海岛资源与管理海洋资源只是管理内容的不同，两者的管理体制并无差异，因此，海岛管理体制与海洋管理体制具有同一性，两者在以下相互使用，含义一致。

我国的海洋管理体制源自于传统陆地上的自然资源管理体制，该管理体制的设置多是出于行政区划的考虑，这使得管理机构对地方利益、部门利益的考虑远远大于对生态环境的保护和自然资源的可持续利用方面的考虑。现在看来，这种管理体制在管理部门、管理职责、管理内容、管理方式等方面都有待于进一步优化。在科学发展观理论指导下，人们对海岛生态保护与资源利用的思维方式发生了变化，相应地也要求海岛管理体制作出积极反映，以实现海岛地区经济、生态环境和社会效益的统一。

1. 我国海岛管理体制现状

目前，我国海岛管理体制实行统一管理与分部门和分级管理相结合的管理模式。

统一管理是指国务院海洋行政主管部门代表国家对全国海洋实施管理，包括对全国海

---

① 参见郭院、吴莉婧、谢新英：《中国海岛自然保护区法律制度初探》，载《中国海洋大学学报（社会科学版）》，2005（3）。

岛保护与利用的监督管理。我国《海域使用管理法》规定："国务院海洋行政主管部门负责全国海域使用的监督管理。"① 隶属于国土资源部的国家海洋局，为国务院海洋行政主管部门，是负责监督管理全国的海域使用和海洋环境保护、依法维护海洋权益、组织海洋科技研究的中央级海洋行政管理部门。在国家海洋局之下，设有多个直属单位，其中有海洋管理权限的为北海、东海和南海三个分局。

分部门管理是指我国海洋资源（包括海岛）由不同的涉海部门进行共同管理，除国家海洋局外，还有国家发改委、国土资源部、农业部、国家环境保护部、交通部、水利部、国家测绘局、国家旅游局、国家气象局、外交部、国家电力公司、中国石油天然气总公司以及一些行业协会等承担与各自部门职能相关领域的管理职能。

分级管理是指沿海省、市（地）、县设立地方海洋管理机构。我国《海域使用管理法》规定："沿海县级以上地方人民政府海洋行政主管部门根据授权，负责本行政区毗邻海域使用的监督管理。"② 地方上的海洋管理模式因不同地区而有所不同，大体分为三种模式：一是海洋与渔业管理结合模式，设立海洋管理与渔政管理结合的"海洋与渔业（或水产）厅"，实施海监字处理的执法和渔政监督，如辽宁、山东、江苏、福建、广东、海南等省，这种类型占大多数；二是国土资源管理机构模式，在国土资源管理部门设置海洋管理机构"国土海洋资源厅"，负责海洋管理和海上执法工作，如河北等省；三是专职海洋管理机构模式，设立职责专一的"海洋行政管理厅、局"，以独立的海洋管理机构进行海洋字处理和海上执法，如吉林、浙江、天津、上海等省（市）。

2. 我国海岛管理体制存在的问题

我国上述的海岛管理体制可以概括为一句话，即产权管理与行政管理相结合、中央与地方相结合、行业管理与综合管理相结合的"三结合"资源管理体制。③ 这种体制存在的弊端逐渐暴露出来。

（1）我国海岛综合管理机制不健全。我国目前已初步建立起了条块结合的海岛管理体制。不同的涉海部门都在加强对于海岛保护与利用的管理，但由于部门职能的局限性，从部门角度强化的行业管理，往往较多地考虑本部门和本行业的利益，而缺乏对国家整体利益的考虑，有的甚至为了当前利益不惜资源浪费或损害其他部门的利益和国家的长远利益。而且，海岛管理机构难免设置重叠、职责不清、各自为政、宏观调控乏力。各级的管理范围、权限不明确，各部门职能分工不明确。正是由于涉海部门较多而彼此之间缺乏统一且有效的协调，各部门自成体系，使得海岛保护与利用秩序混乱，国家海洋公共权力难以体现的问题难以解决。④ 另外，在分部门管理的体制下，一方面各部门的重复建设，造成了人力、财力、物力的巨大浪费，加大了管理成本，另一方面，管理力量分散，降低了

---

①② 《海域使用管理法》第7条。

③ 参见宋增华：《关于我国海洋资源管理体制的改革建议》，载《中国海洋报》，第1561期。

④ 参见许耀亮：《我国海洋管理体制的现状与对策》，载《海洋信息》，1995（5）。

管理效率和管理效果。

(2) 我国海岛资源资产观念不强，海岛资源的产权体系尚未形成。海岛资源利用缺乏长远安排，资源浪费比较严重，适应现代海洋开发趋势和海洋资源管理机制仍未完全建立。但长期以来，人们习惯于海洋资源是自然力量形成的，自身没有经济学意义的价值观念，因而在海岛资源的利用和管理中执行的是资源无价和无偿或低价使用的政策。而且，我国海岛资源的产权体系尚未形成，地方作为海岛资源的具体利用者和实际管理者，在海岛资源的收益上如何与国家合理分配，专属勘探权如何管理，开采优先权如何科学体现等诸多问题有待研究。

(3) 海上执法力量缺乏组织协调性。我国涉海部门众多，海上执法队伍也有若干支，例如：农业部的渔政、交通部的港务监督、国家海洋局的中国海监、海关总署的海关缉私、边防派出所边防巡逻，各沿海省、市、自治区渔业（地方）部门的禁渔线以内巡逻的渔政渔港监督管理队伍，他们按照相应的法律规定，各自执法巡航监视、现场调查取证和现场查处，并向其各自的主管机关报告。其结果是，好管理的工作，管理的部门就多，不好管理或法律界定不清的，就没人管。另外，由于执法力量分属不同的部门而各自为战，不仅造成了人力物力的浪费，而且影响了执法效果。海上执法最主要的手段是公务船，而一艘执法船，少则几百万，多则数千万元，而且使用费用高。部门使用任务单一，若能一船多用，将大大减少各部门建造执法船的费用，充分提高公务船的利用率。这方面，中国渔政和中国海监，进行联合、配合检查，曾有过成功的经验。①

由于我国海岛管理牵涉部门多、分工不明确等原因，造成实践中的"群龙闹海"局面，各自为政、互相推诿等矛盾长期存在，直接损害了我国海岛保护与利用的总体效益，因此，这种管理体制亟待改进。

3. 改进我国海岛管理体制的对策

海岛管理体制问题是海岛立法的关键问题，那么，怎样改进我国现有的海岛管理体制呢？有学者提出，现行管理体制应该推倒重来，即改革海洋资源行政管理体制。建议在中央与沿海各省、市、县组建海洋综合管理部门，整合国土、海洋、渔业等部门的涉海职能，一是将海洋渔业管理职能并入海洋综合管理部门，二是将海洋矿产资源管理职能并入海洋综合管理部门。另外，为解决海洋资源行政管理部门与其他相关管理部门的协调问题，建议成立诸如"海洋管理委员会"或"海洋工作领导小组"之类的协调机构，其成员包括新成立的海洋资源管理、环境保护、旅游管理、盐业管理、水利、海事、旅游、科技及教育等部门，办公室可设在新成立的海洋资源管理部门，以便对海洋资源开发利用活动中出现的重大问题进行协商，从而形成海洋资源管理的第二个支撑层面。这是一种大胆的设想。但是，推倒原有管理体制，组建新的管理部门，不仅改革成本过大，而且，机构的

---

① 参见许耀亮：《我国海洋管理体制的现状与对策》，载《海洋信息》，1995（5）。

改革涉及国家管理体制的方方面面，牵一发而动全身，绝非易事。

笔者认为，较为理想的海岛管理体制是统一的综合管理体制。海岛管理是一个系统工程，涉及众多领域，在管理体制上建立相对集中且功能专门化的管理机制是一种发展趋势。根据决策理论，管理主体越多、越分散，管理责任就会趋于松弛，难以实现既定目标。因此，在我国海岛管理领域既需要适度集权，也需要分权与平衡。当然，基于海岛自身的特性，没有任何一个国家仅依靠一个部门就能管理好海岛，这需要不同行业的参与。统一的综合管理模式是在新形势下海岛管理的前提条件，即以国家海洋局为主体，其他相关部门相互配合，对海洋的空间、资源、环境和权益等进行全面地、统筹协调地管理。这种综合管理体制绝不是前文所述的重新组建一个海洋综合管理部门。

我国由多个涉海行业共同管理海岛，易产生权力的交叉与分割，形成"群龙闹海"的局面。而海岛自身的相互依存性和复杂性客观上需要多个行业相互配合，这就需要有广泛的协调和处理机构之间冲突的机制，统筹协调海事、渔业、环保、海关、边防、检疫等各方面的管理，协调各相关部门、组织的海岛利用保护等活动，从机制上保障海岛综合管理的实施。我国也可以考虑建立一个协调机构来执行政策协调、监测数据处理、交流与共享、海上执法任务调度以及海上救济等职能。该机构可以由相关部门代表组成，以有助于政策协调与效率提高。①

目前，我国基本上每年举行一次全国性的海岛市、县长联席会和全国海岛市、县（区）科委主任联席会。这两个联席会都是在各海岛市、县的共同倡议下召开的并已成为制度化。全国海岛市、县长联席会和全国海岛市、县科委主任联席会均由自愿参加的各海岛市、县轮流承办。有学者考虑，在不增设机构和增编的条件下，在海岛市、县（区）长联席会议基础上，成立全国海岛开发建设协调委员会，建立起固定的协商制度，并在国家海洋局设立海岛管理司，成为委员会的日常办事机构和海洋局的一个职能部门。这样，对海岛的利用、保护和生态建设是十分有利的。② 2007 年，国家海洋局已经成立了领导小组办公室，具体负责海岛工作的协调和组织实施，并制定了工作方案。③

对于地方海岛管理机制，应鼓励沿海地区建立跨行政区域的综合管理协调机制，如渤海地区相关政府建立渤海地区综合管理协调机制，针对这一海域包括海岛的问题进行跨行政区的统筹和协调。

2007 年 6 月，国土资源部、国家发展改革委和国家海洋局在京联合组织召开了首次国家海岛调研规划和政策研究工作领导小组会议。会议宣读成立了由中央 16 个部门参加的领导小组组成名单，研究讨论了海岛规划立法和政策研究等工作的实施意见，强调在充分调研的基础上，按期完成各项任务。主要内容包括：坚持保护为主、适度开发的原则，保护

---

① 参见李建设：《进一步完善我国海洋行政执法体制》，载《中国海洋报》，第 1578 期。
② 参见顾世显：《试论海岛的持续性生态系统建设》，载《海洋环境科学》第 16 卷，1997（4）。
③ 参见林英、向畅：《我国加强海岛建设管理》，载《光明日报》，2007-07-28。

海岛资源和生态，维护国家海洋权益和国防安全；调整海岛开发秩序，扬长避短，发展海岛港口、旅游、渔业及海洋能源等资源优势产业；增加对海岛基础设施的资金投入，切实解决海岛居民吃水难、行路难、出航难、避风难和电力不足、通讯不畅等问题；建立和完善海岛保护和开发法律制度体系，加强海岛生态和环境管理等。① 这次会议不仅对我国海岛利用、保护和管理等有关问题的探讨具有积极意义，而且对探索我国的海岛管理体制也具有实际意义。

【推荐阅读文献】

1. 朱晓燕，薛锋刚. 国外海岛自然保护区立法模式比较研究. 海洋开发与管理，2005（2）

2. 林英，向畅. 我国加强海岛建设管理. 光明日报，2007-07-28

3. 徐祥民，李海清，李懋宁. 生态保护优先：制定海岛法应贯彻的基本原则. 海洋开发与管理，2006（2）

4. 尹田主编. 物权法中海域物权的立法安排. 北京：法律出版社，2005

5. 尹田主编. 中国海域物权的理论与实践. 北京：中国法制出版社，2004

---

① 参见苏涛：《我国海岛保护管理步伐加快 国家海岛调研规划和政策研究工作全面启动》，载《中国海洋报》，2007-06-29。

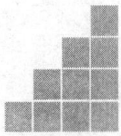

林权改革与森林法研究

一、林权的概念和特征

(一) 林权及其相关概念的辨析

关于林权的概念，目前主要有三种理解：一种观点认为林权是指权利人对森林、林木和林地依法享有的所有权和使用权。[①] 包括森林的国家所有权，集体所有权及个人的林木所有权和林地使用权。第二种理解：林权是指国家、集体、自然人、法人或其他组织对森林、林木和林地依法享有的占有，使用、收益或者处分的权利，包括森林、林木和林地所有权，森林、林木和林地使用权与林地承包经营权等财产性权利。[②] 第三种理解是森林指森林资源非所有人依法取得的自主开发森林资源获取收益的民事权利。其与森林资源的所有权和林木的所有权是不同的概念。其基本内容包括：森林的采伐利用权，林业资源的采集权、造林权、流转权与抵押权以及森林景观的开发利用权。[③] 以上理解均有一定的合理性。但笔者认为，森林、林木、森林资源及林地使用权是相关但不相同的概念。林权制度改革中所使用的"林权"一词，准确的理解应指集体森林或林木的所有权。

森林是以乔木为主体，乔、灌、草多种类植物和动物、微生物群体的共生相结合的，与其相应的水、土、气资源共处于同一空间范围的自然综合体。我国《森林法实施条例》第2条明确规定："森林，包括乔木和竹林。"联合国粮农组织将森林解释为："凡生长着以任何大小林木为主体的植物群落，不论采伐与否，具有生产木材或其他林产品的能力，并能影响气候和水文状况，或能庇护家畜和野兽的土地，称为森林。"可见，森林是一定区域内以乔木为主体的植物群落。根据我国《森林法》的规定，森林分为防护林、用材林、经济林、薪炭林和特种用途林五类。森林资源是比森林更宽泛的概念，它除了包括森林、林地、林木、之外还包括依托其而生存的动植物和微生物。根据我国《宪法》和《森林法》的规定，森林资源属于国家所有，由法律规定属于集体所有的除外。森林资源所有权的主体只能是国家和农民集体。

林木是森林资源的重要组成部分，其包括树木和竹子。而任何林木都植根于土地之上并依赖土地而生存，不可能脱离林地而存在，其与土地具有不可分割性。因此，处于生长过程中的林木在通常情况下都与林地成为一体，在林地所有权与使用权相分离的情况下，林木所有权与林地使用权属于同一权利主体，并在权属发生变更时相互随之转移。但这并不影响林地使用权独立存在。

林地属于土地的一种，其主要是指郁闭度0.2以上的乔木林地以及竹林地、灌木林地、疏林地、采伐迹地、火烧迹地、未成林造林地、苗圃地和县级以上人民政府规划的宜林地。在我国现行制度下，林地的所有权主体只能是国家和农民集体。林地使用权是

---

① 参见吴勇：《林权法律问题研究》，载《中国林业》，2003 (5)。
② 参见刘宏明：《我国林权若干法律问题研究》，载《北京林业大学学报》(社会版)，2004 (12)。
③ 参见高桂林、吴国刚：《我国林权制度构建之研究》，载《法学杂志》，2005 (5)。

指林木所有者依法取得的对其林木赖以生存之土地所享有的占有、使用、收益以及在特定条件下予以处分的权利。其性质是用益物权。用益物权是用益物权人对他人所有的不动产或者动产，依法享有的占有、使用和收益的权利。作为用益物权的林地使用权的客体是土地。林地使用权的主体是林地的使用者，一般情况下是林木的所有者。具体而言，林地使用权的客体是特定范围的林地而非林木，因此，其不可能作为林权的客体，成为林权的内容。

根据我国《森林法》及其实施条例的规定，国家所有的和集体所有的森林，林木和林地，个人所有的林木和使用的林地，由县级以上人民政府登记造册，发放证书，确认所有权和使用权。《中华人民共和国农村土地承包法》第3条规定，包括林地在内的土地采取农村集体经济组织内部的家庭承包方式，不宜采取家庭承包方式的荒山、荒沟、荒丘、荒滩等农村土地，可以采取拍卖，招标，协商等方式承包。可见在某些情况下，林地使用权的取得与一般农村土地承包经营权的取得在方式上存在相互交叉的情况。林权就其性质而言属于自物权而非他物权，其客体应是权利人依法享有所有权的森林或林木。（其与林地承包经营权具有不同的性质和内容）。正因如此，经过林权制度改革后依法享有林权的权利人，才能对其依法取得的森林或林木享有排他性的占有权、利用权、直接支配权和特定情况下的处置权。但由林木与土地的特殊关系所决定，在林木以活立木的形式转让时，林地的使用权必然随之转移。林地使用权的转移既是林木所有权转移的结果，又是林木所有权转移的前提，但这并不意味着它就是林权的客体。林地使用权作为他物权中的用益物权，其取得、行使和变更应遵循用益物权的法律规则。

目前，各地的林权制度改革方案及相关文件中使用的"林权"一词不是法定概念，具有较大的不确定性。从字面上讲，林权是一个很抽象的概念，其本身既不能表明其客体是林木、森林还是林地使用权，同时也无法表明其权利性质是所有权、使用权还是经营管理权。从而导致大多数人对其作了宽泛的理解，将所有相关的权利囊括其中，并将其定义为森林、林木的所有权和林地的使用权。事实上，作为改革对象的是集体所有的森林所有权的归属，经过改革后林农取得的"林权"的客体一般都是以森林或山地的形态存在，并以土地面积为单位来划分的，与林木及其数量没有直接关系。因此，笔者认为能将森林、林木的所有权和林地的使用权这三种权利涵盖在内的应该是森林所有权（林地所有权除外）而不是抽象的林权。但考虑到经过几年的使用人们已经接受并习惯了"林权"这一用语，在此我们还是使用了"林权"一词，但笔者所理解的林权主要是指森林、林木的所有权。而在林权制度改革中所指的林权是一个抽象的概念，可以将其理解为林业产权的总称，包括森林、林木的所有权、林地的使用权及对林业生产的经营权。

（二）林权的特征

由森林、林木的自然属性和社会经济属性所决定，林权作为财产权的一种，其具有一般财产权之属性的同时，也具有不同于一般财产权的特征，即林权的行使要受到较多的限制。

1. 权利主体在行使森林、林木的经营管理权时，要严格遵守国家法律的规定。森林和林木是整个生态环境的重要构成因素，是关系到公共利益、社会利益，乃至国计民生的重要自然资源，其开发、利用和经营是一种社会行为，不能是权利人或经营管理权人完全的自由意志，必然要受到公权力及社会公共利益的制约。

2. 权利人在采伐森林或林木时必须取得采伐许可证。为了保证森林、林木的生态功能，保持其生态效益，我国《森林法》明确规定，采伐林木必须申请采伐许可证，并按许可证的规定进行采伐。国有林业企业、事业单位申请采伐许可证时，必须提出伐区调查设计文件。其他单位申请采伐许可证时，必须提交有关采伐目的、地点、林种、林况、面积、蓄积、方式和更新措施等文件。对采伐作业不符合规定的单位，发放采伐许可证的部门有权收缴采伐许可证，中止其采伐，直到纠正为止。这表明林权权利人对其依法享有所有权和经营管理权的森林或林木之处分权的行使，受到国家公权力的严格限制。

3. 林权主体对采伐权的行使受到年采伐限额的限制。国家根据用材林的消耗量低于生产量的原则，严格控制森林年砍伐量。明确规定，国家所有的森林和林木以国有林业企业事业单位、农场、厂矿为单位，集体所有的森林和林木，个人所有的林木以县为单位，制定年森林采伐限额，由省、自治区、直辖市人民政府林业主管部门汇总、平衡，经本级人民政府审核后，报国务院批准，其中重点林区的年采伐限额，由国务院林业部门审核后，报国务院批准。除农村居民采伐自留山上个人所有的薪炭林和自留地、房前屋后个人所有的零星林木外，采伐森林、林木作为商品销售的，必须纳入国家年度木材生产计划。林木所有者对其享有所有权的森林、林木的采伐，要受到国家年度木材生产计划和采伐限额的限制。

4. 林权主体在行使采伐权时，还要受到法定采伐方式的限制。根据我国《森林法》的规定，采伐森林和林木必须遵守下列规定：（1）成熟的用材林应当根据不同情况，分别采取择伐、皆伐和渐伐方式，皆伐应当严格控制，并在采伐的当年或者次年内完成更新造林；（2）防护林和特种用材林中的国防林、母树林、环境保护林、风景林，只能进行抚育和更新性质的采伐；（3）特种用途林中的名胜古迹和革命纪念地的林木、自然保护区的森林，严禁采伐。

5. 林权主体在行使采伐权时负有更新义务。我国《森林采伐更新管理办法》第14条规定，采伐林木的单位和个人，应当按照优先发展人工更新、人工促进天然更新、天然更新相结合的原则，在采伐的当年或者次年内必须完成更新造林任务，并明确要求更新质量应达到的标准，即人工更新当年成活率应当不低于85%，三年后保存率应当不低于80%；人工促进天然更新，补植、补播后的成活率和保存率达到人工更新的标准；天然下种前整地的，达到本条第三项规定的自然更新标准；天然更新，每公顷皆伐迹地应当保留健壮目的树种幼树不少于3 000株或者幼苗不少于6 000株，更新均匀度应当不低于60%。

除上述限制和义务外，林权主体还负有护林、防火、防治森林病虫害，以及根据当地政府的规定封山育林等义务。就此而言，林权的行使要受到很多限制，但这并不影响林权的物权属性，其主要取决于林权客体的特殊性和多功能性。

二、林权改革问题的提出

从实践来看，林权制度改革始终与我国的林业生产和林业经济相伴而行，并对林业经济的发展有着重要的影响。

新中国成立初期，通过实施《土地改革法》农民分得了属于自己的山林。从 1953 年开始合作化，经过互助组—初级社—高级社—人民公社几次大的变革，到 1958 年农民的山林统归公社集体所有。此后，在农村"一大二公"的体制下，集体林区私有林几乎被完全取消，集体林实行"两权合一、统一经营"的管理体制。从 20 世纪 80 年代以来，围绕如何管好集体林，开创集体林有效经营的新路子，促进集体林业发展，各地一直在进行改革探索。二十多年来，主要经历了三个时期：

1. 林业"三定"政策落实时期。1981 年至 1983 年，在农村联产承包的影响下，中共中央国务院发布了《关于保护森林发展林业若干问题的决定》，在全国实施了"稳定山权林权、划定自留山和确定林业生产责任制"为内容的林业"三定"政策，广大农民分到了自留山，承包了责任山，长期受"一大二公"体制束缚的林业生产力得到了初步的解放。当时，在南方的湖南、江西等一些集体林区，采取了分山分林到户，对宜林荒山荒地实行"谁造谁有"的政策。通过林业"三定"工作，稳定了山权林权，为林业依法、有序管理奠定了很好基础，取得了较大成果。但是，当时由于大环境——社会主义市场经济体制尚待建立，多年的计划经济色彩尚未消除，林业"三定"配套政策和操作指导不到位，观念转换和政策宣传不到家，农民对林改缺乏认识和信任，政府部门工作量大，确权发证工作粗放，简单照搬农村家庭联产承包责任制的做法，忽视了当时的社会经济条件和林业生产规律，加上配套措施没有跟上，因而并没有像期望的那样激发林农造林育林的积极性，一些地方出现了"山分到哪里就砍到哪里"的现象，森林资源遭到严重破坏。

2. 完善林业生产责任制探索时期。1987 年中共中央、国务院发布了《关于加强南方集体林区森林资源管理坚决制止乱砍滥伐的指示》，要求"集体所有集中成片的用材林，凡没有分到户的不得再分"。在江西等省采取了立即停止分山到户，实行"两山并一山"，鼓励各地将部分山林收归乡村集体统一经营，大办乡村林场等措施。90 年代初开展"消灭荒山"运动时，对分到户尚未绿化的荒山收归集体统一造林，然后创办乡村林场统一管理。福建省注重改革创新，早在 1987 年，三明市就被国务院批准设立为全国南方集体林区改革试验区，并创造了"分股不分山、分利不分林"的林业股份合作制，被誉为"中国农民的伟大实践"。90 年代又开展了以"明晰产权，分类经营，落实承包，保障权益"为主要内容的集体林经营体制改革，开展了商品林林政资源管理、木竹税费、木材林产品流通、林业分类经营、国有林业企业等一系列改革。山西、内蒙古等省、自治区 90 年代初开展拍卖荒山、荒坡、荒滩、荒沟（简称"四荒"）使用权，加速小流域治理。辽宁省 1997 年至 2000 年在本溪市开展了以办好"两场"、完善"两包"、放活"两山"、规范"两卖"、减轻林农税费负担，大力发展林业产业化为主的集体林经济体制改革。湖南、贵州等省因地制宜，采取多种措施，积极引导兴办股份制合作林场，促进联合经营。

3. 深化林业产权制度改革时期。2003 年，中共中央国务院《关于加快林业发展的决定》发布后，促进了以产权制度为核心的林业各项改革。福建省在全国率先开展了以"明晰所有权，放活经营权，落实处置权，确保收益权"为主要内容的集体林权制度改革，为南方集体林区改革和发展创造了许多新的经验。2004 年，江西省开展了以"明晰产权，减轻税费，放活经营，规范流转"为主要内容的集体林业产权制度改革。2005 年，辽宁省开展了以"明晰产权、放活经营、规范流转"为主要内容的集体林产权制度改革。其他各省也开展了各种改革。如浙江省开展了延长山林承包期工作。山西、内蒙古采取了丘陵山区集体林均分到户、平原农田林网竞价拍卖、沟壑纵横区"四荒"拍卖等做法。"天保工程"实施后，一些地方实行了集体天然林委托家庭管护等做法。为发展非公有制经济，一些地方鼓励以木材为原料的企业自办基地造林和大户承包造林，推动活立木拍卖招标竞买经营等。①

自改革开放以来，我国各行各业的生产水平都有了很大的提高，林业也有了突飞猛进的发展。随着林业"六大工程"的不断推进和社会主义市场经济体制的不断完善。林业发展中的一些深层次问题日益显现。尤其是林业产权归属不清，权责不明、利益分配不合理，林农负担过重、经营机制不活、产权流转不畅和不规范等问题，严重制约了林业的进一步发展。② 2003 年中共中央国务院以中发（2003）9 号文件作出了《关于加快林业发展的决定》，明确提出进一步完善林业产权制度的要求。明确指出要依法严格保护林权所有者的财产权，维护其合法权益。对权属明确并已核发林权证的，要切实维护林权证的法律效力；对权属明确尚未核发林权证的，要尽快核发；对权属不清或有争议的，要抓紧明晰或调处，并尽快核发权属证明。对目前仍由集体统一经营管理的山林，要区别对待，分类指导，积极探索有效的经营形式。凡群众比较满意、经营状况良好的股份合作林场、联办林场等，要继续保持经营形式的稳定，并不断完善。对其他集中连片的有林地，可采取"分股不分山、分利不分林"的形式，将产权逐步明晰到个人。对零星分散的有林地，可将林木所有权和林地使用权合理作价后，转让给个人经营。对宜林荒山荒地，可直接采取分包到户、招标、拍卖等形式确定经营主体，也可以由集体统一组织开发后，再以适当方式确定经营主体；对造林难度大的宜林荒山荒地，可通过公开招标的方式，将一定期限的使用权无偿转让给有能力的单位或个人开发经营，但必须限期绿化。不管采取哪种形式，都要经过本集体经济组织成员的民主决策，集体经济组织内部的成员享有优先经营权。

从实践来看，随着我国经济体制改革的不断深入，社会主义市场经济体制已初步建立

---

① 参见国家林业局政策法规司：《17 省（区、市）集体林权制度改革调研总报告》。

② 参见刘合胜：《加快推进林业产权制度改革是发展林业生产力的根本措施》，载《北京林业管理干部学院学报》，2005（2）。

并逐步完善。市场对资源配置的基础作用越来越大。但林业生产中的各种利益关系却长期没有改变。这已明显不能适应生产力进一步发展的需要。虽然为落实和完善林业产权制度，一些集体林区曾实行过林业"三定"（稳定山权林权，划定自留山和落实林业生产责任制）和"分林到户"、"两山并一山"（责任山、自留山并为自营山）。但过去的改革没有真正解决权属清晰、放活经营权、确保收益权等问题。① 实践中存在的一些普遍性的问题，严重地阻碍了林业的发展，影响了林农的生产积极性。

1. 林农收入增长缓慢。我国山区面积占国土面积的 2/3。林业是山区农村的一项支柱产业，许多山区县的财政收入和农民的收入主要来自林业。但过去由于林业各种税费过重，加上县、乡、村不合理收费，税费总和普遍超过木材销售价格的 50% 以上，再除去必要的成本，使山区农民在林业经营中收益微薄，农民的合法权益得不到保障。②

2. 有些地方，在二轮承包期满后，没有及时续期，解决下一轮承包的问题，因权属不明确，导致经营管理粗放，林农生产积极性不高，效益不佳。

3. 有的地方在没有经过林农同意的情况下，将原来划分给农户经营的自留山和责任山收归集体，打乱了原来的承包关系，造成新的权属关系混乱，纠纷频生。

4. 有的地方村委会或林场，不经村民大会或林场职工代表大会同意擅自低价转让山林，损害林地和林木所有者的合法权益，引起群众的不满。这些问题的存在，严重地影响了林农的生产积极性，阻碍了林业的进一步发展。对我国现行林业产权制度进行改革，已成为客观的需要和林业进一步发展的必然要求。

为解决林业产权制度存在的突出问题，福建、江西、浙江等省先后对林权制度改革进行大胆的探索和有益的尝试，并取得了明显的效果。

三、林业产权制度改革的目标、任务和原则

中共中央国务院《关于加快林业发展的决定》，明确指出进一步完善林业产权制度。这是调动社会各方面造林积极性，促进林业更好更快发展的重要基础。要依法严格保护林权所有者的财产权，维护其合法权益。对权属明确并已核发林权证的，要确实维护林权证的法律效力；对权属明确尚未核发林权证的，要尽快核发；对权属不清有争议的，要抓紧明晰和调处，并尽快核发权属证明。对目前仍由集体统一经管的山林，要区别对待，分类指导积极探索有效的经营形式。

为了贯彻"决定"精神，福建、江西、辽宁等省大胆探索，率先试点，大刀阔斧地进行林业产权制度的改革。如福建省人民政府在总结过去对集体林权制度改革经验的基础上，于 2003 年 4 月发布了《关于推进集体林权制度改革的意见》，确立了林权制度改革的总体目标，即用 3 年的时间，全省基本完成集体林权制度改革任务，实现"山有其主、主

---

①② 参见刘合胜：《加快推进林业产权制度改革是发展林业生产力的根本措施》，载《北京林业管理干部学院学报》，2005（2）。

有其权、权有其责、责有其利"的目标，建立经营主体多元化，权、责、利相统一的集体经营管理新机制。而江西省林权制度改革的目标则集中体现为五个确保；即确保林农的合法权益得到有效落实；确保林农负担明显减轻；确保林区乡村组织和林业部门正常运转；确保森林资源总量增长和生态环境改善；确保林区社会稳定。福建、江西的改革目标具有一定的代表性。

集体林权制度改革的指导思想是：以邓小平理论和"三个代表"重要思想为指导，进一步明晰集体林木所有权和林地使用权，放活经营权，落实处置权，确保收益权，依法维护林业经营者的合法权益，最大限度地调动广大林农以及社会各方面造林育林护林的积极性，解放林业生产力，发展林区经济，增加林农收入，促进林业可持续发展。

（一）集体林权制度改革的范围

本次林权制度改革的范围主要是集体林权制度，包括集体统一经营的商品林。县级以上人民政府区划界定的公益林，特殊保护地区的公益林以及权属有争议的山林暂未列入本次改革的范围。以福建省为例，福建省是南方重点林区，80%以上的山林属于集体所有。改革开放以来通过稳定山权、林权，划定自留山，确定林业生产责任制，实施"三五七"造林绿化工程，集体林业经济得到长足发展。但由于大部分集体山林仍由集体统一经营，存在林木产权不明晰，经营机制不灵活，利益分配不合理等突出问题影响了其发展林业的积极性，制约了生产力的进一步发展。因此，其林权制度改革的范围主要集中在集体林权制度。

集体林权制度改革的范围主要是林木所有权和林地使用权尚未明晰的集体商品林及县级人民政府规划的宜林地。对已明晰权属的自留山、实行家庭承包经营的竹林、经济林及国有、外资、民营企事业等单位和个人依据合同租赁集体林地营造的林木应予稳定，在本次改革中经确权核实，优先予以登记，发换全国统一式样林权证书。对已经县级以上人民政府规划界定的生态公益林，暂不列入本次改革范围，但应发换林权证；凡权属有争议的林木、林地也暂不列入本次改革范围。

（二）集体林权制度改革的主要任务

1. 明晰所有权，落实经营权。在保持林地集体所有的前提下，进一步明晰林木所有权和林地使用权，落实和完善以家庭承包经营为主体、多种经营形式并存的集体林经营体制。将林地使用权、林木所有权和经营权落实到户、到联户或其他经营实体。

2. 开展林权登记，发换林权证。林木所有权、林地使用权一经明晰，必须及时开展林权登记，换发全国统一式样的林权证，以依法维护林业经营者的合法权益。

3. 建立规范有序的林木所有权、林地使用权流转机制。遵循林地所有权和使用权相分离的原则，在集体林地所有权性质、林地用途不变的前提下，根据林业生产发展的需要，按照"依法、自愿、有偿、规范"的原则，鼓励林木所有权、林地使用权有序流转，引导林业生产要素的合理流动和森林资源的优化配置，促进林业经营规模化、集约化。

（三）集体林权制度改革的基本原则

1. 坚持有利于"增量、增收、增效"的原则。即坚持有利于森林资源总量增长和质量提高，有利于农民增加收入，有利于提高森林的经济效益、生态效益和社会效益。

2. 坚持"耕者有其山"、权利平等的原则。集体山林属集体内部成员共同所有，每个村民均平等享有承包经营集体山林的权利，凡有承包经营集体山林要求的村民，应在同等条件下优先予以保证，确保"耕者有其山"。凡将集体山林采取招标、拍卖等方式进行转让经营的，需经村民会议或村民代表大会通过，所得收入应大部分分配给集体内部成员。

3. 坚持因地制宜，形式多样的原则。根据当地森林资源状况和经济发展水平，因地制宜，充分尊重林农的意愿，允许经营形式多样化，不搞一刀切。提倡联户经营、股份合作经营，创建股份制林场或企业原料林基地。

4. 坚持政策稳定性、连续性的原则。深化集体林权制度改革必须遵循国家法律和政策的有关规定，保持林业政策的稳定性和连续性。对已明确林木所有权、经营权和林地使用权，并为实践证明是行之有效的改革形式，且大部分群众满意的均应予维护，不得打乱重来或借机无偿平调，以安定人心，取信于民。

5. 坚持公开、公平、公正的原则。在改革过程中要实施"阳光作业"，按照《村民委员会组织法》有关规定，保证村民的知情权和参与权，做到程序、方法、内容、结果公开。广泛听取村民的意见，尊重大多数群众的意愿，确保广大群众的知情权、参与权、决策权和监督权。①

四、集体林权制度改革的基本内容

2004 年林权制度改革主要体现在两个方面。一是明晰产权，二是允许林权流转，三是林地有偿使用。

（一）明晰集体林业产权

明晰产权是林业产权制度改革的核心内容，也是决定本次改革成败的关键。所谓明晰产权就是在保持林地集体所有的前提下，进一步明晰林木所有权和林地使用权，落实和完善以家庭承包经营为主体，多种经营形式并存的集体林经营体制。将林地使用权、林木所有权和经营权落实到户，联户或其他经营实体，并依法签订林地承包合同，及时进行林权登记，换发林权证书。从各地的实践情况来看，明晰产权主要包括以下几种形式：

1. 自留山、责任山、承包山稳定不变。继续实行"生不补、死不收"、长期无偿使用、允许继承的政策，保持个人林地使用权和林木所有权稳定不变。对"林业三定"时划定的责任山和"林业三定"后承包、租赁、购买的农村集体经济组织的宜林地，已经按承包合同规定完成绿化的，保持个人和其他经营主体林地使用权和林木所有权稳定不变。对本次

---

① 参见《福建省人民政府关于推进集体林权制度改革的意见》。

改革前已经明晰个人或其他经营主体林地使用权和林木所有权的集体所有的林地，保持个人和其他经营主体林地使用权和林木所有权稳定不变。

2. 已分包到户的责任山稳定不变。承包限期 30 年至 70 年，山上林木归责任山承包人所有，承包期内允许继承；面积、四至不清楚的，在进一步明晰的基础上，完善承包合同；被集体以行政手段收归统一经营的，群众要求以责任山形式承包经营的，应当恢复原状。

3. 落实"谁造谁有"。自留山和责任山抛荒后，由集体收回统一组织造林的，要落实"谁造谁有"政策，在稳定自留山和责任山使用权不变的前提下，所造林木可由集体与农户协商确定分成比例，集体分成比例应不低于 70%。林木采伐后，林地的使用权归还农户。

4. 家庭承包经营。对集体统一经营的山林，可按人口折算人均山林面积，以户为单位划片承包经营，或自由组合联户承包经营。

5. "分股不分山，分利不分林"。对集体统一经营且群众比较满意的山林，经村民会议或村民代表会议讨论通过，可以继续实行集体统一经营。但要将现有林地、林木折股分配给集体内部成员均等持有，明确经营主体，财务单独核算，收益 70% 以上按股分配。

6. 有偿转让经营。可将现有山林评估作价，通过公开招标租赁、拍卖等方式转让给集体经济组织内部成员，或内部自由组合，联户承包，或其他社会经营主体承包。转让费按年计收，70% 以上由集体内部成员平均分配，剩余部分用于林业发展和公益事业。

7. 稳妥处理已经流转的集体山林。对已经流转的集体山林，凡程序合法、合同规范的，要予以维护；对群众意见较大的，要本着尊重历史、依法办事的原则，妥善处理。集体山林流转收益 70% 以上应平均分配给本集体经济组织内部成员。无论采取何种形式，都要召开村民会议或村民代表会议，经村民会议 2/3 以上成员或村民代表会议 2/3 以上代表同意，并依法完善或补签林地承包（流转）合同，换发林权证书。[①]

（二）建立林权流转制度

林权流转是林权主体行使处分权的表现形式。允许林权流转是市场经济条件下，配置林木资源的需要，也是确保林农林木所有权实现的需要。长期以来，在我国的很多地方虽已分林到户，但林农对林地使用权和林木所有权没有处分权或处分权受到很大的限制。从而也直接或间接地影响了林业生产的发展。因此，在此次改革中，允许林地使用权和林木所有权流转，落实林农对林木和林地使用权的处置权，是各地进行林权制度改革的重要方面。实践中存在的林权流转方式灵活多样，概括起来主要有以下几种：

1. 转让

林权转让是指在不改变林地所有权和林地用途的前提下，通过招标、拍卖、协议等方

---

① 参见《中共江西省人民政府关于深化林业产权制度改革的意见》。

式，将林地使用权和林木所有权有偿转让给他人的行为。依法、有偿、自愿进行的林地使用权转让，是以市场配置林地资源的重要途径，也是目前林权流转的主要方式。《森林法》及相关法律法规并未对林权转让的形式作出具体规定。实践中的林权转让一般采取协议、互易、拍卖和招投标的形式进行。为了保证交易安全，建立良好的市场秩序，各地一般都建立了林权转让登记制度，并为转让行为提供必要的服务。

2. 租赁

林权租赁是林权权利人作为出租人将一定期限的林地使用权和林木租给承租者使用，由承租者按合同约定定期支付租金的行为。如集体将林地通过公开招标等形式，租赁给本村村民或社会上有经营能力的单位或个人营林、造林、种果栽竹，经营单位或者个人根据租期年限，分期支付或者一次性支付林地租金。在这种形式中，村集体只拥有林地所有权，收取林地使用费，其他权利均归林地承租者，并由其获取经营收益。林权租赁中一个主要问题在于是否允许转租。所谓转租，是指原承租人不退出租赁合同关系，而将租赁物出租给次承租人使用、收益。转租与租赁权的让与不同，其区别在于：首先，就法律性质而言，转租系承租人与次承租人之间成立新租赁合同；其次，在转租的情况下，转租人于转租后，仍享有租赁权，同时在转租人与次承租人之间又产生一个新的租赁关系；再次，从法律关系的内容看，转租中，次承租人对于承租人租金的支付，一般分期进行。[①] 为了防止侵权行为发生，维护各方当事人的合法权益，期限较长的租赁和转租关系一般都通过登记来公示。

3. 出资

林权出资是指林权所有者以其林权作价入股，或者作为合资、合作造林、经营林木的出资、合作条件而使林木所有权或林地使用权发生转移的行为。包括林农之间自愿组合，以林地、劳力、资金入股，联合开发，按股分红；外商企业以资金或技术入股，村组或林农以林地、管护入股，股份合作办林场经营，按股分红；能人牵头，社会各界投资创办林业合作社，投入荒山开发经营，收益按协议分成；以森林资源为主要经营对象，依法组建股份有限公司，完善法人治理结构，将林地等森林资源评估折股资产化运营，股票上市等。林木折价入股或者林地使用权折股合作、合营，收益可以按股分红或按比例分成，主要有两种方式，一种是采取股份合作方式将林地使用权和林木折价入股，建立股份制经营体，林地权属不变，统一经营，按股分红；另一种是对林地使用权和林木通过评估折价，成立规范公司。

这种形式有助于形成规模效应，有效地克服私有产权人因林地分散而造成的固有弊端，同时有利于国家对之进行行政管理与宏观调控。

4. 抵押

根据我国《担保法》的规定，抵押是指债务人或者第三人不移转抵押物的占有，将抵

---

① 参见朱凤雷、张海勇：《浅析租赁合同中的转租行为》，中国民商法律网，2004-11-30。

押物作为债权的担保，债务人不履行债务时，债权人有权依照法律规定以抵押物折价或者以拍卖、变卖抵押物的价款优先受偿。抵押作为债权担保的一种方式，并不必然导致抵押物所有权的流转。只有在债务履行期届满债务人不能清偿债务，抵押权人依法行使抵押权，以抵押物折价或者拍卖、变卖抵押物的价款优先受偿时，抵押物的权属才会发生变更。因此，抵押作为林权或林地使用权流转的形式，仅存在于实现抵押权的情况下。就此而言，抵押并不是典型的林权流转形式。

近年来，林权抵押业务在我国各地实践中逐步开展。例如，福建省林业厅已与中国人民银行福州中心支行、中国保险监督管理委员会福建监管局分别签订了银林协作备忘录和推进福建省林业保险试点工作的备忘录。银林合作力度将逐步加大。虽然我国《物权法》将以招标、拍卖、公开协商等方式取得的荒地等土地承包经营权列入可抵押财产的范围；《担保法》及其司法解释对用林木和林地使用权作抵押、担保也有所规定，但缺少具体的实施办法。为了促进林业经济的健康发展，提高林业经济的竞争实力，有必要尽快制定和实施有关森林、林木、林地使用权抵押、担保的具体实施办法以及有关森林资产评估的规范性法律文件。

5. 法律、法规允许的其他流转方式

在市场经济条件下，林权流转方式呈多样化。各试点地区在基本完成改革后，更多地利用经济杠杆和政策支持措施，促进林业生产要素向林业龙头企业、林业经营能人集聚，创建产、供、销一体化，公司加农户的现代林业产权体系，不断提高林业的经营效益。在明晰产权的同时，鼓励林权以多种方式流转，促进规模经营。鼓励以森林资源为条件控股、参股，与其他资本联合组建股份制企业，实行以林为主，多元化经营。①

（三）其他配套措施

为了保证集体林权制度改革目标的实现，各地在明晰集体林权建立林权流转制度时，都采取相应的配套措施。包括：（1）转变林业管理职能，提高服务质量和办事效率，强化林业社会化服务管理。如福建省永安市通过林业要素市场，将提供市场信息、签约、登记、发证等工作集中在专门场所，实行一条龙服务，大大地提高了工作效率。取得了很好的效果，另一方面也有效地规范了林权流转行为。（2）建立健全林农负担监督机制，对涉及林农负担的各种收费项目进行全面清理整顿，向社会公布现行涉及林农的收费项目、标准及收取办法，接受社会的监督，并严肃查处各种乱收费和加重林农负担的行为。（3）加大对农业的信贷支持力度，积极开展林地使用权和林木抵押贷款的试点，对林农发展生产所需资金，给予贷款支持。（4）建立林业行业协会和林农合作组织，鼓励公司带基地、基地联农户的经营形式，拓宽林产品的销售渠道，保证林农增产增收。这些配套措施的实行，有力地推动了林权制度改革的进行，促进了改革目标的实现和林业生产的发展。

---

① 参见华启清、林卿：《福建林地可持续利用的制度方法选择》，载《林业经济问题》，2006（2）。

（四）实行林地有偿使用

林地有偿使用主要是指林权制度改革中，在将原有集体经济组织所有的森林和林木按一定标准分配、确定给农户后，由集体经济组织向其收取一定的货币或实物，作为使用集体林地资源的补偿。对这种因使用集体林地而支付的货币或实物，实践中称其为林地使用费。其性质是土地的租金。林地使用费的收取是集体土地由无偿使用变为有偿使用的重要标志。他从实质上反映了林地所有者和林地使用者之间的法律关系，并在一定程度上界定了林权的权利范围。

从严格意义上讲，实行林地有偿使用，并非林权制度改革的内容，但其作为林权制度改革的必然结果与林权制度改革相伴而生，并取得了明显的效果。林地有偿使用不仅适应目前自然资源利用的客观要求和发展趋势，同时也使集体的林地所有权在经济上得以体现，维护了农民集体的整体利益，壮大了集体经济，并由此改善了广大林农的生产、生活条件。可以说土地资源的有偿使用是合理利用和节约使用土地资源的内在动力和长效机制，也是未来资源利用的必然要求。

我国的林权制度改革发展很快，以福建省三明市为例，至 2008 年 4 月底，全市共有 1 719 个村完成改革任务，发证 2 264.8 万亩，发证率 96.8%。新增林权抵押贷款金额 1.23 亿元，余额 14.53 亿元，抵押面积 6.34 万亩。同时，有 576 个村完成生态公益林管护机制改革，面积 219.3 万亩，占全市生态公益林总面积 30.7%。目前，全市有 1 645 个村正常收缴林地使用费，1 月至 4 月收取林地使用费 1 296.35 万元。[①]

五、我国林权制度改革的成效和存在的问题

随着林权制度改革的不断深入，以明晰产权、规范流转为中心的林权制度改革，取得了明显的成效。

1. 林农造林育林的积极性显著提高。集体林权制度改革后，林木所有权大部分转为个人所有，并予以确权发证。确立了林农的经营主体地位，有效调动了广大林农造林育林的积极性，由过去的"要我造"变为现在的"我要造"，出现了"争苗造林"的喜人景象。实现了由国家补助、集体造林为主，向个体、联合体、集体、外资等多种经济成分并存的投入多元化转变。与此同时，森林资源的保护机制也得到了有效的改善。一些地方群众自发地成立了各种护林组织，联合管林护林，看山护林已成为广大林农的自觉行动。

2. 林区群众的生产经营效益提高，收入增加。集体林权制度改革后，林农有了经营自主权，通过对产品处置权的行使，保证了收益权的实现。不少地方为了保障林权权利人对森林资源处置权的实现，改革木竹采伐管理制度，对木竹采伐指标分配实行公示制，林木采伐许可证由林木所有者直接申请，毛竹和胸径 10 厘米以下间伐材不纳入生产计划管理，

---

① 参见 www. myg. gov. cn/zsyz/ShowArticle. asp? Artic...15K，2008-05-20。

由县级林业主管部门按照省批准下达的采伐限额控制，符合条件的即审即批；对成熟的人工用材林、定向培育的工业原料林，在限额内优先解决，符合条件的即审即批。此外，打破木竹垄断经营和地区封锁，允许林木所有者自主销售木竹，坚决取消各地限制林木所有者自主经营木竹和林产品的政策措施。林农对林木处置权的实现，使林农的收入大幅度提高。

3. 巩固了农村基层组织，增强了集体经济组织的实力。林权制度改革后，林地有偿使用制度的建立，使林地的集体所有权在经济上得以实现。集体经济组织通过收取林地使用费和部分林产品收益的提成，使集体经济组织有了长期稳定的收入，除维持日常管理的必要支出外，还增加了大量的公共设施，扶持了公益事业的发展。如福建省南平市杨盾村，在林权制度改革后收入大幅度增加，村里花了180万元修了自然村道路，建起了桥梁，增加了灌溉设施，改善了林农的生产、生活条件。集体经济实力的增强，使集体经济组织的作用得到了充分的发挥，有效地促进了"三农"问题的解决，为农村社会经济的发展提供了保障。

4. 林业社会化服务体系得到新的发展。林权制度改革后，为了保证林农产品处置权和收益权的实现，各地相继推出相关服务措施，社会化服务组织应运而生，为林农增收创造了良好的外部环境条件。如福建省永安市率先成立了林权登记管理中心，集林权登记、产权交易、市场信息服务为一体，极大地方便了群众，使林权管理与产权交易实现了规范有序运作，为林业走向市场经济创造了一个大的平台。同时根据产权交易的需要，还成立了木材检验中心，伐区调查设计中心，森林资源资产评估中心，使产权交易建立在科学合理的基础上。林权证犹如房产证一样，其内在价值也得到体现。永安市政府协调农村信用社在洪田镇开展了林权证抵押贷款试点，首批推出了林竹生产经营大户10户，面积4 554亩，用林权证抵押贷款112万元，解决了经营户生产资金的不足。龙溪县成立了森信林业担保有限公司，由县林业建设投资公司和经营大户及社会自然人共15个股东，注册资金100万元。2004年已受理林木抵押担保贷款24笔，银行发放贷款470万元，为扩大林业经营规模和可持续发展提供了资金保证。[①]

5. 山林权属纠纷减少，农村社会和谐程度显著提高。通过调处山林纠纷，解决了"三定"时期遗留的众多矛盾，加强了社会稳定。在江西省7个试点县，山林纠纷面积占林地总面积的比例由林改前的5.7％下降到1.6％。多年来难以解决的纠纷，有些甚至法院也一直无法解决的纠纷，在林改中都得到了妥善解决。在调处纠纷、宣传政策中，密切了干群关系，转变了干部工作作风。同时，各地把《森林法》、《农村土地承包法》、《村民委员会组织法》教给每位群众，林农都懂得依法维权，都懂得民主程序，极大促进了农村的民主进程和法制建设，促进了农村和谐程度的提高。[②] 几年来林权制度改革的实践和已取得的

---

① 参见张志达、陈优秀等：《林权制度改革激活了私有林业的大发展》，载《中国林业》，2004（8）。

② 参见政法司、资源司等联合调研组：《集体林区产权制度改革四省调研总报告》。

成效证明，全面推进和深化我国林权制度改革，建立现代林业产权制度，是新的历史时期加快林业发展的必然选择，也是解决"三农"问题，建设社会主义新农村的必由之路。

我国林权制度改革的成效是显著的，但随着改革的不断深入，也暴露出一些新的矛盾和问题，亟待进一步研究和解决。

（一）"三定"遗留问题有碍林权制度改革的发展

林业"三定"遗留的问题，主要有五种情况：（1）林业"三定"时未划分自留山或责任山；（2）"三定"时划分的自留山、责任山在户与户之间不均衡；（3）"三定"时划定了自留山、责任山，但由于技术条件的限制，有些承包山林面积与林权证记载不符，造成新的林权争议；（4）"三定"时有的地方山林承包合同不规范、权责利不统一；（5）林业"三定"后，现有山林权属状况发生了很大变化，如林农放弃山林去城镇，人口增减致使人均承包面积发生变化等，但由于管理跟不上，这些变化没有被及时登记，使原登记情况与现实不符。这些问题的存在无疑增加了工作量，在一定程度上影响了本次林权制度改革确权发证的进度。如福建、江西省在林改过程中调处山林纠纷分别为 4 973 起与 54 761 起。浙江省衢州市在山林延包工作中，仅解决以界址为主的山林纠纷就达 230 起，落实争议面积 660 亩。在确权发证工作中，一些地方由于村民出外务工甚至不少举家外出，在家的农民有的不愿配合林业部门指认山界等，致使工作进展缓慢。[①]

（二）林权制度改革中的利益分配关系有待调整

林权流转收益的分配问题是林业产权制度改革的核心，也是关系到广大林农和集体经济组织的切身利益的问题。利益分配关系的调整，直接关系到此次林权制度改革的成败。

林权制度改革涉及的利益分配关系主要体现在三个方面：

1. 对林权流转收益的集体经济组织提成问题。对林权流转过程中产生的收益，集体经济组织主要是村委员该不该提成，该按什么比例提成，这是问题的核心。实践中，在林农出售林产品时，村委会要从中提成作为村的财政收入，尽管各地方提成的比例不尽相同，但提成普遍存在。笔者认为，尽管村委会在林权流转过程中，起了一些组织协调作用，所提成的收入也主要用来进行公共设施的建设或公益事业的发展，但从林权流转收益中提成的做法，既缺乏法律依据，又缺乏理论依据。从某种意义上讲是一种侵害林农利益的行为。

2. 集体对家庭承包经营的山林收取林地使用费问题。在林权制度改革中，为了保证基层组织的正常运转，改革中各地通过收取林地使用费对集体土地实行有偿使用。由集体经济组织或村委会对通过承包或租赁的方式使用集体林地者，收取一定数额的林地使用费。这是保证集体林地所有权在经济上得以实现，维护集体林地所有权的客观要求，其重要意义和必要性毋庸置疑。但改革实践中林地使用费的收取，缺乏统一、合理的标准，并采用

---

① 参见政法司、资源司等联合调研组：《集体林区产权制度改革四省调研总报告》。

了多种多样的方式。收取的比例也比较高。这在一定程度上增加了林农的负担，使他们在林权制度改革中受益打了折扣。总之，林地使用费的收取行为还不够规范，难以保证收费的公平、合理性，急需加以规范和引导。

3. 林权制度改革中留给集体经营山林的收益分配问题。在林权制度改革中，很多地方在分配自留山和责任山时，都预留了由集体统一管理的集体统管山，而且这部分山的面积还比较大（参见表 18—1）。

表 18—1

省 份 \ 类 型	自留山	责任山	集体统管山
云南	40.23%	52.61%	7.16%
四川	38.79%	41.45%	19.76%
浙江	22.00%	45.00%	33.00%
安徽	16.80%	81.20%	2.00%
湖南	4.30%	69.00%	26.70%
江西	18.50%	35.50%	46.00%

资料来源：此表引自汪绚、江机生等：《深化改革，再度解放林业生产力兴林致富建设社会主义新农村——17省区、市，集体林权制度改革调研总报告》。

如此大量的集体统管山，如何经营、如何管理，其流转收益如何分配，如何使用，如何保证其流转收益用于集体的公益事业和公共设施建设，而不会成为村委会或集体经济组织中少数人收入的来源，以实现集体统管的目标，保证广大林农集体的利益不受侵犯，这是我们在林权制度改革中，必须认真面对和解决好的问题。

（三）林权流转评估服务滞后，难以适应林权市场发展的需要

改革开放以来，国家对森林、林木和林地使用权流转的办法还没有出台，对流转程序、范围、资产评估资质等问题缺乏具体明确的规定；评估机构、有执业资质的森林资产评估队伍及流转机制尚未建立健全。而目前注册的资产评估机构在山区点少、面窄，注册资产评估师的收费高，林农普遍反映不能接受。此外，《森林资源资产评估技术规范（试行）》虽然提供了评估测算、核查的技术方法，但主要是针对用材林林木资产和林地资产，对经济林、竹林、防护林等森林资源资产评估未作规范。由于缺乏健全的林权流转政策、法规，一些地方出现了山林归大户、流转价格偏低、权力寻租等问题，留下隐患。在实际工作中，大部分地方评估价确定得不够科学合理；有的仅经少数村组干部同意便进行流转；有的地方故意抬高门槛，将大片山林集中流转到少数大户手里，大多数群众终因缺乏资金靠山致富无门；有的地方流转后山林重采伐轻培育，有的农户急于山林流转，并采取一次性收回转让费，成为新的失地农民。①

_____

① 参见政法司、资源司等联合调研组：《集体林区产权制度改革四省调研总报告》。

(四) 林权流转行为有待规范

林权制度改革后，林农对林木和林地的使用有了充分的自主权。但由于没有统一的规定，林权流转的方式和程序多种多样，在具体的流转方式中，有林农自己选择的，也有林农被动接受的；有签订林权流转合同，办理林权变更手续的，也有不签合同或签订了林权流转合同，但未办理权属变更登记手续的；流转行为不够规范。尤其是集体统一经营的山林权流转，缺乏公开透明性，其以拍卖的方式流转，通过竞价，有不少被集体经济组织以外的人取得，在市场竞争规则下，谁有钱谁就能接受转让，获得林木所有权和林地使用权；而集体经济组织内部成员因经济实力不强，即使需要也无法通过拍卖方式获得林地的承包经营权。此外，集体经营山林的转让，应经村民大会或村民代表会议三分之二以上成员同意的规定也未得到严格执行，有的地方村委会转让集体山林，不召开村民会议或村民代表会议，根本谈不上程序公开、透明。还有些地方通过按照所谓的"分股不分山，分利不分林"的原则组建的国乡（村）联营林场，继续掌控着集体林的经营权和收益权，切断集体林权和农民之间的直接利益关系，不禁阻挡了农民务林致富，还阻碍了国家扶持林业的政策惠及农民，严重影响农民爱林护林的积极性。[①]

要进一步完善林权制度改革的政策和法规。林权制度改革要实行规范运作、不出偏差，必须有一套完备的法律、法规作为依据和保障。《森林法》和中央《决定》虽然对森林、林木和林地使用权流转作了原则性规定，但是，在具体操作层面上还缺乏一个单项的法规来规范，建议国家尽快出台《森林、林木和林地使用权流转条例》，进一步明确森林资源流转的原则、范围、程序、监督、管理等相关规定，引导各地森林资源流转健康有序进行，依法保护森林资源所有者和经营者的利益，坚决打击各类破坏森林资源的违法犯罪行为，保护林业改革与发展的成果。[②]

六、完善森林法，保障林权改革的深入发展

国家林业局关于贯彻落实《中共中央国务院关于推进社会主义新农村建设的若干意见》的实施意见明确指出："深化和完善农村集体林权制度改革，充分调动广大林农发展林业的积极性。农村集体林权制度改革是挖掘林业内在潜力和调动农民发展林业积极性的重要推动力。通过所有权与经营权分离，逐步建立起'产权归属清晰、经营主体落实、责权划分明确、利益保障严格、流转顺畅规范、监管服务到位'的现代林业产权制度，充分挖掘我国广袤山林的生产潜力，全面提升林地的综合效益，为农民创造新的增收途径，实现林业可持续发展。"要深化林权制度改革，落实《意见》的精神，还需要在以下几个方面做出进一步的努力。

[①] 参见汪绚、张顺喜等：《四川与云南省集体林权制度改革调研报告》，65 页。
[②] 参见雷加富：《新时林业发展呼唤着林权制度改革》，载《绿色中国》，8 期，12 页。

（一）通过立法对林权流转中的重要问题作出明确规定

虽然各地的实际情况千差万别，林权制度改革的方式和进度也不尽相同，但林权制度改革中涉及的利益关系的调整、林权流转的要求和程序却有着明显的共同性和一致性。因此，林权流转应遵循相同的原则，按照统一的程序进行，只有这样才能规范林权流转行为。法律应规定的问题包括：（1）林权及林地承包经营权的分配方式；（2）集体统一经营山林的比例及其流转的条件、程序和流转收益的使用、监督等；（3）林权流转的主体及其范围；（4）林权流转收益的分配；（5）林地使用费的收缴及使用；（6）流转合同订立的要求；（7）权属变更登记；（8）违法者应承担的法律责任。通过统一立法对这些问题做出明确规定，不仅可以规范林权流转行为，还可以为林农维权提供法律依据和保障，保证林权流转的健康发展。

（二）建立林地有偿使用制度

集体的林地实行有偿使用制度，不仅是保护集体林地所有权的需要，也是从经济上促进资源节约使用和提高林地资源使用效益的必然要求。试点地区的实践证明，实行林地有偿使用制度，不仅提高了林农对林地集体所有的意识，明确了土地所有权和土地使用权的关系，也有效地壮大了集体经济，增强了集体建设公共设施、公益事业和抵御自然灾害的能力。我国《物权法》也明确规定"国家实行自然资源有偿使用制度，但法律另有规定的除外。"因此，应以法的形式将这一改革成果确定下来，并进一步完善。（1）统一集体林地有偿使用的方式，明确以租金的名义和形式实现林地的有偿使用，理顺林地所有者与使用者之间的关系、消除概念上的混乱，以避乱收费之嫌。（2）为了保护林木所有人和林地使用人的合法权益，各地应根据自己的实际情况，对林地使用费的收取标准和收费方式进行规范，并监督收费者严格执行。（3）建立林地使用费（租金）的监管制度，确保林地使用费取之于林农，用之于林农，防止其被挪用或流失。此外，还要保证作为农民集体成员的林农对林地使用费收取及使用的知情权、参与权和决策权，防止少数人借此以权谋私，做到租金收取及使用的公开、公平、公正。

（三）公益生态林的管理和保护

中共中央、国务院《关于加快林业发展的决定》提出了林业要实现由以林木生产为主向以生态建设为主的历史性转变。今后的林业工作，就是抓好分类经营，把林业划分为公益林业和商品林业。公益林列入国家公共事务管理，由各级财政安排资金把公益林管起来，并实行森林生态效益补偿；商品林则放开放活，逐步做到由经营者自主经营。

生态公益林是维系一个地方良好生态环境的重要资源，商品林经营放活以后，对生态公益林的保护管理产生了很大的冲击，尤其是允许林地的使用权和林木所有权流转后，公益生态林的保护和发展遇到严峻挑战。如何放开商品林的同时保护好生态公益林，是林改中必须考虑的问题。为了逐步建立既能保证资源消长平衡，又能适应林业生产经营需要的林木伐采许可制度。有必要根据林权制度改革后出现的林业生产经营方式的变化和新的情况，调整森林、林木采伐许可证的发放条件，缩短发证时间，满足林农行使林木处分权的需要。此外，还应针对国家目前没有足够负载力对生态公益林进行合理补偿，林农的利益难以得到有效保护的情况，国家应加大对生态公益林的投入，可以考虑从育林基金中拿出一定数额的款项，加强对生态公益权进行保护和管理的投入，以保证生态公益林与商品林的增减平衡，实现我国林业的可持续发展和生态环境的优化。

（四）关于采伐限额的问题

森林林木的采伐利用权是林权权利人的重要权利。但由森林林木的生态功能所决定，采伐林木应有计划，有次序的进行，否则就会导致局部地区森林资源生态功能减弱，甚至遭到破坏，引起水土流失。根据我国《森林法》关于采伐限额的规定，森林的伐采量＝用材林采伐量＋防护林特种用途林采伐量＋自留山上的薪炭林采伐量＋农民房前屋后和自留地的采伐量＋其他林种合理采伐的采伐量。而实际的采伐量却由于种种原因变成了：采伐量＝群众烧柴＋自用材＋商品材。很明显，实际执行的采伐量大大小于按法律规定确定的采伐数量，超越了法律的规定而限制生产经营者的采伐利用权，大量压缩了采伐限额，重影响了生产经营者的经营活动。[①]允许林权流转与现行制度中的采伐数额限制，客观上存在矛盾。此外，从实践来看，采伐许可证的获得，通常要求采伐面积达到一定数量。林权享有者的采伐面积一般都比较小，难以达到要求的采伐数额。为了规避采伐量的限制，达到采伐利用林木或获得收益的目的，很多林农不得不将自己的林木转让给有条件获得采伐许可证的林业公司，来实现获得收益之目的。这种现状从某种意义上讲，也是对林木所有权人利益的损害。如何协调林权流转与采伐限额之间的矛盾，在不影响森林资源生态公益功能的前提下，确保林农对林木采伐利用权的实现，是林改中所面临的需要进一步研究解决的问题。为了保持必要的森林蓄积量，维持生态系统的平衡保证环境质量以及合理利用森林资源，科学确定并限制采伐数额是完全必要的。但应考虑集体林权制度改革后，林权所有人使用的林地比较零散林木采伐很难形成规模。所以，在林木采伐许可证的发放上，应根据各地方的实际情况，降低采伐规模的要求，以方便林农行使林木处分权，维护其合法权益。

（五）关于集体统管山林数量的确定

林改中不少地方的村委会都预留了由集体统一经营的山林，甚至有些地方预留集体统一经营的山林是以减少林农承包的林地数量为条件，致使一些林农，分林不足，难以满足生产、生活需要。对此，应在林权制度改革中予以重视。此外，林权制度的改革中，集体预留山林过多，是引起林农不满的重要原因，也是少数村干部非法侵吞集体财产的客观条件。因此，集体预留山林，应主要限定在生态公益林，商品林的预留数量，应限定在合理的范围，并将其降低到最小限度。集体经营山林的转让，应经村民大会或村民代表会议三分之二以上成员同意。国有森林资源的转让，必须经林业主管部门审核后，报同级国有资

---

① 参见李然、李立冬：《我国林权改革制度窥见》，载《当代经济》，2005（2）。

产管理部门批准，依法采用拍卖、招标方式，并在依法设立的产权交易机构中公开进行。

2006 年国家林业局关于贯彻落实《中共中央国务院关于推进社会主义新农村建设的若干意见》的实施意见，明确指出了林业产权制度改革进一步发展的目标，即深化和完善农村集体林权制度改革，充分调动广大林农的积极性。农村集体林权制度改革是挖掘林业内在潜力和调动农民发展林业积极性的重要动力。通过所有权与经营权的分离，逐步建立起"产权归属清晰、经营主体落实、权责划分明确、利益保障严格、流转顺畅规范、监管服务到位"的现代林业产权制度。充分挖掘我国广大山林的生产潜力，全面提升林业的综合效益，为农民创造新的增收途径，实现林业的可持续发展。

【推荐阅读文献】

1. 吴勇. 林权法律问题研究. 中国林业，2003（5）

2. 雷加富. 新时林业发展呼唤着林权制度改革. 绿色中国，8 期

3. 周训芳，谢国保，范志超. 林业法学. 北京：中国林业出版社，2004

4. 周生贤. 中国林业的历史性转变. 北京：中国林业出版社，2002

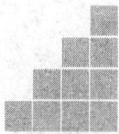

第十九专题

我国自然保护区立法的调整范围与分类体系

一、保护地概念范围和分类体系的比较研究

(一) IUCN 关于保护地的概念与分类体系

世界自然保护联盟（IUCN）用"保护地"（Protected Areas）一词来统称各种需要予以保护的地区，所谓保护地即是"通过法律及其他有效方式，特别用以保护和维持生物多样性、自然及文化资源的陆地或海洋区域。"这一概念不同于我们通常所谓的"自然保护区"（Nature Reserve），它有更广泛的外延，包含了自然保护区，如科学保护区、国家公园、自然纪念地等，也包括一般的保护区，如管理的资源区、持续利用区、世界遗产迹地等，它们中许多已受到人类开发活动的控制和影响，已丧失自然性特征；有些还属于人文迹地，不具有自然性特征。

IUCN 在 1994 年出版的《保护地管理类别指南》中，根据保护地的主要管理目标，把保护地分为六个类别，其政策含义是针对 IUCN 制定的六类保护地，根据不同的保护和利用目的可采取不同的管理方法和要求。

IUCN 关于保护地的分类体系主要优点在于：它为世界各国关于保护地立法、实践经验的交流提供了一套"通用语言"，该体系不但证明了不同类型保护地的管理目标可以有相同之处，而且还显示出人类保护的程度可以不同，从而使其具有极大的通用性，因此目前为越来越多的国家所接受，并应用到几个国际性和区域性公约的实际操作中。如联合国国家公园和保护区名录（UN List）将此系统作为统计世界各国保护区的数据标准。① 生物多样性公约（CBD）的签约国（COP）采纳了保护地工作程序（POWPA），认可了 IUCN 分类体系，而且指出："签约国认识到了该分类体系对于保护地的重要性，以及它为各国和地区提供同等重要的信息所来的益处，因此欢迎 IUCN 保护地世界委员会继续努力，改善 IUCN 分类体系，鼓励签约国、其他政府和相关组织在其保护地管理中应用其分类体系，在报告中提供与改进后的 IUCN 分类体系相一致的信息。"②

(二) 一些国家保护地分类与分部门管理的情况

在 IUCN 确定了保护地的定义和分类之后，各国也根据自己本国的条件建立了相应的保护地。欧美等一些发达国家的公众对生态环境保护的要求较高，因此其保护地分类体系基本按照 IUCN 的定义与分类进行。典型的如美国的保护地体系：美国的保护地系统分为国家公园系统和国家野外保护系统，包括了 IUCN 的六种类型，并含有历史和文化遗产保护地。但是发展中国家由于发展的压力，人口与自然资源的矛盾相对突出，因而建立的保护地相对较少，而且建立的保护地往往包括并重视发展诸如旅游业等经济目标的内容。

---

① See UNEP，WCMC，IUCN，1993. United Nations List of Protected Areas [Z]，IUCN Gland ，Switzerland，1994.

② 2004 年 2 月 20 日，UNEP/CBD/COP/7/L. 32。

二、我国保护地立法的现状与问题

（一）中国自然保护区类别体系现状

1994 年制定的《中华人民共和国自然保护区条例》（以下简称《自然保护区条例》）第 2 条规定："本条例所称自然保护区，是指对有代表性的自然生态系统、珍稀濒危野生动植物物种的天然集中分布区、有特殊意义的自然遗迹等保护对象所在的陆地、陆地水体或者海域，依法划出一定面积予以特殊保护和管理的区域。"可以看出，这个"自然保护区"的概念与"保护地"有很大差别。

在我国，自然保护区是作为自然资源的重要保护形式来体现的，是由各类自然资源法为主体建立起来的。自然保护区实行综合管理和各相关部门分别管理。按照现行法律规定，森林、野生动植物、湿地、荒漠、水域、地质地貌、海洋等实体自然资源是分属各有关部门管理的，现行《自然保护区条例》第 8 条规定："国家对自然保护区实行综合管理与分部门管理相结合的管理体制。国务院环境保护行政主管部门负责全国自然保护区的综合管理。国务院林业、农业、地质矿产、水利、海洋等有关行政主管部门在各自的职责范围内，主管有关的自然保护区。"

（二）存在的问题及成因分析

我国自实行自然保护区管理制度以来，自然保护区所保护的国土面积日益增大，究其原因，有积极的和消极的两方面。积极的原因主要是由于我国生态环境问题总体趋势的日益严峻，有必要扩大保护区的范围和加强管理力度；消极的原因主要在于现行的保护区制度在抑制原有利益团体，特别是当地群众从自然保护区获得资源利益的同时，因体制等方面的原因，在不同程度上把这些资源利益转移给了其他利益团体。这个基本矛盾制约了我国自然保护区管理的效果，造成保护区设立的效果难于达到预期目的，表现出非法狩猎、滥砍滥伐、过度放牧、外来物种入侵、保护区内非法耕作或土地被征用、与当地社区矛盾重重、旅游业发展过渡、污染现象层出不穷等，而这些问题均不同程度地与保护区法的调整范围定位和分类体系问题有关。具体存在的问题，可以从如下几个方面来概括：

1. 保护区定位过于狭窄

从对保护地功能的认识这个角度来看，由于我国对自然保护区功能的认识局限于保护生物物种（尤其是濒危动植物物种）、贮存生物资源和保护生态系统、开展科学研究的"天然实验室"、开展科普教育的"天然博物馆"、开展生态旅游的最佳场所和改善区域生态环境并维护生态平衡这六项，因此我国自然保护区管理十分严格，过度强调禁止利用，从而使保护区管理成本过大，保护区的保护与开发问题存在冲突，既不利于保护区的保护，也对当地社区的经济发展构成阻碍。保护地的功能应不仅仅局限于保护生物多样性，应具有多样的功能，应根据不同的保护目标来建立不同的保护地。当前，中国的土地和自然资源十分紧缺，其承载的社会功能沉重，绝大多数自然保护区处于经济欠发达地区，不能以牺牲当地群众经济利益甚至生存利益为代价搞自然保护区，这是中国有别于其他国家特别是发达国家的基本国情，因此更要防止把自然保护区内当地群众应得的利益转移给管理部门或开发商。中国的自然保护区不能像一些国家那样单纯地定位于保护功能，而只能走保护与利用相结合的道路。这就要求在立法上拓宽保护区的功能，而功能的拓宽也为保护区范围的扩大注入了活力并提供了更广阔的活动空间。

2. 保护区分类体系僵化、不科学

从保护区的分类体系上看，缺乏一个科学、合理、灵活的保护区分类体系应该是目前保护区保护不力的主要制度诱因：

首先，我国自然保护区分类体系与 IUCN 分类体系有一大差别，即前者的分类依据是以森林、草原、荒漠、野生动植物、海洋等自然资源作为保护对象时的差异性为基础，而后者的分类基础则是依据该保护地之所以建立的最初的管理目标之不同。两者比较可以发现，我国虽然有不同的自然保护区级别和类型，但目前这些类别体系都不能像 IUCN 分类体系那样体现出这些保护区在管理目标、检查标准和管理方式上的差别。因此所有自然保护区的管理要求都一致划一，统一按照《自然保护区条例》严格管理，这种方式忽视了不同生态系统、不同社会环境下，处于不同人类活动影响中的保护地的特殊管理需要。这种僵化的立法往往造成保护地社区与保护区的矛盾和冲突，造成当地居民对保护区的敌视，因此增加了保护区保护的社会成本，削弱了保护区保护的绩效。

其次，关于自然保护区的开发与保护的关系问题。我国自然保护区的建立迅速，但是保护区的管理问题、经费问题、资源的过度保护与混乱开发并存的问题却很严重。自然保护区的资源应不应该用、怎样利用、如何科学有效地利用，这是一个重大问题。这个问题没有解决好，与我国对保护区功能的定位有关，进而与自然保护区的分类体系有联系。我们一直以来的观念都把对自然保护区的保护与开发对立起来，实际上自然保护区的建立也应该与国民经济的发展联系起来，自然保护区的建立也应该纳入国民经济发展的轨道。如何解决这一问题，实际上是这一次自然保护区法立法的基本议题之一。

3. 保护地类型和功能与保护区管理体制的矛盾

从保护区的管理体制来看，现行体制也存在很多问题。管理体制问题包括两方面，一是管理机构的设置，二是管理机构的职责和权限划分。根据我国《自然保护区条例》规定，我国的保护区管理体制是从纵向上分为国家级自然保护区和地方自然保护区的管理，在横向上是统一管理和分部门管理相结合的管理体制。这种管理体制具有其自身优越性，它克服了实行单一管理体制的诸多弊端，一方面避免了单一分散管理中出现的各自为政、权力设置冲突、责任划分不明的问题，另一方面克服了由一个部门管理造成的无法调动各部门积极性和人力财力的弊端。同时，按保护区的价值分为国家和地区两级，可以突出各个保护区不同的价值和地位，有利于对不同层次进行分别保护。但是随着我国保护地类型的增加与功能性质的定位交叉，这种管理体制的不足和缺陷也日益显露，具体而言：

在管理机构设置方面，保护区地位、性质规定不明，机构设置重叠和多头管理现象普遍存在。首先，尽管现行《自然保护区条例》对自然保护区的机构设置和主要权责做了规定，但是对自然保护区机构的性质和地位没有明确规定。目前我国自然保护区管理机构的运行机制有四种：行政单位、事业单位、企业单位、事业单位企业运行。行政单位与事业单位性质的自然保护区基本上都建立了自我创收机制，实行差额事业单位或事业单位企业化管理与经营混为一体的运行机制。这种运行模式严重背离了自然保护区的性质与功能，导致实践中许多自然保护区的精力主要放在对保护区的开发利用、经营创收上，从而忽视了管理工作。用保护区资源创收还会加剧与周边居民的矛盾，诱发他们争夺资源使用权，甚至会对资源造成破坏，同时造成自然保护区事业失去群众与地方政府的支持。其次，保护区机构设置重叠和多头管理的现象普遍存在，在许多地方，自然保护区与森林公园、风景名胜区、地质公园等单位交叉重叠，形成条块割据、多头管理的局面，管理目标的冲突和利益上的矛盾导致政策规划多样，建设管理混乱。

在管理机构权责设置方面，存在权责规定不明和责权配置不对等现象。因为权责规定不明，使自然保护区经费得不到保证，自然保护区管理协调系统不畅通，出现"批而不建，建而不管，管而不力"的后果；因为责权配置不平等，出现"有权无责"的不合理现象，造成自然保护区的投入严重不足，管理行为不规范，从而严重制约了我国自然保护区的建设和发展。

三、我国保护地立法调整范围与分类体系的完善

（一）名称和分类原则

1. 我国应以"保护地"取代"保护区"的名称，扩大保护区立法的调整范围

我国目前正在制定的应该是一部全面规范各种类型的被保护地区的法律，其内涵相当于英文的"Protected Areas"，而不是"Nature Reserve"。由于"Nature Reserve"在汉语里一直被翻译成"保护区"，并已约定俗成，因此用"保护地"来概括、统称我国各类被保护地区的观点比较合理，但各种类型的自然保护区名称仍可继续沿用，不必劳民伤财地换证换标牌。借鉴 IUCN 对于保护地的定义，可以将我国的保护地的内涵界定为：为了保护生物多样性、自然资源及相关的文化资源，通过法律上的和其他的有效的手段进行管理的陆地和海洋区域。我国的自然保护区、风景名胜区、森林公园、地质公园、湿地公园、海岸公园、自然遗迹、禁伐/禁猎/禁牧/禁渔区等都属于保护地。如前文论及，是选择"保护地"还是"保护区"作为立法名称，涉及自然保护区立法的宗旨和目的问题，涉及本次立法的调整范围问题，笔者认为，为全面解决自然保护区的保护与开发问题，用"保护地"取代"保护区"十分必要。

2. 要确立"严格保护"、"保护优先、适度开发"和"择项保护以实现可持续利用"的保护地分类体系原则

对保护地用"严格保护"、"保护优先、适度开发"、"择项保护以实现可持续利用"进行分类，笔者认为是必要的，也是可行的。就必要性而论，这一分类能充分反映本次立法的目的，是本次立法宗旨的理论表述形式。本次立法旨在协调自然保护区的开发与保护的

关系，这是我们要通过立法解决的问题。如何解决问题？通过类型化划分，分三种情况处理：或严格保护，或保护优先、适度开发，或择项保护以实现可持续利用。这种类型化划分充分、全面贯彻了国家的立法政策，是必要的，科学的。事实上，这种分类法从另一角度也说明，我们应当适度扩大原有《自然保护区条例》的调整范围，即为全面贯彻解决"自然保护地的开发与保护"问题，立法上必然要树立整体全局的观念，对自然保护地做全面、整体规划，因为只有在调整范围多类型化的基础上，才谈得上依据保护力度、开发力度予以分类型保护。再说这种分类的可行性。这种依据保护力度、开发力度的划分，与IUCN分类体系不冲突，甚至可以说，它是我国目前情况下引入IUCN分类体系的突破口和衔接点。因为IUCN分类的依据是不同类型保护地的管理目标之间的差异，这种管理目标的差异导致人类保护的程度可以不同，并据此确立一国的环境保护立法政策。而对自然保护地依据管理目标类型化的目的，也是为便于执行国家的不同环境保护政策而已。因此，"严格保护"、"保护优先、适度开发"、"择项保护以实现可持续利用"这种分类只是国家在协调资源保护与开发问题上的一种立法政策而已，不但与原有的功能性分类不冲突，而且是必要的、必然的引申。这种"严格保护"、"保护优先、适度开发"、"择项保护以实现可持续利用"的分类法，实际上与英文的"protection"、"conservation"和"preservation"并无大异。

（二）IUCN分类体系和移植问题

首先，我们应该借鉴IUCN分类体系，但是IUCN分类体系不应拿来就用，而应结合我国国情予以修正和完善，并进一步明确其相应的内涵和外延。这是因为，IUCN中，有些类别不易把握，可操作性差；而且在现实中，多数国家也没有完全照搬IUCN分类体系，而是根据本国国情做了进一步完善或者吸收了该分类体系管理的理念，我国应该以IUCN分类体系为参考建立符合我国国情的保护地分类体系，应该借鉴吸收IUCN的精髓理念。由于IUCN的保护地分类体系是按照管理目标进行分类的，它明确了保护地的共性、独特性和差异性，明确了不同类型保护地的定义、管理目的、选择标准、组织责任，明确了保护地是在社会经济发展过程中产生并构成密切相关的系统分类管理体系，明确了保护地是经济建设的重要组成部分，因此能够为我国在充分保护生物多样性、自然资源及相关的文化资源的同时，为实施可持续发展战略管理资源提供支持。但是因为IUCN保护地分类体系也存在一些问题，有的类别不太容易把握，不同的人会有不同的划分结果，因此需要进一步理解IUCN保护地分类体系，并根据中国实际进一步完善。我们应该把IUCN分类体系作为一种参考和指南，在它的基础上结合我国国情和特定的立法目的，建立我国自然保护地的分类体系，原有的分类体系应该被取代。

其次，以IUCN分类体系会造成保护地类型重叠问题，或者以确认IUCN分类体系之后"穷尽性原则不切实际"，而拒绝IUCN分类体系的理由都不能成立。其实，当前存在于自然保护区立法理论纷争中的所谓"分类问题"，并不是科学意义上的"对某一对象总体的完整划分"，我们立法所要处理的只是对某一具有保护需要的区域的"定性"，当这一区域被"定性"之后，就可以直接适用适用于该类型的法律规范体系，因此所谓的"分类"造成的一些负面问题并不是真实的。而且这种对自然保护区的分类是选择性的"归类"，当某一区域被确定为某种自然保护地之后，有关该区域的法律调整就直接适用相应的法律规则体系；当某一区域同时兼有几种不同保护地的"身份"之后，则完全可以通过立法宣告"适用最严格的保护规则"把这一问题解决。因此，所谓的自然保护区调整范围扩大之后，"该保护的得不到保护、该开发的受到约束"并不是必然的现象。关于 IUCN 分类体系会造成保护地类型重叠问题，这是 IUCN 并不否认的问题，但是问题关键不在于是否保护地类型界定重叠，而是这种重叠恰好更全面地反映了该保护地何以需要保护、需要如何保护、需要何种程度保护，并因此确定需要哪些部门对该保护地予以共同保护。分类的目的是为了更明确的了解和界定我们的保护地属性，而不是为了界分管理部门分工。具体处理上，可参照法律竞合处理原则，总体上是有冲突时以人的生存利益为最优先考虑因素，在此前提下，适用冲突类型中较为严格的保护规则。这种竞合规则甚至可以不必在立法上明文规定出来，而由主管部门掌握。

再次，以采用 IUCN 保护地分类体系将不利于对最为需要严格保护、最为重要的那一部分自然资源的保护①为理由而拒绝 IUCN 分类体系的观点也缺乏依据。因为把某一类保护地归入到 IUCN 分类体系的某一类别，并不是要说明其管理有效性如何、应该进行何种程度的严格保护，而是要说明该保护地应如何进行管理。IUCN 分类体系强调，不同类别的保护地具有同等的重要性，谁也不能凌驾于其他之上，并不是对所有保护地进行同一严格度的保护，只是表明应该针对特定管理要求以及管理目的选择合适的管理类别。

最后，有学者认为，IUCN 分类体系的适用"忽视了自然保护的专业性"、现在时机不成熟、将打破我国自然资源管理体制、引发部门之间矛盾、增加管理难度和管理成本②，具体操作起来比较难。这种担忧实际上是保护地分类体系与部门利益矛盾的体现，并不能构成排斥适用 IUCN 分类体系的依据。事实上，IUCN 分类体系确立之后，保护地的管理权力仍然存在于各资源主管部门，IUCN 分类体系并不绝对要求重新调整各部门管理权的分配以及重新界定管理权的内容，具体到我国，现有的管理体制完全可以少做调整，当然新设的制度和实践已证明非改不可的问题，还是要做必要的调整。

（三）完善"综合管理"和分部门管理的体制，稳定管理分工，转变管理理念，改变管理内容，更新管理方式

关于管理体制问题，本次立法可以只做原则性规定，而把具体规定保留给国务院依据本法制定实施细则时明确。关于原则性规定，我国现行保护区的管理体制特点可以概括为两个方面，一是分类型管理、分部门管理和分级管理，一是综合管理与分部门管理相结合、中央政府管理与地方政府管理相结合。所谓分类型管理是依据保护对象特点，将我国

---

①② 参见国家林业局自然保护区法起草工作组：《〈中华人民共和国自然保护区法〉（草案建议稿）论证研究报告》，553 页。

自然保护区分为3大类别和9个类型，依据各自类别、属性确定相应管理手段和管理措施；所谓分部门管理，我国目前建立的是国家环保局、国家林业局、国家海洋局、农业部、建设部和国土资源部等部门分别依照其机构特点和职责范围进行管理；所谓分级管理，是把我国自然保护区分成国家级、省级、地市级和县级四级进行管理。在中央政府层面，对自然保护区实行综合管理与分部门管理相结合的管理体制，国务院环保部门负责全国自然保护区的综合管理，林业、农业、水利、海洋和国土资源等部门在各自职权范围内主管自然保护区的有关方面；在地方政府层面，自然保护区管理体制由省、自治区和直辖市人民政府根据本地实际情况确定，地方政府的主要职责是自然保护区的行政管理。应该说，我国将自然资源依照自然资源属性分属不同行政主管部门管理的做法有其合理性，因为不同类型、不同属性的自然保护区确有其不同的管理要求、管理方法，因此在新的保护区立法中沿用原有自然保护区管理体制是可以的。即使我们借鉴了IUCN分类体系，原有的管理体制在IUCN分类体系下也可以适用，因为IUCN分类体系确立之后，保护地的管理权力仍然存在于各个资源主管部门，IUCN并不改变权属机构设置，只是合理调整了各部门管理权的分配以及重新界定了管理权的内容。

在扩大自然保护区法调整的范围并借鉴IUCN分类体系条件下，问题的关键不在于是否非要设置或撤销某些管理机构，而是如何清晰、完善并科学的界定各个部门的职能分工、各自权限、各自职责。这一问题即使我们不改变现有保护区法的调整范围，不借鉴IUCN分类体系，也是在新的保护区立法中必须予以解决的核心问题之一。从这个角度来看，新的保护区立法关于保护区管理体制的核心任务就是清晰、完善并科学地界定各个部门权责职能，无论我们确定了什么样的调整范围和分类体系，这个问题都必须解决。扩大自然保护区法调整的范围并借鉴IUCN分类体系，只是为合理界定各个自然保护区主管部门权限分工、转变管理理念、改革管理内容、更新管理方式提供了一种契机，因此有关自然保护区管理体制的新的立法指导思想是按照IUCN分类体系要求和不同自然保护区的性质来完善原有的分类型管理、分部门管理和分级管理管理体制，完善原有的综合管理与分部门管理相结合和中央政府管理与地方政府管理相结合的管理体制。

【推荐阅读文献】

1. 王献，崔国发编著. 自然保护区建设与管理. 北京：化学工业出版社、环境科学与工程出版中心，2003

2. 国家环境保护局自然保护司编. 全国自然保护区发展规划. 北京：学苑出版社，2000

3. 薛达元，蒋明康. 中国自然保护区建设与管理. 北京：中国环境科学出版社，1994

4. 国家环境保护局自然保护司编. 自然保护区有效管理论文集. 北京：中国环境科学出版

社，1992

　　5. 安德烈亚·阿塔纳斯等编著，罗进德译. 东亚保护区筹资指南. 北京：中国环境科学出版社，2001

　　6. 解焱，汪松，Peter Schei. 中国的保护地. 北京：清华大学出版社，2004

　　7. 祝光耀. 我国自然保护区事业的发展现状与前景. 环境保护，2001（2）

　　8. 翟惟东，马乃喜. 自然保护区功能规划的指导思想和基本原则. 中国环境科学，2000，20（4）

　　9. 保罗·伊格尔斯等著，罗进德译. 东亚公园及保护区旅游业指导方针. 北京：中国环境科学出版社，2001

第二十专题

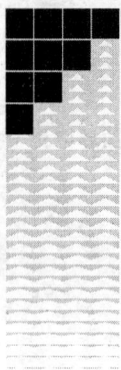

农村环境保护研究

一、农村环境保护概论

（一）农村环境问题的分类

我国农村的环境安全问题可分为两类：生态破坏和环境污染。生态破坏问题包括水土流失、草原退化、森林覆盖率降低、荒漠化面积扩大、沙尘暴、水资源短缺、生物多样性减少、外来生物入侵等问题。环境污染问题可分为外源性污染和内源性污染两部分。外源性污染主要是工业和城市对农村造成的污染，包括大气污染、水污染、固体废物污染等。例如酸雨对农田土壤和农作物造成危害；二氧化硫、氟化物、粉尘等污染物给粮食、蔬菜、水果、茶叶、桑蚕等的生产带来损失；工业企业和城市污水肆意排入地表水使其受到污染；使用污水灌溉农田，造成土壤板结、作物品质降低，重金属污染严重；由于污水排入江河湖海造成鱼虾大量死亡；城市生活和工业生产排放的大量固体废物占用大片的土地，而且造成农田和地下水污染。内源性污染指的是农业生产和农村生活自身造成的污染，主要包括化肥污染、农药残留对农产品的污染、农用塑料的影响、畜禽养殖业造成的污染。[①]

（二）农村环境问题的特点

1.复合性[②]

农业生态环境遭受污染或破坏往往表现出多种不良影响，例如，农作物遭受"三废"的污染，直接导致农作物减产或绝收或农产品受污染严重不能食用，造成严重的经济损失。但是，从农业生态环境受害的情况来看，可能造成对农业生产起基础性作用的灌溉水、农田土壤等的污染，使其受危害时间更长，范围更宽，后果更严重。同时，农业生态环境的污染，有时有工业"三废"的点源污染的影响，也有交通运输所致的流动污染，还有农业生产过程中化肥、农药、农膜和畜禽粪便的农业面源污染等，而每一类给农业生态环境造成污染的物质又包含着多种元素。因此，农业生态环境污染呈现出复合污染的特点。

2.不确定性和不易监测性

农业生态环境范围广，它既与工矿、企业等工业污染源接邻，又与交通运输线交织在一起，同时，还承载着人们从事农业生产活动的功能。这些因素随时都有可能给农业生态环境带来不良影响，这种影响不仅发生的频率、程度和在同一时间、同一地点不同年限间的影响不尽相同，而且每次遭受的影响导致的污染类型也不尽相同。如某地农业生态环境污染的恶化，分析其原因，有可能是工业"三废"污染，有可能是农业面源污染，还有可能是破坏自然资源造成水土流失，土地沙化等，而且每次对农业生态环境造成的污染或破

---

① 参见张从、刘薇：《我国农村的环境安全与农业环境法制建设》，载《中国农业科技导报》，2003（4），32～33页。

② 参见姜达炳主编：《农村生态环境保护导论》，36页，北京，中国农业科技出版社，2003。

坏都不是一成不变的，也就是有不确定性的特点，就是这个特点，给农业生态环境保护的工作带来了难度。[1]

特别是面源污染具有不易监测性。因为面源污染的管理成本过高，只能对受害地进行监测，很难全面掌握排污源的情况。

3. 持久性[2]

农业生态环境保护，是以自然资源保护为主，自然资源遭到污染和破坏的过程是一个恶性积累，由量变到质变的过程。但是，一旦给农业生态环境造成质变污染和破坏后，要保护和改善不是一日之功。例如有些有毒有害的重金属一旦污染了农田土壤，要改善这种不良农田生态环境，至少也要 5 年～8 年，有的甚至更长。又如农用地膜残留在农田土壤中，需要 20 年以上的时间才被逐渐消解。如果茂盛的森林被乱砍滥伐后，要恢复到成林需要 10 年以上。所以，农业生态环境遭到污染和破坏时，其综合损失经度或治理所需投入，是眼前效益的几倍，甚至几十倍，在时间上是一个持久的过程。

4. 人多势众，点多面广

农村环境污染"人多势众"，不仅受到来自农村内部的污染和破坏，还受到城市的污染转移。特别是农村排放主体具有分散性和隐蔽性。在生活方式上，农村生活居住以一家一户的形式为主，分散性强，生活废物因为基础设施的缺失一般直接排入其生活的环境中。长期以来，广大农村地区生活垃圾、生活污水、畜禽养殖和农业废弃物任意排放的问题未引起根本重视，人畜粪便、生活垃圾和生活污水等废弃物大部分没有得到处理，随意堆放在道路两旁、田边地头、水塘沟渠或直接排放到河渠等水体中，使"村村点火、户户冒烟"、"污水乱泼、垃圾乱倒、粪土乱堆、柴草乱垛、畜禽乱跑"、"垃圾到处堆，蚊蝇满天飞"、"室内现代化，室外脏乱差"成为一些农村环境的真实写照。特别是乡镇工业企业布局分散、设备简陋、工艺落后，企业污染点多面广，难以监管和治理，因污染引发的民事纠纷事件呈上升趋势，环保纠纷已成为继征地、拆迁之后又一影响社会稳定的新问题。基于农村生产、生活方式的家庭化、个性化、无序化和村庄布局分散式、群落式的特点，农村环境治理"点多面广"，实施难度较大。对于在农村大量发生、分散度又很大的环境污染和破坏行为，需要付出较大的防治与管理成本。

5. "二元"与"三弱"

在城乡"二元"社会结构下，我国污染防治投资大部分投到工业和城市，农村的环境保护长期受到忽视，农村环境问题堪忧。随着我国现代化、城镇化进程的加快以及城市人口规模的扩大，加之产业梯级转移和农村生产力布局调整的加速，越来越多的开发区、工业园区特别是化工园区在农村地区悄然兴起，造成城镇工业废水、生活污水和垃圾向农村地区转移的趋势进一步加剧，工业企业的废水、废气、废渣等"三废"超标排放已成为影

---

[1] 参见姜达炳主编：《农村生态环境保护导论》，36 页，北京，中国农业科技出版社，2003。
[2] 参见姜达炳主编：《农村生态环境保护导论》，37 页，北京，中国农业科技出版社，2003。

响农村地区环境质量的主要因素。通过截污，城区水质改善了，农村水质却恶化了；通过"转二产促三产"，城区空气质量改善了，近郊污染却加重了；通过简单填埋生活垃圾，城区面貌改善了，城乡结合部的垃圾二次污染却加重了。由于城乡发展二元结构的存在，农村用水的保障优先性低于城市和工业用水，水源性缺水和水质性缺水并存。同弱势产业的农业和弱势群体的农民一样，农村环境问题也处于某种弱势地位。

6. 土壤污染→食品安全→影响整个社会的良性循环

一些地区由于长期过量使用化学肥料、农药、农膜以及污水灌溉，使污染物在土壤中大量残留，直接影响土壤生态系统的结构和功能，使生物种群结构发生改变，生物多样性减少，土壤生产力下降，土壤理化性质恶化，影响作物生长，造成农作物减产和农产品质量下降，对生态环境、食品安全和农业可持续发展构成威胁，土壤污染的总体形势相当严峻。由于土壤污染具有累积性、滞后性、不可逆性的特点，治理难度大、成本高、周期长，将长期影响经济社会的发展。土壤污染问题已经成为影响群众身体健康、损害群众利益、威胁农产品安全的重要因素。[1]

环境作为社会赖以存在、运行和发展的基础，对于社会和谐有着极其重要的影响。在一定程度上，特定区域内环境资源的多寡及质量的好坏决定着该区域经济活动规模的大小以及能否繁荣和持续发展。我国农村是粮食的主产地，农业是人们的生存之本和衣食之源。农村是潜在的巨大市场，是扩大内需之所在。农村环境的好坏关系到我国食品的安全，没有农村的和谐发展就不会有整个社会的良性循环。[2]

7. 废弃物综合利用率低，面源污染问题突出[3]

随着我国农业生产能力大幅度提高，畜禽养殖业污水、粪便、作物秸秆以及残留农膜等农业生产过程中产生的废弃物大量增加。初步估算，我国每年产生各类农作物秸秆约6.5亿吨，每年畜禽粪便排放总量达25亿吨，农膜年生产量达130万吨，使用农膜的耕地面积已突破亿亩。但调查显示，40%以上农作物秸秆未被有效利用，农膜年残留量高达45万吨，大多数养殖场粪便、污水的贮运和处理能力不足，许多规模化养殖场没有污染防治设施，大量粪便、污水未经有效处理直接排入水体，造成严重的环境污染。

施肥、施药配套技术和器械不完备，加之农民缺乏科学使用农药、化肥的知识，造成农用化学品大量浪费并直接污染环境。据统计，我国农药的年施用量已高达132万吨，其中，高毒农药占70%；化肥施用量达4 412万吨，其中氮肥施用量高达到2 200万吨左右，有机肥施用量仅占肥料施用总量的25%。在东南部沿海一些经济发达地区，化肥施用水平已高达每公顷600公斤以上，化肥利用效率却维持在35%左右的较低水平。

当前，我国农村生产与生活中存在的这些环境问题，已严重威胁到广大农民群众的身

---

① 参见国家环保总局：《国家农村小康环保行动计划》，2006年10月。
② 参见冯韵东：《和谐新农村的环境法制建设》，载《浙江树人大学学报》，2006 (3)。
③ 参见国家环保总局：《国家农村小康环保行动计划》，2006年10月。

体健康，制约了农村经济的进一步发展，这些环境问题如不能得到及时解决，必将影响社会主义新农村建设和全面建设小康社会总体目标的实现。

8. "社会冲突"加重，"环境难民"增加①

环境因素已经成为导致和加剧人类社会冲突的重要因素。农村环境污染、环境破坏乃至环境衰退越来越成为引发社会纠纷和冲突的重要因素，直接妨碍社会的和谐。近几年来，我国农村环境污染与环境破坏不仅造成了巨大的经济损失，而且造成了生产和生活秩序的紊乱。无论是群众来信或上访的数量，还是环境纠纷的数量均呈现明显的上升趋势。农村环境污染纠纷，尤其是工业企业的三废排放和污染事故而引起的民事纠纷日趋增多，这说明长期污染所积累的矛盾已逐渐激化。但是，农民往往不会寻求法律途径，而是采取一些极端的做法，给社会安定造成隐患。如果这些问题不能妥善解决，就会对社会和谐构成现实的威胁。

在环境破坏愈演愈烈、环境衰退日趋严重的当今社会，环境难民已经在世界范围内出现，并且呈现出规模不断扩大的趋势。在中国的一些地区，也已经有了潜在的环境难民。村庄的耕地、水源被严重污染，脚下的土地变得不再适宜居住，农民因生存的根本遭到颠覆而被迫逃离家园，成为典型的"环境难民"。很明显，丧失生活家园的环境难民有可能成为妨碍社会和谐的因素。

9. 农民环境意识较弱，生存压力大②

农村环境问题的另一个突出特点是农民环境意识较弱，对保护自身生存环境必要性认识不足。据朱启臻等对北京房山区大峪沟村 160 位农民进行的环境意识的调查结果显示，农民环境知识普遍缺乏，很少有人知道农药对环境有何危害，而知道化肥对环境有害的只有 16 人。③ 在渴望提高经济收入和环境意识不足的双重压力下，农民为了提高农产品产量，就会大量使用农药、化肥、地膜等。至于其使用是否会对环境造成危害，造成多大危害，他们缺乏必要的认识。正因如此，加上农村缺乏环境保护基础设施建设，农村生活污染问题才越来越突出。

农村基础设施落后，经济发展水平低，同时有许多农村是位于偏远的生态环境脆弱地区，很少能够吸收外来投资。农民为了维持生存，支付日常的生活消费，就会想尽办法去获得收入。特别是自然生存环境较差地区的农民，出于生存的需要，进行"树乱砍、水乱截、矿乱开、沙乱挖"，通过毁林种田、过度放牧、滥采矿藏等"杀鸡取卵、竭泽而渔"的方式改善自己的生存条件，维持基本的生活，这不可避免加剧了当地的水土流失、草场退化、沙漠化、盐碱化等。生态环境的破坏又导致这些农村的投资环境变得更差，农民因此就会陷入一种生存的困境。农村相比于城市，各项投资环境都较差，仅有广阔的土地和丰富的

---

① 参见冯韵东：《和谐新农村的环境法制建设》，载《浙江树人大学学报》，2006（3）。
② 参见荀彦平，张有贤：《对当前农村环境问题的深入研究》，载《农业环境与发展》，2006（4）。
③ 参见朱启臻：《农民环境意识的问题与对策》，载《世界环境》，2000（4）。

矿产资源能吸引到一些外来投资。乡镇、私人企业等据此进入农村，在提高农民收入的同时带来了严重的工业污染，导致农村环境问题越来越突出。

10. 政府监管不力，相关法制严重缺乏

在城市环境污染引起全社会关注下，政府通过增加环境保护投资、加强对排污企业监管，使城市环境近些年总体上趋于改善，而农村环境问题却趋于严重。多年来，我国政府实际上对城市的关注远高于农村，对农村仅有的关注也主要在如何提高农民经济收入上，而对农村环境问题缺乏有效的监管措施。具体表现在：没有进行有效的农村环境调研，缺乏对农村环境问题紧迫性认识；环境保护投资主要集中于城市，造成当前农村环保基础设施不足；对农村乡镇、私人企业缺少监管，造成农村工业污染问题越来越突出；地方政府对农村环境教育重视不够、投入不足，造成农民环境意识长期没有得到提高。[①]

我国的环境法制是以城市污染和工业污染防治为目标建立起来的。目前，我国农村环境管理有以下特点：环境立法缺位、农村环境管理机构匮乏、环境保护职责权限分割并与污染的性质不匹配、难以形成完整的环境监测和统计工作体系、在解决农村环境问题上力量薄弱、适用性不强等。我国的环境保护法体系中严重缺乏有关农村环境保护的法律规范。《中华人民共和国环境保护法》以及水污染防治法、大气污染防治法、固体废物污染环境防治法等，虽有个别条款涉及农村、农业，但是，无论数量、可操作性均严重不足。地方农业环保条例虽是专门性法规，但也存在覆盖面不足、条款太笼统等不足。土壤污染防治，农资科学使用等方面亟待立法。

（三）农村环境保护的概念

1. 环境、农村环境、农业环境[②]

环境，是相对于某项中心事物而言的，中心事物以外的一切客观事物的总和叫环境。按照环境要素的属性，环境可分成自然环境和社会环境两大类。在自然环境中，可再分为大气环境、水环境、土壤环境、生物环境、地质环境等。社会环境常常依照人类对环境的利用或环境的功能可再分为聚落环境、生产环境、交通环境、文化环境等。

农村环境是与城市环境、城镇环境相对而言的概念。农村是从事农业的农民的聚居地。农村环境以农民聚居地为中心的一定范围内的自然及社会条件的总和。

农业环境是指以农业生物（包括各种栽培植物、林木植物、牲畜、家禽和鱼类等）为主体，围绕主体的一切客观物质条件（如水、空气、阳光和土壤以及与农业生物并存的生物和微生物等）以及社会条件（如生产关系、生产力水平、经营管理方式、农业政策、社会安定程度等）的总和。这里的客观物质条件叫农业的自然环境，社会条件叫农业的社会环境。通常所说的农业环境（或称农业生态环境）是指农业的自然环境，即指农业生物赖以生存、发育和繁殖的农田土壤、水源、空气、日光、温热和微生物等基本物质基础条件。

---

① 参见荀彦平，张有贤：《对当前农村环境问题的深入研究》，载《农业环境与发展》，2006（4）。

② 参见刘青松主编：《农村环境保护》，1～4页，北京，中国环境科学出版社，2003。

农村环境与农业环境没有一个绝对的界线，存在着大程度的交叉重复，在很多情况下是紧密联系的并在概念上相互替代。例如农药污染问题，由于农药污染既对农业生物（如水稻、小麦等）造成危害，导致粮食减产和品质下降，同时也给人民身体健康带来不良影响，那么农药污染就涉及农业环境和农村环境两个领域，既属农业环境问题又属农村环境问题。概括起来说，农业环境更侧重于人类的生产环境，而农村环境更侧重于人类的生活环境。在农业环境领域，人们更关注生态环境的恶化、不合理的农业生产方式对农业的可持续发展带来的影响，如水土流失、气候变暖、地力下降、自然灾害频繁发生、农业自然资源锐减、农产品品质下降等。而在农村环境领域，人们更多地关注伴随工业进步、农业开发给农村居民生活带来的直接或潜在的影响，如工矿企业对农村大气或饮用水源的污染、农药化肥对农村居民健康的影响、农村村镇建设环境规划、农村爱国环境卫生工作等。农业环境带有更多的自然属性，农村环境带有更多的社会属性。

2. 农村环境保护

农村环境保护有广义和狭义之分。广义的农村环境保护既包括对环境污染的防治，也包括对生态破坏的防治。狭义的农村环境保护主要是指环境污染的防治，主要是防治农业生产中使用的农药、化肥、农膜、禽畜养殖产生的粪便、乡镇企业污染物以及农村生活污水、垃圾造成的污染。

也有学者认为，农村环境主要是指农村居民的居住环境，包括村镇环境和乡村景观等，广义上应该包括农业环境。农村环境保护偏重于生活环境与环境卫生，农业环境偏重于生产环境污染和生态破坏防治。

当然，也可完全依据前述农村环境、农业环境的概念去理解相应的农村环境保护和农业环境保护。

"农村环境保护"与"农村环境卫生建设"有一定的相关性。农村环境卫生建设是农村基础设施建设体系的重要组成部分。农村环境卫生建设不仅仅只是修建卫生厕所，还包括村庄规划、家庭卫生、饮水卫生、畜禽卫生、改善垃圾和生活污水处理、道路硬化、绿化美化等内容。农村环境卫生建设不是由卫生部门单独运行的，它要涉及社会各个系统、各个层次，需要全社会共同关注。

《国家农村小康环保行动计划》提出国家农村小康环保行动的指导思想是：以"三个代表"重要思想和科学发展观为指导，围绕全面建设小康社会的总体目标，坚持以人为本、环保为民，突出农村环境污染防治，以试点示范为先导，切实解决农村环境"脏、乱、差"问题，努力改善农村生活与生产环境，稳步推进社会主义新农村建设，为全面建设小康社会提供环境安全保障。

《国家农村小康环保行动计划》提出国家农村小康环保行动的总体目标是：到2020年，有效控制农村地区环境污染的趋势，基本解决农村"脏、乱、差"问题，农村生活与生产环境得到切实改善，为建设"清洁水源、清洁家园、清洁田园"的社会主义新农村和全面建设小康社会提供环境安全保障。

二、农村环境保护专论

（一）亟待研究的重大问题

农村环境保护涉及的问题非常多，这部分所列问题主要是农村环境保护所涉及的重大方面性问题，是易于从环境法的角度开展研究并与环境保护法关系直接的问题。一些与农村环境保护有关，与资源法有关，但也更多地涉及其他部门法的问题，例如土地问题、矿产资源问题、林牧、渔业管理问题等，未予单独作为"问题"涉及。这部分内容只是提示性地介绍了一些重大方面性问题，并未从环境法的角度做深入研究。

1. 加强农村环境保护意识问题

农村环境问题的一个突出特点是农民环境意识较弱，农民对保护自身生存环境的必要性认识不足。由于受人力、资金条件限制，环保宣传教育还没有真正深入到农村，一些干部、群众的环境意识不高，环境法制观念和依法维权意识不强，对生产、生活污染的环境危害认识不足，日常生产、生活行为缺乏必要的环境知识作指导，难以适应新农村建设的需要。从法治的角度看，我们应在环境法中加强有关环境意识教育方面的规定，促进农村环境教育的开展，农村文化站、农技站等应成为环境教育的主力军。

值得注意的是，加强保护农村环境意识教育的对象，不仅仅是农民，更重要的对象是官员和城市居民。官员和城市居民不应认为农村环境与自己无关，而应认识到关系的密切性以及应承担的责任和义务。

2. 农村环境保护规划与评价问题

随着现代化进程的加快，农村聚居点规模迅速扩大。但在"新镇、新村、新房"建设中，环境规划缺位或规划之间不协调——只重视编制城镇总体建设规划，忽视了土地、环境、产业发展等规划的有机联系；农村聚居点则缺少规划，使城镇和农村聚居点沿公路带状发展或者与工业区混杂。小城镇和农村聚居点的生活污染物则因为基础设施和管制的缺失一般直接排入周边环境中，造成严重的"脏、乱、差"现象。①

通过规划建立污染的事前预防机制，不仅可以以统筹"生产发展、生活宽裕、村容整洁"等既有目标，就污染治理而言也事半功倍。对于农业面源污染问题，提高化肥、农药利用率及推行绿色食品管理体系等前置性措施也是目前条件下更有效的解决方法。为此，应将农村环境保护体现在国家和地方的有关计划和规划中。如将环保部门的"农村小康环保行动计划"纳入"社会主义新农村建设规划"中。在地方规划中则应坚持经济建设、城乡建设和环境建设同步规划、同步实施、同步发展。县域环境保护规划的重点内容应是环境功能区划和环境保护控制性规划，有条件的应编制县域环境容量规划。通过编制小城镇和新农村建设规划、工业园和畜牧园区规划，实现人居环境和生产环境的分离和统筹安排人居

---

① 参见苏杨：《新农村建设中应重视农村环境污染治理》，载《红旗文稿》，2006（10）。

环境的净化。①

对于企业化生产的农业生产，例如规模化养殖，规模化、企业化种植，应充分发挥社会、经济、环境发展规划制度和环境影响评价制度的作用，从源头上做好防治工作。特别是应重视发挥环境影响评价制度的作用，扩大其评价广度和深度。对于一定规模的非企业化农业开发、生产项目也可考虑纳入环境影响评价制度。

3. 村庄环境污染综合治理问题

从环境法的角度看，村庄环境污染综合治理是一个涉及职责、资金、技术、运行等因素的复杂问题。由于我国农村的多样性，在法律层面上易作出倡导性规范，不同地区根据其发展水平，以地方法规或规章的形式推进此项工作的开展。我们应注意农村环境保护工作与农村环境卫生工作的区别与联系，科学处理好各自的职责范围，以免政出多头，互相扯皮。对于经济条件较好的地区，应通过环境优美乡镇、生态村建设，利用其建设标准或扩大环境影响评价的范围，对厕所、垃圾处理设施等进行达标验收。

4. 工业企业、畜禽养殖、农业企业污染防治问题

工业企业的废水、废气、废渣等"三废"超标排放已成为影响农村地区环境质量的主要因素。一些城郊地区已成为城市生活垃圾及工业废渣的堆放地，全国因固体废弃物堆存而被占用和毁损的农田面积已超过 200 万亩。特别是乡镇工业企业布局分散、设备简陋、工艺落后，企业污染点多面广，难以监管和治理。坚持工业企业适当集中原则，优化工业发展布局。在有条件的区域可规划建设农业产业化园区和生态工业园区或工业集中发展区。在生态工业园区和工业集中发展区之外的区域，不再新上工业项目。加强生态工业园区和工业集中发展区环境基础设施建设，根据工业区规模与主导行业类型，建设相应规模的"三废"处理设施。企业污染以集中治理为宜。治理不力，污染超出环境容量，危害当代、贻害后代的企业要坚决关停。努力促进外部不经济的内部化，建立完善绿色会计、生态补偿制度，不超标排污的企业也应承担起环境补偿的责任。建立有关制度，保证有关环境补偿资金真正用到农村环境保护与改善工作中去。

遵循资源化、无害化、减量化和综合利用优先的原则，根据各地实际情况，因地制宜，采取生产沼气、建设有机肥生产厂、土地利用、工艺处理等模式，提高畜禽养殖废弃物资源化利用水平与污染物达标排放率。使用安全、高效的环保生态型饲料和先进的清粪工艺、饲养管理技术，实现污染"源头控制"。加强畜禽养殖环境监管，划定禁养区和限养区，在重点区域、流域、生态敏感区，要严格控制新建规模化畜禽养殖场。要加紧制定相应的法规、标准，加强畜禽养殖废弃物的资源化综合利用和污染防治。②

对于企业化生产的农业生产，例如规模化养殖，规模化、企业化种植，应充分发挥社会、经济、环境发展规划制度、环境影响评价制度、排污收费制度等制度的作用，从源头

---

① 参见苏杨：《新农村建设中应重视农村环境污染治理》，载《红旗文稿》，2006（10）。

② 参见国家环保总局：《国家农村小康环保行动计划》，2006 年 10 月。

上做好防治工作。特别是应重视发挥环境影响评价制度的作用，扩大其评价广度和深度。例如国家环保总局 2001 年发布的《畜禽养殖污染防治管理办法》中规定：新建、改建和扩建畜禽养殖场，必须按建设项目环境保护法律、法规的规定，进行环境影响评价，办理有关审批手续，畜禽养殖场污染防治设施必须与主体工程同时设计、同时施工、同时使用；畜禽废渣综合利用措施必须在畜禽养殖场投入运营的同时予以落实。畜禽养殖场必须按有关规定向所在地的环境保护行政主管部门进行排污申报登记。畜禽养殖场排放污染物，不得超过国家或地方规定的排放标准。在依法实施污染物排放总量控制的区域内，畜禽养殖场必须按规定取得《排污许可证》，并按照《排污许可证》的规定排放污染物。畜禽养殖场排放污染物，应按照国家规定缴纳排污费；向水体排放污染物，超过国家或地方规定排放标准的，应按规定缴纳超标准排污费。

5. 土壤污染防治问题

土壤污染被学术界称为"化学定时炸弹"。目前，我国土壤污染的形势已相当严峻，土壤污染带来了严重后果：一是影响耕地质量，造成直接经济损失。据估算，全国每年因重金属污染的粮食达 1 200 万吨，造成的直接经济损失超过 200 亿元。二是影响食品安全，威胁人体健康。土壤污染造成有害物质在农作物中累积，并通过食物链进入人体，引发各种疾病，最终危害人体健康。三是影响农产品出口，降低国际竞争力。20 世纪 90 年代以来，因农药残留和重金属含量超标，农产品出口被外方退货、索赔和终止合同的事件时有发生，部分传统大宗农产品也被迫退出国际市场。特别是我国加入世贸组织以后，发达国家对我国出口农产品要求提高，出口压力增大。[①]

由于土地污染为多年积累所致，具有隐蔽性和滞后性，不容易发现。如果不加治理，让土壤本身自然恢复，一般需要花费两三百年，严重的要花上千年。土地污染真正治理起来非常头疼。土地污染局域性特点强，同一地方各个地点的土地污染情况都不一样。只有区分清楚，后期投入的成本才会降低。比如说，重污染的土地可能采取直接挖走，污染程度轻的则采取植物修复等方案。如果把污染程度高的土壤作为危险回收物填埋，填埋 1 吨最少要 1 千元，不包括运费、人工费等，修复 1 亩被污染的土地大概要花 15 万元。如果进行植物修复，1 公顷污染浓度低的土地一般两三年可恢复，浓度较高的则需要七八年。土地修复成本视污染程度而言，一亩地修复大概需要 2 000 元～3 000 元。美国《土壤污染防治法》规定，企业不再使用某块土地时，要检测它是否符合生态安全标准。如不符合，企业需要将其恢复。这个恢复的成本很高，一个 10 公顷的厂房用地如被污染，可能需要上亿美元的投入来恢复。因此，很少有公司敢于冒此风险。

在我国现行的法律体系中，已经制定了防治大气污染、水污染、海洋污染的法律，但是防治土壤污染的法律基本上是一项空白。虽然若干法律中有一些零星规定，但都是分散

[①]　参见国家环保总局：《国家农村小康环保行动计划》，2006 年 10 月。

而不系统的，缺乏可操作性的具体法律制度，规定依然不足，针对性不强，执法不力。而且土壤污染有其自身的特点，需要采取相对独立的防治措施。因此，应当及时制定专门的《土壤污染防治法》，规定专门的、行之有效的制度和措施，填补法律制度的空白。自八届全国人民代表大会第二次会议起，不断有代表提出保护农村环境的议案，强烈呼吁加强对农村土壤污染的防治，特别是加强对耕地污染的防治。全国人大环资委从1994年起开始关注土壤污染防治的立法问题。鉴于我国土壤污染的严峻形势，根据全国人大代表多次建议，全国人大环资委在制定十届人大环境与资源立法规划时提出了抓紧制定《土壤污染防治法》的建议。要对污染灌溉、工矿废弃物、城市生活垃圾、化肥、农药、地膜以及酸雨等土壤污染物及污染行为作出法律规定，通过法律手段有效防治土壤污染。

6. 农村面源污染防治问题

我国每年产生各类农作物秸秆约6.5亿吨，每年畜禽粪便排放总量达25亿吨，农膜年生产量达130万吨，使用农膜的耕地面积已突破亿亩。但调查显示，40%以上农作物秸秆未被有效利用，农膜年残留量高达45万吨，大多数养殖场粪便、污水的贮运和处理能力不足，许多规模化养殖场没有污染防治设施，大量粪便、污水未经有效处理直接排入水体，造成严重的环境污染。施肥、施药配套技术和器械不完备，加之农民缺乏科学使用农药、化肥的知识，造成农用化学品大量浪费并直接污染环境。据统计，我国农药的年施用量已高达132万吨，其中，高毒农药占70%；化肥施用量达4 412万吨，其中氮肥施用量高达到2 200万吨左右，有机肥施用量仅占肥料施用总量的25%。在东南部沿海一些经济发达地区，化肥施用水平已高达每公顷600公斤以上，化肥利用效率却维持在35%左右的较低水平。当前，我国农村生产与生活中存在的这些环境问题，已严重威胁到广大农民群众的身体健康，制约了农村经济的进一步发展。要指导农民合理使用农药、化肥、农膜等农用化学品，积极发展生态农业，搞好作物秸秆、畜禽养殖废弃物的资源化利用，妥善处理村镇生活垃圾和污水，综合防治农村面源污染。[1]

7. 农村饮用水环境安全问题

据初步统计，农村自来水普及率尚不到40%，仅有14%的村庄有供水设施，而且用水器具质量和供水效率低，处理设施简陋，约有3.2亿农村人口饮水不安全，其中1.9亿人的饮用水有害物质含量超标，6 300多万人饮用高含氟水，3 800多万人饮用苦咸水，饮水含氟量大于2mg/L的人口约占病区总人口的40%。饮水不安全导致一些农村地区疾病流行。据调查，我国一些沿江农村地区，由于受大量工业污水和生活污水的污染，出现了"癌症高发村"。因饮用水问题，一些农村地区出现了斑牙病、结石、皮肤病等疾病。

针对目前我国农村饮用水环境安全存在的主要问题，要对农村饮用水源，特别是农村人口聚居区的集中式饮用水源，建设并完善水源地环境保护工程建筑物，防止水源受到污

---

① 参见国家环保总局：《国家农村小康环保行动计划》，2006年10月。

染。合理布置取水点位置，选择远离污染源、水量充沛、水质良好的水源，在村民集中聚居区，逐步建设集中供水系统。划定水源保护区，完善污染预防措施，加强农药和化肥的环境安全监督管理。加强水源水质监测，开展农村饮用水源水质调查与评估，为保护水源环境提供科学依据。[①]

8. 农业清洁生产、生态农业与综合利用问题

倡导应用循环经济理念实现现代化农业生产的清洁生产和产业间协调发展，推进集约化畜禽养殖与生态农业农牧一体化，大力发展生态农业，减少化肥、农药的作用量。这不仅可以克服其污染治理中的诸多障碍，还能统筹解决农村资源、能源、环境问题。依法促进农业清洁生产和生态农业的发展，是我们需要重点加强研究的大问题。

生态农业和综合利用可以是互相结合的。要实行畜禽粪便的综合利用和处理技术，鼓励建设养殖业和种植业紧密结合的生态工程，实现畜禽粪便的资源化利用。要推广废弃物综合利用，尤其是充分利用秸秆等废物，转化成动物性产品及畜力。要推进能源综合利用，推广使用太阳能热水器和沼气。

9. 生态建设与生态补偿问题

生态建设可以分为三类：自然生态环境建设；生产生态环境建设；生活生态环境建设。三类生态建设的生态性依次减弱，与人类的直接关系依次增强，实施的难度依次降低。这是因为改善生态环境的行为是为社会提供公共利益的行为，这种行为所生产的产品"良好的生态环境"，是一种正外部性很强的公共产品。它不需要通过市场交换就能满足社会公众对它的需要。也就是说，生态建设者向社会提供的生态效益无法通过市场交换实现其本身价值，除生态建设者之外的所有人都可以在不支付任何代价的情况下分享其所带来的生态利益。结果是生态环境改善所带来的惠益由社会公众无偿分享，生态建设者却自己负担对生态环境改善所支付的代价，承受着私益的损失。因此，在市场机制下，以效益最大化为目的的生产者就不会把资源有效地配置到生态建设之中，生产者从事生态建设的积极性不够，生态建设难以持续进行，导致生态建设供给的不足，从而无法实现生态环境的改善。

生态恢复也是生态建设的形式之一。当前退化生态系统修复的理论与实践、破坏土地植被重建及侵蚀控制矿山类退化生态系统的修复途径、包括煤矿、采石矿、采砂废弃地等类型矿山关闭生态修复技术的选择与制度创新、生态修复产业与生态休闲业的发展趋势、NGO 在生态修复相关产业开发中的作用等均是研讨的重点和热点。

生态补偿是指在经济活动中，对保护和改善生态环境的行为给予财政补贴或奖励，以调动生态建设积极性，促进环境资源保护的一种经济手段，其实质是对公益外溢的一种补偿。生态补偿的目的在于对于从事生态建设的行为进行经济补贴，以弥补其所受损失和支

---

① 参见国家环保总局：《国家农村小康环保行动计划》，2006 年 10 月。

付的代价，对生态建设的正外部性行为进行奖励，从而实现公益外溢的补偿，从根本上调动生产者从事生态建设的积极性，保证生态建设的持续进行，并最终实现生态环境的改善。对于自然生态环境建设、生产生态环境建设、生活生态环境建设，我们均应考虑其生态补偿问题，使其产生的生态效益受到社会经济机制的承认和补偿，才能调动不同层次的单位和人员从事不同的生态建设工作。

10. 生物多样性、生物安全和种质资源保护问题

生物多样性保护、维护国家生物安全、保护种质资源，这三项工作与农业生产的关系最为直接和密切。生物多样性是地球上 40 亿年生物进化留下来的宝贵财富，是人类社会赖以生存和发展的基础。经济的可持续发展必须以良好的生态环境和可持续利用的生物多样性为基础。生物多样性给我们提供了食品、医药、衣服和住房等，它不仅是农、林、牧、副、渔业经营的主要对象，还是重要的工业原料。除此之外，生物多样性在保护土壤、涵养水源、调节气候、维持生态系统的稳定性等方面也具有重要的作用。生物多样性保护主要包括就地保护、迁地保护、开展生物多样性保护的科学研究、制定生物多样性保护的法律和政策，以及开展生物多样性保护方面的宣传和教育等。

我国政府在发展生物技术的同时，高度重视农业转基因生物安全管理工作，根据国际组织和世界多数国家的普遍做法，国务院于 2001 年 5 月 23 日颁布了《农业转基因生物安全管理条例》，农业部于 2002 年 1 月 5 日，发布了《农业转基因生物安全评价管理办法》、《农业转基因生物进口安全管理办法》和《农业转基因生物标识管理办法》三个配套规章，并建立了由农业部、国家发展改革委、科技部、卫生部、商务部、国家质检总局和国家环保总局组成的国家农业转基因生物安全管理部际联席会议制度。根据上述法规，我国农业转基因生物实行安全评价制度、标识管理制度、生产和经营许可制度、进口安全审批制度，对农业转基因生物的研究、试验、生产、加工、经营和进出口活动实施全面监管。

亲代传给子代的遗传物质称为种质，携带各种种质的材料称为种质资源。种质资源也称品种资源或遗传资源。根据《中华人民共和国种子法》第74条规定，种质资源是指选育新品种的基础材料，包括各种植物的栽培种、野生种的繁殖材料以及利用上述繁殖材料人工创造的各种植物的遗传材料。为了加强对农作物种质资源的保护，促进农作物种质资源的交流和利用，2003 年 7 月农业部制定发布了《农作物种质资源管理办法》。还有学者建议制定《转基因生物安全法》和《物种资源保护条例》。

11. 农村生态旅游与环境保护问题

农村生态旅游是以广大农村地区资源为特色，以农民为经营主体，以农业旅游资源为依托，以旅游活动为内容，以促进农村经济发展为目的的社会活动。发展农村生态旅游对当地农业、经济、文化、环境等方面的发展都有很大的意义。结合国家提出的增加农民收入，调整农村产业结构，建设社会主义新农村等宏观政策的扶持，广大农村地区结合自身优势发展农村生态旅游不失为一个发展良机。农村生态旅游已经成为旅游业发展的一个新热点。

与传统旅游相比较，农村生态旅游是一种对环境负有真正保护责任的旅游活动。然而，在农村生态旅游中对自然资源的过度开发以及管理不善，也会给环境带来诸多的负面影响。为了保护农村生态环境，在农村生态旅游中应采取相关措施，包括进行环境影响评价和环境监测、制订合理的生态旅游规划、加强生态旅游管理和提高公众生态旅游意识等。当然，这些可以反映在相应的法律、法规中。

12. 农村绿色贸易问题

绿色农产品是一个系统工程的结果，土壤、水、除草方法、防除虫方法等任何一个环节出现问题都会影响农产品的品质，造成检验不合格，以致不能出口，甚而在国内市场也不能销售。把好贸易关，对于促进农村、农业环保工作的开展具有重要意义，也是非常有效的方法措施。关于绿色贸易壁垒及有关标准的讨论已经非常多了，如何更好地发挥绿色贸易壁垒在农村环保工作中的作用，趋利避害，值得更深入细致地研究。

13. 农技开发与推广问题

为了充分发挥农业科学技术对农村环境污染治理的作用，必须增加农业科技的投入，改善农业科学技术人员的工作条件和生活条件，真正做到科技兴农。要逐步改变过分依赖化肥、农药的传统农业生产方式，大力推广和创新现代农业新技术、新方法。要加大对农村环境保护相关科研的支持力度，最大限度地发挥农业技术创新在环境保护中的作用。要着重发展农村环境综合治理技术、生物农药和生物防治技术、农村资源综合开发和综合利用技术、污染土地治理和修复技术、农业面源污染控制技术、畜禽养殖废弃物资源化利用技术等。要加快农村生态示范区的建设，大力倡导生态农业和农业清洁生产，为社会主义新农村建设提供可靠的技术支持。要积极探讨促进农村农技开发与推广的新体制、新措施，从机构、人员、资金、政策等方面给予重点扶持。

（二）农村环境保护法治问题

我国农村环境保护的法律法规体系很不完善，缺乏可操作性。在农村环境和资源保护的不少领域还存在法律空白。因此，必须逐步建立和完善农村环境保护法律法规，加大环境执法监督的力度，从法律制度上保护农村环境不受污染、生态不受破坏，并使生态环境有所改善。农村环境保护法治问题当然是亟待研究的重大问题，我们单独列出一级题目进行探讨，恰是说明了其重要性和研究内容的丰富性。前述"亟待研究的重大问题"均可从法治的角度加以详细探讨，在本部分中仅就当前农村环境法制与法治工作中的个别突出问题做简要介绍与思考。

1. 农村环境保护法制建设的原则思考

（1）城乡一体化原则。

由于我国现有的环境保护政策、法规、投资、技术、管理等几乎都是围绕城市环境保护和工业企业污染防治的需要而进行设计和安排的，造成农村环境保护工作十分薄弱，农村环保立法亟待加强。相当一些文章中提出类似的如下观点："要根据我国农村环保实际情况，构筑一个比较完善的、独立的农村环境法律体系。既要对农村整体环境保护进行综合立法，又要对区域环境和重要的环境要素进行单独立法，制定出既符合我国国情又能与国际环保接轨的环境法规和环境标准。加强地方环境与资源保护的立法，全面具体落实农村环保法律法规，切实推动农村环保事业的发展。"① 对此，我们基本赞同，但不赞同制定"独立的农村环保法律体系"和"对农村整体环境保护进行综合立法"。这是因为：1）要从城乡一体化的角度，统一规划管理环境与资源，这是环境资源自身互相影响和一体化所决定的。2）要把农村、农业、农民（简称"三农"）看作一个有机整体，从"农村、农业、农民"（可称之为"大农村"或"大农业"）三方面统筹考虑有关环境保护问题。我国《环境保护法》对农业环境保护虽有涉及，但很简单，而且未能将农村环境、农业环境和农业自然资源的保护统一起来。目前我国大部分省、自治区、直辖市都颁布了省级的农业环境保护条例，但内容差异并不太大，着重点是农业生产的环境因素保护，未把农村、农民、农业看作一个有机联系的整体而关注农村的环境保护工作。我国现有的农村环境保护立法主要的关注点是农业环境的保护，主要是由农业行政主管部门监督实施。国家环境保护总局正在组织实施的《农村小康环保行动计划》是目前唯一一个针对农村环境综合整治的重要计划，还未上升到法律层次。3）大中城市的环境保护部门也应在抓好市区环境综合整治和工业污染防治的同时，切实配合加强城乡结合部及郊区的生态环境保护工作，逐步实现城乡环境保护监督管理的一体化。在地方规划中应坚持经济建设、城乡建设和环境建设同步规划、同步实施、同步发展。4）农村环境立法应与现有的以城市和工业污染防治为主的环境法制相衔接，体现城乡环境管理的一体性，能够在已有环境法制中进行规范的问题应优先以法律修订的形式进行规范；个别亟待立法的大的方面的问题，例如土壤污染防治法，应尽快立法；不易过于强调整农村环境保护的特殊性，从而导致农村环境保护法制另成体系，脱离现有环境法制的情况发生，农村环境法治工作亦是如此。

（2）分类管理、地方超前原则。

我国农村地区经济社会发展水平差别较大，必须实行分类管理。例如在东部发达地区，人口密度、人均收入和污染强度都较高，可更多地通过市场化机制进行污染治理，可效仿城市建立农村聚居点污染治理特许经营制度。

除了最新制定的《固体废物污染环境防治法》中专门规定了农村环境问题，其余有关法律均没有针对性强的条文，这类缺陷应在修订法律、法规工作中尽快弥补，以促进政府有关部门加强农村环保工作和为基层职能部门提供法律依据。有法律修订前，有些地区可以根据"地方超前原则"，先行出台针对性强的地方性法规或规章；对法律未规定或已规定的问题，地方立法可以加以规定或作出更为严格的规定。这一是因为地方的具体情况区别太大需要分类管理；二是因为环境问题不能等靠国家法律，其急迫性也要求尽早出台地方法规。

---

① 刘旺生：《我国农村环境面临的主要威胁及对策》，载《中国国土资源经济》，2006（2）。

（3）"保护"和"改善"环境并重原则。

许多自然环境要素都在农村，生态破坏也主要发展在农村。我们在积极保护环境的同时，还要在经济条件许可的前提下积极地改善、恢复生态环境。这是与城市环境保护有很大不同的。城市中的自然生态要素要远少于农村。生态建设式的改善工作主要发生在农村，保护和改善环境要并重。

（4）"受益者补偿"原则。

为了维护城乡的共同发展，国内环境政策应当在平衡城市与农村利益方面下工夫，彻底改变疏于和忽视农村环境保护的倾向。要利用生态补偿制度、环境资源使用权有偿让渡制度等切实落实"受益者补偿"原则，财政手段可以是财政转移支付等。

2. 农村环境保护法治的几点具体思考

（1）构建农村环境保护四大体系。①

1）污染物排放总量控制体系。以区域治理为重点，带动污染源治理；防止城市中一些企业把被淘汰的排污量很大的设备或落后的工艺转让给农村，坚决制止污染转嫁；采取切实有效措施，遏制乡镇企业对环境的污染和破坏等。

2）环境监督和管理体系。环境监督管理的核心是在现场，关键是在经常。具体工作是：依法加强环境监督管理，严厉打击环保违法行为；加强农村经济发展和农业资源开发活动中的环境规划与管理，并实行严格的环境影响评价制度；进一步加强环境管理的组织和思想建设，健全环境监督管理体制。

3）环境政策法规体系。环境保护必须建立在健全的法制基础之上，真正做到立法、普法、执法"三位一体"。在政策上，要运用经济手段保护环境，建立健全基于市场经济的环境保护政策，坚持"污染者付费和使用者付费"的原则，对污染者依据其污染造成的破坏程度强制实行征税纳费，对使用自然资源者依据其开发和使用的情况征收资源税，同时通过废止燃料补贴、用水补贴等改变资源使用时价格上出现的扭曲，通过给予必要的税收、信贷和价格等方面的优惠鼓励建设环境污染治理、废物综合利用和自然资源保护等社会公益性项目。在立法方面，尽快完善农业环境保护的有关法律和条例，及时颁布实施《土壤污染防治法》、《环境农药控制法》等，使农村经济活动和农业环境保护工作在法律规定的范围内进行。在普法方面，要经常性地组织环保法律、法规的学习，使广大群众将环境保护与普法守法联系起来。在执法方面，要加大执行环保法规的力度，加快治理环境污染的速度。

4）环境宣传教育体系。立足点是提高环境意识和增强环境法律观念，解决环境保护深层次的问题。要求"人人关心环境质量，人人参与环境保护"，做到社会化（面向群众，面向社会，面向学校）、规范化（宣传部门将环保宣传纳入整个宣传工作之中，教育部门

---

① 参见李铜山：《论农村环境保护及其机制创新》，载《贵州社会科学》，2005（3）。

将环境教育纳入教育计划内）、系列化（建立一批大、中、小学环境教育培训基地，继续开展"中华环保世纪行"等活动）。具体工作有：利用各种新闻媒介大力宣传和倡导"既要金山银山，又要绿水青山"，强化大众的生态意识和环境意识，使其认识到环境质量的优劣与自身利益息息相关，引导大众建立起人与自然和谐相处、兴衰与共的观念和信念，主动参与环境保护，真正把环境保护变为整个国民的自觉行动；发挥舆论监督作用，大张旗鼓地表扬先进守法典型，批评违法违纪的反面典型，形成"保护环境光荣，破坏环境可耻"的社会风尚；在生产和消费观上倡导发展绿色经济和生产无公害食品、绿色产品和有机食品，引导、约束企业发展方向，形成低消耗、低污染、高产出、高效益的主导产业等。

（2）依法加强机构和能力建设。

据不完全统计，全国到目前大约还有 15％的县级行政区域没有成立环境保护机构，全国县级环境监测站只有 2 000 个左右，其他技术咨询、服务组织更少。农村环境技术支持体系更是不完善，多数乡镇企业只配一名专（兼）职环保员，与较发达地区的乡镇拥有上百家企业，逾几亿甚至几十亿、上百亿工业产值的经济规模相比，更显得疏于管理和服务不到位。因此，要做好农村环境的保护工作，首先要加强环境保护的机构和能力建设。省、地、县环境保护部门应有专职部门负责农村生态环境保护工作；乡镇一级配备专兼职干部负责环境保护管理。各大中城市的环境保护部门也应在抓好市区环境综合整治和工业污染防治的同时，切实配合加强城乡结合部及郊区的生态环境保护工作，对城乡环境造成较严重影响的，应承担相应责任。要重视农技推广站等农村机构的公益性，采取措施，调动其在农村环境保护工作中的积极性。

农村环境保护涉及行政管理部门较多，农业部负责农业环境保护工作，主要是保护和管理农业环境，控制农药、化肥、农膜对环境的污染，推广植物病虫害的综合防治；国家环保总局负责农村村镇环境保护工作，协同农业部门指导农业生态环境保护工作；水利、卫生部门负责改水、改厕计划等；有些工作还涉及渔业、林业、国土资源等部门。现实农村环境保护状况常常是多头管理，但结果是管理失灵。进一步明确职责，理顺管理体制，是当前需要解决的重要问题。

（3）强化引导性、市场化环境保护机制。

农村生产生活单位日益细化，对大量而分散的生产行为进行监督是不可行的，这必然造成农村环境长久持续的破坏和污染。所以，政府管制性环境政策应向引导性环境政策转变，使农民自觉采取有利于环境的行为。但不是说引导性环境政策就可以不要政府的参与，一般来说，政府在引导性环境政策中承担的任务有：提高环境科学技术水平和改善环境信息获得手段，使农民获得有利于环境的生产技术和快速获得必要的环境信息；实行环境宣传和环境教育，提高全民族的环境意识；向社会提供环境信息，为社会公众监督创造条件；制定有关激励制度，使农民和相关企业资源参与到有利于环境的行动中，并从中受益；公平有效配置环境初始权益。在农村适合的引导性环境政策有：绿色或有机食品标志；农村生产、生活废物的综合利用；农村经济结构及种养结构的调整。例如对有机食品和绿色食品的宣传，引导市场消费需求，一方面可以使农民自觉采取有利于环境的生产方式，另一方面可以引导消费者对农产品的质量进行监督。①

（4）重点建立生态补偿机制。

建立生态补偿机制，用计划、立法、市场等手段促使下游地区对上游地区、开发地区对保护地区、受益地区对受损地区进行利益补偿。当前，城市产生的污染向农村转移，城市作为一个整体并没有对农村进行生态补偿，这对农村非常不公。应将城乡之间的生态补偿上升到区域整体之间，并介入政府行为，增加可操作性和政府的认同。②

（5）推动已有环保制度向农村延伸。

例如，国家环保局 2001 年发布的《畜禽养殖污染防治管理办法》中已经采用了环境影响评价制度、三同时制度、排污收费制度、排污许可证制度等。但是，该办法中所称畜禽养殖场，是指常年存栏量为 500 头以上的猪、3 万羽以上的鸡和 100 头以上的牛的畜禽养殖场，以及达到规定规模标准的其他类型的畜禽养殖场。其他类型的畜禽养殖场的规模标准，由省级环境保护行政主管部门根据本地区实际，参照上述标准作出规定。一头猪的排污量相当于 7～8 个人的排污量，特别是养猪规模化的发展，其粪尿集中污染问题就尤为突出。《畜禽业污染管理办法》只是部门规章，且针对的是存栏量达 500 头的规模化养殖场，而农村绝大部分是 50 头～500 头的规模。

（6）尽快制定《土壤污染防治法》。

在我国现行的法律体系中，已经制定了防治大气污染、水污染、海洋污染、固体废物污染等的法律，但是防治土壤污染的法律基本上是一项空白。虽然若干法律中有一些零星规定，但都是分散而不系统的，缺乏可操作性的具体法律制度，规定依然不足，针对性不强，执法不力。土壤污染有其自身的特点，与农村环境保护关系最为密切，需要采取相对独立的防治措施。因此，应当尽快制定专门的《土壤污染防治法》，完善土壤环境质量标准体系，加强土壤污染调查，加强土壤污染的治理和修复技术研究支持力度等。

（7）城镇化是农村生态环境减压的有效途径。

要调整农村经济结构，发展非农产业，引导农村人口向第二、三产业转移以及空间转移，从而减轻对土地资源的依赖性。非农产业向城镇的集中可以共享基础设施，方便协作，如财政支持、多方筹集资金，建立城镇生活污水处理厂，避免乡村工业发展导致的"户户点火、村村冒烟"的局面。③

（8）促进乡村循环经济、生态农业和清洁生产的发展。

乡村循环经济应在三个层面发展，即提高企业内部物质循环利用；建立企业之间的物质循环链；发展行业之间的循环经济链，尽量减少乡村企业能源和原材料的投入，延长乡

① 参见乐小芳等：《论我国农村环境政策的创新》，载《中国环境管理》，2003（3）。
② 参见潘岳：《环境保护与社会公平》，载《深圳商报》，2004-12-20。
③ 参见久玉林：《城镇化——西部地区生态环境治理与恢复的有效途径》，载《安徽农学通报》，2003（6）。

村生态系统中的"能源"循环周期,实现物质和能量多层次利用和良性循环。推行清洁生产,大力发展资源开发充分、附加值高、有利于环境保护的"绿色产品"。推广现代生态农业可以促进农业持续发展,保证食品安全,增加农民收入。

(9)依法促进农业集约化生产经营。

农业集约化生产经营是在一定土地面积上投入较多的生产资料、技术措施和劳动力,精耕细作,努力从单位土地面积上产出较多的农产品,进而达到不断提高土地生产率和劳动生产率的目的。农业集约化生产经营便于合理、高效利用资源,保护生态环境。

(10)建立农村环保资金筹措机制。

农村环境污染整治和生态建设能否取得成效、能否长久保持,在很大程度上取决于政府的投入和社会多元投入。建设垃圾中转站、垃圾焚烧炉、生态公厕,配置垃圾箱、垃圾运输车等都需要投入,没有投入或仅补助少量资金,其余要求乡镇配套,那么要求再明确也难以落实。解决资金问题,要在土地出让金和城市维护费中划出一定数量和比例的资金用于农村环境基础设施建设;要在排污费中划出一定比例资金专门用于农村污染治理;要开征畜禽养殖排污费,并专门用于该产业污染的整治;要向中心镇的居民收取垃圾处置费、污水处置费,有条件的村集体经济也应出一点。政府要制定相关政策和明确部门职责,建立农村环境污染整治专项资金,建立专项工作考核制度,对成效明显的可以实施"以奖代补"政策。①

(11)发展生态农业,促进生态旅游。

农村环境保护,要把控制农业面源污染和农村生活污染与推进农业农村现代化建设结合起来。要结合农业产业结构调整,积极开展生态农业建设,大力发展无公害农产品、绿色食品和有机食品。同时,树立"经营村庄"的理念,要把推进村庄整治建设与开发乡村休闲旅游资源有机结合起来,合理开发利用自然资源、农耕文化等,发展茶果采摘、农家情趣体验等"农家乐"休闲项目。②

(12)充分发挥村民自治组织作用。

鉴于农村环境污染治理量大面广的特点,必须充分发挥村民自治组织的作用,调动村民积极性和主动性,依靠自身力量,改善人居环境,建设美好家园。一是要建立新的《村规民约》。要把禁止乱扔乱倒垃圾、禁止畜禽放养和粪便直排、禁止使用高毒高残留农药、农村环境建设的义务投工投劳等内容纳入《村规民约》,加强生态环境保护的宣传教育,把环境整治工作转变为村民的自觉行动。二是要强化村里各项环境卫生制度建设。建立卫生公约,实行门前"三包",设立村保洁员,定时清运垃圾,妥善处置垃圾,并建立监督检查制度,给予保洁员的补贴要与工作成效相结合。三是村两委要定期或不定期地组织村民开展爱国卫生运动,消除卫生死角和长期遗留的问题,维护环境清洁。各有关部门必须

① 参见陈国锋、张祝平:《论农村生态环境污染治理与可持续发展》,载《自然辩证法研究》,2006(6)。
② 参见陈国锋、张祝平:《论农村生态环境污染治理与可持续发展》,载《自然辩证法研究》,2006(6)。

自觉履行职责，把农村生态环境保护作为重点工作来抓，逐步实现城乡环境建设、保护、监督、管理一体化。可以设立兼职乡镇环保员和村环保员，有计划地开展人员培训，每年给予一定的补贴，克服农村环保"无人抓、无人管"的现象。①

（13）充分发挥国际环境法和国际贸易规则与环境标准的作用。

例如《关于持久性有机污染物的斯德哥尔摩公约》于 2004 年 11 月 11 日正式生效，我国在 2006 年 11 月向缔约方大会提交了国家实施方案。该条约显然有利于减少持久性有机污染物，有利于促进农村环境保护。ISO14000 系列标准以及国际农产品贸易规则和标准等都有利于促进我国农村环境保护工作的发展。

【推荐阅读文献】

著作：

1. 刘青松主编. 农村环境保护. 北京：中国环境科学出版社，2003

2. 张宝莉主编. 农业环境保护. 北京：化学工业出版社，2002

3. 姜达炳主编. 农业生态环境保护导论. 北京：中国农业科技出版社，2002

4. 刘国涛. 节约型社会建设中的绿色产业与绿色产业法. 北京：中国法制出版社，2005

5. 李向民. 外国政府如何管理农业. 南昌：江西人民出版社，2004

6. 万洪福主编. 我国区域农业环境问题及其综合治理. 北京：中国环境科学出版社，2005

7. 经济合作与发展组织. 农业与环境政策一体化. 北京：中国环境科学出版社，1996

8. 陈明思. 农村发展与生态保护. 北京：学苑出版社，2001

9. 易法海主编. 农业政策法规概要. 武汉：武汉大学出版社，2002

10. 李生，王乐军主编. 农业基本法律问题研究. 北京：工商出版社，2000

11. 刘思华. 可持续农业经济发展论. 北京：中国环境科学出版社，2002

12. 席运官，钦佩编著. 有机农业生态工程. 北京：化学工业出版社，2002

13. 方炎. 农业可持续发展的政策、技术与管理. 北京：中国农业出版社，2003

14. 严贤春编著. 生态农业旅游. 北京：中国农业出版社，2004

论文：

1. 李铜山. 论农村环境保护及其机制创新. 贵州社会科学，2003（3）

2. 陈国锋，张祝平. 论农村生态环境污染治理与可持续发展. 自然辩证法研究，2006（6）

3. 乐小芳等. 论我国农村环境政策的创新. 中国环境管理，2003（3）

4. 冯韵东. 和谐新农村的环境法制建设. 浙江树人大学学报，2006（3）

5. 苏杨. 新农村建设中应重视农村环境污染治理. 红旗文稿，2006（10）

---

① 参见陈国锋、张祝平：《论农村生态环境污染治理与可持续发展》，载《自然辩证法研究》，2006（6）。

6. 张从，刘薇. 我国农村的环境安全与农业环境法制建设. 中国农业科技导报，2003（4）

7. 赵海霞. 科学发展观下的农村环境政策创新研究. 新疆大学学报（哲社版），2005（6）

8. 陆新元等. 农村环境保护与"三农"问题. 环境保护，2005（9）

9. 潘岳. 环境保护与社会公平. 深圳商报，2004-12-20

10. 邵琛霞. 浅议农村环境保护立法. 南京审计学院学报，2006（2）

11. 谢根成. 加入 WTO 后我国农村环境保护法制建设的思考. 中国环境管理，2003（1）

12. 李峰. 试论农业环境污染纠纷的法制管理. 农业环境与发展，2002（2）

13. 张蔚菊. 农业清洁生产立法现状及立法建议. 南京农业大学学报（社科版），2004（2）

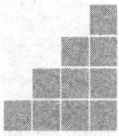

第二十一专题

遗传资源法律问题研究

一、遗传资源问题概述

(一) 遗传资源的概念

关于遗传资源的概念，一般认为 1992 年《公约》的定义比较权威。根据《公约》，遗传资源是指来自植物、动物、微生物或其他来源的、且具有实际或者潜在价值的任何含有遗传功能单位的材料。承认遗传资源的潜在价值是非常重要的，因为目前关于许多遗传资源的知识正在发展之中，未来的研究也许可以证明某些遗传资源具有巨大的价值。

(二) 遗传资源的特点

首先，遗传资源的对象具有复合性。遗传资源的对象不仅指具有物理表现形式的植物、动物、微生物或其他来源的生化材料，更强调这些生化材料上所记载的遗传信息及其所体现的遗传功能。在法律上，我们可以确定附着在物质载体上的信息与这个载体是两个不同的权利标的，分别属于不同的权利。但生物材料中包含的遗传信息才是生物开发者进行获取与惠益分享的对象，也是各国进行管制的主要对象。

其次，遗传资源的分布具有地域性。遗传资源在有些地区十分丰富，而在有的地区又十分匮乏。世界上 12 个生物多样性最为丰富的国家（Megadiversity Country）中，除了澳大利亚之外，几乎全部都是发展中国家。除此之外，其他发展中国家也拥有比较丰富的遗传资源与生物多样性。遗传资源的这种分布特点决定了遗传资源的提供者主要是发展中国家，而开发利用者则主要是发达国家。因此，获取与惠益分享问题将不可避免地成为南北问题的一个焦点。

最后，遗传资源的开发利用具有科技性。这主要是指，生物科学技术（包括现代和传统的生物科学技术）是遗传资源开发利用以及实现增值的基本前提。在一国的生物科学技术条件下无法开发的遗传材料，在另一国的科学技术条件下就可能是宝贵的资源。在这种情况下，生物科学技术水平的不对称将形成不公平的交易，最终导致利益分配的不均衡。

(三) 遗传资源的价值

目前，人们对遗传资源价值的理解主要体现在对遗传资源经济价值的关注上。遗传资源的经济价值主要体现在粮食、医药、工业原材料等方面。据估计，世界经济中的 40% 是以生物遗传资源产品及其加工为基础的。世界上贫穷人口 85%～90% 的食品、燃料、药品、居所和交通等都来源于遗传资源及其产品。[①]

遗传资源之所以重要，首先是因为它是粮食生产的基础。人类的食物几乎全部来自于生物遗传资源：历史上约有 3 000 种植物被用作食物，另有 75 000 种可食性植物。当前被人类种植的约有 150 余种，但目前人类 90% 的粮食来源于约 20 种植物，仅小麦、水稻和

① The Crucible Group II, Policy Options for Genetic Resources: People, Plants, and Patents, *Seeding Solutions*, Vol. 1, International Development Research Centre/International Plant Genetic Resources Institute/Dag Hammarskjöld Foundation, 2000.

玉米三个物种就提供了 70％以上的粮食，而且还是单一型或遗传基础狭窄的品种。①

遗传资源的价值，还体现在它是有关人类健康的医疗方法和医药的来源。与人类生存有关的药物大部分是依靠植物、动物和微生物入药，而且一直沿用至医药事业发达的今天。时至今日科学家还不断在生物中筛选药物的有效成分。

此外，生物遗传资源还为人类提供多种多样的工业原料。

据粗略估计，源自遗传资源的商品全球市场价值在 5 000 亿～8 000 亿之间。② 现代工业生产还需要开发更多可更新的生物遗传资源，以提供各种工业生产中必需的原材料和新型的能源。③

（四）遗传资源与"生物剽窃"现象

随着世界从物理学、化学到生物学以及从工业革命到生物技术革命的巨大转变，化石燃料、金属和矿藏等工业时代的原始资源逐渐被生物遗传资源所取代。对一个沉浸于遗传商业和遗传贸易的新时代而言，遗传多样性就是它的原始资源。与此同时，遗传资源的重要性决定了保护资源以及保护利用这些资源的知识④的必要性。鉴于遗传资源的巨大经济价值，在矿产资源日渐枯竭后，发达国家及其支持的跨国公司开始对发展中国家丰富的遗传资源进行大肆掠夺，以期控制未来的世界经济。

目前，发达国家普遍比较重视生物遗传资源，澳大利亚、新西兰等国甚至将遗传资源管理作为国家可持续发展的重要物质基础，视为国家主权的象征。⑤ 同发达国家相比，发展中国家对生物遗传资源的管理普遍存在重视不足的问题，因而也付出了极大的代价。发达国家凭借自身雄厚的经济和科技实力，采取合作研究、出资购买，甚至偷窃的方式，无偿或廉价地获取和控制发展中国家的生物遗传资源和/或相关传统知识，利用先进技术开发出新的产品，如药品或作物品种，再申请知识产权保护，并将成果以专利技术和专利产品的形式高价向发展中国家出售，获取高额利润。由于缺乏有效的惠益分享安排，发展中国家无法获得因遗传资源开发所产生的惠益。这就是被发展中国家称为"生物剽窃"（Bi-opiracy）的现象。

生物剽窃现象的出现，归根结底仍然是旧的国际经济秩序在作怪。⑥ 与其他经济领域

---

① 参见李文军、王恩明：《生物多样性的意义及价值》，载陈灵芝主编：《中国的生物多样性现状及其保护对策》，2 页，北京，科学出版社，1993。

② See Kerry ten Kate and Sarah A Laird, *The Commercial Use of Biodiversity：Access to Genetic Resources and Benefit-Sharing*, Earthscan, London，2000，p. 2.

③ 参见汪松、陈灵芝：《中国未来经济发展与生物多样性的维护、永续利用和研究》，载于中国科学院生物科学与技术局编：《中国科学院生物多样性研讨会会议录》，1990。

④ 此处"知识"，不仅包括过去一个世纪里科学知识的发展（特别是在发展中国家的发展），也包括土著和地方社区在过去千百年间为保护和利用这些遗传资源而创造和发展起来的传统知识。

⑤ 参见姬钢：《必须重视和加强生物遗传资源管理——访国家环保总局自然司司长杨朝飞》，载《中国环境报》，2002-05-22。

⑥ 参见秦天宝：《遗传资源获取与惠益分享的法律问题研究》，26 页，武汉，武汉大学出版社，2006。

类似的是，发展中国家拥有丰富的遗传资源，但是缺乏足够的经济和科技实力去保护和合理利用这些资源；而发达国家虽然拥有开发这些资源的经济和技术能力，但其境内的遗传资源却相对贫瘠。理论上，发达国家和发展中国家在遗传资源的交流和获取方面应当是相互依赖的。但是事实上，凭借其强大的经济和技术力量，发达国家及其跨国公司对遗传资源以及利用该资源的知识实行排他性获取和占有，这样他们既可以获得经济优势，也可以控制其他需要获得此类资源和知识的人。这就造成了一种发展中国家对发达国家单向依赖的局面。

（五）遗传资源引发的法律问题

实践中，发达国家和发展中国家关于遗传资源的争夺与斗争，已经逐渐成为新时期南北关系中的一个中心问题。从发展中国家的角度看，对遗传资源以及遗传资源相关的传统知识进行法律保护，已经成为一个迫在眉睫、亟待解决的实际问题。

是否允许获取遗传资源以及如何分享相关惠益是发达国家与发展中国家争论的关键问题。1992 年《公约》从获取和惠益分享相结合这一关键角度为如何处理遗传资源问题提供了一种新的思路。在《公约》框架内，"惠益分享"是《公约》的三个目标之一①，获取则是实现这一目标的基本手段。换句话说，遗传资源获取与惠益分享被《公约》确定为一对基本交换关系。依照《公约》的设想，由遗传资源的提供国和遗传资源的利用者之间应当在事先知情同意和共同商定条件的基础上通过双边谈判来解决获取与惠益分享问题。但是，《公约》并没有明确事先知情同意和共同商定条件的具体制度设计。在获取与惠益分享过程中，国家通常都会居于主导，但是通常还会涉及其他的利益关系者。②

获取与惠益分享还涉及另外一个问题——知识产权的制衡与传统知识的保护问题。随着生物技术的发展，知识产权的保护机制不断加强与扩展。目前，某些发达国家的知识产权法律甚至允许就生命体申请专利。也正因为如此，知识产权在很大程度上已经成为公平合理分享利用遗传资源所获得惠益的一种阻碍。而另一方面，在生物多样性（包括）遗传资源的保护与持续利用方面，土著和地方社区掌握了大量的传统知识。这些知识是对遗传资源进行开发利用的重要基础。但是，传统知识的特点又决定了它不可能得到知识产权的有效保护。这就导致了一种情况，提供了传统知识的土著和地方社区并没有因其对遗传资源相关惠益的产生所做出的知识贡献而获得公平合理的回报。因此，如何对知识产权进行合理的制衡以及如何对传统知识进行专门的保护，也是解决获取与惠益分享问题时必须研究的课题。

二、遗传资源的国际法律安排

《公约》于 1992 年 5 月 22 日在内罗毕获得通过，在 1992 年 6 月的里约联合国环境与

---

① 根据《公约》第 1 条的宣示，《公约》的三项目标分别是保护生物多样性、持续利用其组成部分以及公平合理分享由利用遗传资源而产生的惠益。

② 主要的利益相关者包括国家、土著与当地社区、研究机构、产业界和非政府组织等。

发展会议上得到 156 个国家的签署。迄今，《公约》已经有 188 个缔约国，但美国不是《公约》的缔约国。

（一）《公约》的主要原则

调整遗传资源获取与惠益分享的国际法应当遵循何等原则，是国际社会和各国进行遗传资源获取与惠益分享管制安排的关键问题。

概括而言，关于遗传资源国际法基本原则的主张主要有两种：一种观点认为遗传资源对人类具有极端重要性，即使位于国家管辖范围之内，也属于"全球公域"，应当适用关于全球公域的各种法律原则（如无主物、共有物或人类共同遗产原则等）。持这种观点的主要是作为遗传资源收集利用者的发达国家及其跨国公司。而另一种观点则认为，遗传资源无论何等重要，都处于一国管辖范围之内，按照国家主权原则、特别是自然资源永久主权原则，各国对处于本国管辖范围内的自然资源（当然包括遗传资源）享有永久主权以及相关的主权权利。持这种观点的主要是处于遗传资源提供者地位的发展中国家。作为对两种观点的协调，1992 年《公约》将生物多样性（包括遗传资源）保护确定为"人类共同关切之事项"。"共同关切之事项"是一个全新的国际法概念，其内涵及意义对遗传资源的获取与惠益分享问题具有深远的影响。

人类共同关切事项原则在遗传资源获取与惠益分享领域具体体现在以下三个方面[①]：

1. **遗传资源提供国对其境内的遗传资源享有永久主权**

根据共同关切概念的第一个内涵，遗传资源提供国对其境内的遗传资源享有永久主权。《公约》特别强调了各国对其遗传资源的主权。《公约》首先在序言中一般性地宣示，各国对它自己的遗传资源拥有主权权利。随后《公约》在第 3 条中强调，各国具有按照其环境政策开发其遗传资源是《公约》的基本原则。更为重要的是，《公约》关于遗传资源获取的第 15 条再次确认各国对其自然资源拥有的主权权利，并进而指出，可否取得遗传资源的决定权属于国家政府。

2. **遗传资源提供国与利用国之间的责任合理分配**

根据共同但有区别的责任原则，1992 年《公约》对遗传资源提供国（主要是发展中国家）与利用国（主要是发达国家）在遗传资源的获取及惠益分享方面的责任进行了合理的分配。无论是遗传资源提供国还是利用国，《公约》都施加了两项共同的责任，这包括：第一，就保护和持续利用遗传资源和其他生物资源进行合作，特别是信息交流和科学技术方面的合作；通过人力资源开发和机构建设以发展和加强资源提供国的能力。第二，就遗传资源获取及惠益分享问题进行合作，一秉善意进行协商，达成共同商定的条件，为便利遗传资源的获取及公平合理分享相关惠益奠定基础。此外，《公约》还根据遗传资源提供国和利用国的不同情况对它们的责任进行了区分。

---

① 参见秦天宝：《遗传资源获取与惠益分享的法律问题研究》，82～116 页，武汉，武汉大学出版社，2006。

3. 利用遗传资源的发达国家负有团结协助义务

在遗传资源获取与惠益分享方面，利用遗传资源的发达国家还特别负有向提供遗传资源的发展中国家提供资金援助和技术转让的团结协助义务。一方面，发达国家有义务提供新的、额外的资金，以支付发展中国家为了履行便利其他国家（主要是发达国家）获取其遗传资源的义务以及保护转让技术的知识产权而产生的增量成本，并确保其享受到《公约》各项条款所产生的惠益，这一义务主要通过《公约》确立的财务机制来实现。另一方面，发达国家还负有技术转让的重要义务。不过，作为交换，遗传资源提供国在获取资源利用者转让的技术（包括生物技术）时，应当承认这些技术的专利和其他知识产权并提供充分有效的保护。发达国家的这些团结协助义务，对提供遗传资源的发展中国家来说具有重要的意义，这必然加强其在遗传资源获取及惠益分享方面的能力，有助于为全人类今世后代的利益持续保护和实现利用遗传资源的目标。

综上所述，在确认遗传资源提供国对其遗传资源主权权利的前提下，《公约》通过人类共同关切事项原则将遗传资源提供国便利遗传资源的获取与利用国提供公平合理的惠益分享（包括技术转让）确立为一对基本的交换关系，确立了提供国和利用国在获取与惠益分享方面的基本法律权利和义务，从而为遗传资源获取及惠益分享领域的各项国际和国内（特别是提供国）法律制度的建立奠定了基础。

（二）《公约》的主要内容

遗传资源国际法的主要内容，集中体现在 1992 年《公约》及其缔约国会议的决议之中。

1. 遗传资源的获取

《公约》将"公平合理分享由利用遗传资源而产生的惠益"确定为其三大目标之一。

《公约》的第 15 条第 1 款重申了国家对其自然资源的主权权利。《公约》并没有对提供遗传资源的主体作出明确界定。根据公约第 15 条第 3 款，缔约国提供的遗传资源，仅限于这种资源原产国的缔约国或按照本公约取得该资源的缔约国所提供的遗传资源。

公约第 15 条第 1 款规定"可否取得遗传资源的决定权属于国家政府，并依照国家法律行使"。但该权力又受到第 2 款规定的限制，即缔约国应努力"便利其他缔约国取得遗传资源用于无害环境的用途"，并禁止"对这种取得施加违背本公约目标的限制"。便利获取与避免限制的规定关系到各国为粮食、健康和发展进行基因国际交流的活动。

2. 惠益与成果的分享

《公约》第 15 条第 7 款规定，各缔约国应采取措施"以期与提供遗传资源的缔约国公平分享研究和开发此种资源的成果以及商业和其他方面利用此种资源所获的利益。这种分享应按照共同商定的条件。"尽管这一条款是实现《公约》目标的基础，但其中的关键术语如"公平合理"（fair and equitable）、"成果和开发"（results and developments）等术语并没有得到界定。

惠益的分享应当是公平合理的。根据《波恩准则》，公平合理的定义要具体情况具体分析。① 准则第 48 段指出"应公平合理地与那些经确定在资源管理、科研过程和/或商业化过程中做出了贡献的方面分享惠益。"② 这是一个比较明确的规则。为了实现公平，分享的惠益必须对资源提供国那些在被获取资源的管理、科学知识的研究和开发过程以及该资源商业化过程中予以合作的利益相关者进行补偿或支付报酬。尽管《公约》只提到资源提供国是受益者，但《波恩准则》却指出，该条规则实质上还规定该国内的利益相关者也是受益者。

惠益可以分为货币惠益和非货币惠益。《波恩准则》在附录 2 具体列举了各种货币惠益和非货币惠益。根据《波恩准则》第 48 段，"分配惠益的方式应能促进保护和可持续利用生物多样性。"因此，根据惠益分享机制获得的惠益应用来实现公约的其他两个目标。

3. 技术转让和科学合作

关于技术转让的一般规则，《公约》第 16 条第 1 款规定"缔约国之间技术的取得和转让均为实现本公约目标必不可少的要求"。因此，技术转让与公约的三大目标（保护、可持续利用与惠益分享）密切相关。第 1 款在技术转让方面并没有对发展中国家和发达国家进行区分。《公约》第 16 条第 2 款规定在发展中国家的情况下，转让"应按公平和最有利条件提供给予便利，包括共同商定时，按减让和优惠条件提供或给予便利"，公约并为此设立了财务机制。在此情况下，公约指出，应当承认对知识产权的充分有效保护。

公约第 16 条第 3 款具体规定了技术转让与遗传资源的获取之间的联系。该款规定："每一缔约国应酌情采取立法、行政或政策措施，以期根据共同商定的条件向提供遗传资源的缔约国，特别是其中的发展中国家，提供利用这些遗传资源的技术和转让此种技术，其中包括受到专利和其他知识产权保护的技术，必要时通过第 20 条和第 21 条的规定，遵照国际法，以符合以下第 4 款和第 5 款规定的方式进行。"

第 19 条第 2 款在生物技术方面做出了与第 16 条第 3 款类似的要求。该款规定："各缔约国应采取一切可行措施，以赞助和促进那些提供遗传资源的缔约国，特别是其中的发展中国家，在公平的基础上，优先取得基于其提供资源的生物技术所产生成果和惠益。此种取得应按共同商定的条件进行。"

4. 事先知情同意（PIC）

为了改变发达国家的生物技术公司无偿获取甚至是剽窃发展中国家遗传资源的不公平现象，《公约》将发展中国家便利遗传资源的获取和发达国家生物技术公司提供相关惠益的分享确立为一对基本交换关系，并通过事先知情同意程序使这种制度保障成为现实。

遗传资源获取与惠益分享管制的程序制度，就是指一国对遗传资源获取与惠益分享进

---

① UNEP, Report of the Ad Hoc Open-Ended Working Group on Access and Benefit-Sharing, UNEP/CBD/COP/6/6，2001，Guideline 45.

② UNEP, Report of the Ad Hoc Open-Ended Working Group on Access and Benefit-Sharing, UNEP/CBD/COP/6/6，2001，Guideline 48.

行管制时所遵循的基本步骤和方式。《公约》将"事先知情同意"（Prior Informed Consent，简称为 PIC）确定为一国对遗传资源获取与惠益分享进行管制的基本原则与核心程序。事先知情同意，主要是指遗传资源获取与惠益分享协定中的提供者在批准获取之前、要求利用者就所获取的资源提供真实、全面与合理的信息以便进行决策的程序。事先知情同意既可以视为一项具体的目标，也可以作为一项可实际操作的行政程序制度。它是人类共同关切事项原则与国家主权原则在一国获取与惠益分享管制程序方面的具体体现。

《公约》在此方面的贡献为各国国内制度的建设奠定了良好基础。实践中，多数国家在《公约》规定的基础上制定了由国家主管部门和实际提供遗传资源的利益相关者分别授予事先知情同意的制度。这是在遗传资源获取与惠益分享领域兼顾国家利益和利益相关者利益的必然要求。不过，从遗传资源利用者的角度看，事先知情同意程序本身已经构成其获取遗传资源中的主要负担，这种双重的事先知情同意制度更是加大了其交易成本。为了避免对遗传资源利用者造成过重的负担、履行《公约》便利获取的义务，《公约》和各国的管制立法都对事先知情同意程序作出了适当的制衡安排。这种制衡实质上是一举两得的安排，它最终也有利于遗传资源提供国公平合理地分享相关惠益。

5. 共同商定条件（MAT）

《公约》为各国管制遗传资源获取与惠益分享确立的基本制度是"共同商定条件"（Mutual Agreed Terms，简称为 MAT）。作为获取与惠益分享管制的一项基本原则，共同商定条件的目的是在遗传资源获取与惠益分享领域为遗传资源提供国营造一种更为公平的交易环境。具体而言，获取申请者必须与遗传资源提供国的有关主体在法定标准的基础上进行谈判，就获取遗传资源以及分享惠益的条款和条件达成一致。

《公约》关于共同商定条件的规定，分别适用于两个领域。其中第一项规定适用于遗传资源获取领域，其余三项是适用于惠益（包括研发遗传资源产生的惠益、利用遗传资源的技术以及基于遗传资源的生物技术的惠益）分享领域。关于获取的共同商定条件，期望遗传资源提供国与希望获取遗传资源的另一方之间通过协商谈判达成某种共识，形成一项协定。

共同商定条件是《公约》的一大创新，它也是《公约》继事先知情同意之后确立的另一项获取与惠益分享基本制度。共同商定条件与事先知情同意共同服务于《公约》的一个基本理念：避免和扭转遗传资源提供国与利用者在遗传资源获取与惠益分享交易中存在的实力不平衡，以求在更加公平合理的环境下进行便利获取与分享惠益的基本交换。

6. 传统知识

惠益分享还涉及另外一个问题。《公约》要求缔约国鼓励公平地分享因利用土著和地方社区传统知识、创新和做法而获得的惠益。土著和地方社区传统知识，即关于农作物的传统利用和种植、关于药用植物以及关于地方生态系统的知识，已经被承认为地方社区传统生活方式的重要标志。

《公约》第 8 条（j）款是关于传统知识的关键条款。该条款规定："依照国家立法，尊重、保存和维持土著和地方社区体现传统生活方式而与生物多样性的保护和持续利用相关的知识、创新和实践并促进其广泛应用，由此等知识、创新和实践的拥有者认可和参与下并鼓励公平地分享因利用此等知识、创新和做法而获得的惠益。"这一规定是迄今为止关于传统知识保护唯一具有约束力的国际法规定，也是通常被引用的条款。《公约》的规定，为传统知识的保护打开了一道希望之门。

为了使上述规定能够得到缔约国的有效遵守和执行，《公约》采取了一系列活动。在1998年4月，《公约》第四次缔约国大会成立了"关于生物多样性公约第8条（j）款和相关条款的不限成员名额休会期间特设工作组"，以制定实施第8条（j）款和有关规定的工作计划，以及对该条款所涵盖的主题事项的法律或其他合适形式的保护提出建议。[①] 2000年，工作组通过了一项在国家和国际层面上执行《公约》第8条（j）款和相关条款的工作方案，建议各国在实施相关条款时参考实施。[②] 此后，工作组一直在根据上述方案开展工作。在利用知识产权、专门制度以及其他相关制度保护传统知识方面，工作组进行了大量的调查研究，也取得了一些进展。不过，由于各方面的原因，《公约》迄今没有就传统知识的保护形成专门的决议或议定书。

三、代表性国家的国内法与实践

（一）菲律宾

1. 背景

菲律宾[③]拥有高度丰富的生物多样性。目前，在菲律宾的森林、珊瑚礁以及红树林等各种生态中发现了40 000多种野生物种；在其群岛上，还有192种濒危野生生物。[④] 该国的森林是世界上物种最为丰富的生态区域之一。同时，菲律宾土著人和低地农民在长期的生物多样性实践中发展出丰富的传统知识，对生物多样性的保护与利用作出了重要的贡献。

菲律宾的丰富的生物资源吸引了众多发达国家及其跨国公司的兴趣。例如，美国医药产业巨擘施贵宝（Bristol-Myers Squibb）与当地机构进行合作，对当地资源进行调查以寻

---

① See Executive Secretary of the Convention on Biological Diversity, *Report of the Fourth Meeting of the Conference of the Parties to the Convention on Biological Diversity*, UNEP/CBD/COP/4/27, 15 June 1998, IV/9, pp. 111-115.

② See Executive Secretary of the Convention on Biological Diversity, *Proposed Programme of Work on the Implementation of Article 8（j）and related Provisions of the Convention on Biological Diversity at National and International Levels*, UNEP/CBD/WG8J/1/3, 10 January 2000.

③ 菲律宾于1992年6月12日签署、1993年10月8日批准《公约》。

④ See A. Wood et al, *Socioeconomic Root Causes of Biodiversity Loss in the Philippines. Summary*, p. 2. 转引自 Klaus Liebig et al（ed.）, *Governing Biodiversity：Access to Genetic Resources and Approaches to Obtaining Benefits from their Use：the Case of the Philippines*, Reports and Working Papers 5/2002, German Development Institute, 2002, p. 29。

找医药的自然来源。但此类项目多是在将遗传资源视为"人类共同遗产"的基础上进行的，根本没有考虑对菲律宾进行合理补偿的问题。① 在某种程度上，菲律宾已经沦为西方生物跨国公司进行生物剽窃的重要来源。

面对这种局面，菲律宾的科学家首先觉醒，他们主张制定相关立法，结束外国人对本国自然资源的"掠夺"，希望生物开发活动组织者向菲律宾转让相关技术和资料。在科学家的推动下，菲律宾开始了其立法进程，并得到了曾任菲律宾环境与自然资源部副部长托尼·拉·维纳（Toni la Viña）等政治家的支持。

1995 年 5 月，菲律宾以总统令的形式颁布了《第 247 号行政令》，此后不久，环境与自然资源部于 1996 年 6 月颁布实施该行政令的《第 96—20 号部门令》。这两项法令确立了菲律宾生物开发与生物资源获取管制的基本法律框架。

2. 主要内容

《第 247 号行政令》序言第 1 段即指出，该行政令的制定依据是《菲律宾宪法》第 16 节第 2 条所规定的国家保护环境之义务；该段还确认了《菲律宾宪法》确定的生物资源财产权框架：在菲律宾，国家拥有所有的森林、野生生物、动物和植物及其他自然资源；自然资源（包括生物资源）的处置、开发和利用由国家控制和监管。同时，《第 247 号行政令》还明确宣布"管制生物与遗传资源的开发"为国家政策，管制的目的是"为了国家利益保护和保育、开发、利用这些资源，并从中获益"②。这些规定明确了国家（由各相关主管机构代表）在遗传资源获取与惠益分享管制中的主导地位。

为了实现管制目的，这两项法规规定了四个方面的主要内容：设立生物与遗传资源跨部门委员会；签订法定研究协定的要求；获取当地社区事先知情同意的规定；遵守环境保护标准的规定。③

这两项法规设立了"生物与遗传资源跨部门委员会"（IACBGR），作为负责所有获取活动的组织框架。④ 该跨部门委员会是松散的部门间委员会，隶属于环境与自然资源部。它由其技术秘书处提供支持，旨在协调生物开发申请的处理过程，并讨论现行生物开发规则的完善问题。跨部门委员会采取利益相关者多元战略，其成员包括所有相关的政府部门、科学界、相关非政府组织、土著人组织等几乎所有的利益相关者的代表，以求在其审查与讨论中反映不同领域的利益。

---

① See Klaus Liebig et al (ed.), *Governing Biodiversity: Access to Genetic Resources and Approaches to Obtaining Benefits from their Use: the Case of the Philippines*, Reports and Working Papers 5/2002, German Development Institute, 2002, p. 29.

② 菲律宾《第 247 号行政令》第 1 节。该行政令中译本见秦天宝编/译：《国际与外国遗传资源法选编》，239~246 页，北京，法律出版社，2005。

③ See A. G. M. La Viña, M. J. A. Caleda and M. L. L. Baylon (ed.), Regulating Access to Biological and Genetic Resources in the Philippines. A Manual on the Implementation of Executive Order No. 247, Quezon City, 1997, p. vii.

④ 参见菲律宾《第 247 号行政令》第 1 节、《第 96—20 号部门令》第 10 节。

　　希望获取资源的收集者需要与菲律宾政府签订法定的研究协定，跨部门委员会是负责谈判过程的主管机关。该协定规定了关于获取活动的详细情况、收集的范围、技术合作和惠益分享等方面信息的最低标准。① 这实际上是要求获得国家主管部门的事先知情同意。法规区分了两种不同类型的研究协定：与大学、学术机构以及政府机关仅为研究目的而签订的《学术研究协定》以及与私营当事方、公司以及外国实体签署的《商业研究协定》。《商业研究协定》更加严格，规定的惠益分享内容更多，这是因为研究成果的商业化是其根本目标。这是一项值得肯定的独创性做法。同时，菲律宾的跨部门委员会为进行遗传资源学术研究的机构制定了示范性《行为守则》，指导其从事遗传资源获取活动。不过，由于分类管制带来了诸多问题，菲律宾于 2004 年修订了其《野生生物法》，排除了对学术性获取活动的管制，仅对商业性获取活动进行管制。

　　当地与土著社区的事先知情同意在菲律宾的获取与惠益分享协定的申请过程中发挥着关键作用。在各种类型的生物开发活动开始之前，申请者必须向当地社区全面披露拟议活动的意图和具体安排，以便获得其同意。② 具体应当取得哪些主体的同意，取决于活动的选址及该区域的法律地位。通常，当地的签字者是负责主管在公共土地上的收集活动的当地政府部门的首长、对祖传领地负责的土著社区的长老委员会或代表机构、保护区的管理委员会主任或私有土地主。尽管这两项法规并未管制利用传统知识的获取活动，但其将土著与地方社区在遗传资源与惠益分享方面的利益结合在一起，这就为其他缔约国在履行《公约》获取及惠益分享法律义务时，如何处理土著及地方社区传统知识的问题提供了解决问题的一种思路。

　　在此方面，必须提及菲律宾 1997 年《土著人权利法》。菲律宾 1997 年通过的《土著人权利法》是承认、保护和促进土著文化社区与土著人权利的专门立法。它被视为最严格的土著权利保护法。③ 该法创建了"土著人国家委员会"，并强调土著人对其"祖传领地"④

---

① 参见菲律宾《第 247 号行政令》第 5 节、《第 96—20 号部门令》第 8 节。

② 参见菲律宾《第 247 号行政令》第 2 节、《第 96—20 号部门令》第 7 节。

③ See Charles V. Barber, Lyle Glowka and Antonio la Viña, *Developing and Implementing National Measures for Genetic Resources Access Regulation and Benefit-Sharing*, in Sarah A. Laird (ed.), *Biodiversity and Traditional Knowledge*, *Equitable Partnerships in Practice*, Earthscan, London, 2002, p. 384.

④ 1997 年《土著人权利法》第 3 节 a 款将"祖传领地"（ancestral domain）界定为"土著文化社区/土著人自己或通过其祖先根据其习俗和传统，自远古至今，除非因战争、不可抗力、武力取代、欺诈或盗窃、或其他掠夺行为受到阻碍或干扰外、或因政府项目或与政府和私人/私有公司签订任何其他自愿交易的干涉外，根据所有权的主张由集体或个别占有或持有的、确保其经济、社会和文化福利的所有区域；包括土地、内水、海岸区域以及其中的自然资源。它包括祖传土地、森林、草场、住宅、农业和其他私人拥有的土地，无论其是否可以转让和处置，还包括狩猎地、墓葬地、崇拜区域、水体、矿产和其他自然资源、和不再由土著文化社区/土著人排他占有、但传统上获取其生活资料和进行传统活动的土地，特别是依然属于游牧民族和/或轮耕民族的土著文化社区/土著人的通常活动区域。"

与"祖传土地"① 的权利。该法规定,"获取生物与遗传资源和关于保护、利用和改进这些资源的土著知识,只有在根据相关社区的自由与事先知情同意的前提下,才可以在土著文化社区/土著人的祖传土地和领地进行。"②

根据这两项法规,获取菲律宾生物资源的申请者还必须满足跨部门委员会规定的环境保护标准。所有的开发活动及其后果,都不得对生物多样性、生态平衡或收集活动所在地的环境造成直接或间接的损害。是否满足这一要求要通过环境影响评价来审查,这对两种类型的研究协定都是法定义务。实践中,由技术秘书处决定是否需要进行环境影响评价。③《学术研究协定》一般不需要进行环境影响评价。

关于惠益分享,这两项法规原则性规定,在申请者与国家签订的研究协定中,必须单独签订关于特许费、惠益与技术转让的惠益分享协定,但并没有就此作出具体的要求。此外,这两项法律都没有关于知识产权问题的规定。

(二) 安第斯共同体《第 391 号决议》

1. 背景

安第斯共同体④(其五个成员国分别是玻利维亚、哥伦比亚、厄瓜多尔、秘鲁和委内瑞拉)各国拥有着丰富的生物多样性与遗传资源。世界上 12 个生物多样性最为丰富的国家中,安第斯共同体就占了三个,分别是哥伦比亚、厄瓜多尔、秘鲁。即使是玻利维亚和委内瑞拉,其生物多样性也异常丰富。另一方面,安第斯共同体各国在生态系统以及生物多样性方面具有相当程度的相似性与共享性。例如,玻利维亚虽具有丰富的生物多样性和遗传资源,但其中 50% 以上不是该国所特有的,而是与共同体其他成员国所共享。⑤ 此外,安第斯共同体各国的土著社区在利用持续保护生物多样性方面拥有丰富的传统知识、创新与做法。正因为如此,该地区也一直是发达国家进行生物开发、获取遗传资源的主要目的地之一。由于经济实力与科学水平的关系,安第斯共同体国家在此过程中主要扮演"提供者"的角色。

---

① 1997 年《土著人权利法》第 3 节 b 款将"祖传土地"(ancestral land) 界定为"由属于土著文化社区/土著人的个人、家庭或部落自己或通过其祖先,自远古至今,除非因战争、不可抗力、武力取代、欺诈或盗窃、或其他掠夺行为受到阻碍或干扰外、或因政府项目或与政府和私人/私有公司签订任何其他自愿交易的干涉外,根据个别或传统团体所有权所占有、持有和利用的所有土地;包括但不限于宅基地、稻梯田或稻田、私有森林、临时农田和林地。"

② 1997 年《土著人权利法》第 35 节。该法中译本见秦天宝编/译:《国际与外国遗传资源法选编》,355~365 页,北京,法律出版社,2005。

③ 参见菲律宾《第 96—20 号部门令》第 6 节第 1 款第 4 项。

④ 安第斯国家共同体(以前称为安第斯条约集团或卡塔赫纳条约集团)是 1969 年成立的次区域政治与经济一体化条约组织。

⑤ See Achim Seiler and Graham Dutfield, *Regulating Access and Benefit Sharing*: *Basic Issues*, *Legal Instruments*, *Policy Proposals*, BfN-Skripten 46, Study commissioned by the Federal Republic of Germany in preparation for the 1st meeting of the Ad Hoc Working Group on Access and Benefit Sharing in Bonn, October, 2001, p. 63.

　　为了在成员国管制获取与获益分享活动方面创建公平的法律环境，加强成员国的谈判能力，避免成员国在各自国家的遗传资源获取条件方面各行其是而相互压价，1996 年 7 月 2 日安第斯共同体卡塔赫纳协定委员会①通过了《关于遗传资源获取共同制度的第 391 号决议》（以下简称为《第 391 号决议》）。②《第 391 号决议》是实施《公约》第 15 条的第 1 项区域性获取与惠益分享管制立法。它在重申成员国对其遗传资源主权的情况下，为各成员国管制遗传资源获取与惠益分享提供了共同的框架。

　　2. 主要内容

　　《第 391 号决议》适用于那些其原产国是共同体成员国的遗传资源、其衍生物和无形成分（即与遗传资源及其衍生物有关的传统知识、创新与做法）以及因自然原因在成员国境内的迁徙物种的遗传资源。③

　　《第 391 号决议》的首要目标就是对为研究、生物开发、保护和产业与商业利用等目的而获取保存在成员国移地和就地条件下遗传资源的活动进行管制，以便"公平合理分享由获取而产生的惠益"④，这也是该决议的基本理念。

　　为此，《第 391 号决议》规定在遗传资源获取与惠益分享方面必须遵守的几项原则。该决议首先确认了各成员国对其遗传资源及其衍生物的主权权利，并强调这些资源及其衍生物是成员国国家或人民的财产，不得剥夺、侵犯或扣押。⑤ 其次，《第 391 号决议》承认并重视土著、美洲黑人和当地社区对与遗传资源及其衍生物有关的传统做法、知识和创新的权利和决策能力。⑥ 最后，《第 391 号决议》促进成员国之间在涉及遗传资源保护与持续利用的共同利益方面的合作，包括设立相关的科学与技术培训方案。⑦

　　为了实现该决议的目标，《第 391 号决议》规定了两项核心要求：就获取获得事先知情同意和就惠益分享达成共同商定条件。为此，该决议为各成员国规定了共同的单一程序。根据该决议，各成员国需要指定一个有权监督、谈判和批准获取申请的国家主管部门。希望获取成员国国内遗传资源的收集者必须就获取合同（Access Contract）与国家主管机关谈判，以便启动国家的事先知情同意程序。⑧ 之前，申请者还必须与各该国内实际提供遗传资源、其衍生物和无形成分的主体进行谈判，以获得它们的事先知情同意。为此，申请者需要与当地与土著社区、保护区主任等实际提供者签订附属合同（Accessory Contract），

　　① 安第斯共同体的立法机构。
　　② 共同制度规定了各成员国必须遵守的最低法律要求。
　　③ 参见安第斯共同体《第 391 号决议》第 3 条 a 款。该决议中译本见秦天宝编/译：《国际与外国遗传资源法选编》，85～100 页。
　　④ 参见安第斯共同体《第 391 号决议》第 2 条 a 款。
　　⑤ 参见安第斯共同体《第 391 号决议》第 5、6 条。
　　⑥ 参见安第斯共同体《第 391 号决议》第 7 条。
　　⑦ 参见安第斯共同体《第 391 号决议》第 10 条。
　　⑧ 参见安第斯共同体《第 391 号决议》第 32 条。

附属合同的生效与效力都取决于获取合同。① 与国家签订的获取合同必须考虑到实际供应者根据附属合同所享有的权利与义务。②

《第391号决议》特别重视承认土著、美洲黑人和当地社区对生物多样性及其保护、发展和对其组成部分的可持续利用所作出的贡献，它责成各成员国承认并重视土著、美洲黑人和当地社区对与遗传资源及其衍生物有关的传统做法、知识和创新的权利和决策能力的价值。③ 申请者获取此类社区的知识，必须获得其事先知情同意，并与之签订协定，作为获取合同的附录。

为了监督各成员国的实施情况，《第391号决议》要求，成员国必须立即相互通知"关于获取的所有申请、决定和授权，以及合同中止和终止的情况。"④ 成员国之间还必须"相互通知国内采取的措施、决议、法规、法令、决定和其他实施本决议的标准或活动。"⑤ 同时，该决议设立了"安第斯遗传资源委员会"⑥ 以监督《第391号决议》的实施，促进其目标的实现；该委员会正在考虑建立"安第斯遗传资源保护基金"。

四、完善我国遗传资源法制的建议

我国是世界上生物多样性最为丰富的国家之一，拥有极为丰富的遗传资源。历史上，中国曾经与其他国家进行过遗传资源的广泛交流，中国遗传资源的输出曾对世界农业发展作出巨大贡献。国外遗传资源的引进，也极大地促进了中国的农业生产和社会发展。近年来，由于经济、技术、能力和意识等多方面的原因，中国的遗传资源开始大量向国外流失。西方发达国家的医药和生物技术公司通过各种手段（通常是非法手段）从中国掠取了大量的遗传资源，并通过这些遗传资源的研发获得了巨额利润，但是中国却几乎没有获得任何合理的回报。在遗传资源获取与惠益分享方面，中国虽然也初步形成了一个法制框架，但从总体上看还是非常粗糙，远远不能适应现实的需要。

为了完善我国的遗传资源法制，我国有必要从以下几个方面着手开展工作：

（一）我国遗传资源获取与惠益分享管制模式的选择⑦

完善我国相关法制首先需要解决的问题，就是要选择适合我国的遗传资源获取与惠益分享管制模式。

1. 我国遗传资源获取与惠益分享的管制模式

在遗传资源获取与惠益分享方面，目前主要存在公法管制、私法调整和自律管制三种

---

① 参见安第斯共同体《第391号决议》第41条。
② 参见安第斯共同体《第391号决议》第34条。
③ 参见安第斯共同体《第391号决议》第7条。
④ 安第斯共同体《第391号决议》第48条。
⑤ 安第斯共同体《第391号决议》第49条。
⑥ 安第斯共同体《第391号决议》第51条。
⑦ 参见秦天宝：《遗传资源获取与惠益分享的法律问题研究》，626～632页，武汉，武汉大学出版社，2006。

不同的模式。而决定一国采取何种管制模式的，是该国在遗传资源获取与惠益分享领域的基本国情，即该国生物资源的丰富程度、遗传资源交流中的地位以及是否存在生物剽窃问题。

我国是世界上生物多样性与遗传资源最为丰富的国家之一，在遗传资源的交易中主要处于提供国的地位；在实践中已经出现了针对我国的生物剽窃现象；我国的市场经济体制及法制并不健全。在此背景下，为了有效保护我国的遗传资源，维护我国的合法权益，我国应当借鉴巴西、印度、南非等生物多样性大国的经验，选择公法管制模式，强调国家与政府在遗传资源获取与惠益分享活动中的主导作用。相比之下，私法调整模式以完善的市场经济体制为背景，以利益相关者，特别是遗传资源利用者的实力为基础，强调利益相关者的意思自治和契约自由；而自律管制模式以利益相关者自我约束为前提，强调的是一种道德性质的自律。显然，这两种管制模式都不符合我国的基本国情。不过，值得注意的是，公法管制模式有可能带来管制形式僵化、管制效果低下、管制成本高昂等问题。对此，我国有必要考虑充分利用私法调整和自律管制各自具有的优势。

综上，笔者建议，在遗传资源获取与惠益分享方面，我国应选择"公法管制为基础、私法调整为辅助、自律管制作补充"的综合管制模式。

2. 我国遗传资源获取与惠益分享的管制导向

与遗传资源获取与惠益分享的管制模式紧密相关的，还有遗传资源获取与惠益分享管制导向的问题。此处所指的管制导向，主要是指针对外国生物开发者在本国开展的遗传资源获取与惠益分享活动所采取的基本立场。通常，根据严厉程度的不同，管制可以大致划分为禁止、限制、鼓励、放开四种导向。

我国拥有丰富的遗传资源以及相关的传统知识，而我国目前的经济实力与技术水平尚不足以支持遗传资源的自我开发利用。在此情况下，我国必须便利外国生物技术公司进入中国对遗传资源进行生物开发，以便引进更多的资金和更先进的技术。另一方面，我国丰富的遗传资源与传统知识长期以来都是我国生物技术及其产业发展的重要物质基础。目前，我国的生物技术及产业发展也已经缩短了与发达国家的差距，并在发展中国家之中属于领先地位。未来一段时间，我国的生物技术及产业发展将会加速发展，对遗传资源的需求也会不断增加。

同时，我们还应当注意，我国虽然拥有丰富的遗传资源，但一直也是遗传资源的进口国之一。我们在确定管制导向的时候，必须考虑到我国的立场对其他国家的影响。为了使我国对其他国家遗传资源的获取不受到不必要的限制，使我国作为遗传资源利用国能够在对等的条件下持续、顺畅地获得国外的遗传资源，我们对遗传资源获取的管制不应当过于严格。

在此情况下，我们应当对我国遗传资源获取与惠益分享管制的现实要求与中长期需要统筹考虑、综合协调。因此，笔者建议，当前我国的管制导向应当以"合理限制为主、适当鼓励为辅"，以便在解决当前亟须解决问题的同时为今后的发展预留一定空间。待条件成熟时,我国应将管制导向调整为以鼓励为主。从国际范围来看,与我国基本国情类似的哥斯达黎加与南非也是采取的这种导向。

3. 我国遗传资源获取与惠益分享的立法形式

确立我国以公法管制为主的综合性管制模式之后,需要解决的另一个重要问题就是遗传资源获取与惠益分享管制的立法形式。具体而言,该问题就是一国是否应当制定专门立法,如果应当制定的话,专门立法的表现形式和法律层次如何的问题。

目前,制定遗传资源获取与惠益分享的专门立法已经成为国际社会的立法趋势。专门立法的优势在于,它在调整对象上更加具有针对性,同时可以为遗传资源获取与惠益分享的管制确立全面的法律框架,综合调整遗传资源获取、惠益分享、传统知识保护与知识产权安排等相关问题。专门立法所具有的这一独特优势,有助于获取与惠益分享管制压力较大的国家尽快构建获取与惠益分享管制框架、尽早实现对由获取其资源所产生惠益的公平分享。可见,采用专门立法形式应是我国的最佳选择。

在立法层次上,我国的立法以国务院行政法规最为合适。这主要是因为,与部门规章相比,行政法规效力层次更高、更具权威性,也可以避免各部门通过"部门规章"的方式引发新的职权冲突;而与法律相比,行政法规具有立法难度相对简单、立法成本相对低廉、立法程序更为便捷的优势。目前,遗传资源获取与惠益分享领域尚存在一些不确定的因素,对其进行管制所牵涉的主管部门和利益相关者数量众多、而且权利与利益可能相互重叠甚至冲突。在这种情况下,制定和通过一项专门性行政法规比制定和通过一项专门性的单行法要容易得多,其实施情况也可以为将来制定法律积累足够的经验。

综上所述,笔者建议,我国应参考大多数国家的做法,制定一项关于遗传资源获取与惠益分享的专门性行政法规。

(二) 我国遗传资源获取与惠益分享管制机制的确定①

遗传资源获取与惠益分享的管制要通过科学合理的机制来实现。为此,我国应当在专门立法中确定符合我国国情的遗传资源获取与惠益分享管制机制,对管制原则、管制体制、管制范围、程序制度、实体制度和管制目标等方面的内容加以明确规定。

1. 管制原则

确定遗传资源获取与惠益分享管制机制的首要任务是明确管制原则,因为管制原则是一国在对遗传资源获取与惠益分享活动进行管制时所遵循的指导思想。为了确保我国遗传资源获取与惠益分享管制活动获得成功、管制目的得以实现,我国应当遵循法定监管、便利获取、多元参与、分类管理和透明管理等管制原则。

2. 管制体制

当前,我国实行的各部门分工主管的体制,遗传资源的获取与惠益分享涉及环保、农

---

① 参见秦天宝:《遗传资源获取与惠益分享的法律问题研究》,632~644 页,武汉,武汉大学出版社,2006。

业、林业、医药、卫生、建设、经贸、知识产权、海关、科研、教育等很多部门，但各部门之间缺乏沟通与协调。另一方面，我国遗传资源不断流失的现状以及生物技术发展对遗传资源需求的不断增加，都要求我国建立起协调、一致、明确的管理体制。为此，我国应当根据我国的实际情况，确定遗传资源获取与惠益分享的国家主管部门及其主要管制职权。

首先，根据我国的实际情况，我国可以建立多部门协调主管的模式，待条件成熟时再过渡到单一部门排他主管的模式。

协调主管，就是在维持各部门现行管制职权与分工的基础上，建立由各相关主管部门参与的、正式的、常设的跨部门机构，对各部门之间的管制活动进行协调和沟通。在这种模式下，农业、林业、医药、城建和海洋等部门依然对本部门管辖范围内的遗传资源活动享有管制权，同时将微生物遗传资源等现行立法所未明确规定的遗传资源的管制权赋予履行综合监管职责的环保部门。跨部门机构并不享有各部门的实质性职权，其主要职能在于负责统一领导和协调我国遗传资源的获取与惠益分享工作。同时，我国应当明确规定，跨部门机构是所有遗传资源获取与惠益分享申请的直接受理与审查机构。跨部门机构在对遗传资源获取与惠益分享申请（即《获取与惠益分享合同》申请）进行初步审查后，根据管辖范围分别向环保、农业、林业、医药等业务主管部门提出是否批准的建议，并由该业务主管部门作出批准决定，并签署该项合同。在此方面，我国可以参考哥斯达黎加和菲律宾等国的做法，对"生物物种资源保护部际联席会议"这一现有的协调性机构进行改组，赋予其受理与审查获取与惠益分享申请的职能。

其次，我国国家主管部门应有权直接参与和遗传资源利用者的获取与惠益分享安排。

对此问题，影响各国在此方面选择的，主要是各国的法律传统与价值观念。因此，要确定我国国家主管部门的职权。要解决这个问题，我们首先应当明确界定遗传资源在我国国内法中的法律地位，同时要考虑到我国在获取与惠益分享方面的现实需求。

目前我国没有明确规定遗传资源的所有权归属，而是推定适用相关生物资源的所有权归属原则。国家既然是遗传资源的所有者，那么国家主管部门自然应当代表国家直接参与获取与惠益分享安排。另一方面，在"合理限制"管制导向下，为了整合、提高我国的谈判能力，更好的维护国家利益，我国也应强调国家在获取与惠益分享中的主导作用，要求获取申请者直接与国家主管部门达成获取与惠益分享安排。

不过，应当指出的是，在某些情况下，遗传资源所有权的主体与生物资源所有权的主体就不一致。对此类遗传资源的开发利用必然涉及对相关生物资源的获取。另外，不容忽视的是，遗传资源通常还会涉及与之相关的传统知识，而传统知识显然应属于创造和发展该项知识的社区所有，只有在无法合理确定其主体时，才能推定为国家所有。在这种情况下，在国家主管部门与获取申请者直接达成获取与惠益分享安排时，也必须尊重和保护生物资源所有者以及相关传统知识所有者的相关权利。

对此，我们借鉴安第斯共同体各国的做法，即国家主管部门与获取申请者直接达成获取与惠益分享合同，同时要求获取申请者应与生物资源提供者以及传统知识的提供者分别达成附属合同，作为获取与惠益分享合同的必要组成部分。

3. 管制范围

确定我国遗传资源获取与惠益分享的管制范围，可以从管制客体（包括物和行为两方面）和管制相对人两个角度分别予以界定。确定这几个方面的范围大小，应当以我国遗传资源获取与惠益分享的管制导向为依据。

我国奉行的合理限制管制导向相对严格，因此，遗传资源的外延应当适当放宽。笔者建议，在我国境内的、所有包含遗传功能信息的生物资源都应当划归遗传资源的范畴，属于受管制的范围。同时，我国还应当确定两项管制例外。首先，我国应当将人类遗传资源排除在管制范围之外。其次，由于粮农遗传资源的特殊性，我国也应明确排除对受《国际条约》调整的粮农植物遗传资源的管制，对其管制应当通过特殊立法进行。

对于受管制的行为范围，我国可以将范围大致确定为"为研究、商业或其他目的而收集、研究和利用遗传资源及其衍生物与副产品、及/或相关传统知识以及分享由此而产生的惠益的各种活动"。可以看出，这是一个原则性的、而非精确的界定。这种概括性的界定方法，可以为主管部门的实际操作提供一定的灵活空间。不过，对于当地社区为了自身消费的目的收集或交换、或根据其传统习俗在相互之间交换遗传资源及其衍生物与副产品、它们所源自的生物资源以及相关传统知识的活动，应当不受国家的管制。

在管制相对人的范围上，我国的管制立法不应当将其管制范围仅限于外国生物开发者，也应当同时适用于本国的生物开发者。不过，我国可以借鉴巴西、印度、菲律宾、哥斯达黎加等国家的做法，对外国生物开发者与本国生物开发者在管制要求上进行合理区分，对外国生物开发者进行相对严格的重点管制。

4. 管制的程序制度

事先知情同意是《公约》确立的遗传资源获取与惠益分享管制的基本程序。为此，我国也应当在管制立法中确立该项程序，以此来减少我国与遗传资源利用者之间因信息获取而导致的谈判实力不平衡。

如前所述，我国应确认遗传资源的国家所有权，同时，集体、机构或个人等非国家主体也可以是个别生物资源以及传统知识的所有者。因此，出于对国家利益的考虑以及对利益相关者私有权利的尊重，我国应当确立国家主管部门与利益相关者的双重事先知情同意制度。当然，如果遗传资源获取活动不涉及利益相关者，则获取申请者只需获得国家的事先知情同意即可。在该制度下，遗传资源获取者应先寻求利益相关者的事先知情同意，然后再向跨部门机构申请获得国家主管部门的事先知情同意。

5. 管制的实体制度

在实体内容方面，我国应当采取共同商定条件制度。共同商定条件是指遗传资源获取者与提供国相关主体在法定标准的基础上就获取与惠益分享协定协商达成的条款和条件。共同商定条件制度的目的，是通过规定获取与惠益分享协定应遵循的法定最低条件来增强我国的谈判实力。

由于共同商定条件制度与事先知情同意制度在目的上具有同一性、在功能上具有互补性，因此，事先知情同意的主体、形式和内容直接影响到共同商定条件的主体、形式和内容。

共同商定条件的主体主要是能够授予事先知情同意的国家主管部门和实体提供生物资源以及相关传统知识的利益相关者。根据我国确定的管制体制，国家主管部门应当作为获取与惠益分享协定的主体参与谈判和缔约，利益相关者应作为附属合同的主体参与到该项协定的协商与谈判之中。此外，在与外国生物开发者达成获取与惠益分享安排时，我国的国内合作机构也应当作为一个当事方参与到共同商定条件的协商与谈判之中。

6. 管制的主要目标

我国获取与惠益分享管制的主要目标，应当是确保我国公平合理地分享由利用遗传资源而产生的各种惠益。除此之外，我国还可以将推动生物多样性保护和持续利用、促进我国生物技术及产业的发展、我国（特别是生物开发活动所在地）经济与社会发展列为管制的长远目标。

在确定遗传资源获取与惠益分享合同中的惠益安排时，我国应当坚持两项基本原则：首先，既要分享能够为我国带来直接的、现实的经济利益的货币惠益形式，也要能够提高我国遗传资源生物开发能力的非货币惠益形式。其次，所确定的惠益既要能满足现实的要求，还要服务于中期、甚至长期的发展目标。利益相关者与获取申请者之间的惠益安排也应遵照这些原则。

同时，为了实现获取与惠益分享管制的长远目标，我国应对国家所获得的惠益，特别是货币惠益进行合理的统筹安排。在此方面，我国可以参考哥斯达黎加等国家的做法，采用非营利的国家信托基金的方式，要求惠益安排中确定的货币惠益直接交存到该基金中，规定相关资金只能用于我国遗传资源获取与惠益分享的科研、产业与行政能力建设、生物多样性保护与持续利用等综合目标。

（三）我国遗传资源获取与惠益分享中知识保护的法制完善①

遗传资源获取与惠益分享中的知识产权安排以及传统知识保护，也是我国履行遗传资源国际法的重要内容。对此，笔者提出下列立法建议。

1. 健全对知识产权的制衡机制

我国的知识产权制度比较完善，该制度对现代生物技术领域的知识创新提供的保护已经接近大多数发达国家的水平。在此情况下，我国应当对知识产权进行制衡，以确保遗传资源获取与惠益分享的公平合理性。不过，我国也应当注意，现行知识产权制度对我国生物技术及其产业的发展也具有很大的促进作用。因此，为了给我国生物技术及其产业的发

---

① 参见秦天宝：《遗传资源获取与惠益分享的法律问题研究》，644～648 页，武汉，武汉大学出版社，2006。

展预留一定的空间，我国对知识产权制度的制衡不能过于严格。在此背景下，我国应当采取下列措施：（1）维持现行对生命形式知识产权的限制在获取与惠益分享管制立法中增加申请知识产权应获得事先知情同意的要求；（2）在知识产权法中增加在申请知识产权时披露遗传资源及传统知识的来源和事先知情同意的证据；（3）在管制立法中增加在适当条件下要求知识产权法定许可的规定；（4）共同享有知识产权。

2. 建立健全对传统知识的保护机制

与制衡知识产权相比，我国在构建传统知识保护机制方面的任务更为繁重。为此，我国必须从下列两个方面着手。

首先，确定传统知识保护的立法形式。传统知识保护的立法有三种形式：获取与惠益分享管制立法、传统知识保护专门立法、二者相互配合的方式。我们应当将借鉴哥斯达黎加的做法，将传统知识的保护纳入到获取与惠益分享的专门立法之内。同时，我国也需要对现行中医药方面的法规和部门规章进行适当修订，增加保护传统医学知识的要求。

在获取与惠益分享管制立法中，我国应当将防止传统知识的不当占有和确保对传统知识持有者以合理补偿确立为传统知识保护的现实目标，同时将促进传统知识的持续利用与发展列为长远目标。

其次，建立健全传统知识保护的各项制度。在此方面，我国应当建立包括传统知识的专门权利制度、登记制度、披露制度、法定合同制度、知识产权制度以及传统习俗制度等在内的综合保护制度。

（四）我国完善遗传资源国内法制应当注意的两个问题[①]

从有效履行遗传资源国际法的角度看，各国在采取国内法律措施的同时，还应当加强下面两个领域的工作：积极促成遗传资源获取与惠益分享（包括其中的知识保护问题）领域的国际立法；不断加强我国在遗传资源获取与惠益分享方面的能力。

为了对遗传资源获取与惠益分享问题进行有效管制，在我国建立起完善的获取与惠益分享国内法制是必不可少的。但值得注意的是，在有些情况下，我国对遗传资源获取与惠益分享的管制也需要相关国际立法的补充。例如，仅在我国国内法中要求生物开发者在专利中披露所涉遗传资源及传统知识的来源与事先知情同意的证明是不够的，还需要其他国家采取同样的制度，才能有效防止利用专利进行生物剽窃的行为。因此，我国应当积极参与遗传资源获取与惠益分享领域的国际论坛活动，与其他面临相同或者类似问题的国家相互联系、加强团结、相互支持、协调立场，以集体的力量参与相关议题的讨论与谈判，争取建立一套有利的国际法律制度。

另一方面，从遗传资源开发与利用的原理和实践来看，遗传资源交易双方可以享受的惠益类型及其比例主要取决于其在遗传资源收集与提供、研究与开发以及最终产品商业化

---

① 参见秦天宝：《遗传资源获取与惠益分享的法律问题研究》，648～650 页，武汉，武汉大学出版社，2006。

过程中所作出的贡献。在我国与遗传资源利用者经济与技术实力不均衡的现实条件下，通过事先知情同意和共同商定条件等管制制度可以在很大程度上平衡双方的实力，有助于公平合理分享由利用其遗传资源而产生的惠益份额。不过，管制的作用不应当被无限放大，它并不能从根本上解决公平合理分享惠益的问题。况且，管制也应当是合理的，过于严厉的管制出发点虽好，但很可能导致适得其反的效果。因此，从长远来看，确保我国公平合理分享惠益的关键，还是在于加强、提高和整合我国遗传资源开发利用等生物技术领域的研究、开发与生产能力，同时辅之以遗传资源评估、编目及监测、合同起草与谈判、行政管理等方面的能力建设。

【推荐阅读文献】

1. 秦天宝. 遗传资源获取与惠益分享的法律问题研究. 武汉：武汉大学出版社，2006

2. [美] 沃尔特·A·里德等著，柯金良等译，吴子锦校. 生物多样性的开发利用——将遗传资源用于可持续发展. 北京：中国环境科学出版社，1995

3. 陈灵芝主编. 中国的生物多样性现状及其保护对策. 北京：科学出版社，1993

4. 王献浦，刘玉凯编著. 生物多样性的理论与实践. 北京：中国环境科学出版社，1994

5. Kerry ten Kate and Sarah A Laird，*The Commercial Use of Biodiversity*：*Access to Genetic Resources and Benefit-Sharing*，Earthscan，London，2000

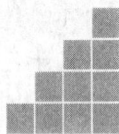

第二十二专题

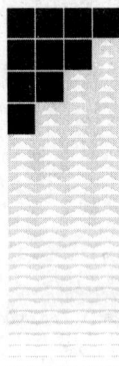

多国河流法律问题研究

一、国际河流的概念

一般意义上，国际河流是指涉及两个或两个以上国家的河流，既包括穿过两个或两个以上国家的跨国河流，也包括分隔两个国家而形成其边界的边界河流。国际法有内河、界河、多国河流（跨国河流）各种分类，后来该概念又经过了"国际河流"——"国际水道"——"国际流域"的发展。

1. 国际河流，国际法上最先是指通过缔结条约规定了其法律制度上可以自由通航的河流，由于没有涵盖地理上的自然属性，又产生了以自然属性为主特征的概念：指流经或分隔两个或两个以上国家的河流。国际河流不仅包括界河和多国河流，还包括界湖和多国湖泊。界河（湖）和多国河流（湖泊）的法律地位是不相同的。界河是指流经两国之间，分隔两国领土的河流或湖泊，如中俄界河黑龙江和乌苏里江，中朝界河鸭绿江和图们江。它们以江中心线为划分标准，也有以径流面为标准来划分。如：澜沧江—湄公河、怒江等。其界河一侧水域分属于沿岸国家的内水，沿岸国分别对其所属水域行使主权，并通过签订双边条约规定界河的使用、管理和维护主权等事宜。早期的双边条约往往将界河称为"边界水域"或"边境水域"或"界水"，如1909年《英（加）美界水条约》。多国河流是指流经两个或两个以上国家领土的河流，如发源于中国，流经越南、柬埔寨、老挝、泰国、缅甸的澜沧江—湄公河。多国河流的沿岸国对本国境内的河段行使国家管辖权，并享有排他主权。关于多国河流的航行问题，有些仅对沿岸国开放，禁止非沿岸国船舶航行，有些则实行自由航行的原则，根据国际条约对一切国家的商船开放，由沿岸国组成的国际河流委员会进行管理。如：1815年《维也纳公会规约》宣布莱茵河等几条欧洲河流实行自由航行制度，从而开创了国际河流自由航行制度的先河。该规约规定国际河流是指"分隔或经过几个国家的可通航的河流"，这一概念在以后的150多年时间里基本没有改变，因相关的跨界水事纠纷，导致国际河流概念的内涵和外延扩大。比如1929年常设国际法院就奥德河国际委员会的管辖范围所作出的判决，宣布国际河流是指整个河流体系，包括纯属沿岸国内河的支流在内。1934年国际法学会通过的《国际河流航行规则》第1条指出，国际河流是指："河流的天然可航部分流经或分隔两个或两个以上国家，以及具有同样性质的支流。"这是一个重要的发展，因为支流尤其是界河的支流往往完全在一个国家境内，将支流包括在国际河流的范围内，实质上就是将条约适用范围扩大到一国内河，同国际河流一样实行自由航行。国际河流其概念的发展是伴随着历史的发展而不断被赋予新的含义。如：当今的国际河流、生物多样性保护、资源的开发利用、水利水电的发展等都引起了各国及国际广泛的关注。

2. 国际水道：国际水道分为：非航行水道和可航行水道两种。1911年国际法学会通过的《国际水道非航行用途的国际规则》首次采用了"国际水道"的名称，但未给出定义。①

---

① 规则的名称中包含"国际水道"的措辞，但正文并未涉及。

1921 年由国际联盟主持，包括中国在内的 40 个国家共同制定的《国际性可航水道制度公约及规约》[①] 也采用了"国际水道"的措辞，并明确规定了其含义。公约附件第 1 条规定，所谓国际性可航水道是指一切分隔或流经几个不同国家的通海天然可航水道，以及其他天然可航的通海水道与分隔或流经不同国家的天然可航水道相连者，而"天然可航"是指现今正用于普遍商业航运，或是其自然条件使之有可能用于商业航运。可航水道的概念是明确的。它必须具备"可以通航"和"有商业价值"两个基本条件，这与《维也纳公会规约》所称国际河流并无实质区别，因此两者常常可以通用。但国际水道概念的产生有其特殊的历史背景，在当时的垄断资本主义时期，需要充分利用国际水道以便利和扩大国际通商，因此特别强调国际河流的可航性和商业价值。非航行水道则应包含的基本条件是"不可航行"和"有经济价值"。两者的概念区别在于："可航行"与"不可航行"商业价值应包含在经济价值之中。对于"可航行水道"，1921 年由国际联盟主持通过的《国际性可航水道制度公约及规约》专门规定了国际水道的通航问题。"不可航行国际水道"在一些"国际规则"、"公约"等中体现"经济价值"。如 1923 年《关于涉及多国开发水电公约》规定了"多国开发水电"。多国开发水电体现了国际水道蕴藏的巨大经济价值。综上所述，无论是"可航行"还是"不可航行"的国际水道，其法律制度建设的价值取向均应以经济价值为核心要件，它无疑是国际水法渊源上的重大突破。

3. 国际流域：侧重强调国际水域的全面开发和综合利用，以便发挥其重大经济价值潜能。

国际流域的概念从国际水道和国际河流的概念发展而来。1966 年，国际法协会通过《国际河流利用规则》（即著名的赫尔辛基规则），其第 2 条明确规定国际流域是指"跨越两个或两个以上国家，在水系的分界线内的整个地理区域，包括该区域内流向同一终点的地表水和地下水。"

综上所述，国际河流概念经历经过了"国际河流"—"国际水道"—"国际流域"的发展。随着人们认识的不断加深，该概念的内涵也在逐步扩大。由最初的只重视经济利益而逐渐扩展到注重包括经济、生态等在内的多种利益。国际流域概念的提出，是对国际河流、国际水道概念和国际水法理论的重大突破，对现代国际水法实践也产生了直接影响，具有划时代的意义：一是适应水的自然属性，扩大了国际水域的范围，将国际河流和国际水道从干流及其支流扩展为整个河流及其支流的地表水和地下水系统；流域的系统涵盖更全面；二是突破了沿袭百年的国际河流的可航性要求，深化了对其价值的理解，更为国际水域的全面开发和综合利用及生态环境保护创造了基础和条件。对国际性流域的法的调整范围给出了明确的目标和方向。国际流域的综合开发和利用，对我们现行的法学理论研究

---

① 其缔约国是欧洲、拉丁美洲和亚洲国家，包括英国、法国、西班牙、巴西、委内瑞拉、中国、日本等。

和法律制度的构建将产生深远的重大影响。

【小资料：1956 年拉努湖仲裁案】

1956 年法国决定拦截拉努湖经卡洛河流往西班牙的河水以增加拉努湖的贮水量，同时，法国将亚里埃奇河水引入卡洛河作为补偿。西班牙反对法国这项工程，指责法国违反两国在 1866 年签订的《贝约纳协定》。1957 年两国觉得应将此争议提交仲裁，其实质问题是法国在工程施工之前是否必须事先征得西班牙的同意。仲裁裁决驳回了西班牙关于法国的工程要求应两国政府事先同意的论点，并认为这种事先同意是对一国主权的重要限制，但在国际法中找不到这种限制的依据。而且该裁决提出国家之间应本着互让精神解决在淡水资源利用方面发生的矛盾和利益冲突，通过协议在更广泛的基础上协调有关各方的利益。

二、国际河流概况

（一）世界国际河流概况

据 1978 年联合国经济和社会事务部提交的《国际河流登记》，全世界有国际河流（含与国际河流相连的湖泊）215 个，流经 200 多个国家和地区。国际河流的流域面积约占全球土地面积的 47%，全球约有 40% 的人口生活在国际河流流域内，有 44 个国家至少 80% 的土地面积位于国际河流流域内。

至 2002 年，由于国际法的主体因一些地区和国家的独立等原因，国际河流数量已由 1978 年的 215 条增加到 263 条，其中亚洲地区 57 条，非洲地区 59 条，欧洲地区 69 条，北美洲地区 40 条，南美洲地区 38 条。在如此众多的国际河流中，约 208 条河流流经 2 个国家，31 条河流流经 3 个国家；22 条河流流经 4 个以上国家。若按流域面积统计，河流的流域面积在 10 万 km² 以上的共有 52 条，其中非洲 17 条，美洲 14 条，亚洲 16 条，欧洲 5 条。流域面积在 10 万 km² 以下的国际河流有 209 条。在世界五大洲中，只有大洋洲没有国际河流。[①]

（二）我国国际河流概况

自古以来，我国是世界上国际河流最多的国家之一，仅次于俄罗斯、阿根廷，与智利并列世界第三，以经济利用价值区分的主要有 15 条，它们是鸭绿江、图们江、绥芬河、黑龙江、额尔齐斯河、伊犁河、塔里木河、印度河、恒河、雅鲁藏布江—布拉马普特拉河、伊洛瓦底江、怒江—萨尔温江、澜沧江—湄公河、元江—红河、珠江。湄公河是亚洲流经国家最多的河流。塔里木河是最长的内流河，长度超过 2 100 千米。究其原因，主要是地

---

① 参见何大明、汤奇成主编：《中国国际河流》，209 页，北京，科学出版社，2000。

势高耸的世界屋脊——青藏高原位于亚欧大陆的中部,上面分布着世界面积最广的大陆冰川,因而这里成了亚洲许多巨川的发源地,有"亚洲水塔"之称。以两国交界的支流水系来看,我国与周边国家存在着多条具有国际属性的河流。如:云南涉及红河州和思茅地区的李仙江等国际河流。

中国拥有国际河流的数量和水量均居世界各国前茅,它们的公平合理利用和协调管理影响到全国近 1/3 国土的可持续发展和与沿边 15 个接壤国、30 个跨境民族、228.8 千米×104 千米以上国境线的区域国际合作和睦邻友好,涉及 20 个流域国(含中国)约 30 亿人口的生活。特别是这些国际河流跨境的合理利用和协调管理,更涉及亚洲地区的和谐与发展。

中国的国际河流主要分布在三个区域:西南地区(主要是云南、广西和西藏等地区)、西北地区(主要是新疆地区)和东北地区(参见表 22—1)。(1)西南地区。中国西南的青藏高原,平均海拔 4 000 米以上,是世界的屋脊。从这里呈放射状格局向南和西南方向发育了众多的国际河流,其中很著名的有森格藏布河—印度河、雅鲁藏布江—布拉马普特拉河、伊洛瓦底江、怒江—萨尔温江、澜沧江—湄公河、元江—红河等。青藏高原发育了众多的世界巨川,不仅是中华民族的"水塔"所在,也是东南亚、南亚的"水塔"所在。(2)西北地区。主要在中国新疆境内,它地处中国西北边陲的干旱地区,但由于周边及中央有许多高大山体的存在,如阿尔泰山、天山、喀喇昆仑山和昆仑山,能截获较多的水汽,发育了众多的河流,其中一些大河是国际河流,其特点为主要山地是跨境的山地。所以一些国际河流发源于中国新疆,如额尔齐斯河—鄂毕河、额敏河等;而又有一些河流则由邻国流入中国,如阿克苏河、乌伦古河、克孜河等;也有一些河流成为界河,如加霍尔果斯河等。(3)东北地区。东北地区国际河流的特点是以毗邻水道为主,有大小 10 条界河和 3 个界湖,如黑龙江、鸭绿江、图们江、兴凯湖等。水域国境线长达 5 000 公里以上。总之,在 15 条重要的国际河流中,有 12 条源于中国。除东北地区外,中国的国际河流以连接水道为主,由于地处上游,出境水资源量远多于入境水资源量。初步估算,每年出境水量约 4 000 亿立方米。

三、国际河流的现存问题

随着经济的发展,国际河流与国内河流一样,出现了资源稀缺、资源破坏和环境问题。由于流域本身的整体特性,国际河流流域自然界线与行政边界不一致,尤其是各国发展的不平衡带来了社会、体制、经济、文化等差异,这些资源与环境问题突出地表现为:

1. 跨境水争端

人口增加、经济发展带来的人类对水量和水质的需要不断增强,河流时空分布的不平衡、不平等分配和占有等原因,造成水资源相对日益稀缺。对于国际河流,则直接表现为国家之间对水量的需求冲突,如约旦河流域的以色列和巴勒斯坦之间。

表22—1　中国主要国际河流分布（以发源地为统计依据）

地区	河名	流域面积（万平方公里）		干流长（公里）		所属水系	发源地	流经国家
		总面积	中国境内	总长	中国境内			
西南地区	伊洛瓦底江	43.1	4.33	2 150	178.6	印度洋	中国西藏	中国、缅甸
	怒江—萨尔温江	32.5	14.27	3 200	1 540	印度洋	中国西藏	中国、缅甸、泰国
	澜沧江—湄公河	80.0	16.70	4 880	2 129	太平洋	中国青海	中国、缅甸、老挝、泰国、柬埔寨、越南
	珠江	45.37	约45.37	2 214	2 214	太平洋	中国云南	中国、越南
	雅鲁藏布江—布拉马普特拉河	93.8	23.92	2 900	2 229	印度洋	中国西藏	中国、不丹、印度、锡金、孟加拉国
	巴吉拉提河—恒河	107.3	0.23	2 700	49	印度洋	中国西藏	中国、尼泊尔、印度、孟加拉国
	森格藏布河—印度河	116.6	2.49	2 880	419	印度洋	中国西藏	中国、印度、巴基斯坦、阿富汗
	元江—红河	11.30	7.40	1 280	677	太平洋	中国云南	中国、越南、老挝
西北地区	额尔齐斯河—鄂毕河	292.9	5.70	4 248	633	北冰洋	中国新疆	中国、哈萨克斯坦、俄罗斯
	伊犁河	15.12	5.67	1 237	442	巴尔喀什湖	哈萨克斯坦	中国、哈萨克斯坦
	阿克苏河	5.0	3.1	589	449	塔里木河	吉尔吉斯斯坦	中国、吉尔吉斯斯坦
东北地区	黑龙江	184.3	88.3	3 420	界河2 854	太平洋	蒙古	中国、俄罗斯、蒙古
	鸭绿江	6.45	3.25	816	界河816	太平洋	中国吉林	中国、朝鲜
	图们江	3.32	2.29	505.4	界河490.4	太平洋	中国吉林	中国、朝鲜、俄罗斯
	绥芬河	1.73	1.00	443	258	太平洋	中国吉林	中国、俄罗斯

2. 跨境污染

随着人类对流域的开发程度增强，灌溉、航运、工业化、城市化等原因带来了跨境污染问题，主要表现为上游国对下游国的影响，如莱茵河流域以航运为中心的流域综合开发虽然达到了相当高的水平，但河流水质污染已成为沿河居民最忧虑的问题。1976 年莱茵河被确认为是世界上污染最严重的河流之一，大部分河段都受到了中等以上程度的污染。

3. 跨境河流段生态负面影响

由于水资源的开发利用而产生的"大坝"建设、土地不合理利用、植物资源的过度开采、自然灾害频频发生等导致河流径流量、水环境等的变化甚至环境的恶化，如海水入侵三角洲、土地盐渍化、湿地减少、泥石流、滑坡等问题，并进一步影响水生和临岸生物多样性锐减，譬如，造成鱼类减少、动植物减少。

【小资料】

原苏联规划者利用中亚河流灌溉棉花将比任其白白流入咸海（世界上第四大湖）产生更大的经济效益，于是灌溉面积扩大至现在的 790 万公顷，使咸海流域成为世界上最大的灌区之一，随着灌溉水量的逐渐增加而径流减少，该流域生态急剧恶化。类似的案例还有恒河流域的红树林和鱼类生存环境的破坏，尼罗河三角洲的海水倒灌、土壤盐渍化等问题。

4. 跨境的应急机制建立

跨境的应急机制指对跨境突发事件的处理能力，包括信息交流。无论是人为的或自然产生的突发事件，都需要跨境的两个或两个以上国家的密切配合才能够降低和最大限度的消灭自然和人为侵害的影响。建立一套以经济上、体制上、队伍上能够处理突发事件的应变能力需要两个或两个以上国家的密切合作，这也是当今国际河流当中面临的最大法律难点。它包括：（1）监测信息网络的建立，而且这种建立必须打破国界。（2）建立长效的行政管理机制。这就需要跨界国行政执法队伍在管理、执法方面要协调、配合，形成有机结合、相互支持，以便尽快指挥解决突发性问题。

5. 建立司法协助制度

流域的保护涉及一国或跨界的对违法行为的打击。如：侵权的民事违法行为，侵权的行政违法行为，侵权的刑事犯罪都需要跨界国在送达、判决的效力、执行等方面给予有机的配合。建立起一套行之有效的跨界的司法协助机制，真正使流域的保护纳入到跨界的法律保护机制中，使流域为各国创造更大的福利，保持可持续发展的生态环境。

6. 建立区域性的跨界法律制度框架

国际法中的双边和部分多边条约虽规定了一些跨界保护的原则性措施，但随着经济的发展和跨界流域发生的巨大变化和带来的问题，原来的双边和多边部分原则性规定已不能适应区域的发展，特别是当今世界已经形成以区域性经济发展为特征的经济格局，如：

"欧盟"、"非统"、"亚太经合组织"、"东盟自由贸易区"等经济区域的特征已形成。在我们关注区域经济发展法律框架的同时应高度重视以区域跨界河流为自然纽带的保护制度的建立。流域保护的好坏关系到各国生存发展等重大问题。因此，建立区域性以跨境流域为纽带的法律保护机制是我们面临的重大问题。研究和构建区域性流域保护的法律制度是国际环境法面临的重大问题，也是各国法制建设重要课题之一。

中国是拥有国际河流最多的国家之一，国际河流的法律保护制度建设应是我们法制建设应高度关注的问题之一，我国国际河流的水量占到中国所有河流水量的 27%，流域面积涉及东北、西北、西南等区域。涉及国土面积一半以上。世界上 60% 以上的人口与这部分水资源的利用和保护有关。特别是，这些国际河流影响我国 2.2 万多公里陆疆系统的 9 个省区 132 个县市、30 个跨境民族的社会经济发展和边境稳定。其中水资源国际分配、跨境水道系统的合作开发和协调管理、界河整治、跨境生物多样性保护和跨境污染控制方面，其影响在未来会越发凸显。因此法制建设应早日提上议事日程。

四、有关国际河流的国际公约及多边、双边条约

早在欧洲中世纪就开始出现了有关界河和跨国河流的条约，主要涉及边界、航运和渔业，反映了当时欧洲自由资本主义上升时期自由通航发展贸易的需要。最早的关于该问题的文件是 12 世纪罗马法律中各城邦对意大利北部的波河规定的自由通航原则；1564 年洛桑仲裁条约划定了日内瓦湖的中间线作为有关国家的边界线；自由航行原则在 1815 年的维也纳会议中得以首次确立，宣布几条欧洲国际河流"全程航行，从其可航点到河口，应完全自由，不得禁止任何人进行贸易"；1856 年的多瑙河巴攀条约中确定了河流的自由航行制度；1885 年的尼罗河和刚果河的柏林条约，1919 年凡尔赛和约宣布欧洲的易北河、奥德河、涅曼润、多瑙河为国际河流，对一切国家开放，各国家享有完全平等待遇；1921 年国际联盟根据凡尔赛和约，在巴塞罗那召开会议，通过了《国际性可航水道制度公约及规约》（简称巴塞罗那公约），规定在"国际性可航水道"上，一切缔约国的船舶均实行航行自由，各缔约国的国民、财产和船旗享有完全平等待遇。

但现代国际河流法的形成，还是在进入 20 世纪之后，特别是第二次世界大战之后，民族独立国家的建立，使原先具有殖民色彩的条约宣告废止，水资源利用的增强，多目标需求的发展，使得有关国际河流法律中增加了非航行利用、公平合理利用、合作开发、生态环境、可持续发展等新内容。尤其是全球性缺水、水灾害、水污染及以水为媒介引发的疾病的日趋严重，使得 70 年代后，国际水道的非航行利用问题受到国际社会的重视，涉及这部分水资源利用的法律体系得到了发展，更多地集中于国际河流水资源分配、洪水控制、水污染控制以及维护生态系统等问题。有关国际河流法律总体上呈两个方向发展，一是概括性的总原则，一是多边或双边条约的签订。这两个方向实际也是国际河流法律在理论与实践的发展，两者互相促进、补充和完善。

　　(一) 概括性的总原则及有关条文的评述

　　一些机构 (如国际法学会、国际法协会、联合国国际法律委员会) 从国际公约、国际惯例以及国家间的双边或多边协定或条约中，通过更广泛和概括的层次寻求合适的定义与原则，形成一些有关国际河流的法律，帮助处理具体国际河流国家之间关系。其中有两个重要的法律文件，被称作是这方面研究的里程碑，即 1966 年国际法协会 (ILA) 的《国际河流水资源利用赫尔辛基规则》和 1997 年国际法委员会 (ILC) 的《国际河流非航行使用法条款》。它们拟定了一些基本原则，除航行自由原则外，增加了公平合理利用原则、无害使用原则、互通信息原则、合作开发原则和补偿原则等。要求上游国家用水必须考虑对下游的影响，下游国有权对上游用水提出要求，一般要求不产生实质性的危害，上游国家用水或其他行为 (如保护生态环境) 给下游国家带来的利益，也有权要求下游国家回报一部分。

　　(二) 关于国际河流的多边或双边条约

　　由于每条国际河流的自然特征和社会环境千差万别，它们的流域面积大到几百万平方公里，小到几十平方公里，因此，有关各条国际河流的法律制度也有很大差别，几乎每条河流有着不同的法律实践，在特定情况下要根据各方具体情况，通过协商、谈判和协定，使各国达成共同的理解。国际河流法实际上是各国之间或政府间国际组织签订的有关国际河流的条约、公约、协议、声明、换文、备忘录等各类法律文件的总汇。双边条约有代表性的是，如美国和加拿大签订的《边界水域条约》(1909 年)、埃及和苏丹签订的《关于充分利用尼罗河水的协定》(1959 年)；多边条约有代表性的是，沿岸国签署的《多瑙河航行制度公约》(1948 年) 及《莱茵河防治污染国际委员会协议》(1963 年)。

　　这些法律文件成为各流域国之间协调关系，解决争端的主要法律依据，但是，其发展远不能满足国际河流开发和管理的要求：

　　(1) 不能满足非航行使用的需要。据联合国粮农组织统计 1805 年～1984 年间有 3 600 多个条约涉及国际水资源，大部分是关于航行方面的。1814 年以来，全世界签订了 300 多个国际河流条约，其中半数是在 50 年代以后签订的，还在使用的不到 100 个。

　　(2) 这些条约中虽然有些考虑到河流生态的保护，但是在已有的条约中，就水分配而言，几乎都没有考虑水生生态维护问题。

　　(3) 对国际流域范围内水资源管理方面的合作方式重视不足，仅仅是法律原则不足以强迫各国建立适宜的机制来联合管理国际河流。

　　(4) 多国河流的协议中，通常由下游国首先联合签订协议和组建委员会，而上游国被排斥在外。如莱茵河的上游国瑞士，多瑙河的上游国德国，湄公河的上游国中国与缅甸，以及尼罗河的上游国埃塞俄比亚、卢旺达等。

五、国际河流的法律原则总结

　　当前国际河流国际合作开发的主流仍是以"趋利"为宗旨的经济合作，实现有互补优势的"跨界资源与市场共享",以获取"区域协作的综合效益"成为相互合作的愿望与目标。符合流域可持续发展,以"避害"为宗旨的合作,如跨界环境影响评价、生物多样性保护,以及消除地区贫困、维护区域安全等,尚未给予足够的重视。各级政府部门在境内国际河流区的开发,也很少考虑在境外的国际影响。因此,尚没有流域区的国际合作开发和协调管理,这与当前世界国际河流的开发趋势有差距。另一方面,与我国国际河流有关的不少发展中国家,如越南、印度等,与中国一样,是目前世界上经济增长最快的国家,随着各国间社会经济的迅速发展,有关跨界资源与市场的争夺及生态环境维护等问题的冲突和协调将日益突出。为了避免这些矛盾影响到地区的稳定和安全,本世纪我国国际河流的合作开发必须考虑境内的"国内开发"对境外的"国际影响",并与相关国家开展合作,要同时兼顾"趋利"和"避害"两个主要目的,并重视上游开发和管理对下游国家的补偿效益,促进"地区公平"和"代际公平"。

由于国际河流自然要素之间与区域之间存在本质联系,客观上打破了行政上的国界,其开发利用带来了跨界影响。只有"当共同拥有一条河流流域的所有国家进行合作时,才最有可能找到管理国际河流的最佳方法[①]"。最佳的合作方法无疑是寻求共识,并以国际法为依据签订相关公约,建立起全流域国际合作机制。在国际河流管理的问题上,游戏规则也就是体制和机制至关重要。

尽管目前在国际流域的开发与可持续发展中还未形成统一的"流域开发制度",但在100 多年来国际河流合作开发的国际实践中,已形成了一套被普遍接受的、较为完善的国际河流水资源开发利用与保护的基本原则。这些原则有:(1) 尊重各国主权、互不干涉内政原则;(2) 共同但有区别原则;(3) 公平合理利用原则;(4) 不造成重大损害的义务;(5) 一般合作义务;(6) 信息交换原则;

(一) 尊重各国主权、互不干涉内政原则

主权平等、善意履行宪章义务、依据宪章彼此合作和不干涉内政是《联合国宪章》确立的与资源开发有关的核心性原则。1962 年 12 月 14 日由联合国大会通过的《关于自然资源之永久主权宣言》,宣布"各民族和各国有行使其对自然财富与资源之永久主权(第 1 条)"、"各国必须根据主权平等,互相尊重,以促进各民族及国自由有利行使其对自然资源之主权(第 2 条)"。从该宣言的主题名称就可认识到国家对境内自然资源所拥有的管理、利用或处置权。这一权利体现了国家对自然资源的所有权也成为国家主权的组成部分,并应得到其他国家的尊重。

因此,跨界流领域内的国际合作应以主权国家平等的原则为基础。流域各国只能根据自己的具体国情,结合其经济、社会发展现实来选择发展道路,确实保护自身环境并有效参加国际环境与发展领域的合作。因此,流域国家有权根据其发展与环境的目标及优先顺

---

① 联合国环境规划署:《1992 年世界发展报告——发展与环境》。

序利用其自然资源。上下游国家不能以保护环境为由干涉其他流域国家内政或将某种社会、经济模式或价值观强加于人。任何此类似干涉内政的做法，都是违背公认的国际法准则的，并将从根本上损害在开发利用国际河流领域中的合作。

（二）共同但有区别原则

保护地球生态环境是全人类的共同责任，但同时应该明确发达国家应该对目前地球生态环境退化问题负主要责任，广大发展中国家在很大程度上是利益受害者。1992 年 6 月召开的里约环境与发展大会上，世界各国对共同但有区别的原则达成了共识。① 该原则要求国际组织及机构采取措施，保证贸易和经济发展的公平性，以维护发展中国家的利益。在经济发展与环境保护的一些关系的问题上，必须尊重发展中国家的发展需求与权利，不以环境为借口对发展中国家的经济发展和贸易设置壁垒。

因此，各流域国都应根据自己经济、社会和文化条件的适应能力，决定开发利用水道及改善环境的法律程序和是否参与相关的国际公约。对于发展中国家来说，贫穷不发达是环境退化的最根本的原因，改善流域环境，实现可持续发展的根本出路在于保持适度经济增长，消除贫困，加强开发利用资源和保护生态环境，并积极参加国际环境保护合作能力。

（三）公平合理利用原则

公平合理利用原则是国际河流水资源利用中最重要的原则。它表明各流域国有公平合理利用国际河流并分享其利益的权利，但此权利又受限于不剥夺其他流域国家公平利用的权利。这一基本原则在许多重要国际水法文件中都有体现，如：1966 年由国际法协会制订的《国际河流水资源利用赫尔辛基规则》第 4、5 条和 1996 年联合国通过的由国际法委员会制定的《国际水道非航行使用法》第 5、6 条。② 该原则不仅对公平合理利用进行了规定，并且对体现公平合理利用时需要考虑的所有相关因素进行了相应的概括，其基本内容包括了：

（1）流域内地理、水道、水文（特别是每一流域国贡献的水量）、气候、生态和其他自然性质的因素；

（2）有关水道国的社会和经济的需要；

（3）每一水道国内依赖水道的人口；

（4）一个水道国使用水道对其他水道国的影响；

（5）对水道的现行使用和可能的使用；

（6）水道水资源的养护、保护、开发和节约使用，以及为此而采取的措施的费用；

（7）某项计划使用或现有使用有无其他价值相当的备选方案等。

这些原则是实现国际河流水公平合理利用方式与途径应考虑的主要因素，目的是保证各流域国享有平等和相关权利。因此，无论对国际河流的水资源进行利用，还是开展经济

---

① 参见王曦主编：《里约环境与发展宣言》，载《国际环境法资料选编》，北京，民主与建设出版社，1999。

② 参见冯彦主编：《国际河流水资源法及相关政策研究》，昆明，云南科技出版社，2001。

项目开发，此项原则都应该成为各方遵循的总体原则。

（四）不造成重大损害的义务

这是国际水法中另一重要的基本原则，其源于古罗马法律，后主要用于处理跨界水污染问题。① 该原则是指一个或多个国家应以不对其他流域国家造成损害的方式利用国际水道的水，这是相关国家的行为义务。作为一个否定性条款，"无损害"原则在一定程度上限制了国家在开发其境内水资源的主权自由，其限制程度依赖于对"无损害"的具体规定。

在《国际水道非航行使用法》中对"第 7 条：不造成重大损害的义务"的陈述为：（1）水道国需作出适当的努力，以不致对其他水道国造成重大损害的方式利用国际水道。（2）在作出适当的努力还是对另一个水道国造成重大损害的情形下，如果没有有关这种使用的协定，其使用造成损害的国家应同受害国就以下事项磋商：（a）顾及第 6 条所列因素证实这种使用为公平合理的限度；（b）对使用方法进行特别调整以消除或减轻所造成的损害的问题，以及酌情给予补偿的问题。本原则的目标在于在每一具体事件中达到公平结果的同时尽力避免重大损害，其立法依据在于：国际水道的利用或多或少都会对国际水道的原始状态产生影响，使之在水量、流态或水质等上发生变化，即在"公平合理使用"下也可能会对另一水道国造成不利影响。② 因此，第 7 条以"作出适当努力"的义务作为规定国家活动门槛，该义务不是为了保证在利用国际水道时不会发生重大的损害，而是规定在利用水道时造成重大损害的水道国在下列情况下被视为违反了需作出适当的努力的义务：出于故意或疏忽造成应该防止的事件；或出于故意或疏忽没有防止其境内的其他人造成该事件；或不予消除。因此，"国家可能需要负责的情况为……没有制定必要的法律、没有执行法律……没有防止或终止非法活动、或没有惩罚需为该事件负责的人。"

（五）一般合作义务

鉴于国际河流的整体性，以及流域内各国开发利用间的相互关联性与相互影响，为实现国际河流的可持续发展或者说为实现国际河流水资源的永续利用，其基本条件或者说重要基础是各国间进行合作。近年来在各种各样的政府间、国际组织间产生的宣言和决议都强调在利用共同自然资源方面进行国家间合作的重要性，如：《1972 年斯德哥尔摩人类环境会议宣言》在讨论共有水资源的利用和环境保护方面的合作问题时，该宣言规定"关于保护和改善环境的国际问题，应由所有国家，不论大小，以平等地位本着合作精神来处理。通过……合作，是对各种领域内进行活动所引起的不良环境影响加以有益控制、预防、减少或消除的必要条件，须妥善顾及所有国家的主权和利益"。③ 以及 1982 年国际法

---

① 参见徐岚：《澜沧江——湄公河流域开发的法律制度框架原则》，云南大学学位论文，2003。
② 参见冯彦主编：《国际河流水资源法及相关政策研究》，昆明，云南科技出版社，2001。
③ 王曦主编：《1972 年联合国人类环境会议〈人类环境宣言〉》，载《国际环境法资料选编》，北京，民主与建设出版社，1999。

协会通过的"关于国际流域水污染的规则"明确确认：各国合作对确保有关国际水道的程序规则和其他规则的效力具有重大的意义，该规则第 4 条规定："为实行规则的规定，各国应同其他有关国家合作"。

(六) 信息交换原则

信息资料是河流开发和安全合作的基础。流域的自然特性是科学开发和可持续性发展的前提和依据。《里约环境与发展宣言》作了相关的规定[①]：各国应将可能对他国环境产生突发的有害影响的活动向可能受到影响的国家预先和及时地提供通知和有关资料，并应在早期阶段诚意地同这些国家进行磋商。信息交换是对流域基本概况进行分析和了解的基础，是对全流域进行统一规划与管理的基本条件。互通信息与资料的义务原则是为确保公平合理利用国际水道，对各水道国互相交换必要数据和资料的最一般、最起码的要求，是"一般合作义务"的具体应用与体现，对有效地保护国际水道、保持水质和防止污染具有特别重要的意义。此外，为了更好地实现一般合作原则，流域各国应向其他流域国及时通告流域内即将发生的对他国可能产生重大影响的紧急情况，使下游国家能够及时作出评估以及在一定的法律框架内向上游国家提出意见和建议。

随着人类社会对水需求目标与发展的变化，国际水法中产生的一些重要原则，将对各具体国际河流流域国的流域开发利用与管理进行监督和指导，我国应开始关注境内国际河流水资源的开发利用与管理研究工作，开展国际河流水资源开发利用综合规划，积极参与国际合作，主动和灵活地运用国际水法的基本原则，在确保国家利益的基础上，积极履行相关国际义务，为国际谈判和合作争取主动，提高我国在国际事务中的国际地位，同时积极争取国际资金和技术用于境内国际河流的保护与开发。

【推荐阅读文献】

1. 陈丽晖. 国际河流流域整体开发和管理研究——以澜沧江—湄公河为例. 南京大学博士学位论文，2000

2. 冯彦. 国际河流水资源法及相关政策研究. 昆明：云南科技出版社，2001

3. 王曦. 国际环境法资料选编. 北京：民主与建设出版社，1999

4. 蔡守秋. 环境外交概论. 香港：香港中华科技出版社，1995

5. 中国西南国际河流开发中的法律与政策问题分析. 2004 年香港跨界资源可持续发展高级研讨会论文集

---

① 参见王曦主编：《里约环境与发展宣言》，载《国际环境法资料选编》，北京，民主与建设出版社，1999。

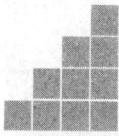

气候变化应对机制

一、同而不和——一元机制的困境

当今的气候变化问题既形成了一些主流理念与规则，也在不断膨胀与争论。一方面人们对于应对气候变化需要国际合作的必要性已经基本形成共识，但另一方面各国家或集团对气候变化问题的立场和态度的差异不仅没有消除，反而更趋多样性，国际合作难度加大。在《京都议定书》的未来走向上，各国家的主张更是相去甚远。用中国的谚语来形容，全球气候变化问题似乎正陷入南辕北辙的困境。

这种困境呈现出一种"同而不和"的现象。

1. 所谓"同"表现在以下三个方面：

一是联合国以及更多的国家和国际组织对全球气候变化予以更强烈的关注，例如，联合国秘书长潘基文上任伊始，就将气候变化作为其最优先考虑的问题之一，不仅出台了有关全球气候变化的多份报告，还专门任命了 3 位气候变化特使，努力全面强化联合国在气候变化问题上的主导作用。国际多边机制、区域合作组织也在聚焦气候变化问题。比如，2007 年 6 月召开的八国集团同发展中国家领导人对话会议成为应对气候变化的对话平台；9 月举行的亚太经合组织第十五次领导人非正式会议确定了在环境方面的具体目标——各成员同意努力实现到 2030 年将亚太地区能源强度在 2005 年的基础上降低至少 25%，到 2020 年亚太地区各种森林面积至少增加 2 000 万公顷；2007 年 11 月举行的东盟领导人峰会也重点讨论了气候变化问题。[①]

二是在 2007 年 12 月 15 日联合国气候变化大会在印度尼西亚巴厘岛最终艰难地通过的"巴厘岛路线图"。其主要内容包括：大幅度减少全球温室气体排放量，未来的谈判应考虑为所有发达国家（包括美国）设定具体的温室气体减排目标；发展中国家应努力控制温室气体排放增长，但不设定具体目标；为了更有效地应对全球变暖，发达国家有义务在技术开发和转让、资金支持等方面，向发展中国家提供帮助；在 2009 年年底之前，达成接替《京都议定书》的旨在减缓全球变暖的新协议等。

三是欧盟在气候变化问题上的空前团结与强硬。欧盟作为气候谈判的发起者，一直是推动气候变化谈判最重要的政治力量。一方面，担心全球变暖危及欧洲冬暖夏凉气候；另一方面，由于人口稳中有降，经济成熟而稳定，技术和管理先进，欧盟能源消费需求相对饱和，在温室气体减排方面具有比较优势。

2. 与此同时，"不和"的因素却有更迅速的增长，例如：

(1)"泛温室气体成因说"。联合国《气候变化框架公约》中规定了 6 种温室气体，分别是二氧化碳（CO_2）、甲烷（CH_4）、氧化亚氮（N_2O）、氢氟碳化物（HFCs）、全氟化碳（PFCs）、六氟化硫（SF_6）。IPCC 第四报告认定，"由于人类活动的影响，自 1750 年工业

---

① 参见陈迎：《多方制衡 全球气候变化政治较量升温》，载《人民日报》，2007-12-07。

革命以来全球大气中二氧化碳、甲烷和氧化亚氮等温室气体的浓度显著增加，它们的总体效应是引起气候变暖。"对温室气体的成分予以较为严格的限定。

关于上述温室气体主要来源，人们曾一直认为是所谓高度经济活动，包括化学物质的使用和石油、煤炭的使用，这类因素发达国家比发展中国家权重要大得多。而在发展中国家较为严重存在的诸如滥用资源、工业污染、农业污染、人口增加等因素，并不认为与温室效应有对应关联。[①] 然而联合国政府间气候变化专业委员会（IPCC）第四报告前后，温室气体成因解释呈迅速膨胀的趋势，各种学说层出不穷，不胜枚举。例如：

中国《气候变化国家评估报告》认为，人类活动主要通过以下三方面引起气候变化：一是化石燃料利用排放的 CO_2 等温室气体增加大气中温室气体的浓度，温室效应随之增强而影响到气候，这是人类活动造成气候变暖的主要驱动力；二是农业和工业活动排放的 CH_4，CO_2，N_2O，PFC，HFC，SF_6 等温室气体进入大气后，也通过温室效应增强气候变暖；三是土地利用变化导致的温室气体源/汇变化和地表反照率变化进一步影响气候变化，这包括森林砍伐、城市化、植被改变和破坏等。[②]

中国农业大学的 Yahai Lu 和德国马普学会陆地微生物学的 Ralf Conrad 于《科学》杂志上发表了一篇论文，文中提到，大量的土壤微生物对于甲烷的排放起到重要的作用。因而稻田被认为是温室气体一大排放源。[③] 这一重大发现似乎把稻田当成沼气池了，但它确实在引导人们重新认识农业大国在气候变化中的作用。

俄罗斯科学院微生物学研究所与土壤物理化学和生物问题研究所通过实验发现，人们对荒地的开垦是导致大气中甲烷浓度升高的原因之一。甲烷在温室气体中作用仅次于二氧化碳。地球上只有土壤中的细菌能破坏大气中的甲烷。过去 150 年来，大气中甲烷浓度升高了 15 倍，全球气候也有明显的变暖。[④]

森林一直被认为是遏制全球变暖的利器，树木能通过光合作用吸收空气中的二氧化碳并蒸发出清凉的水分。森林与气候的变化关系密切，一方面森林生长可吸收并固定二氧化碳，是二氧化碳的吸收汇、贮存库和缓冲器。另一方面森林的破坏是二氧化碳的排放源。因此，通过造林、退化生态系统恢复、建立农林复合系统、加强森林可持续管理等措施，可增强陆地碳吸收量。通过减少毁林、改进采伐作业措施、提高木材利用效率以及更有效的控制森林灾害，可减少陆地碳排放量。但美国卡内基研究院和劳伦斯·利弗莫尔国家实验室的科学家们通过模拟实验发现，温带森林不仅不能减缓全球变暖，相反还会使变暖情况进一步加剧。[⑤]

---

①　参见杨志峰、刘静玲等编著：《环境科学概论》，75 页。北京，高等教育出版社，2004。
②　参见《气候变化国家评估报告》解读，2007 年 4 月 19 日，来源：科技部网站。
③　参见中国气候变化信息网，2005-08-23。
④　参见《科技日报》，2005-10-11。
⑤　参见《科学时报》，2005-12-18。

这种"泛温室气体成因"的趋势产生了三种效应：一是促使人们更加关心基于发展中国家经济活动产生的温室气体排放问题，不放过每一个可能造成气候变化问题的死角，全方位地动员世界各国的参与，这无疑是积极的。二是这种认知客观上引导对于世界各国在应对气候变化问题的责任上的重新分配。显然，农业大国、制造业大国将平添沉重的减排压力。目前发达国家要求减排责任重新分配的倾向很明显。三是泛温室气体成因中的许多问题是《京都议定书》中所未包括的，这必将引发更广泛和激烈的争议。事实上近年来新出现的制造业及消费品有关的温室气体排放责任如何认定、发展中国家减排问题等争议造成的"不和"已经很明显。

（2）应对机制的一元化趋势。本来《京都议定书》规定了3种"灵活机制"来帮助附件一所列缔约方以成本有效的方式实现其部分减排目标：排放贸易（ET）、联合履行（JI）和清洁发展机制（CDM）。排放贸易和联合履行主要涉及附件一所列缔约方之间的合作；而清洁发展机制涉及附件一所列缔约方与发展中国家缔约方之间在二氧化碳减排量交易方面的合作关系。特别是在"具体承诺"中规定，为发展中国家缔约方提供新的和额外的资金；帮助特别易受气候变化不利影响的发展中国家缔约方支付适应这些不利影响的费用；采取一切实际可行的步骤、酌情促进、便利和资助，向其他缔约方特别是发展中国家缔约方转让或使它们有机会得到无害环境的技术等。

《京都议定书》确立的清洁发展机制，鼓励各国通过绿化、造林来抵消一部分工业源二氧化碳的排放；将造林、再造林作为第一承诺期合格的清洁发展机制项目，这意味着因发展工业而制造了大量温室气体的发达国家，在无法通过技术革新降低温室气体排放量的时候，可以投资发展中国家造林，以增加碳汇抵消碳排放，这就是所谓的"碳汇交易"。这个机制实际上是通过培育自然力对温室气体的吸收，它与减少温室气体排放的方法统称为"减排增汇"。发达国家在《京都议定书》第一承诺期内（2008年到2012年间），每年将需要通过CDM项目购买约2亿至4亿吨二氧化碳当量的温室气体，而中国有满足这种需求一半以上的能力。

总体看，《京都议定书》是以减排为目标，而路径是直接减排与增加碳汇的二元机制。但目前这种机制有向单一的直接减排机制转化的趋势。例如：

据德国《商报》报道，欧盟委员会拟对二氧化碳排放指标交易作出更加严格的规定。根据拟提交的委员会建议草案，2013年起欧盟将大幅削减二氧化碳排放指标的数量。对于电力企业和炼油企业，其90%～100%的排放指标将通过拍卖途径取得。草案中还规定，到2020年发放的二氧化碳排放指标数量在2005年工业排放基础上减少21%。根据这一规定，企业必须减少对环境有害气体的排放，平均减幅达1/5以上。2008到2012年至少90%的排放指标是免费分配的。但从2013年开始60%的指标将通过拍卖的方式取得。[①]

---

① 参见常旭旻编译：《欧盟酝酿碳排放关税》，载人民网，2008-01-11。

据英国《卫报》报道，一项研究报告显示，森林吸收人类制造的二氧化碳的能力正在下降。这意味着人类释放的二氧化碳会更多地对气候造成影响，而不是安全地被锁定在树木或土壤中。[①] 前面提到的美国卡内基研究院和劳伦斯·利弗莫尔国家实验室的科学家们关于温带森林不仅不能减缓全球变暖，相反还会使变暖情况进一步加剧的论断，显然这些论断对于《京都议定书》中的增加碳汇的机制以及为此作出努力的发展中国家无异于兜头冷水。

联合国政府间气候变化专业委员会（IPCC）2007 年在西班牙巴伦西亚公布第四份气候变化评估报告（以下简称 IPCC 第四报告）提出的应对机制也明显具有这种倾向，该报告提出，各国政府可采取"多种政策措施延缓全球变暖趋势"，例如征收更高的温室气体排放税、制定更高的排放标准和更严格排放限制、鼓励生产使用清洁能源以及推动相关研发进程等，而对碳汇交易并未给予更多的关注。与《京都议定书》机制相比，前者提倡灵活，后者强调严格；前者优先考虑排放贸易，后者优先考虑开征碳税；前者注重有区别，后者倾向无差别。IPCC 第四报告明显地在改变《京都议定书》的二元机制而向单一的减排机制转化。

单一减排机制趋势与"泛温室气体成因"趋势并行发展，二者的矛盾是不可避免的："泛温室气体成因"一方面客观上加重了发展中国家的应对气候变化责任，另一方面也要求针对不同的温室气体成因而丰富和完善应对机制的内容，即成因的多元化要求应对机制的多元化。如果在主张成因多元化的同时却把应对机制单一化，就如同载重汽车、公共汽车、小客车明明可以分道行驶，但却把它们赶到一条车道上行驶，这不仅不利于道路畅通，还会增加不同类型车辆的矛盾。

（3）气候变化危害认知的差异。新任联合国秘书长潘基文前所未有地警告，他在巴伦西亚报告发布会上称："由于二氧化碳排放量太大，全球气候变暖，世界正处于重大灾难的边缘"，"它（灾难）可能不会在 100 年后才发生，或者说它很可能会在 10 年后发生。我们不知道，但是一旦发生，它可能是突然间就会发生，几乎是一觉醒来，这些城市（沿海城市）就不见了。"人们对全球气候变化问题的严重性基本上有共识，但在具体问题上认知的差异是明显而尖锐的，气候变化问题的不同立场很大程度上取决于对于气候变化危害的认知的不一致。

IPCC 第四报告强调以下三方面的危害：

第一，威胁生物多样性。"全球气温本世纪可能上升 1.1 至 6.4 摄氏度，海平面上升18 厘米至 59 厘米。如果气温上升幅度超过 1.5 摄氏度，全球 20％到 30％的动植物物种面临灭绝。如果气温上升 3.5 摄氏度以上，40％到 70％的物种将面临灭绝。"

第二，气候灾害更加普遍。"热带风暴将更频繁、更猛烈地光顾。高温和暴雨天气将

---

① 参见《研究显示森林吸收二氧化碳能力在下降》，载新华网，2008-01-07。

危害世界部分地区，导致森林火灾和病疫蔓延等后果。海平面上升将令沿海地区洪涝灾害增多、陆地水源盐化。一些地区饱受洪涝灾害的同时，另一些地区将在干旱中煎熬，遭遇农作物减产和水质下降等困境。"

第三，发展中国家是主要受害者。"世界各地区都将受到气候变化影响，受冲击最强烈的国家将是发展中国家。最早在 2020 年，7 500 万至 2.5 亿非洲地区居民将陷入缺水困境，亚洲地区人口超百万的大城市极有可能遭遇水位和海平面上升带来的洪涝灾害，欧洲人将目睹大量物种灭绝，而北美人将经历持续时间更长、温度更高的热浪天气。"

由美国威斯康星州立大学教授乔纳森·帕茨领导、世界卫生组织（WHO）流行病学专家迪尔米德·坎贝尔·兰德鲁等参与的研究小组的研究报告认为："气候变暖将更适合病原体孳生，疟疾、莱姆病、西尼罗热等传染病和哮喘等呼吸系统疾病发病率的增加；极端天气的增加将令洪水更为频繁，这将影响多个地区的饮用水安全并削弱大自然的自我清洁能力。""地处印度洋和太平洋沿岸的一些发展中国家，以及撒哈拉沙漠腹地的最不发达的非洲国家，受到气候变化的负面影响也最严重。发达国家由于其强大的社会财富和完善的社会保障系统，气候变暖对其的损害反而最小。"①

中国《气候变化国家评估报告》把气候变化对中国的危害主要概括为三方面：

一是温度变化：近一百年来中国年地表平均气温明显增加。升温幅度约为 0.5 摄氏度～0.8 摄氏度，比同期全球平均值（0.6 摄氏度±0.2 摄氏度）略强。

二是降水变化：报告显示，近一百年和近五十年中国年降水量变化趋势不显著，但年代际波动较大。近五十年全国平均的年降水量同样没有呈现显著趋势变化，但降水量趋势存在明显的区域差异。从 1956 年到 2000 年，长江中下游和东南地区、西部大部分地区，以及东北北部和内蒙古大部分的年降水量有不同程度增加；但是，我国华北、西北东部、东北南部等地区年降水量出现下降趋势。

三是其他要素变化：近五十年中国的日照时间、水面蒸发量、近地面平均风速、总云量均呈显著减少趋势。风速减少最明显的地区在中国西北。极端气候事件变化：近五十年，中国全国平均炎热日数呈现先下降后增加趋势，近二十多年上升较明显。1950 年以来，全国平均霜冻日数减少了 10 天左右。中国近五十年来寒潮事件频数显著下降。华北和东北地区干旱趋重，长江中下游流域和东南地区洪涝加重。

报告还提出了中国地区的气候变化与全球相比的差异，这主要反映在三个方面：（1）中国 20 世纪 20 年代至 40 年代的增温十分明显，远大于全球和北半球平均值。（2）中国的降水表现出"南涝北旱"型，主要反映了由自然因素引起的年代际变化（70 年至 100 年时间尺度）。（3）近 40 年，青藏高原冬春积雪的增加与欧亚春季积雪减少趋势也正好相反。

笔者并不否认气候变化基于经济发达程度对发达国家和发展中国家危害的差异，但不

---

① 《全球变暖导致地球生态系统变化的图解报告制作完成》，载新华网，2005-11-18。

同意把这种差异绝对化，不同意把这种差异定位的不适当升级。一个国家的经济发达程度与气候变化对该国造成的危害有关联，但不是最重要的关联。一个国家的自然气候地理才是与气候变化对该国危害最紧密关联的因素。笔者对这种关联试作出如下分析：

第一，国土纵深越大的国家和地区对气候变化承受力越强大，而国土纵深越小的国家和地区这种承受能力越脆弱。①

第二，从生态学原理上，地质气候多样性越丰富的国家和地区对气候变化承受能力越强大，反之，地质气候越单一的国家和地区，承受能力越脆弱。②

第三，大陆性气候比海洋性气候对气候变化承受能力更强。

第四，大陆国土比海岛国土对气候变化承受能力更强。

第五，高海拔国土比低海拔国土对气候变化承受能力更强。

基于以上分析，笔者不赞成把中国说成是气候变化最大受害国之一的论断，也不同意简单地把发展中国家说成是气候变化最大受害者的论断。主流认知把发展中国家说成是气候变化最大的受害者，这是一种形而上学认识论的结论，不符合实际，也并不一定对发展中国家有利。因为在这种格局下，许多本来因气候变化受危害最大的国家特别是发达国家，当然地从受害者的地位上升为救世主的地位，这对于本专题后面将要分析的利益格局和对策格局都会产生不正确的影响。事实上欧洲一些国家这种救世主心态正在自觉或不自觉地日渐显露，气候变化国际合作的困境与这种角色错位的误区不无关系。

二、气候变化应对机制的基础——气候利益格局

我国主流媒体对气候变化全球格局的描述为："当前国际气候政治呈现群雄纷争，三足鼎立的基本格局。欧盟、美国和中国，无论是人口、经济，还是能源、排放，在全球都占有相当大的份额，在参与谈判的众多缔约方之中地位举足轻重，可以说位列三强。欧盟作为气候谈判的发起者，一直是推动气候变化谈判最重要的政治力量。以美国为首包括日、加、澳、新、俄等国的伞形集团是国际气候舞台上另一支重要的政治力量。中国一直以77国集团加中国模式与发展中国家阵营一起参与谈判，同时，中国也积极在77国集团加中国"阵营中发挥协调作用，促进发展中国家阵营的团结"③。这种认知是值得商榷的。众所周知，美国气候变化问题立场至少克林顿政府与布什政府有重大的不同，其单边主义倾向在气候变化问题上表现得最充分，说它与日本等国形成一个集团不免牵强。

笔者认为气候变化全球格局取决于经济利益格局，至少取决于以下三个因素：

---

① 例如，"美国地域广阔，对气候变化的敏感性不及欧洲"。引自陈迎：《多方制衡 全球气候变化政治较量升温》，载《人民日报》，2007-12-07。

② "生态系统的平衡是相对的和动态的，生态系统内部具有自动调节的能力，一般情况下，生态系统的结构越复杂、生物种类越多，物质循环的渠道也越多，自动调节能力也就越强；反之，结构简单、成分单调的生态系统，其自动调节能力则较弱。"引自周珂：《生态环境法论》，7页，北京，法律出版社，2001。

③ 陈迎：《多方制衡 全球气候变化政治较量升温》，载《人民日报》，2007-12-07。

一是直接经济损益。如前所述，气候变化对以气候带和地理带为识别的国家和地区产生不同的影响和经济损益，这直接决定了他们各自不同的立场和态度。逻辑上，受害严重的国家更重视也更强硬，而受害较弱的国家则当然不会因气候变化而痛心疾首（当然，作为负责任的大国则另当别论）。《华尔街日报》记者劳瑞·艾特就撰文《对于冰雪覆盖的格陵兰，全球变暖也有光明的一面》。她指出由于全球变暖，原来被冰雪覆盖的土地逐渐显露出来，一些格陵兰人开始种植一些蔬菜，这对于长期依赖进口的格陵兰而言是个惊人的变化。艾特写道："格陵兰代表了一个没有被意识到的全球变暖的另一面……尽管大家在纷纷议论全球变暖后，冰雪融化，海平面上升，但对于居住在这里的格陵兰人来说，全球变暖不是威胁而是恩惠。"[①] 而欧洲大部分国家在气候变化特别是气候变暖方面是受较大影响的。

二是国际经济格局。如果说温室气体最主要是工业革命后积累的结果，那么工业革命带来的国际经济格局当然是考虑的重要因素。欧洲是工业革命最大、最长久的受益者，美国、俄罗斯、日本等国家次之，印度、中国等亚洲国家的崛起仅仅是起步。气候变化对工业革命以及当今的经济崛起是最大的制约因素，没有这个制约因素，中国等国将一如当年美、俄、日崛起那样对旧的国际经济格局形成冲击。欧洲在气候变化问题上的空前强硬与团结一方面取决于气候变化对欧洲危害的严重程度，另一方面不能排除是出于其捍卫对其有利的国际经济格局的本能。

三是全球气候治理受益格局。这种受益也是多向性的：

首先，因气候变化受损害较重的国家当然是治理受益最多的国家。目前人们已对气候变化损害与治理受益的非对称提出批评。2005 年 11 月 17 日英国《自然杂志》Patz 等人对现有的证据进行了分析，他们提出，"气候变暖在全世界范围内已经成为人们生病和数以千计的人早死的原因，并且还可能对未来人们的健康产生严重后果。最近的研究工作表明，一些地区尤其容易受到影响：气候条件受"厄尔尼诺/南方涛动"事件主导的地区、撒哈拉以南非洲地区以及受到城市热岛效应影响的范围不断扩大的城市地区已经在遭受气候变暖所带来的影响，而且这样的地区预计还会增加。很多情况下，面临风险最大的地区还是那些最不应该对造成气候变化负责的地区。"[②]

其次，从气候治理带来的新兴产业中会产生巨大的经济效益，例如，"一种相对乐观的观点认为，气候变化政策不仅不会给企业竞争力造成过多消极影响，甚至还有利于鼓励技术创新，促进产业之间的资源配置，提高整体资源利用效率。从世界范围来看，越来越多的企业认识到，气候变化对企业不仅意味着风险，也意味着机遇。因此，企业参与'后京都谈判'的热情非常高涨，成为一个重要推动力量。"[③] 英国议会的一个科学和技术委员会日前发表研究报告称，对于越来越严重的全球变暖问题来说，从燃烧的化石燃料中捕捉

---

① 《全球气候变暖的七宗"最"》，载《新闻晚报》，2006-11-16。
② 《气候变化的区域影响》，载《科学时报》，2005-11-28。
③ 陈迎：《多方制衡 全球气候变化政治较量升温》，载《人民日报》，2007-12-07。

并封存碳似乎是可行的权宜之计。据路透社报道，该报告预测，碳的捕捉和封存技术（CCS）将得到迅速发展，英国将在该项技术研究中"领跑"；而中国和印度这样的发展中大国将成为该技术的最大需求方。[①] 显然，发达国家在这方面肯定是主角。

再次，是全球气候治理的生态效益。这类效益主要有三种，一是碳汇交易。碳汇一般是指从空气中清除二氧化碳的过程、活动、机制。世界范围内的碳汇交易，是基于《联合国气候变化框架公约》及《京都议定书》的规定，而由法律创设出来的一种拟制交易。它通过技术拟制和法律拟制，将一般意义上不能构成物权客体的气体环境容量资源导入拟制交易的环节，从而创设了一个无形物的交易市场。二是提高农林业固碳能力对农林业也会产生边际效益。三是改善水循环以抵消气候变暖的同时，也会促进农业、林业、养殖业等产业的发展，带来巨大的生态效益。因此中国权威人士亦主张，中国农业及生态系统是适应气候变化的重点或优先领域，水资源的适应问题也是优先考虑的一个领域。[②] 减少和稳定大气中温室气体浓度的方式主要包括减排和吸收两种，其中吸收方式与森林有着很大关系。成片的森林通过光合作用，大量吸收固定二氧化碳，放出氧气，森林的这种作用被称为森林的"碳汇功能"。《中国应对气候变化国家方案》提出加快发展森林资源，最大限度地发挥森林的碳贮存和碳吸收功能。

显然，这类效益主要对发展中国家有利，但发达国家对此不断降温。

当前气候变化利益格局主要问题在于，第一，现有的国际规范文件中强调全球共同利益多，而对利益差异和利益结构未予足够的关注，现有的国际公约对此也没有充分和及时的反映。第二，《联合国气候变化框架公约》确定了国际社会公认的应对气候变化的最终目标与基本原则包括：公平原则、"共同但有区别的责任"原则、充分考虑发展中国家的具体需要和特殊情况的原则、预防的原则、促进可持续发展的原则以及国际合作与开放经济体系的原则。其中，公平、共同但有区别的责任、可持续发展是最根本的三个原则。虽然人们注意到了国际环境法"共同但有区别责任"的原则要适用于气候变化问题，但气候变化问题各国的利益和立场与传统国际环境问题的利益格局并不完全一致，需要根据特殊的利益结构重新定位。气候公正应当是环境正义的一个新话题。

主体基于经济利益的不同，对法律调整有不同的主张，规范的制定者如果在理论认知上对这些主张不清楚，或者不能公正对待，就不能制定出有效的规范，更谈不到自觉遵守。当今全球气候变化问题应对机制的争议和困境概因如此。

三、和而不同的三元应对机制

第一，联合国关于应对气候变化的策略，IPCC第四报告与《京都议定书》显示出有所差别：

---

① 参见《碳的捕捉和封存技术将迅速发展》，载科学网，2006-02-22。
② 参见秦大河：《中国气候与环境演变》，载《光明日报》，2007-07-05。

《京都议定书》规定了3种"灵活机制"来帮助附件一所列缔约方以成本有效的方式实现其部分减排目标：排放贸易（ET）、联合履行（JI）和清洁发展机制（CDM）。排放贸易和联合履行主要涉及附件一所列缔约方之间的合作；而清洁发展机制涉及附件一所列缔约方与发展中国家缔约方之间在二氧化碳减排量交易方面的合作关系。特别是在"具体承诺"中规定，为发展中国家缔约方提供新的和额外的资金；帮助特别易受气候变化不利影响的发展中国家缔约方支付适应这些不利影响的费用；采取一切实际可行的步骤、酌情促进、便利和资助，向其他缔约方特别是发展中国家缔约方转让或使它们有机会得到无害环境的技术等。

IPCC第四报告认为，各国政府可采取"多种政策措施延缓全球变暖趋势"，例如征收更高的温室气体排放税、制定更高的排放标准和更严格排放限制、鼓励生产使用清洁能源以及推动相关研发进程等。

对比显示，前者提倡灵活，后者强调严格；前者优先考虑排放贸易，后者优先考虑开征碳税；前者注重有区别，后者倾向无差别。

不难预测这些对策变化将产生的后果：一是压缩了国际合作的空间，扩大了对抗的可能性；二是对发展中国家提出更严格的要求；三是强化减排，弱化增汇。

第二，中国应对气候变化的策略。对比中国应对气候变化的路径与IPCC第四报告路径，IPCC更强调强制性的减排，而中国更侧重于生态保护建设达到培育自然力对温室气体的吸收，即增汇和生态建设。

中国国家主席胡锦涛在悉尼的亚太经合组织第十五次领导人非正式会议上提出坚持合作应对、坚持可持续发展、坚持《联合国气候变化框架公约》主导地位、坚持科技创新四项主张，并提议建立"亚太森林恢复与可持续管理网络"。这是中国政府首次在国际会议中就应对气候变化提出具体、务实的合作建议，受到各方积极评价和支持。中国《气候变化国家评估报告》提出已经和将要采取的应对措施包括但不限于：

1. 加强农业基础设施建设，选育抗逆农作物品种，发展包括生物技术在内的新技术，强化优势农产品的规模化种植，采用高产、稳产措施，增强农业抗灾能力；

2. 加强水利基础设施建设，提高防洪、抗旱、供水能力及其应变能力；

3. 继续植树造林，并提高物种对环境变化的适应能力，加大对自然保护区的保护和管理力度，加强森林火灾预防及病虫害的防治；

4. 根据气候变化以草定畜，改变超载过牧，避免草场退化，增强草原畜牧业抗灾能力；

5. 提高防潮设施的设计标准，强化沿海防潮设施的建设；

6. 继续加强致病气象灾害预报，建立预报、监测和监控网络，扩大预防疫区。[①] 此外，

---

① 参见《我国首次发布〈气候变化国家评估报告〉》，见中央政府门户网站 http://www.gov.cn，2006年12月27日，来源：《光明日报》。

中国环境保护提出的"节能减排"实际上同时也是应对气候变化的重要措施。目前中国森林每年净吸收约 5 亿吨二氧化碳当量,相当于同期全国温室气体排放总量的 8%,中国计划到 2020 年将森林覆盖率从目前的 18% 提高到 23%。[1]

需要指出的是,中国生态保护建设和增加碳汇最大的瓶颈是水资源问题,特别是水资源南北分配本来就不均衡,而气候变化会加剧南涝北旱。因此中国气候变化问题不仅与减排、增汇相关联,更与水循环相关联。笔者从辩证唯物论的方法提出如下认识:碳循环与水循环有着密不可分的关系,碳循环改变着水循环,而水循环的变化既是碳循环变化的结果,也会对碳循环产生巨大的反作用,包括修复碳循环异常的功能。如果不存在这种关系,就不会有地球气候变化循环往复的周期。

关于碳循环与水循环的关系,英国学者曾提出二氧化碳影响全球水循环,但仅限于"大气中二氧化碳含量增加,导致植物从大气中吸收水分减少,使更多的水进入内陆河流,影响全球水循环,增加洪水发生的几率"[2] 这方面的认识。气候变化问题与水循环的关联人们议论最多的是地球两极,特别是潘基文秘书长描述的南极冰架崩塌。但人们并未注意到地球的第三极,即中国的青藏高原和喜马拉雅山脉。[3] 气候变暖将会加剧南亚次大陆和东南亚国家的洪涝灾害,这已是不争的结论,但如何减轻这种不利的水循环后果或使这种不利的水循环转化为有利,国际社会似乎并未给予更多的关注。

与地球两极相比,第三极的水循环是最具人类控制可行性的。在第三极南侧面临洪涝灾害威胁的同时,它的北侧却苦于干旱和高温。中国《气候变化国家评估报告》显示,在最近的 50 年,中国年平均地表气温增加 1.1 摄氏度,增温速率为 0.22 摄氏度/10 年,明显高于全球或北半球同期平均增温速率。这表明中国基于综合生态因素变化的程度高于气候变化因素。可以说,中国对全球气候变暖的最大影响因子是地表增温,如果能够降低这种增温,将会大大缓解全球气候变暖的均势。而改变这种状况的最有效途径是改善中国国土的水循环,并通过水循环的改善增加国土植被,籍此提高国土的碳蓄积能力。

与全球其他国家相比,中国的水循环自然状态是最不正常的,无论是欧洲大陆、亚洲大陆的俄罗斯部分、印度和东南亚次大陆,还是美洲大陆和非洲大陆,河流水系都能够比较均匀地覆盖大陆土地,不仅有利于森林植被生长,而且起到给土地降温的效果,而中国的河流和水循环这种效果却是最不理想的。中国著名水利学家翁文灏先生把中国水系的这种不正常状态描绘为"三大拐弯理论",并提出应该利用我国西南高、西北和华北低的地

---

① 参见王立彬、张周来:《中国联合东盟国家发起"亚洲碳汇行动"》,见新华网,2007-11-05。
② 《英国学者认为二氧化碳影响全球水循环》,见央视国际网站,2006-02-22。
③ 青藏高原面积近 200 万平方公里,平均海拔 4 000 米以上,蕴藏大面积的冰雪,且降水总量丰富。据唐古拉区实测,最近五年共发生大于 5 毫米的日降水 106 次,(其中半数超 50 毫米) 小于 5 毫米的也有 106 次(其中小于 3 毫米的不及一半),年均降水超过 700 毫米。东南部念青唐古拉山年均降水可高达 2 800 毫米~3 600 毫米,是中国大面积降水最多的地方。

形特点，把西南诸河水源调到严重缺水的西北地区。这一提议后来被写入孙中山先生的《建国大纲》。① 可以说，中国是世界上水循环影响力和完善潜力最大的国家。中国正在实施的南水北调工程同时也是一项改善全球水循环和增加国土碳汇的工程。更宏大的"大西线调水方案"近二十年来引起中国各界的普遍关注。这一方案旨在从根本上解决中国水资源分布和水循环不合理的问题，也可以大幅度地增加中国的碳汇，更重要的是还可以大大缓解中国西南五大河流流域的周边国家因气候变化已经面临和日益严重的水患。② 当然这样的宏大工程需要进一步严谨的科学论证，并需要国际合作与支持。

第三，气候变化全球治理必须加强国际合作，同时要明确分工。

气候变化全球治理的合作机制是《联合国气候变化框架公约》和《京都议定书》产生的前提，也是其实施的保证，打破这个机制不仅无助于解决现有的争议，而只会加剧矛盾，最终对气候变化全球治理产生损害。另一方面，各国家和集团基于自身利益提出的多样性主张也不可能回避，现有的机制也需要发展和完善。解决这个矛盾的唯一方法是进一步明确各国在气候变化全球治理中的分工。

笔者认为，这种分工的前提依然是以《联合国气候变化框架公约》为主导，即减排的主要对象依然是发达国家。对于亚洲许多国家则要更多地考虑其丰富的增汇潜力和改善水循环的潜力，而联接减排与增汇及改善水循环的桥梁是碳汇交易。

通过生态保护建设的增汇及改善水循环途径是否可以有效地解决气候变化问题？IPCC报告和中国《气候变化国家评估报告》给出的结论并不充分。但气候变化导致中国南涝北旱的背景下，中国西部地区降水保持了增加的趋势，有理由相信这与中国近年来在西部实施的生态工程建设效益有关，而且生态建设改善局部气候条件的事例在中国并不罕见。③ 培育自然造福人类在中国有着悠久的历史传统，二千多年前中国的先哲就提出"赞天地之化育"（孔子，《论语》）的思想，即在尊重自然的前提下，培育自然造福人类。也正是在这种天人合一、人与自然和谐的理念指引下，数千年来中国人对自然高度开发的同时，也严格保护和积极培育自然，避免了小亚细亚、美索不达米亚等生态灾难的悲剧，并积累了丰富的生态建设经验，这一切对于人类当今面临的气候变化严峻问题应当是有积极价值的。

---

① 参见《"大西线调水"首倡者郭开：拯救黄河迫在眉睫》，载《第一财经日报》，2006-03-21。

② 参见《郭开：开发西藏之水解救干旱中国》，见http://www.sina.com.cn，2006-10-27，引自《北京科技报》。

③ 中国科学院周光召先生研究并实践了几十年发现，如果每年向每亩沙漠输送100立方米水，连续十年它将成为绿洲。有了水，植树造林才有效果。水是调温的，能营造小气候。资料来源：http://www.sina.com.cn，2006-10-27，引自《北京科技报》。

【推荐阅读文献】

1. 杨志峰，刘静玲等编著. 环境科学概论. 北京：高等教育出版社，2004
2. 气候变化国家评估报告. 北京：科学出版社，2007
3. 秦大河. 中国气候与环境演变. 光明日报，2007-07-05

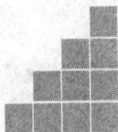

第二十四专题

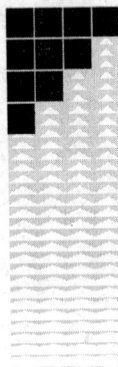

贸易与环境法律问题研究

一、贸易与环境的关系

（一）贸易与环境问题的提出[①]

环境与贸易的关系问题，自1992年联合国环境与发展会议在《里约宣言》和《21世纪议程》中作为重要议题被正式提出后，十几年来一直是国际社会及世界各国特别关注的热点，这是缘于经济全球化与环境时代革命的必然结果。

一方面，20世纪80年代末以来，随着冷战的结束，计划经济退出历史舞台，市场经济一统天下，以美国为代表的西方发达国家及跨国公司为进一步控制和垄断世界市场，重新鼓吹自由主义经济思想，力主推行经济贸易自由化政策，加上国际产业分工与信息科学技术的迅猛发展，世界经济的全球化势不可挡，自由贸易成为主导潮流。经济全球化一般可理解为："由于商品、服务、资本、技术等生产要素跨越国界，在全球范围内自由流动，导致世界各国各地区生产相互依赖程度日益提高而逐步融合成'全球统一市场'的历史进程，并且在世界范围内建立起规范经济运行的全球规则及机制。"[②] 关税与贸易总协定（GATT）体制，就是基于经济全球化趋势而造就的，并且顺应20世纪90年代新的历史条件，发展为世界贸易组织（WTO）体制。由GATT到WTO体制的演进，对推动全球统一市场及机制的形成，为经济全球化提供了根本性的法律保障。其核心内容在于要消除各种形式的自由贸易障碍，协调区域性的差异，减少国家对国际贸易的行政干预，实现全球观念上的认同与行为上的一致，依靠市场机制主宰国际贸易。

另一方面，由于现代社会生产的扩大、科技的推广及人口的剧增，多年来人们对自然环境和资源进行掠夺性开发，使人类社会在浅尝经济增长的甜蜜之后，无奈自食接踵而来的生态环境持续恶化的苦果。近些年，环境污染与生态破坏由局部区域的个别性问题向全球系统性、连锁化的持续蔓延，如气候变化无常、酸雨延绵、臭氧层耗损、有害有毒废弃物扩散、生物多样性锐减、土地退化沙化加剧、水土流失与森林破坏严重等，它们相互叠加影响，出现了足以危及全人类生存与发展的严峻形势。环境问题全球化导致人们的环境安全意识增强、环保呼声日益高涨，国际社会及世界各国在重视推行贸易自由化的同时，不得不亦将注意力逐步转向保护生态、防治和减少环境污染、节约能源、合理利用自然资源方面。

于是，以维护生态环境与人类健康为宗旨的环保法律、规章和措施层出不穷、日臻完善，其中不乏在客观上阻碍了贸易自由化的规章措施。这主要表现在两个领域：一是国际法领域的环保贸易规则。目前涉及环境问题的国际公约、多边协定及协议已超过200项，著名的如《保护臭氧层维也纳公约》、《关于消耗臭氧层物质的蒙特利尔议定书》、《濒危野生动植物物种国际贸易公约》、《联合国气候变化框架公约》、《生物多样性公约》、《控制危

---

① 参见周珂、王权典：《我国入世后环境与贸易问题的法律审视》，载《法学家》，2002（5）。
② 翁国民：《入世与全球化经营的法律保障》，3页，上海，世界图书出版公司，2001。

险废物越境转移及其处置巴塞尔公约》等，而大多数国际环境公约或多边协定已经明确规定以贸易限制措施作为实现环境保护目标的手段。特别应注意的是，1994 年 GATT 多边贸易谈判部长级会议上达成了《贸易与环境的马拉喀什决议》，以及决定在 WTO 体系内建立开放的"贸易与环境委员会"，专门负责协调环保与贸易发展，表明 WTO 正以某种合适的方式积极关注着环境问题这一趋势。二是各国特别是发达国家国内法方面的环境管制措施与绿色壁垒措施，如：对企业生产实行全过程控制、确立环境成本内在化机制、建立绿色税收（环境税）及排污权交易制度等，用以严格督促企业完善环保治理措施，推行清洁生产、提高企业环保的自律性、积极性，其中最有影响且日趋严格的是"绿色壁垒"。

【小资料：美国墨西哥金枪鱼案】

　　海豚是一种珍贵的海洋生物，在东热带太平洋地区，海豚和金枪鱼存在一种奇妙的共生现象，而墨西哥渔民普遍使用一种"袋状围网"来捕捞金枪鱼。这种网在捕获金枪鱼时，常导致许多海豚丧命。于是在 1990 年 10 月，美国根据自己的国内法《海洋哺乳动物保护法令》（以下简称 MMPA）发布禁令，禁止从墨西哥进口金枪鱼，包括鲜鱼和金枪鱼制成品，并且拒绝接受墨西哥的申辩，坚持实施禁令。于是 1991 年 2 月 6 日，墨西哥向关税和贸易总协定（以下简称 GATT）申诉，要求解决美国禁止其金枪鱼进口的问题。该案在当时备受世人瞩目，被认为具有里程碑的意义。[①] 因为，"该案确定提出了 GATT 历史上的一个新问题——环境保护与国际贸易关系的问题。"[②]

　　由以上两方面因素构成的环境与贸易关系问题，无论是对国际社会（包括世界贸易组织体系）还是世界各国及企业而言，都已经是无法回避且须认真对待的重要课题。因为解决全球化的环境问题，需要国际社会的共同努力，而国际环保行动方案的贯彻落实，需要见之于各国的主权行为与自觉的环境管理措施中。作为市场经济与国际贸易主体及国家环境管理主要对象的企业，如何在其生产经营过程中贯彻经济与环境相协调的原则，严格执行国家环境化的经济贸易政策，完善自我环境管理措施，是国家有效实施环境管理的基础，也是环保时代的国际市场带给企业新的竞争压力。

　　（二）环境与贸易的相互影响

　　1. 贸易自由化对环境的影响[③]

　　在当前经济全球化与国际经济发展不平衡的背景下，如果片面追求贸易自由化而不考虑可持续发展，国际贸易和投资的盲目增长会带给环境诸多不可低估的负面影响，现实表

---

① 参见高凤、毛毛主编：《贸易与环境》，115 页，北京，法律出版社出版，1998。

② 朱榄叶编著：《关税与贸易总协定国际贸易纠纷案例汇编》，167 页，北京，法律出版社，1995。

③ 参见周珂、王权典：《我国入世后环境与贸易问题的法律审视》载《法学家》，2002（5）。

明，由此付出的环境代价已远远超过局部或短期的经济利益。其主要表现在如下方面：

（1）自由贸易直接引起被污染的废弃有害物品的越境转移，加剧了全球环境污染。

被污染物品概指携带并传递有毒有害的物理、化学或生物成分的产品。如：物化性能不合格的用具、玩具、沾有害虫或病菌的粮食、果品、疯牛病病牛肉，含有二恶英的禽奶制品，或者在某些发达国家内因对环境破坏严重而遭淘汰、禁止再用的有害技术、工艺、设备等。这些物品的越境转移，一般是由发达国家假借回收与再利用或以支付处置费的名义直接出口到发展中国家。如此行径，加剧了发展中国家的环境污染与生态破坏。

（2）贸易自由化产生一国对别国生态资源的依赖性，加速了生态资源与能源物质的高消耗和不合理开发，造成新的环境压力与生态退化。

贸易自由化肯定促进经济活动的扩大化、工业化高速发展，进而易形成超规模经济。虽然发达国家的自然资源禀赋并不高，但其拥有的24％的人口，消费的资源却占全世界资源总量的80％。显然，发达国家的高度工业化是建立在对发展中国家生态资源的盲目无度开采，甚至是掠夺式利用的基础上的。如木材贸易扩大，导致某些国家特别是东南亚、拉美热带雨林大面积被砍伐，加剧了全球温室效应；濒危野生动物贸易导致生物多样性遭到严重破坏。不少发展中国家，如尼日利亚，自从20世纪90年代以来，石油出口均占出口总额的95％以上①，石油出口收益是国家外汇的主要来源，占其外汇收入的90％以上。②而美国的原材料出口仅占其出口总额的24％，日本为2％。发展中国家依赖原材料或初级产品出口发展经济，因过度及不合理开发资源，严重破坏和污染了本国的生态环境，并祸及周边国家乃至全球。

（3）直接投资助长越境转移污染型产业，加剧环境问题国际化。

市场规律决定了国际资本的流向总是由高成本域向低成本域流动。发达国家随着公众环境意识与科技水平的提高，制定了较高的环境标准，强化了国内环境监管，而为摆脱高能源、重污染的所谓"夕阳工业"（如钢铁、造纸、冶炼等），通过跨国投资渠道将污染密集产业转移到环境控制标准较低的发展中国家。尽管发展中国家借助外资产业也可能获得一些有利于环境保护的技术、设备等，但更多的特别是在初期，外资产业引进了新的、大量的污染源，加上发展中国家对环保重视不够、技术力量薄弱，引进的污染源往往造成很大的环境灾难。如1984年美国联合碳化物公司在印度博帕尔开办的农药厂发生剧毒化学物泄漏事故，造成死伤20多万人的惨重后果。美国危害生态的工业部门国外投资的40％以上在第三世界，缓解了本国的环境压力而加大了他国的环境压力；日本的许多大跨国公司在东南亚设立子公司，从事当地木材砍伐和加工业务，结果使菲律宾、马来西亚等国森林

---

① 参见《尼日利亚的投资环境》，载"中华税网"，http://www.chinesetax.com.cn/Article/sdfsdfdfghg/200605/428973.html，2006-05-07。

② 参见《尼日利亚政治经济形势及中尼经贸合作》，载"中华人民共和国驻拉各斯总领事馆经济商务室网"http://ng.mofcom.gov.cn/aarticle/sqfb/200603/20060301646408.html，2008-05-17。

资源遭到严重破坏、生态环境严重恶化。

（4）贸易活动还因产品生产、运输及消费使用等条件限制而致生态环境质量下降。

贸易自由化促进大市场的建立，而企业生产规模扩大使污染物质排放量相对增多。进出口活动离不开运输渠道，而目前大部分交通运输工具是以矿物燃料为动力，造成了空气和水的污染。当今世界空运与海运占全球石油消耗的 1/8，增加了空气中二氧化碳、氮氧化物、二氧化硫和碳氢化合物的排放；还经常伴有原油泄漏所致的污染。可见，运输过程是一个难以有效监管的"移动"的污染排放源。对产品进口国而言，消费商品也产生大量废弃物，加重了环境污染。据统计，仅产品包装造成的垃圾在全球城市垃圾中就约占 40%～60%。

（5）贸易通过生产和消费结构变化对环境资源产生影响。

贸易能够改变地区的生产和消费结构，进而对环境资源产生影响。例如，由于日本等国对虾的需求，东南亚一些国家纷纷砍伐森林改为养虾池。根据日本环境厅的测算，泰国在 1979 年—1989 年间，由于养虾池的扩大，砍伐了大量森林，损失量相当于泰国 1961 年森林储量的 30%。另一个有争议的例子是，由于美国等国对汉堡包的需求，促使澳大利亚、非洲的一些国家大量养牛，以出口牛肉。结果，牛的过量饲养使澳大利亚和非洲一些国家的草原生态系统受到一定破坏。

此外，贸易规模的扩大使经济、生产、消费活动增强，全球的环境资源使用量必然会不断增大，消耗速率必然会不断加快，由此就可能促进"大量生产、大量消费、大量废弃"型的经济社会活动，这是贸易带来的不利影响。

完全的贸易自由化对环境的消极影响是广泛的，当然不可取，然而适度的自由贸易政策也会对环境有一定的正面影响——如表现为通过推广先进的环保技术，协助不发达国家解决环境污染。对此，经济合作与发展组织（OECD）曾有过较为恰当的分析说明："贸易自由化给环境带来的主要益处，是取消畸形贸易政策后会产生的正结构效益。贸易自由化可以减少或消除许多目前加剧了环境问题的政策干预，这些干预对生产和消费的分布和强度产生扭曲作用。更自由的贸易通过取消补贴、关税和非关税壁垒，还可能重新分布全球生产，让一些国家增加而另一些国家减少不同产品的产量。它允许国家更加侧重于各自享有竞争优势的行业（包括环境禀赋所带来的优势）。如在农业领域贸易自由化给环境带来的好处，是消除了生产补贴、出口补贴和数量限制等畸形政策干预，这些干预造成过度专门化、过度种植和不良的土地利用等后果。在林业和渔业领域，贸易自由化改革了那些造成森林退化、滥捕与贸易有关的措施，比如补贴及未加工品和加工品的关税差异，也会对环境有利。"[①]

---

① 经济合作与发展组织（OECD）编：《贸易的环境影响》（中文版），14 页，北京，中国环境科学出版社，1996。

2. 强化环境管理对贸易的影响①

（1）各国环境法规的差异可能导致限制或禁止自由贸易，进而形成"绿色壁垒"。

各国环保法规和标准大多是针对本国环境问题制定的，因而不可能做到彼此一致，且只对本国产业有约束力。但环境问题的全球化已经威胁到全人类的生存与发展，发达国家据此认为，为了可持续发展，国际贸易应优先考虑环保问题，各国有责任保证主权管辖或控制下的活动不致损害他国的环境或属于国家管辖以外地区的环境，应减少或消除破坏环境的产品的生产和销售；任何国家有权采取某些措施，控制甚至禁止污染环境或不符合环保标准的产品的市场准入。在此理论指引下，发达国家凭借其强大的经济实力和较高的科技水平，制定的环境法规与环保标准一般严于发展中国家，且要求不仅针对最终产品，而且涉及产品的整个生命周期，包括原材料、生产过程、包装、使用和废弃后对环境的影响。由此导致环境政策的制定、执行由各国的纯内部事务走向国际化之"越境管辖"问题，即个别国家要求所有的进口产品的生产制造过程应符合其国内的环保法规。如德国政府于 1994 年颁布《食品及日用消费品法》第二修正案，明确规定禁止生产和使用可能被还原成 20 种对人体或动植物有致命作用的芳香胺的偶氮燃料的纺织品及其他日用消费品。美国政府决定自 1996 年 5 月起，所有国家在有海龟生存的水域中捕捞的海虾，须获得美国国务院的证明，证明在捕虾拖船上安装了海龟驱赶装置，确能使海龟安全逃离捕虾拖网，方能获准向美国出口。显然，这些措施对保护环境、人类健康及动植物安全有一定促进作用，问题是在于发达国家往往以此作为理由并予夸大，制定复杂的环境标准和其他技术标准，且依靠单边主义机制去推行，发展中国家是无法一时达到其要求的，这是变相的贸易保护主义，给发展中国家的出口产品进入国际市场设置了重重障碍。

（2）国际环保机制对国际贸易的影响。

解决全球环境问题，一国奉行单边主义机制并非普遍适用有效的，为弥补这一缺陷，各种各样的国际机制不断得以发展完善。它主要指的是国际社会通过建立国际组织、订立国际公约、协定及规则、推动共同行动计划、发表宣言等所形成的多国合作解决机制。如联合国倡议的 1972 年斯德哥尔摩人类环境大会宣告成立联合国环境规划署，作为全球一级负责推进环境保护的核心组织。1994 年 GATT 在马拉喀什多边贸易谈判部长级会议上决议建立"贸易与环境委员会"，专门负责环保与贸易发展。国际社会现已有 200 多个环境公约及多边协定，其中如《关于破坏臭氧层物质的蒙特利尔议定书》的签署，原使用氟利昂的制冷设备、冰箱、各类化妆品等逐步退出市场。为响应国际社会防止全球气候异常恶化的呼吁，美国、德国近年已停止了对热带木材的进口。另外，20 世纪 70 年代以来，国际上在国际标准组织（ISO）倡导下逐步兴起了环境标志运动。所谓环境标志亦称生态标志、

---

① 参见周珂、王权典：《我国入世后环境与贸易问题的法律审视》，载《法学家》，2002（5）。

绿色标志，是由政府管理部门或民间团体依严格程序和标准，授予同类产品中对环境危害最小的那种商品的商业标志。绿色标志运动促成一股绿色生产和绿色消费的浪潮，迫使企业努力去获得环境标志，否则其产品的国际竞争力将受到冲击，故目前实施环境标志的国家和地区越来越多，涉及产品范围越来越广，直接影响许多产品的国际贸易。

(3) 环境成本内在化与环境税等市场机制影响出口产品的竞争力。

市场机制通过价格手段可以提高资源的使用效率，并通过国际贸易途径可缓解国际资源与环境问题[①]，而且因为国家与企业作为市场利益主体参与，效益较为显著。[②] 国际上对贸易影响较大的市场机制有两种：一是环境成本内在化[③]，即根据"谁污染谁付费"的原则，将环境与资源费用计算到产品成本中。该机制将导致产品成本增加，价格上升，会影响质量不高的产品的出口竞争能力，尤其对发展中国家而言——目前不少发展中国家虽然亦实行排污收费原则，但费用很低，这种做法与将治理污染的所有费用计入成本不可相提并论。而发达国家普遍主张应以国际上通行的环保标准确定产品的成本，本国政府不能以任何理由给予企业"环境补贴"，这同样是对发展中国家的一种不合理要求。二是环境税，一国征税原则上针对国内生产者，那么其产品在国际市场竞争中也会处于不利的位置，故国内生产者为了扭转其产品在国际竞争中的成本劣势，一般竭力主张本国政府对进口相同产品征收相等的环境税，由此便直接冲击了WTO体制中的关税减让原则，有碍于贸易自由化。

环境对贸易的效应，除了上述制约情形外，还必须说明的一点是：进入20世纪90年代，环境作为一种贸易资源与产业，逐步为人们所认识，环境促进贸易最为明显的是国际环保产业的兴起。环保产业主要是指为防治污染、改善生态环境、保护自然资源等提供产品、技术、设施和服务的行业。环保产业最初是适应本国的环境保护需求而发展起来的，但环保产业提供的产品和服务本质上是可贸易商品。随着环保产业在国内与国际上的日益增长的重要性，环境贸易在国际贸易中所占份额亦日趋增大。环保产业已成为世界各国经济的新增长点（尤其是发达国家），成为国际贸易领域竞争新热点。据WTO S/C/W46的统计，1996年全球环保产业市场规模达5 400亿美元。2000年则超过6 500亿美元。其中87％以上份额由欧美、日本等发达国家掌握，德国企业的环保投资额近年已达60亿～80亿马克，目前其环保技术与设备的年出口额已占全球环保技术贸易额的21％。

---

① 如粮食贸易可在不同国家之间调节余缺，避免不同比较优势的国家为获得该商品而对环境资源过度使用；国际环保技术贸易可以帮助技术落后国家提高治理环境的能力。

② 据专家计算，与纯行政命令式的环保管理方式相比，以市场机制为基础的污染控制方法能在实现相同目标的同时节约30％的支出，或者说，用现有的支出可以获得更清洁的环境。

③ 随着《里约宣言》和《21世纪议程》的签署，原则上大多数国家就实现环境费用的内部化达成了一致认识，如《里约宣言》第16条指出："国家当局应该在不扭曲国际贸易和投资的前提下努力推动环境成本内部化和经济手段的作用"。

（三）贸易与环境的冲突①

环境保护的目标要求一定程度和形式的国家与国际法律的约束和干预，而贸易自由化的实现则力求尽可能地减少国家与国际法律的管制与干预，两者要求截然相反，故在法律表象上，环境与贸易的冲突始终是难以避免的。而通过前述对环境与贸易的相互制约系列因素的现实分析表明，由于各国的经济、政治、技术和环境因素的差异，有关环保与贸易问题的法律调整机制的设计，往往体现了各国的经济利益与环境利益，尤其是发达国家与发展中国家在对待环保措施和贸易制度上的认识存在巨大差异，实际上是发达国家的环境标准和措施与发展中国家的经济利益和发展权利之间存在深刻的矛盾，这是导致环境与贸易冲突的根源所在。

发达国家在其已获得以牺牲环境为历史代价的大发展后，其立场由最初信奉纯粹的"贸易自由主义"转为现时的"让贸易披上绿装"，且从维护其长期以来在资源和经济上霸主地位出发，侧重于环境问题的当前成本和未来影响，倾向于本国的环境质量和经济利益，设置环境壁垒措施，限制其他国家特别是发展中国家产品的出口，而影响国际竞争。

发展中国家则从维护其公平发展权利出发，强调环境问题的历史责任和现实义务，它们普遍经济技术落后，面临极为迫切的脱贫求温饱问题，而消除贫困化的唯一出路就是发展，但如今它们在资金、技术等发展经济的压力之上，又增加了环境与贸易的压力，面对双重矛盾的困扰，发展中国家普遍担心环境保护可能被一些发达国家用作事实上的贸易保护的借口，从而延缓发展中国家的发展。发达国家与发展中国家在环境与贸易问题上认识的偏差不可避免地导致各方行动上的不一致。

此外，即使在各国国内，各种利益集团如政府决策管理者、产业界、民间环保主义者对环境与贸易问题也存在不同的理解和主张。相当一部分环保主义者认为，工业化和经济发展与环境问题的增加之间存在必然联系，故应毫不迟疑地采取对策，对影响环境的贸易进行限制，即使短期内牺牲某些经济利益也值得。企业界担心贸易限制会影响和阻止规模经济的发展进而减少其所产生的效益，妨碍企业利用其相对优势获得发展的权利。政府决策层则出于全局考虑，担心贸易中的环境措施会影响、削弱本国产品和服务在国际贸易中的竞争力。②

基于上述种种现实，环境与贸易的矛盾冲突将会长期存在，伴随着国际经济形势的发展和竞争的不断加剧而日趋尖锐化。实践反映，这种冲突的直接后果主要表现为：既损害贸易基础又破坏了环境，还会引起更多的贸易与环境国际争端——如 1990 年"美墨金枪鱼之争"、1997"美印等国海虾之争"，便是因利益角度理解不同在 20 世纪 90 年代

---

① 参见周珂、王权典：《我国入世后环境与贸易问题的法律审视》，载《法学家》，2002（5）。
② 参见万霞：《对环境与贸易国际法律问题的初步研究——兼论中国加入 WTO 面临的相关问题与对策》，载《外交学院学报》，2001（2）。

发生的贸易与环境争端的典型案例。当然，如此后果并非国际社会与世界各国所期待的，因为其终究有损于人类的可持续发展目标，偏离了当今世界的主题即世界的和平与发展。

二、WTO 环境保护规则[①]

WTO 中与环境有关的协议主要包括：《关税和贸易总协定》、《关于建立世界贸易组织的马拉喀什协定》、《技术性贸易壁垒协议》、《卫生及植物检疫措施协议》、《补贴与反补贴措施协议》、《与贸易有关的知识产权协议》、《服务贸易总协定》、《农业协议》等。

（一）《关税和贸易总协定》

该协议第 20 条赋予 WTO 各成员"环保例外权"，规定："本协定有规定不得解释为禁止缔约国采用或加强以下措施，但对情况相同的各国，其实施的措施不得构成武断的或不合理的差别待遇或构成对国际贸易的变性限制……（b）为保障人民、动植物的生命或健康所必需的措施……（g）与国内限制生产与消费的措施相结合为有效保护可能用竭的天然资源的有关措施……"。

GATT1994 第 2 条第 2 款规定：缔约方可以对于任何输入产品随时征收税费。其中包括一国可以征收"与相同产品或这一输入产品赖以全部或部分制造或生产的物品按本协定第 3 条第 2 款所征收的国内税相当的费用。"但必须是基于第 3 条第 2 款的规定，即"一缔约国领土的产品输入到另一缔约国领土时，不应对它直接或间接征收高于对相同的国产品所直接或间接征收的国内税或其他国内费用。"此处的"征税"应当包括以保护环境为目的关税。

（二）《关于建立世界贸易组织的马拉喀什协定》

该协定在序言中声明："认识到在处理它们在贸易和经济领域的关系时，应以提高生活水平、保证就业、保证实际收入和有效需求的大幅稳定增长以及扩大货物和服务的生产和贸易目的，同时应依照可持续发展的目标，考虑对世界资源的最佳利用，寻找既保护和维护环境，又以与它们各自在不同经济发展水平的需要和关注相一致的方式，加强为此采取的措施。"

（三）《技术性贸易壁垒协议》

该协议在序言中声明："不应阻止任何国家在其认为适当的程度内采取必要的措施，以保护人类、动植物或植物的生命或健康，保护环境"。

（四）《卫生与动植物检疫措施协议》

该协议允许国家在处理国际环境标准上享有更大的灵活性，并引入了预防原则。其第 2 条"基本权利义务"中第 2 款规定："成员方应保证任何卫生或植物检疫措施的适用范

---

① 参见周珂：《环境法》，406～410 页，北京，中国人民大学出版社，2005。

围，只是为了保护人类、动物或植物的生命或健康，并以科学原理依据，若没有充分的科学为依据，则无法立足，但第 5 条第 7 款的规定除外"。而第 5 条第 7 款规定："在有关科学依据不充分的情况下，成员方可根据现有的有关资料，包括有关国际组织以及由其他成员方运用卫生或植物检疫措施的资料来临时采纳卫生或植物检疫措施，在这种情况下成员方应设法获取必要的资料，以便更加客观地评估危险，从而在合理的期限内评估卫生或植物检疫措施。"

（五）《补贴与反补贴措施协议》

该协议将补贴分为禁用和非禁用两类，非禁用补贴又分为可申诉和不可申诉两类，其中不可申诉补贴包括了鼓励环境改进的补贴。该协议第 8 条第 2 款规定，若有助于消除严重的环境压力，且采取最合适的环境手段，可考虑接受环境补贴，如果这些补贴符合不可申诉补贴的标准，其就不受解决争端行为的约束。

（六）《与贸易有关的知识产权协议》

该协议第 2 条规定：鼓励研究，创新，技术转让，使用包括环境技术在内的新技术，提高所有国家，特别是发展中国家保护环境的能力，对有害于环境的可以拒绝授予专利权。阻止某些有害于环境的发明，生物学方法的商业应用。

该协议第 27 条第 2、3 款规定了不授予专利的情况，其中包括有关环境保护的内容。协议规定，各成员对发明创造如涉及环境方面，在下列情况下，可以不授予专利：对人类或动物的医学诊断、治疗和外科手术方法；生产植物和动物的生物学方法。同时，成员为了保护其公共秩序或维护公共道德，包括保护人类、动植物的生命或健康，或防止对环境造成严重污染，可以拒绝授予专利，以阻止其商业应用。

（七）《服务贸易总协定》

该协定与环境保护有关的条款有：第 6 条规定每一缔约方应确保影响服务贸易的一般适用的措施均在合理、公正、客观的情况下实施，一般认为这些措施也包括环境保护方面。第 14 条"一般例外"明确规定："本协定的任何规定不得解释为阻止任何成员采取或实施为保护人类、动物或植物的生命或健康所必须的措施"。

（八）《农业协议》

该协议在附录二载明"政府服务计划"应包括"与环境计划有关的研究"和"与环境计划有关的基础设施工程"，规定对于包括政府对环境项目有关的研究和基础工程建设所给予的服务与支持，以及按照环境规划给予农业生产者的支持支付等与国内环境规划有关的国内支付措施，可免除国内补贴削减义务。也即"绿色补贴"。

WTO 规则中的环境条款是为了维护和改善全球环境的，但其条文规定模糊、缺乏确定性和可操作性强的标准，尤其是关于"一般例外"的规定弹性较大，很容易为贸易保护者滥用，成为某些发达国家设立新的非关税壁垒的借口，从而对发展中国家的出口贸易构成威胁。

三、绿色贸易壁垒问题①

(一) 绿色贸易壁垒的定义和特征

绿色贸易壁垒，又叫"环境贸易壁垒"，是指在国际贸易中，进口国政府以保护有限资源、生态环境、人类和动植物健康为名，以限制进口保护贸易为根本目的，通过制定繁杂的环保公约、法律、法规和标准、标志等形式，以限制或禁止外国商品进口的贸易保护措施。

绿色贸易壁垒是一种全新的非关税贸易壁垒，是国际贸易保护的新形式。其主要特征如下：

1. 隐蔽性

绿色贸易壁垒借环境保护之名，行贸易保护之实。它以形式上的合法性、表面上的公正性，掩盖了其实质上的不公正。实施绿色壁垒的进口国主要是发达国家，这些国家大都有比较先进的环保意识及成熟的环保法规、技术、经验。对于经济发展水平较低、生产技术条件较差的发展中国家而言，发达国家凭借技术优势设定的环境标准和要求过于严格且很难达到。这种貌似公正，实际不平等的环保技术标准，对发展中国家的对外贸易影响很大，将导致发展中国家的产品被排斥在发达国家市场之外。

2. 双重性

对于进口国，主要是发达国家而言，绿色贸易壁垒的实施一系列环境保护措施，一方面要看到环保意识渗透到国际贸易领域，确实可以起到保护有限的资源、环境和人类健康的作用，有利于全球经济的可持续发展；但另一方面由于它以保护本国市场为目的，在客观上又限制了某些商品的进口。对于发展中国家而言，一方面绿色贸易壁垒严格的环境标准与环境要求，使其在进出口贸易中处于被动地位，但另一方面发展中国家也应该充分意识到可持续发展的重要性，积极主动采取措施，不断提高环保水平，依靠科学冲破壁垒。

3. 歧视性

进口国实施绿色壁垒，往往会对特定国家采取歧视性待遇，其实质是利用环境保护制度来妨碍正常的贸易活动，以保护本国市场，这违反了 WTO 的最惠国待遇原则和国民待遇原则。一般有以下两种表现形式：一种是对来源于不同成员国但实质相同或类似的进口产品实行差别待遇；另一种是实行内外有别的双重环保标准，对进口产品的环境标准要求超过本国相同产品。这两种做法都构成了实际上的歧视。

4. 广泛性

进口国以保持环境为名设定绿色贸易壁垒的针对对象很广泛，不仅有直接关系到人体健康的食品和药品，而且还将纺织品、纸制品、电池、家庭清洁用品、家用电器等消费品

---

① 参见周珂：《环境法》，406～410 页，北京，中国人民大学出版社，2005。

纳入其中，甚至还包括转基因产品和包装材料。

绿色贸易壁垒给我国的对外贸易带来了巨大的冲击和严峻的挑战，但同时加入WTO也给我国的经济和对外贸易带来了前所未有的广阔市场和发展机遇。如何抓住机遇、迎接挑战，尽快适应国际市场，在打破绿色壁垒的同时更好地利用它，成为我国急需解决的问题。

（二）绿色贸易壁垒的表现形式

1. 绿色附加税

是指对污染环境、影响生态的进口产品除征收一般关税外，课征额外的附加税。这一政策借助价格机制，将环境污染外在影响内部化，通过增加外部社会成本来达到保护环境的目的。根据《关税和贸易总协定》第2条规定，在国民待遇基础上，允许其成员对进出口产品征收各种旨在保护环境和资源的税收。

2. "绿色技术标准"

发达国家以保护环境、人类动植物的卫生、安全健康为名，通过立法手段，制定严格的强制性技术标准，对商品中的有害物含量制定较高的指标，限制国外商品进口。1995年4月，由发达国家控制的国际标准化组织开始实施《国际环境监查标准制度》，要求产品达到ISO9000系列质量标准体系。欧盟也启动ISO14000的环境管理系统，要求进入欧盟国家的产品从生产前到制造、销售、使用以及最后和处理阶段都要达到规定的技术标准。美国为保护汽车工业，出台了《防污染法》，要求所有进口汽车必须装有防污染装置，并制定了近乎苛刻的技术标准。目前，美国、德国、日本、加拿大、挪威、瑞典、瑞士、法国、澳大利亚等西方发达国家纷纷制定环保技术标准，并相互承认。

广义的环境标准还包括PPM（processing & product method）标准。它是指产品在加工过程或加工方法（也即在销售之前）须符合特定环境标准。但WTO对此作了限制。例如在技术性贸易壁垒协议中，进口国有权限制不符合本国PPM标准的产品进口，但这种标准必须影响产品的性能；如果这种PPM标准未能影响药品的性能，则进口国不得实施贸易措施。再如卫生及植物检疫措施协议也规定，进口国实施PPM标准限制贸易，只能以保护其领域内的动植物或人类生命健康为限。

3. "绿色环境标志"

绿色环境标志，又称"生态标志"、"绿色标志"，是一种印刷或张贴在产品包装上的图形，是由政府部门、公共或私人团体依据一定的环境标准向有关厂家颁布的证书，证明其产品不仅质量符合标准，且在生产、使用时对人类健康或生态环境没有或只有较轻的损害。

4. "绿色包装制度"

绿色包装指能节约资源，减少废弃物，用后易于回收再用或再生，易于自然分解，不污染环境的包装。它在发达国家市场广泛流行，包括简化包装、可再生回收再循环包装、多功能包装、以纸代替塑料包装等。德国、奥地利、英国、日本、美国等先后制定了有关法规。这些"绿色包装"法规，虽然有利于环境保护，但也成为了发达国家限制发展中国家产品进口的又一个借口。

5. "绿色卫生检疫制度"

《卫生与动植物卫生措施协议》中规定：成员国政府有权采取措施，保护人类与动植物的健康，其中确保人畜食物免遭污染物、毒素、添加剂影响，确保人类健康免遭进口动植物携带疾病而造成的伤害。发达国家以此作为控制外国商品进口的重要工具，利用卫生与动植物检疫措施协议的"预防原则"，设置了严格的卫生检疫标准，有些规定已经超过了环保目标的要求。对食品中农药残留量、放射性残留和重金属含量的要求日趋严格。例如，欧共体对在食品中残留的 22 种主要农药制定了新的最高残留限量。

6. "绿色补贴"

由于发展中国家绝大部分企业本身无力承担治理环境污染的费用，政府有时给予一定的环境补贴。发达国家认为发展中国家的"补贴"违反了 WTO 的规定，并以此为名限制其产品进口。例如，美国就以环境保护补贴为由，对来自巴西的人造橡胶鞋和来自加拿大的速冻猪肉提出了反补贴起诉。

四、WTO 环境贸易争端解决机制[①]

(一) WTO 环境贸易争端解决机制的功能

国际贸易与环境保护的关系是当代国际社会关注的一个热点问题。协调环境保护和自由贸易，促进可持续发展，已经成为 WTO 的新任务和发展方向。WTO 对于环境问题的协调解决机制大体上包括三个方面：一是决策过程的协调，主要是贸易与环境委员会对环境贸易问题的探讨；二是实体规则的协调，主要是有关环境规则的确立；三是司法过程的协调，主要是争端解决机构对环境贸易争端的裁决。

WTO 争端解决机构是协调环境与贸易关系的重要机构。WTO 只协调因环境措施问题而引发的贸易争端，国与国之间单纯的环境争端应根据双方协议和国际法原则进行处理。如果贸易争端的双方都是多边环境协议的成员，且一方是根据该协议实施行为，那么争端适用多边环境协议规定的争端解决方法来处理。如果其中一方不是多边环境协议的成员，WTO 的争端解决机制便成为处理有关环境贸易争端的唯一争端解决机构。

WTO 争端解决机制处理涉及环境问题的国际贸易争端有其独有的优势，可以在一定程度上弥补国际环境法在解决环境贸易争端方面存在的不足。主要表现为：以贸易规则中环保措施的规定为依据处理环境纠纷，法律依据更加明确，在一定程度上减少了主观裁判和错判、误判；运用严格的程序处理环境纠纷，增加了操作性，避免了案件处理久拖不决；在环境保护方面，向有关的环境专家及科学家咨询请教，收集有关的科学信息和资

---

① 参见周珂：《环境法》，406～410 页，北京，中国人民大学出版社，2005。

料，有利于环境问题的公正解决。

运用WTO争端解决机制处理与环境有关的贸易争端，也有其不足之处。主要表现为：WTO没有环境方面的专门协议，处理争端的依据不足；专家组人员构成缺少环境专家，也没有常设环境技术协助机构，专家组成员缺乏环境方面的专业知识或技术协助；环境技术标准不统一，透明度不强等。在WTO争端解决机制中，应进一步融入环境保护的因素，以促进环境保护和国际贸易协调发展。

（二）WTO争端解决机制的特征

为妥善解决国际贸易摩擦和纠纷，确保贸易能公平、公正地进行，《关税和贸易总协定》第22条和第23条为产生贸易争端的缔约方提供了"双边磋商"和"总协定介入协商"两种程序。这种"磋商"机制是调解和规劝性的，争端解决程序也没有确定的时间表，缔约方全体或理事会的最终裁决不具有权威性和强制性。由于解决方式单一、没有专门性的争端解决机构、程序缺乏操作性以及裁决执行力度有限等问题，许多案件久拖不决。乌拉圭回合对此作了改进，最终形成了《关于争端解决规则与程序的谅解书》。

【小资料：《关于争端解决规则与程序的谅解书》】

乌拉圭回合达成的《关于争端解决规则与程序的谅解书》（DSU）由27条正文和4个附件组成，其基本内容包括：适用范围和实施、机构设置及其职能、解决途径、工作程序与规则、裁决的效力和执行、最不发达国家的待遇等，其核心是争端解决程序。① DSU适用于《建立世贸组织协议》本身及其4个附录中除贸易政策审议机制以外的所有协议。DSU指出，WTO的争端解决制度是保障多边贸易体制的可靠性和可预见性的核心因素。WTO成员承诺，不应采取单边行动以对抗其发出的违反贸易规则的事件，而应在多边争端解决制度下寻求救济，并遵守其规则和裁决。WTO总理事会可以以争端解决机构（DSB）的名义召集会议，以处理因乌拉圭回合最后文件中的任何协议所引起的争端。DSU对争端解决的基本方法与程序作了极为详细的规定。其基本程序包括：磋商、斡旋、调解与调停、专家小组、上诉审查、对争端解决机构的正式建议或裁定的监督执行、仲裁、补偿与减让的中止以及"交叉报复"等。

WTO争端解决机制设置了精细的操作程序、明确的时间限制以及严格的交叉报复机制，弥补了原有不足。它具有如下特征：

1. 统一性

乌拉圭回合谈判所达成的《关于争端解决规则与程序的谅解书》对争端解决所适用的

---

① 参见周珂：《环境法》，407页，北京，中国人民大学出版社，2005。

范围、一般性原则、方法以及程序作出了明确的规定，统一适用于 WTO 体制下除贸易政策审议机制以外的所有协议，避免了各成员国在适用法律时产生分歧。

2. 系统性

WTO 的争端解决机制设有专门的受案机构——争端解决机构（简称 DSB），设立了专家组程序和上诉复审程序，提供了自行解决（磋商）、第三方协助解决（斡旋，调解等）、提交 DSB 解决和仲裁等各种解决纠纷的途径，为解决国际贸易争端提供了一套系统和完整的制度。

3. 司法取向性

WTO 争端解决机制听取了有关专家的建议，以司法取向代替了《关税和贸易总协定》争端解决的外交取向。主要表现为：

（1）管辖的强制性

只要有关当事国选择了投诉，另一成员方就必须应诉。无论是在专家小组程序还是上诉审议程序，均采用反向协商一致的"自动通过机制"，即除非争端解决机构全体一致反对，否则就通过，对方必须接受。这一原则实际上赋予了争端解决机构对成员国的贸易争端以强制管辖权，同时也防止了某些大国运用否决权干扰争端解决。

（2）严格的时间期限

WTO 争端解决机制的每一个步骤都规定了工作期限，以避免案件久拖不决。一个案件从受理到首次裁决，一般不超过 12 个月，如有上诉，则不超过 15 个月。对紧急或复杂案件又另外规定了截止日期。

（3）设置上诉复审程序

设立了 7 人组成的执行上诉机构，其职责是对专家组报告中适用和解释法律的正确与否进行评审，并酌情对专家组报告作出维持、修改或推翻的决定。上诉机构就相当于司法程序中的终审法院，是裁决贸易争端的最后手段。

（4）执行裁决有法律保障

《关于争端解决规则与程序的谅解书》规定了报复措施。如果败诉国在合理期限内未执行裁决，也未与对方就赔偿达成协议，胜诉国可以请求争端解决机构的授权，对败诉国采取报复措施，即允许胜诉国对败诉国中止履行减让义务或其他义务。在必要时，胜诉国还可以实施"交叉报复"措施，此时报复不再局限于与争议有关的协议范围。交叉报复，就是败诉方在不履行其因败诉而承担的义务时，胜诉方可以采用其他具有实际效果的报复措施，它不仅限于同一个适用协议的同一个部门，还应包括同一个适用协议的不同部门，甚至不用适用协议下的义务。目的是用最简便快捷的方式给予败诉方以最有效的制裁，使违约方的违约成本极大地提高，以产生强大的威慑作用。交叉报复措施的效果是十分显著的，在 WTO 正式运行的前几年时间里，败诉方均遵照 DSB 的决定，或自动执行，或与对方达成执行协议，直到 2000 年 5 月，DSB 才作出了报复授权。

（三）WTO 争端解决机制的程序

如前所述，WTO 争端解决机制的基本程序包括：磋商；斡旋、调解与调停；专家小组；上诉审查；对裁决或建议的监督执行以及"交叉报复"等。一个案件经过全部程序直到做出首次裁决一般不应超过 1 年，如果上诉，则不应超过 15 个月，紧急情况下，如涉及易腐商品的，不应超过 3 个月。

1. 协商或磋商

WTO 提倡各当事国通过谈判或协商的方式来解决彼此之间的贸易争端，协商是争议解决的最初和必经程序。WTO 对磋商规定了较为详细的时间表，有关当事国在收到对方的书面协商请求后，应当在 10 日内作出答复，并且应于自协商请求提出后 30 日内开始协商；在紧急情况下，如争议涉及易腐烂物品，当事国应于协商请求提出后 10 日内开始协商。磋商是秘密进行的，并不得妨碍任何成员在任何进一步程序中的各种权利。

2. 斡旋、和解或调解

这一程序是争议双方自愿而非强制选择。当事国可以在自愿的基础上，通过谈判自行和解或随时将争议提交第三方斡旋、调解解决。斡旋调解程序也是秘密进行的，可以随时开始，也可以随时结束。但是，该程序一旦被终止，申请方就有权提出成立专家组的请求。只要各方同意，在专家小组工作期间仍可继续进行斡旋、调解和调停。

3. 成立专家组。

这是争端解决机制的核心程序。在下列情况下，有关当事国可以直接向争端解决机构提出成立专家组的请求：（1）有关当事国在收到协商请求之后 10 日内未作答复的；（2）在协商请求提出之后 30 日内或在双方约定的期限内未开始协商的；（3）双方开始协商 60 日后未达成解决争议协议的。

各争议当事国从专家组候选人名单中选择专家组成专家组，如果有关当事国在规定期限内未能就专家组成员达成协议的，世贸组织总干事可以根据任何一方当事国的请求，在征求争端解决机构主席和有关委员会主席的意见后，指定专家组成员。专家小组一般由 3 位专家组成，有关当事国也可以在专家组成立后 10 日内约定由 5 名专家组成专家组。除非争端各方一致同意，否则争端当事方的公民或在争端中有实质利害关系的第三方公民都不得作为有关争端的专家小组组员。在争议一方当事国是发展中国家的情况下，应该当事国的请求，专家组成员中至少有一名是来自发展中国家。专家组成员是以个人身份参加工作，而不代表其所属国家或组织。

专家小组原则上在 6 个月内提交最后报告，最长不得超过 9 个月。紧急情况下，应于 3 个月内提交专家组报告。专家小组提交的报告将由全体成员国传阅，传阅后 20 日至 60 日内，除非争端解决机构一致反对采纳此报告或某争端方提出上诉，该报告即视为通过。

4. 上诉审议

对专家组报告持有异议的当事国有权提出上诉，但上诉的内容仅限于专家组报告中所涉及的法律问题以及专家组作出的有关法律解释。争端解决机构常设的上诉机构负责审理有关上诉请求。该上诉机构由 7 名公认的法律和国际贸易专家组成，任期 4 年，他们以个人名义工作，不从属于任何政府。上诉审理期限为 60 日至 90 日。上诉机构可根据具体情况作出维持、修改或推翻专家组报告的结论。上诉报告作出并送至各成员国 30 日内，除非争端解决机构全体一致反对，否则视为通过。上诉机构的裁决为最后裁决，争议各方应当无条件接受。

5. 裁决和建议的执行。

在专家组报告或上诉审议报告通过后 30 日内，有关当事国必须就其是否执行裁决或建议作出声明。如果当事国不能马上执行裁决，争端解决机构可给予该国一个合理的期限。如果该国在合理期限内仍然没有执行裁决或建议的，也未与胜诉方磋商达成赔偿协议。胜诉方可以请求争端解决机构授权其中止实施对败诉方所作的减让或其他义务，如果这种行动仍不能使当事方执行裁决，则胜诉方可以中止另一有关协议下的减让或其他义务。争端解决机构应于合理期限届满后 30 日内作出该项授权，除非此项授权遭到争端解决机构全体的一致反对。

五、我国对贸易与环境问题的法律对策[①]

加入 WTO 是我国走向世界的必然选择，对我国的经济发展、环境保护是良好的机遇。同时，作为一个发展中的环境大国和新兴贸易大国，我们既面临国内发展经济和保护环境的压力，亦面临国际上来自发达国家的环境贸易挑战和承担国际义务、树立自身国际形象的压力。国际上环境与贸易的冲突问题，包括污染转嫁（引进）、国内资源过度消耗，生态破坏、出口产品遭遇外国绿色壁垒等，有 30% 以上在我国均早有反映，有些还相当严重。如：1993 年 12 月世界银行发表的一份报告宣布中国已成为全球最大的国外资金流入国，但在我国所引进的外资项目中，属污染密集型企业占引进外资项目且投资总额的 36.8%，仅欧共体国家在我国的投资项目就有 20% 的污染密集型企业。[②] 我国部分出口产品因包装不符合某些发达国家的环境标准，已蒙受巨大损失，仅 1995 年就达 2 000 亿元左右。保护臭氧层国际公约的实施使我国近年约 50 亿美元的产品出口受阻。而我国出口市场主要集中在发达国家，约占总出口总额的 89%。透视此类现象即可发现我国早已面临国际贸易体系和国际环境公约在处理贸易与环境问题中的政策冲突问题，入世后这一问题将变得更为突出。当然也有管理体制不顺、市场机制发育不全、政府失灵等方面的原因。

由此表明，我们在参与经济与环保全球化的过程中，必须正视并认真对待环境与贸易关系问题的协调处理。总体方针为：遵循可持续发展原则，兼顾经济效益与环境效益，积极参与国际合作与开放，借鉴发达国家有益经验或正当做法，重视市场机制完善和制度创

---

① 参见周珂、王权典：《我国入世后环境与贸易问题的法律审视》，载《法学家》，2002 (5)。
② 资料来源于 1996 年 11 月 7 日《中国环境报》的一则报道，转引自周珂、王权典：《我国入世后环境与贸易问题的法律审视》，载《法学家》，2002 (5)。

新，强化国内环境管理，优化产业结构，深化企业改革，着力提高企业的市场竞争力进而提高国家的竞争实力。在此原则指导下，应当有针对地采取一系列切实可行的法律对策。

（一）积极参与有关国际环保组织和贸易组织的活动与谈判，扩大我国在国际环保立法和贸易立法领域的影响，坚决抵制贸易保护主义，减少"绿色壁垒"对我国的负面影响。

鉴于形形色色的环保规章、措施越来越多地被纳入国际贸易的规则和目标中，而环境政策与贸易规则毕竟分属于不同的法律范畴，彼此虽有渗透，但大多以"宣言"式文件所确定的抽象原则或"例外"的限制文件形式存在，其中不乏"情况不同"、"不适当"、"有效的""兼容的"、"武断"等含糊措辞，均缺乏统一具体的解释或衡量标准。而世界贸易组织法以维护和促进多边自由贸易为使命，保护环境目标只能在多边贸易体制框架内实现，不可能成为一个专门的环境贸易法律体系。事实上，由 GATT 乌拉圭回合到 WTO 体制的确立，均没有也难以对环境与贸易的协调问题达成一致协议（只是悬而未决的新议题）。因此，入世后，我们要密切关注国际贸易与环境领域的活动，及时了解有关动态趋向，积极参与国际环境公约的谈判，参与贸易与环境规则的制定，争取制定不损害或有利于我国和广大发展中国家参与国际竞争的"游戏规则"。当前较为紧迫的是促成防止污染行业转移的国际公约的签订，以维护包括我国在内的第三世界国家的环境权益。同时，当我国企业出口产品遭他国"绿色壁垒"遏制时，就灵活运用 WTO 基本规则，充分进行对话、磋商直至诉诸专门的争端解决机制，必要时还可依法采取合理反击、报复措施乃至提供外交手段，以维护我国的合法权益。

（二）谨慎签署和切实履行多边环境协定

目前我国已参加签署了30多项多边环境协定，尚有不少还没有参加。参加和签署新的环境协定时，事前应有充分细致的研究和分析，趋利避害，既要防止他国借口环保而实行贸易保护，也要考虑对自身合理的贸易保护，要做到有选择、分阶段地参加签署新的多边环境协定。在履行这些协定过程中，首先应广泛宣传，让国内有关部门、各企业熟悉其内容并在环境管理行为中采取相应的对策措施。然后要突出重点，当前特别需要关注的是危险废弃物与污染行业对我国的转嫁问题。[①] 我国已参加《关于危险废物越境转移和处置的巴塞尔公约》，且国内已出台《关于严格控制境外废物向我国转移的通知》、《固体废物污染环境防治法》等法规措施，对防治废弃物向我国转移问题，已有法可依，重在严格执法把关。而针对污染行业越境转移问题，目前尚无专门的国际公约或其他国际法规加以具体规定，故目前我们只能根据《里约环境与发展宣言》等有关原则性规定[②]，加强国内立法，并结合对引进的产业结构进行调整、完善环境影响评价制度等加以解决。

① 参见钱水苗等：《论入世后我国防止外国污染行业转移的法律对策》，载《环境污染与防治》，2001（5）。
② 如《里约宣言》第14条原则："各国应有效合作阻止或预防任何造成严重退化或证实有害于人类健康的活动和物质迁移与转让到他国"。

（三）适应国际接轨新形势，完善与贸易有关的环境立法

当前，就立法层面上我国已基本形成了环境法治框架，但针对WTO协议的原则条款，特别是与环境有关的规定及国际环保公约，根据国际环境与贸易政策协调发展的新形势，需要全面开展法规清理工作。适时做好废改立，进行管理制度和机制的创新设计，尤其是尽快完善贸易中的环境保护法规。此方面的当前工作重点包括：

1. 加强与国际标准组织和有关国家的交流与磋商，吸收和借鉴其在环境标志与环境标准管理方面的立法经验，通过国内立法程序加以确认，并出台适于我国推广使用的环境标志、ISO14000环境管理体系的配套实施法规。

2. 制定和完善防止国外对我国进行"生态侵略"方面的法规。

3. 重视经济手段，引入市场机制，完善环境监管制度。如逐步建立环境成本内在化、绿色（环境）税收制度等，加强环保市场化政府宏观调控法律机制的建设。

4. 填补法律空白，消除立法盲区。基于我国政府入世承诺及有关国际环保公约的要求，尽快对涉及人类健康、动植物生命安全、公共安全产品强制性认证以及全球环境保护（如削减和淘汰消耗臭氧层物质）等方面的立法工作提上日程。

（四）制定积极引导的环境产业政策，加强政府对环保产业的重点扶持

良好的环境政策也会创造新的市场，环保市场对政府产业政策尤其有很强的依赖性。由于环保产业具有突出的外部性和公益性、环保产品和技术投入成本高、一般不具有市场价格竞争优势等原因，企业往往对环保产业的投资积极性不高。同时，环保产业升级换代离不开科技力量的支撑，取决于通过商业化将科技成果转化为环境产品，其研发资本投入与风险较大，一般企业勉为其难。在我国，环保产业起步晚、基础薄弱，环保企业规模小、技术落后，根本不具备参与国际市场竞争的足够实力，其发展勃兴更需要政府的积极引导与大力扶持。

（五）理顺贸易的环境管理体制，健全环保市场化宏观调控机制

鉴于我国的外贸、生产、环保等部门及条块之间还未建立有效的协调机制，故需要加强贸易中的环境管理，以促进环境和对外贸易的协调发展。环保市场化必然要求发挥政府宏观调控的作用。在我国，无论是推行清洁生产、开发环保产品，还是推广和采用ISO14000环境管理标准和环境标志，或提供其他政策扶植及采取其他调控措施（如环境规划管理、环境审计、环境税收），都会涉及外贸、经贸、环保、质监、科技、税收等诸部门及条块之间的协调管理。健全环境与贸易发展的综合决策体制，须注意改革多头审批的传统做法，转变政府职能，因具体事权发挥中心部门的职责。对资源开发、行业规划、产业结构调整等重大事项，必须进行综合论证与决策。要强化地方辖区政府的职责，实行行政首长目标责任制，严格行政执法责任。政府环境管理要与国际接轨，其中包含的一条原则即要求政府权威和市场机制相结合，建立环保市场化的统一运行规则，要求政府依法行政，建立市场化的环保与管理的新机制。此外，为规范行业行为，防止不正当竞争，须加强行业自律，建立自愿原则下的环境管理体系与自我约束的监督保障体系。

【推荐阅读文献】

著作：

1. 周珂. 环境法. 第十九章. 北京：中国人民大学出版社，2005

2. 王曦编著. 国际环境法. 第二十章. 北京：法律出版社，2005

3. 蔡守秋，常纪文主编. 国际环境法. 第十九章. 北京：法律出版社，2004

4. 赵玉焕. 贸易与环境. 北京：对外经济贸易大学出版社，2002

5. 周杰，张梓太. WTO体系下贸易与环境的法律协调. 北京：科学出版社，2005

6. 任建兰等. 基于全球化背景下的贸易与环境. 北京：商务印书馆，2003

7. 万霞. 国际环境保护法律理论与实践. 第四章第十一节. 北京：经济科学出版社，2003

8. 陈建国. 贸易与环境：经济·法律·政策. 天津：天津人民出版社，2001

9. 黄辉. WTO与环保. 北京：中国环境科学出版社，2004

10. 徐淑萍. 贸易与环境的法律问题研究. 武汉：武汉大学出版社，2002

11. 林灿铃. 国际环境法. 第二十三章. 北京：人民出版社，2004

12. 曾令良，余敏友主编. 全球化时代的国际法基础、结构与挑战. 第二十四章. 武汉：武汉大学出版社，2005

13. 戚道孟主编. 国际环境法. 第十九章. 北京：中国方正出版社，2004

14. 许健. 国际环境法学. 第十四、十五、十六、十七章. 北京：中国环境科学出版社，2004

15.〔法〕亚历山大·基斯著，张若斯编译. 国际环境法. 第十九、二十章. 北京：法律出版社，2000

16. 翁国民. 入世与全球化经营的法律保障. 第一章. 上海：世界图书出版公司，2001

17. 朱榄叶编著. 关税与贸易总协定国际贸易纠纷案例汇编. 北京：法律出版社，1995

18.〔瑞典〕Thomas Anderson等. 环境与贸易——生态、经济、体制和政策（中译本），北京：清华大学出版社，1998

19. 夏友富. 国际环保法规与中国对外开放. 第一部分. 北京：中国青年出版社，1996

20. 经济合作与发展组织（OECD）编. 贸易的环境影响（中文版），北京：中国环境科学出版社，1996

21. 高风，毛毛主编. 贸易与环境. 北京：法律出版社，1998

22. 孙佑海主编. 环境与资源保护. 北京：中国法制出版社，1997

论文：

1. 周珂、王权典. 我国入世后环境与贸易问题的法律审视. 法学家，2002（5）

2. 周珂，王权典. 我国生态安全应对加入WTO挑战的法律研究. 重庆大学学报（社会科学版），2002（1）

3. 周珂，韩增辉. 我国环境产业与WTO相关规则的法律协调. 科技与法律，2004（2）

4. 吕红，王宇奇. 中国服装出口与绿色贸易壁垒. 科技与管理，2003（1）

5. 钱水苗等. 论入世后我国防止外国污染行业转移的法律对策. 环境污染与防治，2001（5）

6. 兰福音. 也谈贸易与环境问题. 商业时代，2006（3）

7. 万霞. 对环境与贸易国际法律问题的初步研究——兼论中国加入 WTO 面临的相关问题与对策. 外交学院学报，2001（2）

8. 李育冬，宋岭. 论贸易自由与环境保护的博弈与融合. 石河子大学学报（哲学社会科学版），2006（5）

9. 丁宇. 浅析多边贸易体制下环境保护与贸易措施的协调. 北方经贸，2006（9）

10. 孙法柏，李泓. 论自由贸易与环境保护之理念冲突及规则整合. 山东科技大学学报（社会科学版），2006（3）

11. 宋才发. 应对出口贸易绿色壁垒与我国环境保护法的完善. 青海师范大学学报（哲学社会科学版），2006（5）

检索语词

图书在版编目（CIP）数据

环境法学研究/周珂主编 .
北京：中国人民大学出版社，2008.7
（21世纪法学系列教材·法学研究生用书/曾宪义，王利明总主编）
ISBN 978-7-300-09434-2

Ⅰ. 环…
Ⅱ. 周…
Ⅲ. 环境保护法-法的理论-中国-研究生-教材
Ⅳ. D922.681

中国版本图书馆 CIP 数据核字（2008）第 092443 号

21 世纪法学系列教材·法学研究生用书
总主编　曾宪义　王利明
环境法学研究
主编　周珂
副主编　陈泉生　孙佑海　李希昆

出版发行	中国人民大学出版社		
社　　址	北京中关村大街 31 号	邮政编码	100080
电　　话	010 - 62511242（总编室）	010 - 62511398（质管部）	
	010 - 82501766（邮购部）	010 - 62514148（门市部）	
	010 - 62515195（发行公司）	010 - 62515275（盗版举报）	
网　　址	http://www.crup.com.cn		
	http://www.ttrnet.com（人大教研网）		
经　　销	新华书店		
印　　刷	河北三河市新世纪印务有限公司		
规　　格	185 mm×240 mm　16 开本	版　次	2008 年 7 月第 1 版
印　　张	24.25 插页 1	印　次	2008 年 7 月第 1 次印刷
字　　数	520 000	定　价	38.00 元